任钟印论著选

任钟印 / 著　李先军　杨汉麟 / 编

华中师范大学120周年校庆丛书

★ 华大经典文库
HUADA JINGDIAN WENKU

华中师范大学120周年校庆丛书编委会

主　　　　任：夏立新　郝芳华
常务副主任：彭南生
副 主 任：查道林　任友洲　彭双阶
　　　　　李鸿飞　陈迪明
委　　　员（按姓氏音序排列）：
　　　　　董中锋　段　锐　段　维　范　军
　　　　　符　平　付　强　付义朝　郭　庆
　　　　　廖卫鹏　刘从德　吴海涛　周挥辉

华中师范大学出版社
HUAZHONG SHIFAN DAXUE CHUBANSHE

新出图证（鄂）字 10 号
图书在版编目（CIP）数据

任钟印论著选/任钟印著；李先军，杨汉麟编. —武汉：华中师范大学出版社，2023.8
（华大经典文库）
ISBN 978-7-5769-0171-9

Ⅰ.①任… Ⅱ.①任… ②李… ③杨… Ⅲ.①教育史—世界—文集 Ⅳ.①G519-53

中国国家版本馆 CIP 数据核字（2023）第 126251 号

编 辑 室：	综合编辑室
电　　话：	027-67867370
责任编辑：	张晶晶
责任校对：	巴　铭
封面设计：	甘　英　胡　灿
出版发行：	华中师范大学出版社有限责任公司
社　　址：	湖北省武汉市洪山区珞喻路 152 号
销售电话：	027-67861549
邮　　编：	430079
网　　址：	http://press.ccnu.edu.cn
印　　刷：	湖北新华印务有限公司
督　　印：	刘　敏
开　　本：	710mm×1000mm　1/16
印　　张：	31.25
字　　数：	420 千字
版　　次：	2023 年 8 月第 1 版
印　　次：	2023 年 8 月第 1 次印刷
定　　价：	126.00 元

敬告读者：欢迎举报盗版，请打举报电话 027-67867353

目 录

第一编　马克思主义教育理论研究

- 003　《巴黎手稿》与新教育观的萌芽
- 027　实现人的全面发展的条件
- 032　还经典著作以本来面目
  ——批判"四人帮"篡改马列教育论著的罪行
- 041　论抗日战争时期陕甘宁边区的两次教育改革
- 055　陈独秀论教育
- 058　李大钊论教育
- 071　恽代英的教育活动和教育观
- 095　杨贤江对马克思主义教育理论的研究与传播
- 122　杨贤江与教育史研究
- 129　一部有益的生活教科书
  ——读《杨贤江全集》

第二编　外国教育史研究

- 141　原始社会初民的教育行为与思想
- 170　苏格拉底评传
- 198　柏拉图的教育思想
- 208　亚里士多德的教育思想
- 220　昆体良评传

目 录
CONTENTS

249　裴斯泰洛齐与当代教育

256　第斯多惠的教育思想

272　近代早期西方教育制度的探索

335　杜威简论

第三编　中外教育史比较研究

351　关于人类最早的学校产生于何时何地的一点思考

358　中西最早教育文献的比较分析

367　古代东方是世界文化教育的发源地

398　孔子和苏格拉底教育思想比较

450　荀况和柏拉图教育思想比较

480　任钟印先生简介

481　任钟印先生生平和著作年表

493　编后记

第一编 马克思主义教育理论研究

《巴黎手稿》与新教育观的萌芽[①]

马克思的早期著作《1844年经济学哲学手稿》于1932年首次在巴黎被发现，所以这个手稿又被称为《巴黎手稿》。手稿主要是对国民经济学[②]和黑格尔的《精神现象学》的初步批判，没有直接涉及教育问题。但是关于"人"的问题是手稿论及的中心问题，其中许多基本观点，是马克思后来的新教育观的萌芽。研究手稿中的新教育观的萌芽，对于理解马克思的新教育观的形成过程，具有重要意义。

一、《巴黎手稿》与异化劳动

从1841年到1845年，是马克思的思想急剧发展时期，是马克思从黑格尔和费尔巴哈的哲学立场转变到历史唯物主义立场的关键时期。1841年，费尔巴哈的《基督教的本质》一书的出版，震撼了德国思想界，恩格斯后来回忆说："这部书的解放作用，只有亲身体验过的人才能想象得到。那时大家都很兴奋：我们一时都成为费尔巴哈派了。马克思曾经怎样热烈地欢迎这种新观点，而这种新观点又是如何强烈地影响了他。"[③]

---

① 本文原载《湖北大学学报》（哲学社会科学版）1995年第6期及1996年第1期。根据作者提供的《求实创新　立德树人——华中师范大学教育理念文选》（华中师范大学出版社2005年版）同名文章作了补充。选编时有改动，后不赘述。

② 指古典政治经济学。

③ 马克思、恩格斯：《马克思恩格斯选集》（第四卷），中共中央马克思恩格斯列宁斯大林著作编译局编译，人民出版社1972年版，第218页。

在这部著作中，费尔巴哈把上帝还原为人，把神学还原为人本学，他证明上帝的本质不过是人的本质的自我异化，在做完这一切以后，费尔巴哈宣称，他的哲学改造的任务已经完成了。马克思却认为，主要的任务费尔巴哈还没有完成，因为，"彼岸世界的真理消逝以后，历史的任务就是确立此岸世界的真理。人的自我异化的神圣形象被揭穿以后，揭露非神圣形象中的自我异化，就成了为历史服务的哲学的迫切任务，于是对天国的批判就变成对尘世的批判，对宗教的批判就变成对法的批判，对神学的批判就变成对政治的批判"①。费尔巴哈过多重视自然，过少重视政治，他不可能从对宗教和神学的批判转到对政治和法的批判。接力棒传到马克思，这一任务便历史地落在马克思的肩上。1843年马克思的《黑格尔法哲学批判》便是这方面的重要成果。

当然，在此以前，马克思早已开始对现实的政治进行尖锐批判。但是，对政治和法的批判还不是对"尘世"的彻底批判，因为政治和法不过是尘世的上层建筑，批判政治和法，还没有触及尘世的基础，而政治和法只是从这个基础上产生的。所以，在1843年，马克思还不是无产阶级的思想家。1843年末到1844年初，马克思已完成从唯心主义到唯物主义，从民主主义到共产主义的转变，但是他的历史唯物主义理论尚处在形成过程中。一方面，他已在许多方面超越了黑格尔和费尔巴哈，提出了一系列历史唯物主义的初步观点；另一方面，他又带有明显的黑格尔和费尔巴哈思想的痕迹。经过一年的探索和思考，到1845年春天，马克思终于最后摆脱黑格尔和费尔巴哈的影响，走到了历史唯物主义的立场。

恩格斯说："当我们（恩格斯和马克思——引者）1845年春天在布鲁塞尔再次会见时，马克思已经从上述基本原理出发，大致完成了发挥他的唯物主义历史理论的工作。"② 马克思自己也说："当1845年春他

---

① 马克思、恩格斯：《马克思恩格斯全集》（第一卷），中共中央马克思恩格斯列宁斯大林著作编译局编译，人民出版社1972年版，第453页。

② 马克思、恩格斯：《马克思恩格斯选集》（第四卷），中共中央马克思恩格斯列宁斯大林著作编译局编译，人民出版社1972年版，第192页。

(恩格斯——引者）也住在布鲁塞尔时，我们决定共同钻研我们的见解与德国哲学思想体系的见解之间的对立，实际是把我们以前的哲学信仰清算一下。这个心愿是以批判黑格尔以后的哲学的形式来实现的。"①这一清算工作的成果就是《德意志意识形态》。它标志着马克思的历史唯物主义理论的基本形成。

由此可见，1844年的《巴黎手稿》是马克思主义形成过程中的产物，它的特点是过渡性。它既有黑格尔和费尔巴哈的影响，又已超越他们；既已接触到历史唯物主义的某些基本观点，又还不是成熟的科学理论著作。这种新旧杂陈、瑕瑜互见的特点，是历史转型时期一切进步思想的不可避免的共同性。

对《巴黎手稿》的历史意义的评价，众说纷纭，莫衷一是。其中有两种颇有影响的观点值得一提。一种观点认为，《巴黎手稿》是马克思的成熟著作，是真正的马克思主义。马克思以后的著作是从《巴黎手稿》倒退，应该回到《巴黎手稿》的立场，即回到青年马克思。另一种观点认为，《巴黎手稿》和马克思以后的著作是一脉相承、前后一贯的。持这种观点的人津津乐道《资本论》和马克思其他经济学著作中的异化劳动，抹去剩余价值学说的光辉。这两种观点都是各取所需，没有对《巴黎手稿》作客观公正的、历史的分析，它们的共同之处是既抹杀《巴黎手稿》中的旧痕迹，又否定马克思主义的发展。这两种观点都阻碍人们对《巴黎手稿》作正确的理解。

前面说过，马克思从费尔巴哈的宗教批判出发，进一步发展到对政治和法的批判。在1844年又更进一步，从对政治和法的批判发展到对资本主义的经济基础的批判，从经济生活中寻找社会历史现象的终极原因。这样，马克思就找到了进入历史唯物主义殿堂的大门了。《巴黎手稿》是马克思从政治和法的批判转到批判尘世的经济基础的初步成果。

---

① 马克思、恩格斯：《马克思恩格斯选集》（第二卷），中共中央马克思恩格斯列宁斯大林著作编译局编译，人民出版社1972年版，第84页。

这个手稿反映了当时各种思想成果的综合、改造和发展：费尔巴哈的人本主义、恩格斯的政治经济学批判的启示、亚当·斯密等经济学家的成果、空想社会主义思想、黑格尔使经济现象哲学化的努力以及时人对异化现象的某些表面描述，等等。马克思在汲取这些思想成果中的有益成分的基础上，力图揭示私有制的本质及其历史命运，阐明社会历史发展的原因和动力，尤其是对争议颇多的"异化劳动"问题都作了唯物主义的说明。

在这里，马克思将异化劳动的种种表现概括成四个方面：劳动产品的异化、劳动过程的异化、人的类本质的异化以及人与人的异化。资本主义生产给劳动者带来的严重消极后果，在亚当·斯密和其他人的经济学著作中已经有所描述。

但是，马克思认为他们没有将这些消极现象和私有制联系起来，没有说明这些现象。《巴黎手稿》写道："国民经济学没有给我们提供一把理解劳动和资本的分离以及资本和土地分离的根源的钥匙。"黑格尔认真研究过亚当·斯密的经济学著作和英国工业革命后的社会状况，他看到资本主义生产的恶果：巨富和赤贫的对立，劳动者的产品被剥夺和劳动者的贫困化，劳动活动本身的单调、枯燥、机械和非人化使劳动者变得迟钝、愚钝、缺乏精神，劳动者的安全和健康没有保障，等等。黑格尔没有使用"异化劳动"这一术语，也没有像马克思那样把异化劳动的表现概括成四个方面。但是，马克思在《巴黎手稿》中提到的异化劳动的四个方面的现象，全都已经散见于黑格尔的早期著作中。黑格尔企图比经济学家更进一步，对上述现象进行哲学概括，使之理论化、哲学化。《精神现象学》中的辩证法和异化理论便是这一企图的实现。经济事实、劳动，乃是他的抽象哲学思维的素材、原型。

马克思将劳动与异化联系起来，一方面是接过费尔巴哈的接力棒，从揭穿人的自我异化的神圣形象进到揭露非神圣形象中的自我异化；另一方面，又显然直接受了黑格尔的启示，但是，在劳动异化问题上，马

克思已远远超越黑格尔:

黑格尔没有区分脑力劳动和体力劳动,他所说的劳动是人的本质、劳动的陶冶作用、劳动是主体与客体统一的动力、劳动的社会意义、劳动的非人化等等,实际上指的是抽象的精神活动,劳动中的异化被看作不过是自我意识的异化。马克思所说的异化劳动是指生产物质财富的生产性劳动。

黑格尔将异化与对象化混为一谈;马克思是认为对象化不等于异化,前者是永存的,后者是暂时的。

黑格尔没有揭示异化的真正原因,他辩护私有制的合理性;马克思则将异化劳动与私有制联系在一起。

黑格尔认为异化植根于人的本性之中,它是人类及其客观世界的不可避免的命运;马克思则指出异化只是历史的暂时的现象,随着私有制被消灭,异化也将消失。

黑格尔迷信国家、理性和社会盲目的自发进程,认为它们可以缓解、调节贫富对立;马克思则认为必须通过共产主义行动消灭私有制,从而消灭贫困。

在马克思的异化劳动理论的第二、三部分,即劳动活动本身的异化和人类的本质的异化这两部分,论述的重点是"人",前者讲的是异化劳动对劳动者的身体和精神的摧残,后者讲的是人的本质的丧失。在对黑格尔的《精神现象学》的分析批判中,马克思阐述了关于人的本质的观点,在《共产主义》这一部分,马克思指出未来的理想的人的设想。这些都是教育理论中的根本问题。

二、《巴黎手稿》关于人的论述

人既是教育的对象,又是教育的主人;既是教育的客体,又是教育的主体。教育是为了人、通过人、由人来进行的。但是,人是什么?

世界上没有、也不可能有一门包罗一切的"人学"足以回答人是什么这个问题。

一切人文学科、社会学科和众多自然科学都是从不同侧面和层次研究人。生理学、人体解剖学研究人的有机体的构成和运行机制；病理学、医学、药学研究如何保护人体的健康；语言学、文字学研究人与人交流思想的基本工具；伦理学研究如何抑制、规范人身上的动物性，使人上升到真正的人的高度；心理学研究人的心理活动；文艺学研究如何通过文艺作品陶冶人；历史学研究世世代代人类活动的经验教训；政治学研究如何将人组成合理的社会；经济学所研究的人，"只是经济范畴的人格化，是一定的阶级关系和利益的承担者"[①]。哲学研究的是人与客观世界的关系。甚至生物学、化学、物理学、天文学、考古学的研究新成果都直接有助于深化对人的认识[②]。

教育理论的任务是在综合各种学科的研究成果的基础上研究人的形成：人如何从胚胎发展成为独立自主的、有益的社会成员[③]。

三千年来，中外学人对人的形成的基本原理聚讼不止，争议大致集中在三个方面：

（1）善恶问题。人性善还是人性恶？是善恶兼具还是可善可恶？善或恶是"生之所以然""我固有之，非由外铄"，还是积习而成？

（2）智愚问题。人生而有智愚的区别吗？智或愚是预定的，还是可塑的？

（3）共同人性问题。有没有共同的人性？如果有，它的内容是什么？这些共同的人性是内在于人的本性之中，还是由超自然的力量决定，或是历史形成？

---

① 马克思：《资本论》，中共中央马克思恩格斯列宁斯大林著作编译局，人民出版社1975年版，序言。

② 上述各学科的研究对象、人物的确切表述，最好是从教科书中抄来，但这样一来，人就不见了。——编者注

③ 上面三段话系作者2005年提供给《求实创新　立德树人——华中师范大学教育理念文选》（华中师范大学出版社2005年版）同名文章时增补的。——编者注

马克思在《巴黎手稿》中对上述三类问题都有所触及，但讨论最多的是第三类问题。

马克思仍然沿袭了费尔巴哈的人的"类本质"这个旧概念，但是马克思所说的"类本质"的具体内容，已经与费尔巴哈有天壤之别。

费尔巴哈认为，人的本质是一与多的统一，即统一性与多样性的统一，统一性寓于多样性中。他说："人的本质只是包含于团体之中，包含于人与人的统一之中，但是这个统一只是建立在'自我'和'你'的区别的实在性上面的。"①

这种统一性的具体内容是什么？费尔巴哈说："人自己意识到的人的本质究竟是什么呢？或者，在人里面形成类、即形成本来的人性的东西究竟是什么呢？这就是理性、意志、心。一个完善的人，必定具备思维力、意志力和心力。……理性、爱、意志力，这就是完善性，这就是最高的力，这就是作为人的绝对本质……"②

这种说法，除了否定神性以外，毫无一点新意，它不过是流传了几千年的将人的心理活动划分为知、情、意三部分这种古老说法的翻版。费尔巴哈认为，这个三位一体在人里面而又超乎个别的人之上，类高于个体。

这种三位一体的人的类本质是"本来的人性"，它是与社会、历史和人的活动不相干的，它的"完善性"不受社会、历史和人的活动的影响。费尔巴哈标榜时间感和地点感，"按照我的学说，空间与时间是一切存在与本质、一切思维与活动、一切繁荣与胜利的基本条件"③。但是，在人的类本质问题上，他失去了时间感和空间感。类本质是抽象的，内在于人的本性之中的。

---

① 费尔巴哈：《未来哲学原理》导论第一章，洪谦译，生活·读书·新知三联书店 1955 年版，第 59 页。

② 费尔巴哈：《基督教的本质》，载费尔巴哈：《费尔巴哈哲学著作选集》（下），荣震华、王太庆、刘磊译，生活·读书·新知三联书店 1959 年版，第 27 页。

③ 费尔巴哈：《宗教本质讲演录·序言》，载费尔巴哈：《费尔巴哈哲学著作选集》（下），荣震华、王太庆、刘磊译，生活·读书·新知三联书店 1959 年版，第 52 页。

在费尔巴哈看来，理性、意志和爱在人性中的地位并不是平等的。1841年以前，费尔巴哈以理性为重点、为中心。"理性是人的人性，是人的类。"人的本质就是构成人的类之特征的东西，即理性。后来，费尔巴哈将重心转移到爱。"新哲学立足在爱的真理上，在感觉的真理上。"① 又说："不是被爱的、不能被爱的东西，就不存在。"② 人的本质的核心就是爱，爱的女神被费尔巴哈捧上他的新宗教的上帝的宝座。1844年以后，"真正的社会主义"者正是利用了费尔巴哈的爱神去玷污法国空想社会主义。

马克思沿用了费尔巴哈的人的类本质这个名称，完全抛弃了他的以爱神为至上神的三位一体，同时又对黑格尔以唯心主义为基础的关于人的劳动本质的观点进行了唯物主义的改造。

费尔巴哈批判了黑格尔的唯心主义，有巨大的历史功绩。但是在剔除唯心主义杂质以后，黑格尔关于人的本质的见解远比费尔巴哈的三位一体更为深刻、实在。

黑格尔的哲学具有抽象、神秘的外观，却有非常具体、实际的内容。如果说黑格尔的绝对理念向自然界异化的理论代表了基督教神学的哲学表达，绝对理念就是上帝，那么，自我意识异化的理论就不过是商品生产的哲学表达，自我意识异化的原型就是人的劳动。

黑格尔认为，人之所以成为人，是由于劳动③。人由自然状态进入社会状态，成为社会的人，是由于劳动；个人与社会紧密地结合在一起，社会关系的复杂化，人与人之间的相互依赖的加深，也是由于劳动。如果没有劳动，也就没有人，没有社会。所以，劳动是人的本质，是人从自在发展到自为的关键④。

马克思肯定了黑格尔关于劳动在人的形成中的意义的观点，他指

---

① 费尔巴哈：《未来哲学原理之根本原则》，林伊文译，上海中华书局1936年版，第34页。
② 费尔巴哈：《未来哲学原理之根本原则》，林伊文译，上海中华书局1936年版，第35页。
③ 后来，恩格斯在《自然辩证法》中具体阐明了这个历史过程。——编者注
④ 黑格尔：《黑格尔哲学讲演集》，贺麟译，上海人民出版社1986年版，第39～41页。

出:"黑格尔的《现象学》及其最后成果……的伟大之处首先在于,黑格尔把人的自我产生看作一个过程,把对象化看作失去对象,看作外化和这种外化的扬弃;因而,他抓住了劳动的本质,把对象性的人、现实的因而是真正的人理解为他自己的劳动的结果。"①又说:"黑格尔把劳动看作人的本质,看作人的自我确证的本质。"②由此可见,马克思肯定了黑格尔人性论中的积极因素:

(1)把人的自我产生看作一个过程,从动态理解人,而不是把人看作既成的、预定的、凝固的存在物。

(2)把现实的人看作劳动的结果,人在主体的能动的活动中成为人,人不但是天性和环境的消极被动的产物,而且也是自己的活动的产物。

(3)把劳动看作人的本质,人通过劳动达到主体与客体的统一,这就是人的本质。

在《巴黎手稿》中,人,社会的人,类存在物,有生命的类,是同一个概念的不同表述。人,只要是真正的、现实的人,就一定从事生命活动,就一定具有社会性,就一定形成类,成为类存在物。个人是社会存在物。

关于人、类存在物的特性,马克思在《巴黎手稿》中有大量论述。概而言之,马克思的主要观点,即认为人区别于动物的类特性即人的共同性就是"能动地、有意识地、自由自觉地从事创造和改造对象世界的生命活动——生产活动,即劳动"。这种活动,黑格尔看作是精神领域中自我意识的异化和异化的扬弃,马克思则看作是现实的人的生命活动,人的本质的现实的异化。

能动的,有意识的,自由自觉的,说的是同一件事。正因为是能动

---

① 马克思、恩格斯:《马克思恩格斯全集》(第四十二卷),中共中央马克思恩格斯列宁斯大林著作编译局译,人民出版社1979年版,第163页。

② 马克思、恩格斯:《马克思恩格斯全集》(第四十二卷),中共中央马克思恩格斯列宁斯大林著作编译局译,人民出版社1979年版,第96页。

的，所以是有意识的；正因为是有意识的，所以是自由自觉的。"动物只生产它自己或它的幼仔所直接需要的东西；动物的生产是片面的，而人的生产是全面的……动物只生产自身，而人在生产整个自然界；动物的产品直接同它的肉体相联系，而人则自由地对待自己的产品。动物只是按照它所属的那个种的尺度和需要来建造，而人却懂得按照任何一个种的尺度来进行生产，并且懂得怎样处处都把内在的尺度运用到对象上去；因此，人也按照美的规律来建造。"①

这是对"能动、有意识、自由自觉"的具体解释。

马克思认为，异化劳动从人那里夺走了他的类生活，把人的生命活动贬低为维持肉体生存的手段，劳动不复是自由自觉的。这是人的类本质的丧失，人的本质的异化。

私有制的扬弃即异化劳动的扬弃，亦即人的本质异化的扬弃，这是向人性的"复归"，是人"向自己的人的即社会的存在的复归"②。马克思写道：

> 共产主义是私有财产即人的自我异化的积极的扬弃，因而是通过人并且为了人而对人的本质的真正的占有；因此，它是人向自身，向社会的人的复归，这种复归是完全的、自觉的而且保存了以往发展的全部财富的。③

复归说并不始于马克思。在马克思以前，"粗陋的"共产主义者也提出了"还原和复归"，但是马克思认为他们"还没有弄清楚私有财产的积极的本质"。马克思则把人性的复归和私有财产的积极扬弃联系起来。

认识到私有财产对人的本质力量全面发展和运用的消极作用，这是

---

① 马克思、恩格斯：《马克思恩格斯全集》（第四十二卷），中共中央马克思恩格斯列宁斯大林著作编译局译，人民出版社1979年版，第121页。
② 马克思、恩格斯：《马克思恩格斯全集》（第四十二卷），中共中央马克思恩格斯列宁斯大林著作编译局译，人民出版社1979年版，第120页。
③ 马克思、恩格斯：《马克思恩格斯全集》（第四十二卷），中共中央马克思恩格斯列宁斯大林著作编译局译，人民出版社1979年版，第120页。

一个重大进步。但是，复归说的前提是把人性、人的本质设想为人所固有的、既成的、完善的、充分发展的、合乎理想的东西，把非社会的人、异化的人看作是存在与本质的分裂。前者仍有费尔巴哈的人本主义的倾向，后者仍有本质先于存在的倾向。马克思也和黑格尔一样承认存在和本质的分离①。事实上，人的本质力量的展开、人的发展、人在创造和改造对象世界中的自由自觉的程度，是历史的产物，是在历史过程中不断提高其发展程度和自由自觉程度的过程，而这又是由生产力发展的水平所决定的。异化的人与非异化的人的区别，只是现实的人和理想的人之间的区别。从人的本质的异化到异化的扬弃，只是从现实的人到理想的人的历史发展的过程。人的本质的异化的扬弃，与其说是人性的复归，不如说是人的未来理想的实现。后来，马克思在《德意志意识形态》中批评施蒂纳关于人与非人的谬论时，实际上已经抛弃复归说。

在20世纪50年代以后世界性的"异化"论狂热中，一些人把马克思在《巴黎手稿》中的人性复归说当作旗帜到处挥舞。这种人如果是不自觉的，他们只要细读《德意志意识形态》，定会深感惭愧。

当马克思用唯物主义观点解释历史以后，他才在人的共同本性中看到阶级的影响。人的本质的完善性已经不再是预先存在的既成物，而是未来的理想、奋斗的目标、历史的必然。

三、《巴黎手稿》中人性与教育原理的有关问题

在《巴黎手稿》中，在人性问题上，马克思不但抛弃了费尔巴哈的以爱神为至上神的三位一体论，改造了黑格尔的抽象劳动观，而且，他没有停留在对共同人性的一般承认上，而是深入人性问题的各个侧面，作了具体的阐发。只有弄清了各个侧面的究竟，才能透视人性的底里。而这些所谓"侧面"问题，又都是与教育原理有着密切联系的。

---

① 马克思曾多次批评费尔巴哈的存在即本质的观点。——编者注

(一) 个人与社会问题

马克思认为,应当避免把社会当作抽象的东西与个人相对立,个人是社会存在物,个人的生活与社会的生活是一致的。"人的个人生活和类生活并不是各不相同的,尽管个人生活的存在方式必然是类生活的态式。特殊的或者较为普遍的方式,而类生活必然是较为特殊的或者较为普遍的个人生活。"[①] 只看到个人生活,或者只看到类生活(社会生活),就既不能理解个人,也不能理解类。

个人生活与社会生活的统一,并不抹杀个体的特殊性,并不将个体的特殊性淹没在类的统一性中。如果没有个体的特殊性,也就没有类的统一性。马克思说:

> 人是一个特殊的个体。并且正是他的特殊使他成为一个个体,成为一个现实的、单个的社会存在物。同样地他也是总体、观念的总体、被思考和被感知的社会的主体的自为存在,正如他在现实中既作为社会存在的直观和现实享受而存在,又作为人的生命表现的总体而存在一样。[②]

这里说明,承认个人的特殊性,是承认个人作为社会存在物的必要条件。"生命表现"即是个人的特殊性的表现。

人生活、活动于社会中,人的生活、活动都有社会性,但这并不意味着人的活动"仅仅存在于直接共同的活动"这种唯一的形式中。当个人单独从事活动的时候,他的活动仍然是社会性的,个人的单独活动并不是脱离社会的活动。马克思说:"甚至当我从事科学之类的活动,即从事一种我只是在很少一种情况下才能同别人直接交往的活动的时候,我也是社会的,因为我是作为人活动的。不仅我的活动所需的材料,甚

[①] 马克思、恩格斯:《马克思恩格斯全集》(第四十二卷),中共中央马克思恩格斯列宁斯大林著作编译局译,人民出版社1979年版,第122~123页。

[②] 马克思、恩格斯:《马克思恩格斯全集》(第四十二卷),中共中央马克思恩格斯列宁斯大林著作编译局译,人民出版社1979年版,第123页。

至思想家用来进行活动的语言本身,都是作为社会的产品给予我的,而且我本身的存在就是社会的活动;因此,我从自身所做出的东西,是我从自身为社会做出的,并且意识到我自己是社会的存在物。"①

真理本来是平易的。马克思的这段话并不晦涩难懂。但是,当我们联想到在实践中由于人们不承认这个平易的真理而制造出无穷笑料、无穷蠢事时,才能从平易中看到深刻性。而一些对马克思的著作一知半解的人又责备马克思看不见个人、抹杀个性,应该指出他们所说的不是真正的马克思。

马克思认为,组成社会的个人是彼此相需、相互依存的,每个个人都是为别人的存在,每个别人也是为了这个个人的存在,正是在这种个人为别人、别人为个人中才形成社会,才体现了人的个性,"我们已经看到,在被积极抛弃的私有财产的前提下②,人如何生产——他自己和别人;直接体现他的个性的对象如何是他自己为别人的存在,同时是这个别人的存在,而且也是这个别人为他的存在。……正像社会本身生产作为人的(即社会的人的——引者)人一样,人也生产社会"③。这是说,每个人都为了别人的存在,才生产出社会,生产出社会的人。黑格尔也曾对此有切实的说明:"每个人劳动收集的内容或成果超出他自己的需要,他为多数人的需要而劳动。每个人因此满足了多数人的需要,而他自己的许多特殊需要的满足乃是许多别人的劳动成果。"④ 这是促进社会性发展的决定性因素,是社会存在的必要条件。所以,完全孤独的人是不存在、也不可能存在的。完全不为别人的存在而只为自己存在的人不是社会人,而是自然物、动物。

---

① 马克思、恩格斯:《马克思恩格斯全集》(第四十二卷),中共中央马克思恩格斯列宁斯大林著作编译局译,人民出版社1979年版,第122页。

② 此句文义不明,文理不顺,疑系译误,似应作"在私有财产被积极扬弃的前提下"。

③ 马克思、恩格斯:《马克思恩格斯全集》(第四十二卷),中共中央马克思恩格斯列宁斯大林著作编译局译,人民出版社1979年版,第121页。

④ 黑格尔:《黑格尔哲学讲演集》,贺麟译,上海人民出版社1986年版,第40页。

在马克思看来，社会是人与自然发生关系的必要前提。只有在社会中，人的本质的对象化才能实现，自然界才能成为人的生存的要素，人与自然的本质的统一才能完成。

> 自然界的人的本质只有对社会的人说来才是存在的；因为只有在社会中，自然界对人说来才是人与人联系的纽带，才是他为别人的存在和别人为他的存在，才是人的现实生活的要素；只有在社会中，自然界才是人自己的人的（即社会人的——引者）存在的基础。只有在社会中，人的自然的存在对他说来才是他的人的存在，而自然界对他说来才成为人。因此，社会是人同自然界的完成了的本质的统一，是自然界的真正复活。①

上述引文中，"自然界的人的本质""自然界……才成为人""自然界的……复活"指的是，人是自然界的一部分，通过人的本质的对象化，自然界也成为人的一部分。"在实践上，人的普遍性正表现在把整个自然界……变成人的无机的身体。……自然界是人为了不致死亡而必须与之不断交往的、人的身体。"② 这就是说，改造自然界，迫使自然界为人的生存服务，与社会的形成、社会人的产生是同一个过程。人，只有成为社会的人，才能是自然界的主人。一旦他成为自然界的主人，他也就是社会的人。

（二）能动与受动问题

人的能动性和受动性问题，是哲学、心理学、教育学共同关注的问题，也是实际生活中时时遇到的问题。唯心论者重视人的能动性，忽视受动性；机械唯物论者重视人的受动性，忽视能动性。青年马克思即已

---

① 马克思、恩格斯：《马克思恩格斯全集》（第四十二卷），中共中央马克思恩格斯列宁斯大林著作编译局译，人民出版社1979年版，第122页。

② 马克思、恩格斯：《马克思恩格斯全集》（第四十二卷），中共中央马克思恩格斯列宁斯大林著作编译局译，人民出版社1979年版，第95页。

超越二者的局限性，认为人是能动性和受动性的统一。《巴黎手稿》写道："人直接地是自然存在物，作为自然存在物，而且作为有生命的存在物，一方面具有自然力、生命力，是能动的自然存在物；这些力量作为天赋和才能，作为欲望存在于人身上；另一方面，人作为自然的、肉体的、感性的、对象性的存在物，和动植物一样，是受动的、受制约的和受限制的存在物。"①

马克思既已说明作为类存在物即作为社会存在物的人的特性是能动的、有意识的、自由自觉的活动，这里又进一步说明，人之所以是能动的，是因为人是有生命的存在物，是因为人有生命力，它们以天赋、才能和欲望存在于人身上。具有天赋、才能，人就"必须既在自己的存在中也在自己的知识中确证并表现自己。"② 有欲望，人就必须使自己对象化，以改变创造自然界，使欲望得到满足，例如使饥饿的需要得到满足，得到温饱。由于人的天赋和才能，又使人得到温饱的方式、性质不同于动物。

人作为感性的、现实的存在物，他的存在又以感性对象的存在为前提，没有人自身以外的感性对象即现实的客观世界的存在，人本身的存在也就成了非对象性的存在物，成了非现实的、非感性的"只是思想上的即只是虚构出来的存在物，是抽象的东西"③。例如，为了使饥饿的需要得到满足，人不能求之于自身，"他需要在他之外的自然界，在他之外的对象。饥饿是我的身体对某一对象的公认的需要，这个对象存在于我的身体之外，是我的身体为了充实自己、表现自己的本质所不可缺少的"④。因此，人的能动性又是有条件、有限度的，它不能不受到自

---

① 马克思、恩格斯：《马克思恩格斯全集》（第四十二卷），中共中央马克思恩格斯列宁斯大林著作编译局译，人民出版社1979年版，第167页。
② 马克思、恩格斯：《马克思恩格斯全集》（第四十二卷），中共中央马克思恩格斯列宁斯大林著作编译局译，人民出版社1979年版，第169页。
③ 马克思、恩格斯：《马克思恩格斯全集》（第四十二卷），中共中央马克思恩格斯列宁斯大林著作编译局译，人民出版社1979年版，第168页。
④ 马克思、恩格斯：《马克思恩格斯全集》（第四十二卷），中共中央马克思恩格斯列宁斯大林著作编译局译，人民出版社1979年版，第125页。

身以外的对象性存在的限制、制约,他必然又是受动的。

马克思认为,受动性是人和动植物同样具有的,能动性则是作为社会的人所独具的,这是人性的特征。

在《巴黎手稿》中,马克思讨论人的能动性和受动性,从理论上说,还只是从人与自然的关系立论。后来,他将唯物主义运用于说明社会、历史以后,他进一步阐述了人与环境、人与经济、个人与历史之间的关系,并由此作出了革命结论。

(三) 主体与客体问题

作为主体,人具有能动性;由于客体的存在,人又具有受动性,受制约。但客体的意义,不只是规定人的受动性,客体又是人的本质力量的确证。在社会中,随着人的本质力量的对象化,客体成了人的本质力量的现实,成了人自身。马克思写道:"一方面,随着对象性的现实在社会中对人说来到处成为人的本质力量的现实,成为人的现实(它不再是孤立的、隔绝的、自为的存在——引者),因而成为人自己的本质力量的现实,一切对象对他说来也就成为他自己的对象化,成为确证和实现他的个性的对象,成为他的对象,而这就是说,对象成了他自身。"[1]

例如,一块大理石,经过艺术家的加工成为精美的塑像,这块大理石就成了人的本质力量的现实、确证,成了人自身的本质力量的外化、对象化,在客体上面展示了主体的本质力量、个性,或者说,成了人的本质力量自身。

这就是说,在社会中,由于人的本质力量的对象(人改造客体),一方面,主体的本质力量成了客体的一部分;另一方面,客体也成了人的本质力量的一部分。人的本质力量的展开,使主体与客体统一起来了。如果没有主体的本质力量的外化、对象化,客体将是孤立自存的、

---

[1] 马克思、恩格斯:《马克思恩格斯全集》(第四十二卷),中共中央马克思恩格斯列宁斯大林著作编译局译,人民出版社1979年版,第125页。

与人不相干的、对主体漠不关心、没有意义的。它不是主体的对象,而主体也就不复是社会存在物、类存在物。这后一种关系只是动物与自然界的关系。

至于"对象"如何成为社会的人的对象,这取决于两方面的情况:既取决于对象的性质,又取决于与之相应的本质力量的性质。例如,人通过视觉感知对象,这既取决于对象的性质——颜色、形状等等,又取决于主体的本质力量的性质——视觉能力。主体通过听觉感知对象,这既取决于对象的性质——声音、空气和震荡等等,又取决于主体的本质力量的性质——听觉能力。马克思认为,正是这种关系的规定性,形成一种特殊的肯定方式。"眼睛对对象的感觉不同于耳朵,眼睛的对象不同于耳朵的对象,每一种本质力量的独特性,恰好就是这种本质力量的独特的本质,因而也是它的对象化的独特方式,它的对象性的、现实的、活生生的存在的独特方式。"①

在主体对对象的感知中,离不开主体的感受能力,如果主体没有感受能力,对象就不能成为主体的对象。马克思说:"从主体方面看,只有音乐才能激起人的音乐感②;对于没有音乐感的耳朵说来,最美的音乐也毫无意义,不是对象,因为我的对象只能是我的一种本质力量的确证,也就是说,它只能像我的本质力量作为一种主体能力自为地存在着那样对我存在,因为任何一个对象对我的意义(它只是对那个与它相应的感觉来说才有意义)却以我的感觉所及的程度为限。"③ 由此可见,在主体对客体的感知中,主体的本质力量的性质具有重要意义。同一个感觉对象,并不是对每个人都具有相同意义。

但主体的感受能力并不是天生的、预定的,而是在主体的本质力量

---

① 马克思、恩格斯:《马克思恩格斯全集》(第四十二卷),中共中央马克思恩格斯列宁斯大林著作编译局译,人民出版社1979年版,第125页。

② 这句话似与上下文不协调,疑系译误,似应为"音乐只能激起人的音乐感"。——编者注

③ 马克思、恩格斯:《马克思恩格斯全集》(第四十二卷),中共中央马克思恩格斯列宁斯大林著作编译局译,人民出版社1979年版,第125页。

对象化、外化的过程中产生、发展、丰富起来的，是历史的产物。人的本质力量对象化的丰富性和对象化的产物的丰富性——即是说，人改造、创造对象世界的活动的丰富性和改造了的对象世界的丰富性，乃是主体的感受能力的丰富性的泉源。马克思说："只是由于人的本质的客观地展开和丰富性，主体的、人的感受的丰富性，如有音乐感的耳朵，能感受形式美的眼睛，总之，那些能成为人的享受的感觉，即确证自己是人的本质力量的感觉，才一部分发展起来，一部分产生出来。……五官感觉的形成是以往全部世界历史的产物。"[①]

马克思关于人的能动与受动、主体与客体的关系的论述，在教育理论上有着广泛的意义。迄今的教育理论还只是把影响人的形成的因素局限于"遗传、环境和教育"，把人看作消极被动地被铸造成人的，不承认人的能动性的意义，不理解实践——人的本质力量对象化——在人的形成中的重大作用。在人对客观世界的认识中，只看到客观"决定"主观，看不到主体与客体的统一。如果说到实践对人的形成的作用，也只是局限于"改造世界观和阶级立场"，忽视人的感受能力、认识能力的丰富和发展。马克思的上述论断还具体地阐明了人的可塑性，否定了预定说。

（四）人的原始差别问题

关于人的原始差别，历史上有过三种不同的理论。第一种理论认为，人天生是有差别的，这种差别预定了人的社会地位，是社会划分等级的基础和依据。柏拉图是这种理论的典型代表。第二种理论认为，人的差别是由教育造成的。如荀子就持此观点。第三种理论以爱尔维修为典型代表，他否认人的天生差别，相信"智力平等"，相信人是环境的产物。

---

① 马克思、恩格斯：《马克思恩格斯全集》（第四十二卷），中共中央马克思恩格斯列宁斯大林著作编译局译，人民出版社1979年版，第126页。

在《巴黎手稿》中，马克思以赞许的态度长篇引述了亚当·斯密在《原富》①中发挥的论点："个人天赋的差别与其说是分工的原则，不如说是分工的结果，……人如果没有交换和交易的倾向，……那么，唯一能够造成才能上的巨大差别的职业上的巨大差别就不会存在。正像这种交换倾向造成人们才能上的差别一样，这同一个倾向也使这种差别成为有益的。许多同类但不同品种的动物，它们在天生资质上的差别比人类在没有受过教育以前天生资质上的差别要显著得多。就天赋的才能和智慧来说，哲学家和搬运夫之间的差别比家犬和猎犬之间、猎犬和鹚猎犬之间、鹚猎犬和牧羊犬之间的差别要小得多。"

这段引文包含四个论点：

（1）承认人是有差别的；

（2）人的原始差别极其微小，甚至没有实际意义；

（3）现实生活中人们在才能上的巨大差别是由于职业上的差别，而职业上的差别是分工和交换的结果；

（4）分工所造成的职业上的差别并因而造成的人的才能上的差别是"有益的"，因为分工促进技术的改进和生产力的提高，而过去的社会是在分工的基础上进步的。

亚当·斯密的观点斧正了柏拉图的头脚倒置的理论，证明了社会分工是人的才能差别的原因，而不是才能差别的结果。斯密的观点深化了荀卿和洛克的认识。斯密深入社会经济领域去寻找人的才能差别的最终原因，因为不同的教育归根结底要受分工和交换因素的制约。斯密的观点也否定了爱尔维修的形而上学，并演化了他对环境的表面理解，因为爱尔维修仅仅把环境理解为立法制度。

然而，马克思并没有停留于亚当·斯密的认识水平，而是比他站得更高，看得更深。

首先，马克思不只看到人的受动的一面，而且看到人的能动的一

---

① 现通译为"《国富论》"。——编者注

面,看到人的实践活动对人的深刻影响。

其次,马克思不只看到分工是有益的,而且看到在私有制度下分工对人的破坏性作用。他预言,随着私有制被消灭,体力劳动和脑力劳动之间的分工,将人终身束缚于一种固定职业的旧式分工也将被消灭,人的才能将得到充分而全面的发展和发挥。

再次,马克思并不完全否定人的"天性"的实际意义[①],也不否定教育对人的形成的作用。

(五)性善与性恶问题

人性善恶问题,历史上也有三种不同的理论。

第一种理论认为人性恶。《荀子·性恶》:"人之性恶,其善者伪(人为)也。"

第二种理论认为人性美。《孟子·告子》:"人无有不善""仁义礼智,非由外铄我也,我固有之也。"《孟子·尽心》:"仁义礼智根于心。"佛教禅宗的六祖慧能也是性善论者。

第三种理论认为人性中有善有恶,扬雄说:"人之性也善恶混,修其善则为善人,修其恶则为恶人。"[②]

上述理论观点上的分歧,以改变了的形式一直延续到现在,争论仍未止息。弗洛伊德和马斯洛的分歧,实质上是古代性善恶之争的继续,尽管他们没有沿用旧概念。

在《巴黎手稿》中,马克思没有直接提出人性善恶的问题。但是,马克思涉及了动物性和人性的关系问题。实质上这就是历史上的性善性恶问题。

马克思认为,吃、喝、性行为是动物的机能,也是真正的人的机

[①] 可参见《德意志意识形态》。——编者注
[②] [汉]扬雄:《法言·修身》。

能，是人和动物所共有的①。人和动物的区别就在于，动物以满足这些机能的需要为"最后的和唯一的终极目的"，而人则在这些需要之外还有"其他活动"。马克思指出，在私有制度下，异化劳动对从事劳动的工人来说"是一种自我牺牲、自我折磨的劳动"，劳动不是他自己的，他的活动属于别人，这种活动是他自身的丧失，他只有在运用自己的动物机能——吃、喝、性行为等等时才觉得自己是自由活动，而在运用人的机能时，却觉得自己不过是动物。"动物的东西成为人的东西，而人的东西成为动物的东西。"②

马克思并不像荀子那样把吃、喝、性行为这些人"生之所以然"的本能、欲望看作人性中的"恶"，也不像理学家那样提倡"灭人欲"，更不像早期基督教那样厉行"禁欲主义"，因为人的本能和欲望是"化"不了、"灭"不掉、"禁"不绝的。这种自然的需要必须予以合理合度的满足。问题只是在于把这种需要的满足从动物的水平提升到人的水平。离开了"其他活动"，以这些需要的满足为最后的和唯一的终极目的，就是动物。在这些需要的满足之外还从事其他活动，就是人。人和动物之间、善恶之间只隔着一层薄纸。中国古代思想家都重视人、兽之辨。《孟子·离娄下》："人之所以异于禽兽者几希，庶民去之，君子存之。"差别就在于有无仁义。荀子认为为学的要义在于"始乎为士，终乎为圣人"。离开这一要义，就是禽兽，"为之，人也；舍之，禽兽也"③。人和禽兽之间，并没有不可跨越的鸿沟，离开"人的东西"，人就成了衣冠禽兽。

使人脱离动物状态，提升到人的、社会的、道德的水平，这是古今一切哲学、心理学、伦理学、教育学和各种宗教所探索的核心问题，也是性善论者和性恶论者殊途同归的共同目标。马克思超越性善性恶的无

---

① 这些都被性恶论者称之为"恶"。——编者注
② 马克思、恩格斯：《马克思恩格斯全集》（第四十二卷），中共中央马克思恩格斯列宁斯大林著作编译局译，人民出版社1979年版，第94页。
③ 《荀子·劝学》。

原则争论，把二者的合理内核和终极目标统一起来了。马克思使性善性恶之争成为多余。

马克思认为，男女之间的关系是"直接的、自然的、必然的关系"，又是"自然的、类的关系"。作为"自然的关系"，人同于动物；作为类的（即人的、社会人的——引者）关系，人异于动物。因此，男女之间的关系是人类文明程度的标志，"从这种关系，就可以判断人的整个教养程度。从这种关系的性质，就可以看出，人在何种程度上成为并把自己理解为类存在物、人。……这种关系表明人的自然行为在何种程度上成了人的行为。……这种关系还表明，人具有的需要在何种程度上成了人的需要。"①

文明程度、教养程度的高低，决定了人和动物之间的距离。文明程度、教养程度愈高，人离动物就愈远。反之，人就愈贴近动物。教育的任务之一是不断提高人的文明程度、教养程度。

（六）理论与实践的问题

看重实践的意义，是马克思和费尔巴哈及旧唯物主义者分道扬镳的标志之一。

在本文前面的论述中，已经从不同的角度说明了马克思对实践的理解，这些说明包括：

（1）人是有生命的存在物、能动的自然存在物，生命力以天赋、才能和欲望存在于人身上，人必须使自己对象化。

（2）马克思肯定了黑格尔关于人的劳动本质理论中的合理成分。

（3）人区别于动物的标志是人从事能动的、有意识的、自由自觉的活动，以创造、改造自然界。

（4）人在使自己的本质对象化的过程中完成人与自然的统一，也生

---

① 马克思、恩格斯：《马克思恩格斯全集》（第四十二卷），中共中央马克思恩格斯列宁斯大林著作编译局译，人民出版社1979年版，第119页。

产着社会和社会的人。

（5）人的五官感觉的丰富性是在改造自然界的过程中产生、发展起来的。

马克思认为，实践是解决理论对立的基础。"理论的对立本身的解决，只有通过实践的方式，只有借助于人的实践力量，才是可能的；因此，这种对立的解决，不只是认识的任务，而是一个现实生活的任务，而哲学未能解决这个任务，正因为哲学把这看作理论的任务。"①马克思又说："在拜物教上就可以看出，理论难题的解决在何种程度上是实践的任务并以实践为中介，真正的实践在何种程度上是现实的和实证的理论的条件。"②

这一论点，后来马克思几乎原封不动地写入《关于费尔巴哈的提纲》，而在《德意志意识形态》中则充分加以引申。这里所说的"哲学"，主要指费尔巴哈的哲学，也是指青年黑格尔派。他们都只看重"词句"而对实践的意义不理解。

实践否定了超自然、超人的异己存在物，即否定了神的实在性。《巴黎手稿》写道："因为人和自然界的实在性，即人对人说来作为人的存在，已经变成实践的、可以通过感觉直观的，所以，关于某种异己的存在物、关于凌驾于自然界和人之上的存在物的问题，即包含着对自然界和人的非实在性的承认问题，在实践上已经成为不可能的了。"③ 由此可见，尽管费尔巴哈从理论上把上帝的本质还原为人的本质是历史性的贡献，但在马克思看来，彻底否定神的实在性的不是理论，而是实践。马克思还认为，"对神的否定"就是"肯定人的存在"。

---

① 马克思、恩格斯：《马克思恩格斯全集》（第四十二卷），中共中央马克思恩格斯列宁斯大林著作编译局译，人民出版社1979年版，第137页。
② 马克思、恩格斯：《马克思恩格斯全集》（第四十二卷），中共中央马克思恩格斯列宁斯大林著作编译局译，人民出版社1979年版，第138页。
③ 马克思、恩格斯：《马克思恩格斯全集》（第四十二卷），中共中央马克思恩格斯列宁斯大林著作编译局译，人民出版社1979年版，第130页。

实践是"人的本质力量的公开的展示"①。马克思认为,全部人的活动迄今都是劳动,也就是工业,所以工业的历史和工业的已经产生的结果是人的本质力量对象化的结果,是人的本质力量的确证。马克思写道:"工业的历史和工业的已经产生的对象性的存在,是一本打开了关于人的本质力量的书,是感性地摆在我们面前的心理学(指认识论——引者)。……如果心理学还没有打开这本书即历史的这个恰恰是最容易感知的、最容易理解的部分,那么这种心理学就不能成为内容确实丰富的和真正的科学。"② 马克思批评以前的哲学家没有联系到人的本质,没有联系到人的本质力量的客观地展开去观察人、事物和历史,所以他们的认识论不是真正的科学。他们既不理解人,也不理解历史。

---

① 马克思、恩格斯:《马克思恩格斯全集》(第四十二卷),中共中央马克思恩格斯列宁斯大林著作编译局译,人民出版社1979年版,第127页。
② 马克思、恩格斯:《马克思恩格斯全集》(第四十二卷),中共中央马克思恩格斯列宁斯大林著作编译局译,人民出版社1979年版,第127页。

实现人的全面发展的条件[①]

人的本质是一切社会关系的总和,但社会关系,归根结底是由生产力发展水平决定的。生产方式决定着人的发展与不发展。"个人是什么样的,这取决于他们进行生产的物质条件。"这是马克思、恩格斯的基本出发点。人的全面发展的实现,也是由生产方式决定的。实现人的全面发展,以消灭私有制、消灭旧的分工为前提,但这些前提的背后,还有一个更根本的起决定作用的前提,那就是生产力的巨大增长和高度发展。一方面,没有生产力的巨大增长和高度发展,即使社会制度、生产关系改变了,实现人的全面发展仍不可能。另一方面,生产力高度发展了,如果社会制度、生产关系没有改变,旧的分工没有消灭,实现人的全面发展也不可能。

马克思、恩格斯认为,体力劳动和脑力劳动的分工,是生产不发达的必然结果。当社会总劳动所提供的产品除了满足全体社会成员的最起码的需要以外所剩无几,而劳动还占去大多数社会成员的全部或几乎全部时间的时候,必然要有一部分人脱离直接的生产劳动以从事政务、司法、劳动管理、科学、艺术等等活动,这是不以人的意志为转移的。马克思、恩格斯根据19世纪上半期欧洲,首先是英国在产业革命以后生产力成倍、成十倍地增长的新的情况,认为新的革命的生产力已经出现

[①] 本文节选自《马克思主义关于人的全面发展的理论》,原载《华中师范学院学报》(哲学社会科学版),1982年第1期。

了,现代大生产已发展到能够提供丰裕的产品以充分满足全体社会成员的需要,于是就把辩护体力劳动和脑力劳动分离的最后一个历史理由连根铲除了,保证人们的体力和智力充分、自由地发展和运用的可能性"才第一次出现了,但是它确实是出现了"。马克思、恩格斯认为,生产力高度发展这个前提之所以重要,之所以不可忽视,是因为"如果没有这种发展,那就只会有贫穷的普遍化,而在极端贫困的情况下,就必须重新开始争取必需品的斗争,也就是说,全部陈腐的东西又要死灰复燃"。生产力的这种制约作用是强大的,不可抗拒的。

随着现代生产出现的生产力的巨大增长发展了人们之间的普遍交往,这时,人们的世界历史的而不是狭隘地域性的存在已是经验的存在了,狭隘地域性的个人才为世界历史性的真正普遍的个人所代替,迄今为止限制着人的全面发展的人对地方局限性的屈从才第一次被现代大生产铲除根蒂,为人的全面发展创造了条件。

资本主义现代大生产一方面再生产了旧式的分工并使之凝固化,另一方面,它又使工厂劳动者丧失了专业的性质。"工厂消除着专业和职业的痴呆。""当一切专门发展一旦停止,个人对普遍性的要求以及全面发展的趋势就开始显露出来。"特别是自然力和科学进入生产过程以后,自然科学把过去和劳动过程、劳动者结合在一起的传统经验、观察和通过实验方法得到的职业秘方加以集中,把它发展为科学。这种趋势,一方面在资本主义形态下促成了体力劳动和脑力劳动分离的进一步深化,使科学从属于资本,成为奴役劳动者的力量;另一方面,又为通晓整个生产体系的基本原理提供了可能性,为人的全面发展创造了条件。这个条件,是现代化机器生产的产物,是生产力高度发展的产物。

马克思、恩格斯认为:"个人的真正的精神财富,完全取决于他的现实关系的财富。"只有在生产力高度发展的条件下,人们才能从终日疲劳于图谋生计的困境中解脱出来,社会才能把每日的劳动时间缩短到六小时、五小时,以至更少,使人们有充裕的闲暇享受历史上遗留下来的科学艺术成果，通过教育和多方面的活动，全面地发挥和运用自己的一切才能，不再终身束缚于一种职业，成为全面发展的人。

按照马克思、恩格斯的观点，人的片面发展是生产不发达的产物，因此，只有在生产不发达这个根子消除以后，即在生产力高度发展的条件下才能消灭私有制、旧分工，实现人的全面发展。

在论及消灭私有制和实现人的全面发展的关系时，马克思、恩格斯起初认为：一方面，只有消灭私有制，才能实现人的全面发展；另一方面，"私有制只有在个人得到全面发展的条件下才能消灭"。消灭私有制和实现人的全面发展是互为条件的。马克思、恩格斯之所以把人的全面发展看作消灭私有制的条件，是因为他们根据垄断前资本主义发展的情况，认为私有制只有在生产力高度发展的条件下才能消灭；而高度发展的生产力只有全面发展的人才能驾驭。但是，当马克思提出"过渡时期"的概念并把共产主义社会划分为第一阶段（低级阶段）和高级阶段以后，马克思、恩格斯已修改原来的观点，不再把人的全面发展看作消灭私有制的前提条件，也不把它看作消灭私有制的直接后果。消灭私有制是在共产主义的第一阶段就能实现、也必须实现的，而人的全面发展则等到共产主义社会的高级阶段才能实现，他们将人的全面发展和按需分配联系在一起。《哥达纲领批判》中写道：

> 在共产主义社会高级阶段上，在迫使人们奴隶般地服从分工的情形已经消失，从而体力劳动和脑力劳动的对立也随之消失之后；在劳动已不仅是谋生的手段，而且本身成了生活的第一需要之后；在随着个人的全面发展生产力也增长起来，而集体财富的一切源泉都充分涌流之后——只有在那个时候，才能完全超出资产阶级法权的狭隘眼界，社会才能在自己的旗帜上写上："各尽所能，按需分配！"

马克思在这里描述的共产主义社会高级阶段的情景，在共产主义社会的第一阶段是不可能提前实现的，其中包括人的全面发展。

实现人的全面发展的条件

这里应当重复说一下，根据马克思、恩格斯原来的估计，只有在生产力高度发展的条件下，共产主义革命才能发生，私有制才能废除。但是，即使有了生产力高度发展这个前提，在废除私有制以后也不能立即实现人的全面发展，而必须经过一个过渡时期。那么，如果在生产力发展水平较低的条件下无产阶级夺取了政权并且消灭了私有制，当然就更谈不到立即实现人的全面发展了。

俄国十月革命是在生产力很不发达、小生产仍然如同汪洋大海的单独一个国家首先取得胜利的。革命的胜利改变了社会制度和生产关系，废除了私有制，但是，由于生产力水平低，列宁认为还不具备实现人的全面发展的条件。他在谈到共产主义社会高级阶段的远景时写道："生产力将怎样迅速向前发展，将怎样发展到打破分工，消灭体力劳动和脑力劳动的对立，把劳动变为'生活的第一需要'，这都是我们所不知道而且也不可能知道的。"

列宁既然认为不但不知道，而且也"不可能"知道，就说明那是遥远的将来的事，在社会主义阶段还不是现实问题。如果在生产力水平低下的条件下硬要实现只有在共产主义社会高级阶段才能实现的人的全面发展，列宁认为这是一种"左"倾幼稚病。他在谈到共产主义社会高级阶段人的全面发展时写道：

> 共产主义正在向这个目标前进，必须向这个目标前进，并且一定能达到这个目标，不过需要经过许多岁月。如果目前就企图提前实现将来共产主义充分发展，完全巩固和形成、完全展开和成熟的时候才能实现的东西，这无异于叫四岁的小孩去学高等数学。

有的教科书在引用列宁这段论述时，把"不过需要经过许多岁月"以下的一大截删掉了，这样一引一删，就把问题说成这样：列宁认为社会主义阶段就能实现人的全面发展。似乎列宁竟主张叫四岁的小孩去学高等数学。显然，这是把列宁的意思搞得恰恰相反了。

在列宁有关教育问题的言论中，作为一般理论性的论述，或作为未来的远景，曾多次提到人的全面发展。但是，当涉及社会主义阶段教育的现实问题时，列宁并未谈到人的全面发展问题。十月革命以后，列宁参加过数十次教育问题的会议，发表了很多重要演说，在列宁涉及教育问题的大量论文、报告、演讲、决议草案、工作指示、信函、批注、札记……中，广泛地论述了教育问题的各个方面，唯独罕言人的全面发展。这种情形不是偶然的，因为列宁无意叫四岁小孩学高等数学，列宁坚持了唯物主义。

在我们的教育工作中，对学生进行劳动教育是完全必要的，组织学生参加勤工俭学活动，参加一点生产劳动也是完全必要的。但是，学生参加一点体力劳动并不等于实现了体力劳动和脑力劳动的结合，也不等于就实现了人的全面发展。

在我国当前条件下，体力劳动和脑力劳动的适当分工还是不可避免的，是对生产力的提高、社会的前进起促进作用的因素，我们现在还不具备克服人的片面发展、实现人的全面发展的条件。在当前条件下，凡是有利于提高生产力、发展生产的制度、措施，就是能最迅速地向共产主义社会高级阶段前进的制度、措施，也就是能最快地实现人的全面发展的制度和措施。我们当前的任务是在党的领导下沿着社会主义道路前进。

在实际教育工作中，我们要坚持"德智体全面发展"这一方针。这是符合社会主义阶段的现实情况的，但是不要把这种方针和马克思、恩格斯所论述的共产主义社会高级阶段的人的全面发展等同起来，不能认为这就是实现了马克思、恩格斯所指出的理想。当然，我们的目的是要坚定不移地向这个理想的目标努力前进。

还经典著作以本来面目

——批判"四人帮"篡改马列教育论著的罪行[①]

"四人帮"推行法西斯的文化专制主义,为他们篡党夺权的阴谋制造反革命舆论,曾经对马列的教育论著肆无忌惮地进行篡改。现在是到了正本清源,还经典著作以本来面目的时候了。

一、怎样理解"学校应当成为无产阶级专政的工具"

"四人帮"在这个问题上叫得特别起劲,他们说:"宁肯要列宁讲的无产阶级专政的工具,宁肯少学一点,也不要红色工程师、资产阶级知识分子。"他们把列宁说的"学校应当成为无产阶级专政的工具",说成就是让受教育者"少学一点","不要红色工程师"。谁如果多学了一点,成了工程师,哪怕是红色的,也是资产阶级知识分子。"四人帮"把这一套文盲主义、蒙昧主义的谬论强加于列宁,目的是在教育战线突出"专政"二字,为他们的法西斯"全面专政"助威壮胆。鱼目不能混珠,真假必须辨明,光辉的列宁思想不容践踏。

"学校应当成为无产阶级专政的工具",这是列宁写在《俄共(布)党纲草案》中的。为了准确理解列宁的本意,现将原文照引一段如下:

[①] 本文原载《江汉论坛》,1979 年第 1 期。

在国民教育方面，俄共给自己提出的任务是：把1917年十月革命时开始的事业进行到底，把学校由资产阶级的阶级统治工具变为摧毁这种统治和完全消灭社会阶级划分的工具。学校应当成为无产阶级专政的工具，就是说，不仅应当成为一般共产主义原则的传播者，而且应当从思想上、组织上、教育上实现无产阶级对劳动群众中的半无产的和非无产的阶层的影响，以利于彻底镇压剥削者的反抗和实现共产主义制度。①

细读原文，不难看出，列宁在这里主要说明了两层意思：第一，无产阶级夺取政权以后，为了把革命事业进行到底，国民教育方面的根本任务是必须对旧学校进行根本改造，彻底改变学校的性质，使学校由资产阶级的阶级统治工具变成摧毁资产阶级统治和消灭阶级的工具，即成为无产阶级专政的工具。第二，具体说明了"学校应当成为无产阶级专政的工具"这句话的含义和内容。就是说，学校应当传播共产主义原则，进行共产主义宣传。同时还必须使学校成为无产阶级影响半无产的和非无产的劳动群众的工具。这里说的"劳动群众中的半无产的和非无产的阶层"是指小生产者，首先是指个体农民。"思想上"的影响，是指以无产阶级的思想教育农民，克服个体农民的小私有者心理和习惯，引导农民走社会主义道路。"组织上"的影响，是指以无产阶级的集体主义、组织性、纪律性教育农民，克服个体农民的分散性、散漫性，帮助农民组织起来，转变到社会主义大生产上去。"教育上"的影响，是指提高农民的文化水平，并把这种文化教育工作与合作化结合起来。农民的文化水平的提高，也是合作化的重要条件之一。所以，学校成为无产阶级专政的工具，就是学校应当宣传共产主义，应当成为无产阶级对小生产者，首先是对个体农民进行教育、改造、组织的工具，以便把分散的个体农民引导到社会主义道路上去，以孤立富农、镇压富农的反

---

① 列宁：《列宁选集》（第三卷），中共中央马克思恩格斯列宁斯大林著作编译局编译，人民出版社1960年版，第765页。

抗，最后达到消灭阶级，实现共产主义制度。

在《青年团的任务》一文中，列宁系统地论述了整个教育事业特别是培养年青一代的共产主义道德的事业应当紧密结合无产阶级的阶级斗争，为无产阶级的阶级斗争服务。列宁在那里特别着重强调了改造小农经济的斗争。《青年团的任务》中很大一部分内容，就是对"学校应当成为无产阶级专政的工具"的进一步发挥和解说。

由此可见，列宁所说的"学校应当成为无产阶级专政的工具"，和"四人帮"所鼓噪的"专政工具"是毫不相干的。"四人帮"采取偷梁换柱的手法，在"专政"这个字眼下偷运自己的私货，这种拙劣手法是骗不了人的。

无产阶级专政的根本任务是镇压国内外阶级敌人的破坏和反抗，大力发展生产力，为最终消灭阶级，为向共产主义过渡准备条件。但是，在不同的历史时期，无产阶级专政的具体任务的侧重点是不同的。十月革命胜利后，新生的苏维埃政权面临着十四个帝国主义国家的进攻和国内反革命的武装叛乱。当时的主要任务是赢得战争的胜利，保卫苏维埃政权。当战争即将胜利结束时，改造小农经济，恢复和发展工农业生产，提高劳动生产率的任务就提到首位了。《俄共（布）党纲草案》和《青年团的任务》，就是在这种历史条件下产生的。

当时我国无产阶级专政的头等任务是实现社会主义的四个现代化，把我国建成伟大的社会主义强国。"学校应当成为无产阶级专政的工具"，就是学校应当适应四个现代化的需要，多出人才，快出人才，早出人才，出又红又专的优秀人才。这个任务完成得好与坏，决定了学校教育工作的成败。

二、怎样理解"教育界的资产阶级偏见特别顽固"

"四人帮"为了蛮横地把"两个估计"强加于教育战线，曾经盗用列宁的名义,引用"教育界的资产阶级偏见特别顽固"这句话。他们以为有了这句话,就可以抹杀新中国成立以来党所领导的全部教育工作成绩,就可以置广大教育工作者于死地。然而,"四人帮"从列宁那里是得不到任何帮助的。

列宁这句话见于《在全俄省、县国民教育厅政治教育委员会工作会议上的讲话》。列宁的原话是:

> 教师组织曾经长期抗拒社会主义革命,教育人民委员部进行了长期的斗争。教育界的资产阶级偏见特别顽固。这里进行了长期的斗争,其形式是公开怠工和顽固坚持资产阶级的偏见,我们只好慢慢地逐步地夺取共产主义阵地。①

只要不是断章取义,一眼就可以看出,列宁所说的"教育界的资产阶级偏见特别顽固",不是脱离了具体条件、具体对象的一般的、普遍的结论,而是针对十月革命后的最初一段时间内教师组织抗拒社会主义革命的暂时的已经成为过去的情形而说的。把列宁的这句话套用到新中国成立二十多年以后的教育界,这是一种十分卑劣的手法。

十月革命的胜利鼓舞了千百万劳动人民。但是,许多在沙俄时代培养出来的、浸透了资产阶级世界观的资产阶级知识分子反对这个革命,更多的知识分子则是对革命不理解。被社会革命党、立宪民主党、孟什维克等反动政党控制的全俄教师联合会利用广大教师对革命的暂时不理解,在十月革命后曾经煽动教师拒绝承认苏维埃政权,拒绝为苏维埃政权服务。1917年12月19日,全俄教师联合会竟公开号召所属会员"要用口头或文字公然否认由人民委员组成的政权,或用不服从的方法或至少用政治罢工的方法以反抗布尔什维克政府"。当时,绝大多数教师都是全俄教师联合会的成员,他们在这个组织的反革命上层分子的蒙骗和胁迫下举行了罢工,拒绝和苏维埃政权合作。这就是列宁所说的

---

① 列宁:《列宁选集》(第四卷),中共中央马克思恩格斯列宁斯大林著作编译局编译,人民出版社1960年版,第367页。

"教师组织曾经长期抗拒社会主义革命","其形式是公开怠工和顽固坚持资产阶级的偏见"。

对于那些顽固反抗社会主义革命的资产阶级知识分子,列宁进行了严厉的谴责,揭露他们是农奴主——地主豢养的食客和寄生虫,是资本的奴仆。列宁指出:"工人和农民正在粉碎他们的反抗(可惜还不够坚决、果断和无情),而且一定会粉碎他们的反抗。"[①] 但是,列宁不是把教师队伍看作铁板一块。列宁看到"有教养的人现在正在分化,正在转到人民方面,转到劳动者方面来,并且帮助他们粉碎资本奴仆们的反抗"[②]。根据列宁的指示,当时采取的方针是:对全俄教师联合会的反革命上层分子进行坚决打击,而对广大受蒙蔽、裹挟的教师则进行耐心的说服、解释、争取。经过艰苦的工作,半年以后,到1918年6月召开全俄国际主义教师代表大会时,列宁出席大会并发表演说,他高兴地看到广大教师"从反对苏维埃政权到拥护苏维埃政权的转变",热情地鼓励教师"首先应该成为社会主义教育的主力军","应该充满信心地到群众中去进行宣传",和无产阶级一道为社会主义而奋斗。到1919年1月召开全俄国际主义教师第二次代表大会时,列宁在大会演说中指出,"绝大多数教师都靠近工人阶级和劳动农民,现在都深信社会主义革命有它深刻的根源,社会主义革命必然会扩展到全世界……"因此,列宁在大会上宣布:"现在这场斗争应该结束了,这场斗争正在结束。"

同年7月,列宁在全俄教育工作者和社会主义文化工作者第一次代表大会上的演说中又说:"我们看到:旧的资产阶级偏见怎样逐渐被克服,同工人和劳动农民有着密切联系的教师怎样在反对资产阶级旧制度的斗争中成长起来……"[③]

---

① 列宁:《列宁选集》(第三卷),中共中央马克思恩格斯列宁斯大林著作编译局编译,人民出版社1960年版,第394页。

② 列宁:《列宁选集》(第三卷),中共中央马克思恩格斯列宁斯大林著作编译局编译,人民出版社1960年版,第394页。

③ 列宁:《列宁全集》(第二十九卷),中共中央马克思恩格斯列宁斯大林著作编译局编译,人民出版社1956年版,第487~488页。

这就是在前面的引文中列宁所说的"进行了长期的斗争""慢慢地逐步地夺取共产主义阵地"。所谓"长期",也不过就是一年左右的时间。

当教师队伍转变到拥护苏维埃政权的立场,愿意为工人农民服务,列宁就抱着热情鼓励的态度。列宁一再提到,要帮助教师提高思想水平,充分发挥他们的作用,推广他们的好经验,提高他们的地位和改善他们的物质待遇,把有经验的专家提拔到负责的岗位上来。列宁在1922年即称教师为"人民教师",这是对教师队伍的政治状况的高度评价。这就有力地说明,"教育界的资产阶级偏见特别顽固"这种现象,早已过去了。

"四人帮"故意删掉上下文,孤立地引用一句话,不让人们知道这句话所指的具体历史条件下的具体对象,以便在人们心目中造成一种错觉,似乎在无产阶级专政条件下,只要还有个"教育界",那里就永远是"资产阶级偏见特别顽固",就永远是资产阶级的"世袭领地",就永远是资产阶级知识分子的一统天下,就永远是资产阶级专无产阶级的政。这种谬论,和列宁主义没有丝毫共同之点。

在新中国成立二十多年以后,教育战线经历了一系列社会主义革命,发生了深刻的变化。我们的学校绝大多数是新中国成立以后新建立起来的,一部分是老解放区的学校发展起来的;教师的绝大部分是新中国成立以后培养起来并且出身于工人、农民或革命干部、革命知识分子的家庭;学制、教科书、教学方法都几经改革,党对学校的领导已牢固树立起来,即使是在总数中占比例不大的从旧社会过来的学校和教师,经过历次政治运动和教育改革,也已经面目全新。这样一个基本上与社会主义经济基础相适应的教育界,"四人帮"硬说仍然是"资产阶级偏见特别顽固",这不仅是给广大教育工作者的脸上抹黑,也是给我国的社会主义制度抹黑,给无产阶级专政抹黑,用心十分险恶。

三、怎样理解教育与生产劳动结合

教育与生产劳动结合，这是马克思主义教育学说的一个重要原则。"四人帮"对这一原则同样进行了无耻的歪曲。

张春桥在一次接见外国人时，大放厥词，他说："社会主义时期的教育怎么搞，我们正在研究，按照马克思的设想，从儿童时期起，每天劳动两小时，以后增加到四小时、六小时……""四人帮"的党羽将张春桥的这一席黑话吹上了天，说什么张春桥"总结了文化大革命的经验，指出了教育革命的方向……是建立无产阶级新教学体系的纲领，具有伟大的现实意义和历史意义，要一句一句地学"。真不知人间有"羞耻"二字！

对于社会主义的教育，马克思从来没有作过这样的设想。这完全是张春桥自己的胡思乱想和对马克思的诽谤。

众所周知，1866年马克思在《临时中央委员会就若干问题给代表的指示》中曾说到，参加工厂劳动的少年儿童，应按照不同年龄规定不同的劳动时间：

9—12岁，每天劳动2小时；

13—15岁，每天劳动4小时；

16—17岁，每天劳动6小时。

但是，马克思在这里所说的，不是指社会主义制度下的教育，而是指的在资本主义条件下，作为保护工人阶级子女的措施，要通过立法去争取，是针对资本主义对童工的残酷剥削、摧残而提出的一种抗毒素，用以抵制资产者把工人子女降低为积累资本的简单工具这种恶劣现象。

17世纪，大量使用童工的现象即已盛行，资本家为了扩大相对剩余价值，便更大量地以童工、女工代替成年男工。马克思认为，少年儿童参加社会生产是一种进步的、健康的、合乎规律的趋势，但它在资本主义制度下又是畸形的。因为：第一，儿童参加社会生产的时间过早，有的儿童从3岁起就出卖劳动力。第二，每天劳动时间过长，一般少年儿童每天从事繁重的体力劳动达12—18小时。

19世纪初，欧文就开展了活动，争取通过工厂立法，限制童工劳动，并规定要给少年儿童以起码的教育。经过反复的斗争，曾经通过了一些工厂法。但是，一方面，资本家或公开抵制，或阳奉阴违，拒不执行工厂法；另一方面，工厂法本身规定的劳动时间仍然是过长的。例如：1841年法国工厂法规定的童工每天劳动时间是：8—12岁，8小时；13—16岁，12小时。又如1844年英国工厂法规定：9—16岁，6.5小时；13—18岁，12小时。针对这种情况，所以马克思在1866年指出要通过变社会意识为社会力量，通过国家政权强制执行的普遍法律，进一步限制童工劳动，并使儿童的工厂劳动与教育、体育结合起来，以"使儿童和少年免受现代生产体系的破坏作用的危害"。马克思所说按照年龄的不同，分别规定每天参加劳动的时间为2小时、4小时、6小时，就是指上述情形而言，根本不是说的社会主义制度下的教育。张春桥把资本主义制度下的童工每天参加生产劳动的时间规定，说成是社会主义制度下教育革命的方向、纲领，这就充分说明，他们口里的"革命"，是要回到资本主义的老路上去。我们的学校如果照张春桥的"二—四—六"制度去办，势必导致变普通教育为业余教育，导致普通教育的毁灭。与其说这是教育革命的"方向"，毋宁说这是文盲主义的具体实施方案。

诚然，马克思在上述1866年的论述中说过："在合理的社会制度下，每个儿童从九岁起都应当像每个有劳动能力的成人那样成为生产工作者，应当服从普遍的自然规律，这个规律就是：为了吃饭，他必须劳动，不仅用脑劳动，而且用双手劳动。"① 马克思在这里以9岁作为儿

---

① 马克思、恩格斯：《马克思恩格斯全集》（第十六卷），中共中央马克思恩格斯列宁斯大林著作编译局译，人民教育出版社1964年版，第216~217页。

童参加社会生产的最低年龄,这是根据当时资本主义条件下童工参加劳动的最低年龄规定的。这个年龄起点不是不变的。后来,当机器在生产过程中使用的范围越来越广,机器本身也变得越来越复杂,因而童工甚至是没有起码文化知识的成年男工也愈益难于参加现代生产的时候,马克思认为有必要把少年开始参加社会生产的年龄提高到14岁。例如,1880年马克思、恩格斯亲自领导起草的法国党的党纲就提出禁止雇佣14岁以下的童工的要求。既然马克思把资本主义条件下少年参加生产劳动的起点从9岁提高到14岁,我们不能想象马克思还会坚持在合理的社会制度下儿童从9岁开始就要成为生产工作者,从事有报酬的劳动的观点。

从1880年到现在将近一百年来,科学技术的进步及其在生产中引起的变革是惊人的。在以先进科学技术为基础的现代化大生产中,童工几乎已经绝迹。这一方面是由于高度发展的现代化生产使童工劳动成为不可能;另一方面,是由于生产力的提高,社会财富总量的增加,使儿童和少年有可能以更多时间接受教育,为参加现代化生产作好准备。生产愈发达,要求于劳动者的教育水准就愈高;反过来,劳动者的教育水准愈高,又愈能促进生产的发展。在这种条件下,年青一代的教育如何与生产劳动相结合,是一个崭新的问题,需要研究新情况,总结新经验,有所发展,有所前进。张春桥鼓吹的"二一四一六"制是一种开倒车的反动思想,是他们破坏社会主义学校教育的诡计,是"学校消亡论"的变种。张春桥硬把这一套黑货强加于马克思,只能说明他们一伙是任意糟蹋马克思主义的最恶劣的骗子,是打着马克思主义红旗反对马克思主义的狡猾的敌人。

论抗日战争时期陕甘宁边区的两次教育改革[①]

抗日战争时期，陕甘宁边区教育事业的发展经历了三个阶段：第一阶段始于1937年春边区政府的成立，终于1938年8月小学法的颁布；第二阶段始于1938年8月，终于1942年底；第三阶段始于1942年底，终于1945年抗日战争胜利结束。在这三个阶段中进行了两次教育改革，第一阶段进行了第一次教育改革，第三阶段进行了第二次教育改革。两次改革的性质、深度不同。经过这两次改革，陕甘宁边区的文化教育事业发展成波澜壮阔的群众运动，有力地配合了革命战争的进行和根据地的建设，并为革命胜利以后新中国的建设储备了大批人才。

一

1937年边区政府成立以后的一年半时间内，是边区教育蓬勃发展的时期，这种发展是在教育改革的基础上出现的。这次教育改革的目标是根据毛泽东同志提出的国防教育的政策，彻底改革教育的旧制度、旧课程、旧方法，建立适应抗日战争需要，适应边区人民需要的新教育制度。

---

① 本文原载《华中师范学院学报》（哲学社会科学版），1984年第2期。

陕甘宁边区是中国共产党领导的抗日民主根据地,边区政府是人民自己的政府,人民成了主人,教育改革的首要任务就是要改变教育的性质,将一直被少数剥削者所垄断、为少数剥削者服务的教育,改变成为人民大众所有、为人民大众服务的教育。在中国共产党领导的边区民主政权下,教育权回到了人民手里,学校免费为广大劳动人民子弟敞开大门,民主政府千方百计动员人民群众的子弟入学,为地广人稀、居住分散的山区人民子弟的入学尽量创造便利条件,把学校办到他们身边,把文化知识送到田边地角、送到家里、送到炕上。据 1938 年统计,在 10028 名小学生中,出身于贫农、雇农、佃农、中农、小商贩、教职员、抗日军人和公务员家庭的学生有 9597 人,占 95.7% 以上,学生社会成分的改变是教育性质改变的标志之一,这是继苏区之后的又一个历史性变化。

中国共产党倡议的抗日民族统一战线建成以后,毛泽东同志即时提出,要根据"国防教育"的政策,"根本改革过去的教育方针和教育制度。不急之务和不合理的办法,一概废弃",这一要求在陕甘宁边区得到了彻底实现。陕甘宁边区经济文化落后,战争、生产的任务紧急,客观条件不允许按部就班沿袭年限过长的旧学制,因此,缩短学制年限,成了教育改革的重要课题,边区的小学实行五年制,初小三年,高小二年。为满足边区对小学教师和干部的急需,中学暂办初中,学制缩短为一年。事实上,在 1937—1939 年,鲁迅师范的学生很多人只学习三四个月就分配了工作。至于培养高级干部的高等院校,更是没有固定的学习年限,完全由实际工作需要决定。

陕甘宁边区原有的数量有限的小学,大多是三年制甚至不足三年的初小。边区政府成立后发展了包括初小和高小的完全小学。在当时特定条件下,完全小学的任务是为中学输送新生并培养知识分子干部。

在革命根据地建立新型中等学校,标志着根据地的教育水平有了新的提高。鲁迅师范创办于 1937 年 3 月。1938 年秋,建立边区中学,后来，在1939年7月，这两所中等学校合并成边区师范（第一师范）。

完全小学和中等学校的建立，再加上一批培养高级人才的高等院校和1937年创办的托儿所，陕甘宁边区就在革命战争的条件下，在经济文化落后的农村环境里，废除了旧的学制，成功地建成了一套从学前教育到高等教育的崭新的学制。它是真正的人民的学制，它与国民党统治区的为帝官封服务的学制成了鲜明对照。在中国大地上，两种对立的学制同时并存，这是中国革命的特点的反映，也是中国革命的优点的反映。

改革旧课程的原则是："国防教育的课程应以政治（抗日民族统一战线）、军事（游击战术）和战时知识（防空、防毒、救护等）为中心，一切课程内容都应与抗战联系，不适应抗战需要的课程应取消或减少学时。"小学课程规定有国语、政治常识、自然常识、算术、音乐、美术、体育、历史、地理。中等学校的课程完全打碎了旧的一套，但是新开设的课程实际上并没有开齐。鲁师①存在的时期，入学、编班、上课都是根据学生的水平和工作需要临时确定，并没有一套刻板的正规教学计划。在所有课程中，都是贯穿着抗日的思想教育，课外活动更是丰富多彩。

在教育、教学方法的改革方面：一是贯彻学校与社会、教育与政治和生产、理论与实际、学与用、师生和人民群众之间的结合，师生积极参加生产劳动、春耕动员、扫盲识字、宣传鼓动、慰劳抗属等活动，小学规定星期六下午为优待抗属的专用时间。二是废止填鸭式、机械背诵，提倡集体的、自动的学习，采用讨论、辩论、演讲、办墙报等方式。

边区民主政治的实现必然要求改革学生管理制度，边区的学校废除了国民党学校中的特务统治、惩办主义、打骂作风，实行了民主管理，提倡学生自治。为适应战时环境，曾提出并实行学校按军事编制编班，

---

① 鲁师指鲁迅师范，后同。——编者注

实行行动军事化，强调团结和自觉纪律，师生打成一片。

在教育改革的过程中，逐渐建立了一支忠于抗日民族统一战线的、不畏艰苦、热心教育工作的师资队伍，这支队伍包括经过改造的旧教师、鲁师培养的新生力量和从全国各地投奔革命圣地的青年革命知识分子。为提高师资质量，边区教育厅在工作中加强具体指导，总结经验，举办寒暑假学习班，供给学习材料，使这支队伍在实践中不断成长起来。

陕甘宁边区所进行的第一次教育改革，是根本性的改革，是教育的性质的改革，这次教育改革所要解决的矛盾，是两种对立的教育制度之间的矛盾，改革的目标是废除旧的教育制度，创建新的教育制度。这次改革是一次深刻的革命。正是由于这场深刻的革命，以后革命根据地教育的发展、完善、提高才有了坚实的基础。

第一次教育改革的结果是教育事业的大发展。革命以前，陕甘宁边区各县的文盲达98%，有的县如华池、盐池，竟高达99.5%。在革命前，华池县连一所小学也没有，延安全县只有七所小学。民主政权建立后，决心改变边区文化落后的面貌，从1937年春到1938年秋，小学增加到原来的2.2倍以上，学生增加到原来的2.5倍以上。华池在1937年边区政府成立后才开办第一所小学，到1938年8月，小学发展到21所，这种发展速度是历史上前所未见的。

扫除文盲，是中国共产党和边区政府极为关心的重要问题之一。边区政府成立之后，在1937年进行了一次识字突击运动。在识字运动的基础上，大量的冬学、识字组、夜校、半日校发展起来了。此外还发展了大量农村俱乐部、民教馆、剧团、秧歌队、读报组、黑板报。到处都出现了子教父、夫教妻、兄弟互教的感人景象。在党的关怀下，智慧的光芒照遍了边区的山山岭岭、穷乡僻壤。世世代代在愚昧黑暗中忍受剥削的山区人民，一旦政治上当家作主以后，也就成了精神财富的主人。

边区教育厅克服重重困难，编写、出版了大批教科书，包括小学的国语、常识、算术、图画、劳作、唱歌、历史、地理等，这批教科书既取代了国民党的教科书，也取代了《三字经》《百家姓》一类旧的儿童读物。新教科书的编印，促进了教育教学内容的改革，为小学的发展提供了有利条件。

第一次教育改革取得成功的历史背景是，民族矛盾上升为主要矛盾，中国共产党提出的抗日民族统一战线建成和国内和平实现，全国抗日浪潮高涨，革命力量壮大，陕甘宁抗日根据地和民主政权建立。经过第一次改革和随之而来的大发展，原来是文化荒漠的陕甘宁边区，成了整个中国未来教育发展的曙光、方向。

第一次教育改革和教育发展取得的成就，应该书诸竹帛，镂诸金石，永垂万世。但是，在这个时期教育工作中也存在一些问题：

一是，在各级各类教育的总体部署上，没有突出应该突出的重点，没有把担负着抗战和生产的领导责任的干部的培养放在首位，而是把小学教育放在首位，脱离了最迫切、最紧急、最现实的需要；

二是，对边区的困难条件估计不足，过早提出普及教育的口号，后来更发展成为推行强迫义务教育；

三是，过早提出普遍推行"新文字"。1936到1937年曾进行一次用新文字扫盲的实验。搞点实验原也无可厚非，但是要求在国防教育中普遍使用新文字，就操之过急。

此外，在教育工作中也存在急于求成的思想，这种思想，后来发展成为在中小学推行所谓"正规化"，使边区的教育走了一段弯路。本文所说的第二个阶段，就是以"正规化"为标志的。

二

陕甘宁边区教育发展的第二阶段是从中小学实行正规化开始的。中学和小学的正规化不是同时开始的，小学在前，中学在后。本文以小学开始正规化的时间作为第一阶段与第二阶段的分界点。

陕甘宁边区小学教育的正规化应始于1938年8月。

1938年4月的《边区国防教育的方针与实施办法》中并未提出正规化的要求。同月召开的三科科长联席会议上提出了扩大小学与提高小学质量为工作中心，可以说是推行正规化的前奏。同年8月15日正式公布了《小学法》和《模范小学暂行条例》，使正规化有了立法根据。同月召开的三科科长联席会议上，教育厅负责人提出：要利用各种可能的环境使学校建设走上正规化的道路，克服过去残留下来的一切游击主义作风；一切学校都要在国防教育的总的原则方针之下依照小学法与小学规程办理。8月15日会议通过的决议规定：改进小学质量是下半年教育工作中的中心问题，所有小学、模范小学均应按厅颁布之《小学法》与《模范小学暂行条例》办理。

1938年上半年还是扩大小学与提高质量并提，到8月，提高质量跃居中心地位，扩大数量降到次要地位。到1938年末，教育厅在79号指示信中谈到总检查的结果时写道："少数学校真能做到正规化的程度。"这就说明小学的正规化已不是停留在法律条文、指示和文件上，而是已经在实际工作中开始推行了，尽管进程是很缓慢的。

此后又颁布了《小学规程》《小学教育实施纲要》，对小学的正规化做了更具体的规定。

所谓正规化，就是在学校的设置、规模、课程、教材、设备、考试和升留级制度，作息时间，寒暑假、校长教员的任用等方面强求标准化，即所谓"集中办学，按部就班，整齐划一"。这种脱离实际的要求束缚了群众的手脚，不能调动广大群众的办学积极性；教学内容的正规化脱离了群众在生产生活中的实际需要，扩大了学校与社会、教育与生活之间的距离，挫伤了群众对教育的热心；寒暑假、星期日制度的正规化不利于学生在农忙时参加生产，增加了动员学生入学的困难；这一切缺点的出现，使教育工作又回复到冷冷清清的局面。

小学正规化的严重发展是大量合并学校。1941年秋提出合并学校；重质不重量，只有严格符合标准的学校才允许继续存在，"否则在五里路以内可与附近小学合并，五里路以外者取消"。

采取这一步骤，使原来辛辛苦苦发展起来的小学大大减少。1942年初教育厅检查结果：据17个县统计，合并初小30.2%，学生减少40%。不仅初小合并，完全小学也有合并的。陇东分区1941年有小学155校，1942年减为74校，学校裁并了，但质量并无显著提高。陕甘宁边区的并校风也影响到其他根据地，如晋绥边区也是在1942年冬精简了小学，使学校和学生减少。

并校以后，要求学生住校起伙，不但增加了家长的负担，也妨碍学生帮助家里生产。有的学生逐渐滋长了脱离群众、轻视劳动的思想，使群众对学校教育更加不满，不愿让孩子上学。于是，造成在动员学生入学遇到阻力时甚至采用强迫手段的现象。

中等学校的正规化始于1940年8月。1939年7月，鲁迅师范和边区中学合并成边区师范（第二师范）时，也提出了正规化的口号，但实际并未实行，边师①在成立后的第一年仍然继承了鲁师的传统。从1940年秋开学，边师的学制延长为"二二学制"，课程开设16门，计有公民、国文、数学、历史、地理、生理卫生、动物、植物、物理、化学、音乐、美术、体育、教学法、教育原理、教育实施。这套课程设置基本上是从国民党教育部部颁课程标准抄袭来的，教材大部分采用开明书店出版的课本，只有少数几门课程如国文、历史等作了改编，即使是改编了的教材，也体现了正规化的影响，脱离边区实际。

1940年2月，接收了绥德师范；同年，接收米脂中学。这两所学校接收后，来不及作彻底改造，基本上保留旧的学制、课程，使中等学校的正规化有了典型。

1940年新建了几所中等学校。关中师范（第二师范）于3月成立，

---

① 边师是边区师范（第二师范）的简称。——编者注

8月开始上课。三边师范（第三师范）2月成立，6月正式上课。陇东中学成立于1940年春，7月正式上课。这些学校成立和正式开始上课的时期，也正是中等学校正规化开始的时期，难免不受影响。

1942年，《中学规程》规定初中三年，课程14门，每周教学总时数30学时；高中二年，课程13门，每周教学总时数29学时。第62条规定："中学之生产劳动，一般的应于课外进行，不得已而侵占授课时间，一年中最多不得超过14日。"《师范学校规程》规定初级师范三年，课程19门，每周总课时33学时；高级师范二年，课程18门，每周总课时33学时，关于学生参加生产劳动的规定与中学规程相同。

在小学和中学推行正规化的过程中，第一阶段即已出现的教育工作中的缺点和错误有的继续存在，有的进一步发展了。没有突出干部教育的缺点仍然存在，普及教育和新文字的推行有了发展。

1939年颁布了实行强迫教育的条例。1940年普及教育发展成强迫①义务教育。对经过说服教育而仍不送子女入学的家长规定了各种惩罚。先是规定三年之内、后来规定六年之内普遍实行初小三年的义务教育。这显然是当时边区的经济文化条件所不允许的。

1940年秋又开始推行新文字，教育厅提出"今后成年、青年教育以新文字为主"。是年末进行了第二次新文字扫盲实验，同时，政府宣布新文字与汉字有同样法律地位，政府的一切布告、法令，汉字和新文字两者并用。中宣部的指示信提出要将新文字列入小学课程。1941年冬，为新文字冬学培训了大批教员准备进行第三次新文字扫盲实验。但是这些决定、指示，实际上是难以实现的。

第二阶段所存在的上述问题使得教育工作中许多辛辛苦苦的努力劳而无功，有的甚至产生消极作用，阻碍了教育大发展，教育为抗战服务、为生产服务、为边区人民服务的作用受到很大削弱，教育工作愈来愈落后于革命形势发展的要求。一次新的教育改革已经不可避免。1942

---

① 此处"强迫"二字为编者所加。强迫教育与义务教育实为同义词。——编者注

年以后,随着整风运动和大生产运动的发展,陕甘宁边区的第二次教育改革就到来了。

但是,对于第二阶段的教育工作所取得的成就不能低估,这些成就至少可以简括为以下十个方面:

第一,继续贯彻了国防教育的政策和新民主主义的文教方针,努力使教育为抗日战争和根据地建设服务。

第二,狠抓了小学教育质量,特别是注重抓了完小的发展、巩固和提高,以满足为中等学校输送新生和造就干部的需要。

第三,中等学校发展了,到1942年末,中等学校发展到7所,扩大了干部培养的数量。

第四,建立了包括职业学校、医药学校、外语学校、新文字干校在内的中等专业学校(含师范学校)。

第五,根据中国共产党一贯的民族政策,重视民族教育的发展,建立了民族学院、伊斯兰小学和蒙民小学。

第六,高等院校发展到12所。

第七,各种形式的社教组织仍有很大发展,群众的识字率大大提高。

第八,教材、教科书的供应得到改善。

第九,思想政治教育仍然在学校中居于重要地位,仍然强调了师生参加社会工作和生产劳动。

第十,师资队伍的数量和质量都有新发展,这是教育事业进一步发展的重要条件。

以历史的眼光来衡量第二阶段教育工作中的功与过,应该肯定,功是主要的,过是次要的。总的说来,革命的教育事业还是发展了。如果没有上述的缺点错误,必然发展得更好、更快,但终究是前进了而不是倒退了。把第二阶段教育工作的成绩说成是零甚至是负数的观点,是不妥当的。

三

抗日战争时期陕甘宁边区教育发展的第三个阶段始于 1942 年底边区高干会议。

诚然，第二次教育改革的思想酝酿是开始很早的。1941 年 5 月毛泽东同志《改造我们的学习》的报告和 9 月 11 日《解放日报》社论《打碎旧的一套》，年底党中央《关于延安干部学校的决定》和 1942 年 1 月《解放日报》社论《教育上的革命》，是第三次教育革命即将到来的信号。特别是在 1942 年，毛泽东同志又发表了关于整风的报告，一场深刻的马克思主义教育运动即将发展起来，在此期间，《解放日报》发表了一系列强调干部教育的社论，这一切都为第二次教育改革做了思想上、理论上、舆论上的准备。

从干部教育的地位看，尽管党数次作出了加强干部教育的决定指示，《解放日报》发社论，但是，行动很缓慢。教育厅在 1943 年 2 月的文件中说："去年（1942 年）本厅奉命筹办在职干部教育，厅内设第四科主持之……但本厅却连准备工作亦未做好……采取了等待主义。"这就说明在 1942 年仍然没有将干部教育特别是在职干部教育置于整个教育工作的首要地位。

从中小学正规化的推行看，1942 年 6 月还提出："从本年秋季起，一律按照教育厅规定之师范规程及中学规程办理。"不久重订并公布了《暂行中学规程》和《暂行师范学校规程草案》。1942 年 11 月还在翻印开明书店的教科书。关于小学，1942 年 9 月教育厅的指示信仍重申："1942 年国民教育中心工作是建立正规教育制度，提高各级教育质量。"因为无原则地合并学校，1942 年"减少学校至一半"。

1942 年，还在强调建立正规学制，推行新文字。教育厅亦规定："中心工作应该是：一、建立正规教育制度，二、提高各级教育质量，

三、继续推行新文字，消灭文盲。"可见新文字的推行在1942年也还在继续。

从以上情况可以看出，教育工作在第一阶段和第二阶段中所存在的那些主要问题，在1942年并没有从根本上引起重视。这种情况是由两方面的原因造成的，一是整风运动还没有发展到教育部门，二是1942年还没有大生产运动，为教育事业的新跃进准备经济条件。

在整风运动胜利发展的基础上于1942年底召开的边区高干会上，研究了教育问题，酝酿了学制改革，明确规定了各级各类教育应处的地位。边区高干会揭开了第二次教育改革的序幕。1943年中学和小学的整风清算了教条主义和"旧型正规化"，为第二次教育改革扫除了思想障碍。1943年毛泽东同志号召的大生产运动获得丰硕果实，群众的经济生活大为改善，为第二次教育改革提供了物质基础。于是，从1942年底、1943年初开始，第二次教育改革迅速发展，在改革的基础上，边区教育出现了一个热火朝天的新局面。

第二次教育改革集中解决了以下几个问题：

一是摆正了各级各类教育的位置，明确了第一在职干部教育，第二学校干部教育，第三社会教育，第四国民教育。为了贯彻这一方针，边区的党政机关都组织了由单位负责人亲自主持的学委会，加强了对在职干部学习的领导。中等学校，不仅从高小毕业生培养未来干部，也组织短训班轮训现任干部。干部是执行党的方针政策的骨干，是群众的领袖和引路人。一批久经锻炼的富有实践经验的干部，一旦用文化知识和理论武装起来，就如虎添翼，对党的事业起有力的推动作用。

二是在儿童教育中，打破了过去单靠政府办学的框框，实行民办公助的方针，调动了群众办学的积极性，群众可以按照自己的愿望和需要，兴办适合自己特点的学校，政府则予以指导，办学因地制宜，不强求整齐划一，按部就班，解除了发展教育事业的重重束缚。群众办学的积极性调动以后，群众的创造智慧也就大大发挥出来，办学形式丰富多彩，儿童、青年、成年、妇女的教育或合或分，视具体情况而定，小学教育与社会教育之间没有鸿沟，教员有的来自群众，学校创办人和领导人有的就是劳动模范，学校与社会、教学与生产劳动、知识分子和群众密切结合。现在，再不需要花九牛二虎之力去"动员"学生入学。教育成了与群众切身利益攸关的事情，物质上的困难也就不难解决了。

三是进行了课程改革，精简了课程门类，增加了边区急需的课程。1944年将中学的课程改为8门：边区建设、政治常识、国文、数学、史地、自然、生产知识、医药知识。从课程内容看，1942年前后政治课偏重抽象原理。改革后的《边区建设》内容包括：边区史地、边区政策、边区组织；《政治常识》包括经济常识、抗日战争与三民主义、组织生活与工作方法。课程内容精炼、集中、实际多了。根据新的课程改编了教材。小学的课程也增加了群众在生活和生产中急需的内容，如应用文、珠算等，贯彻了学以致用的原则。

四是扩大了文教工作中的统一战线，允许在政府指导下私人办学，广泛团结一切拥护抗日民族统一战线的新旧文化工作者，共同为消除文化落后、不文明、不卫生的现象而斗争。

五是在各级各类教育中，贯彻新民主主义的文教方针，发展整风运动的伟大成果，反对主观主义、教条主义，提倡理论联系实际、调查研究、实事求是、从实际出发，改进了教育行政领导部门的工作作风。

六是贯彻教育与生产劳动结合，学校也参加大生产运动，加强了思想政治教育。

第二次教育改革的历史背景是根据地巩固和发展、通过整风运动全党的马克思主义水平大提高以及边区大生产运动取得巨大成就。没有这些条件，第二次教育改革既不能出现，也不可能取得成功。

第二次教育改革的性质与第一次教育改革根本不同。第二次教育改革是已经建立起来的新教育制度本身总结经验、克服缺点，进一步巩固、完善、提高、发展的问题。它所要解决的是革命教育工作者中两种认识路线、两种思想方法的矛盾。第一次改革为第二次改革打下了基础，第二次改革是第一次改革的进一步发展。两次教育改革同样具有重大的历史意义。就客观条件说，第一次改革时面临的困难大得多；就影响说，第二次改革的影响要广泛、深远得多。在第一次改革和第二次改革之间，有一段暂时的曲折，无产阶级根本改造旧社会的伟大事业，总不可能走捷径。

四

1944年召开的盛况空前的陕甘宁边区文教大会是一次重要的大会。这次大会清理了教育工作在第一、二阶段中出现的错误，总结了1943年以后的经验，推广了先进典型，表彰了模范工作者，阐明了教育工作继续前进的方向道路。毛泽东同志在大会上作了《文教工作中的统一战线》的重要讲话。对于这次大会，正如当时《解放日报》的社论所预言："将来修中国文化史的人对此不可不大书一笔。"一部现代中国教育史，如果没有讲到1944年的边区文教大会，就不能称为一部完善的中国现代教育史。

但是，事隔40年之后，我们再回头来冷静地、客观地分析这次大会，不能不承认它也是有缺点的。从大会上的言论看，笔者认为，至少有三个问题值得重新作出历史的评价。

第一，关于对第二次教育改革以前的教育工作成绩的估计问题。大会虽然也肯定了前一段的成绩，但是大会的总结报告中说："第二个时期①的错误，实远过于其成绩。"按照这种估计，从1937年到1942年底的六年间，陕甘宁边区教育工作的效果不仅等于零，而且是负数，广大教育工作者在物质条件极端困难的环境艰苦奋斗六年，结果是帮了倒忙。这样的估计既不符合实际，也不能令人信服。

---

① 指抗战开始以后至1942年，不是本文所说的第二阶段。——编者注

第二，关于前一段教育工作中的抗日宣传的评价问题。抗日战争开始后，根据毛泽东同志提出的"抗日的教育政策"的精神，陕甘宁边区的教育工作特别重视抗日宣传，在各种教材特别是语文、常识一类教材中，抗日的内容压倒一切。这在当时全国的教育中堪称模范。对于贯彻党的抗日民族统一战线的主张，提高群众的民族觉悟、动员抗战力量，是完全必需的。缺点是对文化知识、生产教育重视不足，脱离边区实际。批评这些缺点是对的，但在文教大会的发言中，竟有人用"甚至猫也抗日、狗也抗日"这一类近乎讽刺的语言把抗日宣传也说成是一种过错，这就有欠公允了。

第三，关于缺点和错误的原因的分析。第一、第二阶段教育工作中出现的问题，其原因是多方面的。除了思想上的主观主义、教条主义外，还有根据地经济的落后、经验的不足等等。而且教育工作中的一些重大措施，如正规化、义务教育、推行新文字，乃至对干部教育重视不够等等，毕竟不是少数几个教育工作领导人擅自决定的。在整风运动以前，大家的马克思主义水平都没有后来那么高，把责任都归之于教育工作的领导人，也不是实事求是。如果边区文教大会上对这个问题没有掌握好分寸还可以谅解的话，在几十年以后，再沿袭这种片面的观点，就不妥了。例如，把当时推行义务教育的责任完全归之于"有的教育工作者"这就不利于总结历史的经验教训。

抗日战争时期陕甘宁边区的教育工作有丰富的经验，教训也是经验。这些经验集中到一点，就是实事求是，从实际出发。这正是毛泽东思想的精髓。在抗日战争时期的陕甘宁边区办教育，要从抗日战争时期陕甘宁边区的实际出发，既不能照搬根据地以外的教育，也不能照搬中国以外的教育。现在，我们是在社会主义的中国办教育，同样要从社会主义中国的实际出发，既不能照搬资本主义社会的教育，也不能照搬别的社会主义国家的教育。观今宜鉴古，学点历史，有助于我们加深对这一点的认识。

陈独秀论教育

陈独秀(1879—1942),安徽怀宁人,17岁中秀才,受新风气影响,转攻西方文化。曾留学日本。1917年任北京大学文科学长,是五四运动和筹建中国共产党的领导人。陈独秀接触马克思主义以后,开始用马克思主义的观点观察教育问题,发表教育见解,宣传马克思主义教育思想。

一

根据马克思主义历史唯物主义关于社会经济基础与上层建筑的关系的原理,陈独秀认为社会的物质生活决定社会的精神生活,精神生活只有在物质生活发展的基础上才能发展起来。饥肠辘辘的人根本谈不到教育问题。他说:"人类生活的欲望,是由物质的进到精神的,断没有丢开物质的便进到精神的,饥寒救死不暇的人,还说什么知识不知识?"

二

陈独秀批评资本主义制度剥夺了工人受教育的权利,并呼吁争取工

---

① 本文选自《新教育观——从马克思到邓小平》,为作者承担的"八五"教育科研规划国家教委重点课题"马克思主义教育理论在中国的传播和发展"的结项成果,约20万字(未出版)。

人的受教育权。他指出:"在现在的贪狠的资本家生产制度下,工银如此之少,(劳动)时间如此之多……有何种神通可以使一般工人得着平等的教育?"①

他主张学校应对广大人民群众开放。"新教育对于一切学校的概念,都是为社会设立的,自大学以至幼稚园,凡属图书馆、实验场、博物院,都应该公开,使社会上人人都能够享用";又说"学校挂的'学校重地,闲人免进'的虎头牌"是"学校的个人主义","教育界的关门主义"②。

他认为劳动人民应以"减时增资做教育条件"。减时是缩短每天的劳动时间,增资是增加工资。

三

批评旧教育脱离实际,脱离生产劳动。陈独秀指出:"农学生只知道读讲义,未尝种一亩地给农民看,工学生只知道在讲堂上画图,未曾在机械上应用……学生记了许多外国名词,见了本地的动植物茫然不解,学经济的懂得一些理论,抄下一些外国的经济统计,对本地的经济情况竟无所知。"③ 为了改变传统教育这种脱离实际的弊端,陈独秀主张:

"把教育与社会打成一片。"④

"一切教育,都建设在社会的需要上面。"⑤

---

① 陈独秀:《劳动问题再答知耻》,载《新青年》,1920年9月1日第8卷第1号。
② 陈独秀:《新教育是什么——在广东高师演讲词》,载《新青年》,1921年1月3日第8卷第6号。
③ 陈独秀:《新教育是什么——在广东高师演讲词》,载《新青年》,1921年1月3日第8卷第6号。
④ 陈独秀:《新教育是什么——在广东高师演讲词》,载《新青年》,1921年1月3日第8卷第6号。
⑤ 陈独秀:《新教育是什么——在广东高师演讲词》,载《新青年》,1921年1月3日第8卷第6号。

"无论设立农工的何项学校,以及农工学校何种科目,都必须适应学校所在地的需要以及产业、交通、原料各种情况。"①

他认为,教育"应弃神而重人,弃神圣的经典与幻想而重自然科学的知识和日常生活的技能"②"一人失其生产力,则社会失其一部分之安宁幸福"③。

四

论新教育方针。陈独秀认为新教育方针应有四义:一为注重科学的人生教育的现实主义,反对迷信复古主义;二为注重平民主义教育的惟民主义,反对忠君、专制、盲从;三为注重实利的职业教育,反对重义轻利的传统;四为注重身体的意志锻炼的兽性主义,反对文弱书生的旧教育。

---

① 陈独秀:《新教育是什么——在广东高师演讲词》,载《新青年》,1921年1月3日第8卷第6号。

② 陈独秀:《近代西洋教育——在天津南开学校演讲》,载《新青年》,1917年7月1日第3卷第5号。

③ 陈独秀:《今日之教育方针》,载《青年杂志》,1915年10月15日第1卷第2号。

李大钊论教育①

李大钊（1889—1927），字守常，河北乐亭人，曾留学日本就读于早稻田大学。北京大学经济学教授兼图书馆主任。最早在中国系统介绍马克思主义和颂扬俄国十月革命，为创建中国共产党的主要骨干之一。

一、论教育的性质及其对传统教育的批评

李大钊运用马克思主义的观点分析教育的性质及其在社会生活中的地位和作用。他指出："人类社会一切精神的构造都是表层构造，只有物质的经济的构造是这些表层构造的基层构造……而在经济上物质的结合与位置则常常变动。物质既常有变动，精神的构造也就随着变动。"②"物质和经济可以决定思想、主义……"③，由此推论，作为社会生活中一个重要领域的教育，就必然是由经济所决定，随着经济的变动而变动，教育，正如政治、文学、诗歌、礼俗等一样"都有今古"，不可能是永恒不变的。

李大钊揭露封建教育的反动本质，说明这种教育是为封建的社会

---

① 本文选自《新教育观——从马克思到邓小平》，为作者承担的"八五"教育科研规划国家教委重点课题"马克思主义教育理论在中国的传播和发展"的结项成果，约20万字（未出版）。
② 李大钊：《物质变动与道德变动》，载《新潮》，1919年12月1日第2卷第2号。
③ 李大钊：《物质变动与道德变动》，载《新潮》，1919年12月1日第2卷第2号。

制度所决定，又为封建的社会制度服务。封建教育束缚人的个性发展，把人培养成为盲目顺从的奴隶。封建统治者的教育是以劳心者治人、劳力者治于人的理论为基础。学校中的课程、教材如历史，是特权阶级按照自己的阶级利益编纂的。"这种史书，简直是权势阶级愚民的工具。"①

李大钊批评中国封建社会中长期禁锢人头脑的礼仪、名教、伦理、纲常。他指出："两千余年来支持中国人精神的孔子伦理——所谓纲常，所谓名教，所谓道德，所谓礼义，哪一样不是损卑下以事长上？哪一样不是牺牲被治者的个性以事治者？……所以孔子的政治哲学修身齐家治国平天下，'一以贯之'全是'以修身为本'。孔子所谓修身，不是使人完成他的个性，乃是使人牺牲他的个性。……孔门的道德是与治者以绝对的权力、资被治者以片面的义务的道德。"② 忠、孝、顺从、贞洁都是束缚。牺牲被治者的个性以事治者，以巩固君权、父权、夫权的统治。

李大钊指出，这些封建社会的统治思想是以那个社会中的"农业经济组织"的"基础构造"所决定的，"并不是什么永久不变的真理，孔子或其他古人，只是一代哲人，决不是万世师表"③。

现在，"时代变了"，西洋的工业经济来压迫东方的农业经济了。帝国主义的侵略打破了封建主义的闭关自守，中国沦于半封建半殖民地的地位。"孔门伦理的根本基础就动摇了"，"因为他不能适应中国现代的生活、现代的社会"④，"三代圣贤的经训格言，断断不是万世不变的法

---

① 李大钊：《唯物史观在现代史学上的价值》，载《新青年》，1920年12月1日第8卷第4号。
② 李大钊：《由经济上解释中国近代思想变动的原因》，载《新青年》，1920年1月1日第7卷第2号。
③ 李大钊：《由经济上解释中国近代思想变动的原因》，载《新青年》，1920年1月1日第7卷第2号。
④ 李大钊：《由经济上解释中国近代思想变动的原因》，载《新青年》，1920年1月1日第7卷第2号。

则），什么王法、纲常，什么名教，都可以随着生活的变动、社会的要求而有所变革，且是必然的变革。"①

李大钊的批判锋芒不是针对千百年以前的死人，更重要的是直接指向在新的、变化了的时代仍然固守着僵死的文化思想、以抵抗新思想、阻挡历史前进的顽固反动分子。袁世凯称帝前后，在他的"教育纲要"中，教育要旨是"一、各学校均应崇奉古圣贤，以为师法，尊孔尚孟，以端其基而致其用；二、中小学教员应研究性理，崇习陆王之学；……教科书宜采集学案，以明尊孔尚孟之渊源"。在教育内容上，"中小学均加读经一科"。《天坛宪法草案》中规定："国民教育以孔子之道为修身大本。"李大钊针锋相对地反对这种复古教育政策。他指出，自由重于生命，不自由，毋宁死。以孔教作为修身大本，正是限制了人民的思想自由。统治者的这种政策，不仅涉及人民的身体，"兹乃并民族之生命、民族之思想而亦杀之，流毒所届，普及于社会，流传于百世。呜呼，酷矣"②。李大钊号召反对这种反动政策："苟有匿身于偶像之下，以圣人之虚声，劫持吾人之思想自由者，吾人当知其祸，视以皇帝之权威侵害吾人之身体为尤烈，吾人对之与其以反抗之决心与实力，亦当视征伐皇帝之役为尤勇也。"③

时代变化了，新思潮代替旧思潮是不可阻挡的历史趋势，李大钊警告那些妄图挽住历史车轮的顽固分子说："我们可以正告那些抑制新思想的人，你们若是能够把现代的世界经济关系完全打破，再复古代闭关自守的生活……新思想自然不会发生。你们若是无奈何这新经济势力，那么只有听新思想的自由流行，因为新思想是新经济的新状态、社会的新要求发生的，不是几个青年凭空创出来的。"④

---

① 李大钊：《物质变动与道德变动》，载《新潮》，1919年12月1日第2卷第2号。
② 李大钊：《宪法与思想自由》，载《宪法公言》，1916年12月10日第7期。
③ 李大钊：《宪法与思想自由》，载《宪法公言》，1916年12月10日第7期。
④ 李大钊：《由经济上解释中国近代思想变动的原因》，载《新青年》，1920年1月1日第7卷第2号。

二、论无产阶级教育的新方向

李大钊最大的历史功绩之一是他在中国历史上第一次指出了中国必然走社会主义道路，中国必然建立社会主义社会制度，共产主义必然在全世界胜利。李大钊欢呼俄国十月革命的胜利"是社会主义的胜利，是布尔什维克主义的胜利，是赤旗的胜利，是劳工阶级的胜利……应该为世界人类全体的新曙光庆祝"①。"由今以后，到处所见的，都是布尔什维克主义胜利的旗，到处所闻的，都是布尔什维克主义的凯歌之声，人道的钟声响了，自由的曙光现了！试看将来的环球，必是赤旗的世界！"②

这就为未来中国教育的发展趋势指出了新的方向，开辟了新的视野，提出了新的要求。为了推动历史的前进，迎接新时代的到来，对年青一代的教育就不能再是老样子。新教育必须：

1. 培养年轻一代积极向上、奋发有为、充满乐观主义的人生观，最大限度地发挥人的主观能动性

李大钊发展了马克思关于人是历史的产物、又是历史的自觉创造者的辩证观点。李大钊指出："一切过去的历史，都是靠我们本身具有的人力创造出来的，不是哪个伟人圣人给我们创造的，亦不是上帝赐予我们。将来的历史，亦还是如此。现在已是我们世界的平民的时代了，我们应该自觉我们的势力，赶快联合起来，应我们生活上的需要，创造一种世界的平民的新历史。"③

只有深刻认识了历史发展规律及人民群众在历史上的作用，认识人的主观能动性的作用，"斯时，人才看出：一切进步只能由联合以图进

---

① 李大钊：《Bolshevism 的胜利》，载《新青年》，1918 年 10 月 15 日第 5 卷第 5 号。
② 李大钊：《Bolshevism 的胜利》，载《新青年》，1918 年 10 月 15 日第 5 卷第 5 号。
③ 李大钊：《唯物史观在现代史学上的价值》，载《新青年》，1920 年 12 月 1 日第 8 卷第 4 号。

步的人民造成,他于是才自觉他自己的权威,他自己在社会上的位置,而取一种新态度。从前,他不过是一个被动的、否定的生物,他只是一个忍耐的试验品,于什么人亦没有什么用处。现在他变成一个活泼而积极的分子……他愿意把他的肩头放在生活轮前,推之挽之,使之直前进动。"①

人们不能坐待社会主义的到来,新社会制度也不可能自行到来,反动统治阶级不会自动退出历史舞台。只有具有革命乐观主义精神的人才能在未来的斗争中不畏艰辛,不怕挫折,一往无前,夺取胜利。李大钊指出:"一个新生命的诞生,须经一番苦痛,冒许多危险……这等艰难是进化途中所必须经过的,不要恐怕,不要逃避的。"②李大钊号召对于一切阻碍历史前进的旧势力"必挟雷霆万钧的力量摧灭他们。他们遇见这种不可挡的潮流,都像枯黄的树叶遇见凛烈的秋风一般,一个一个地飞落在地"③。

李大钊反对消极、被动、悲观、厌世、自暴自弃的宿命论人生哲学,他认为这种宿命论是以历史唯心主义为理论基础的。他将历史唯心主义和历史唯物主义作对比说:"一则寻社会情状的原因于社会本身以外,把人当作一只无帆、无楫、无罗盘针的弃舟,漂流于茫茫无涯的荒海中;一则于人类本身的性质内求达到较善的社会情状和推动力与指导力。一则给人以怯懦无能的人生观,一则给人以奋发有为的人生观。"④

2. 体力劳动与脑力劳动结合,教育与生产劳动结合,知识分子与工农结合

马克思曾经认为,实现体力劳动和脑力劳动的完全合一、实现人的全面发展,是共产主义社会高级阶段的前景,至于教育与生产劳动的结

---

① 李大钊:《唯物史观在现代史学上的价值》,载《新青年》,1920年12月1日第8卷第4号。
② 李大钊:《庶民的胜利》,载《新青年》,1918年11月29日第5卷第5号。
③ 李大钊:《Bolshevism的胜利》,载《新青年》,1918年10月15日第5卷第5号。
④ 李大钊:《唯物史观在现代史学上的价值》,载《新青年》,1920年12月1日第8卷第4号。

合，则是在无产阶级进行夺取政权的革命斗争过程中就要努力争取的，并以之作为抵制资本主义制度对青少年劳动者的危害的一种解毒剂。李大钊为宣传马克思的这个理论不遗余力。

李大钊批评传统旧教育中脑力劳动与体力劳动的脱节以及脑力劳动者对体力劳动者的统治。他指出："孔派的学说，对于劳动的阶级，总是把他们放在被统治者的地位，作统治者阶级的牺牲。'无君子莫治野人，无野人莫养君子'，'劳心者治人，劳力者治于人'。这些话可以代表孔门贱视劳工的心理。"① 但是，时代变了，俄国十月革命的胜利宣告了"资本主义的失败，劳工主义的战胜"。今后的世界将变成劳工的世界，在这个新世界里，将永远消除知识对劳动的统治，人人成为劳动者，"一切人变成工人"，"凡是不做工吃干饭的人都是强盗。强盗和强盗夺不正的资产，也是一种强盗。……我们要想在世界上当一个庶民，应该在世界上当一个工人。诸位呀，快去做工呵！"②

李大钊认为，历史是劳动者创造的。但是，"迄于今兹，工人们曾被历史家、政治家完全蔑视。人类的真实历史，不是少数人的历史……历史纯正的主位，是这些群众，决不是几个伟人"。他认为，一方面，人人将成为工人，将是历史的不可阻挡的潮流；另一方面，在新的社会，无产阶级的民主主义的社会中，人人都要有受教育的机会，这个新社会是"发展人的个性而不是抑制人的个性"的社会。这就是人人做工、人人受教育的社会。

李大钊认为劳动不仅具有社会意义，也具有重要的教育意义。做工有助于了解自然，了解人类社会的本质。同时，劳动也是无产阶级的新的道德，"应合社会的新要求，就发生了劳工神圣的新伦理"③，尊重劳

---

① 李大钊：《由经济上解释中国近代思想变动的原因》，载《新青年》，1920年1月1日第7卷第2号。
② 李大钊：《庶民的胜利》，载《新青年》，1918年11月29日第5卷第5号。
③ 李大钊：《由经济上解释中国近代思想变动的原因》，载《新青年》，1920年1月1日第7卷第2号。

动、尊重劳动人民，成了新道德的标准，而读书之人不做工，知识分子脱离劳动生产，乃是教育的危机。李大钊提倡"工读""半工半读主义"，以达到教育与职业合一的理想。

李大钊号召知识分子到工农中去，与工农结合。他自己和许多早期共产主义知识分子就身体力行，率先深入工人中办夜校，宣传革命道理，并从中受到了锻炼。后来，毛泽东总结了五四运动后知识分子所走的道路说，革命的、不革命的与反革命的知识分子的分水岭，就在他愿不愿以及是否实行与工农相结合。知识分子不与工农结合，必将一事无成。

1919年五四运动后不久，李大钊在《"少年中国"的"少年运动"》中号召青年"不该常常漂泊在这都市上，在工作社会以外作一个文化游民，应该投身到山林里、村落里去，在那绿野烟雨中，一锄一犁的作那些辛苦劳农的伴侣。须知劳工神圣的话，断断不配那一点不作手足劳动的人讲的。那不劳而食的知识阶级，应该与那些资本家一样受排斥的"①。李大钊号召青年到农村去，"和那些劳农共同劳动"。

3. 论道德教育

李大钊用唯物主义的观点揭示了道德的实质。他指出，"道德这个东西，不是超自然的东西，不是超物质以上的东西，不是凭空从天上掉下来的东西。它的本源不在天神的宠赐，也不在圣贤的经传……简单一句话，道德就是适应社会生活的要求之社会的本能"②。他指出道德是一种社会现象，是基础的表层构造，是精神现象的一种，因此，必须否定永恒不变的抽象的道德。社会是发展前进的，"物质既不复旧，道德断无单独复旧的道理"③，道德是"适应生活的变动，随着社会的需要，因时因地而有变动"，旧的道德必然被新的道德所代替。这就为道德教

---

① 李大钊：《"少年中国"的"少年运动"》——1919年就理想中的"新中国"发表的演讲，转引自《李大钊选集》，人民出版社1959年版，第237页。
② 李大钊：《物质变动与道德变动》，载《新潮》，1919年12月1日第2卷第2号。
③ 李大钊：《物质变动与道德变动》，载《新潮》，1919年12月1日第2卷第2号。

育的革新提供了理论依据。

李大钊批评了唯心主义的道德理论，特别是乞怜于宗教的道德理论。他指出："道德这个东西，既是无论如何由人间现实的生活都不能说明，于是就有些人抛了地上的生活、人间的生活，逃入宗教的灵界；因为宗教是一个无知的隐遁地方。在超自然的地方，在人间现实生活以外的地方，求道德的根源，就是说，善心是神特地给人间的，恶心是由人间的欲望生的，是由物质界生的，是由罪孽生的。"① 李大钊指出，唯心主义者不能解决道德的实质问题，这个问题只有马克思主义才能正确解决。

宗教问题历来是道德教育中的重要问题。李大钊指出，宗教的发生，是由于古时生产技术水平低下，人们控制自然的能力有限，于是就产生了对自然力的崇拜，崇拜太阳、天、电、光、火、山川、草木、动物，以为它们有灵。由于生产技术的发展，自然研究的进步，自然现象的法则逐渐被人们所了解，"超自然的存在一类神秘的事遂消灭于自然界"，因此"自然现象，人类社会都脱去神秘的暗云，赤裸裸的立在科学知识之上，见了光明"②。李大钊论证了宗教与科学的不相容，认为科学的发展与普及必将消除宗教迷信。

李大钊认为工人阶级从本质上是不信宗教的，因为他们天天在工厂做工，天天役使自然，利用自然，所以他们也认识了自然，自然现象对他们已没有什么神秘不可解的权威了。至于人类社会的实质，他们也都了解。他们知道资本主义制度是使他们贫困的唯一原因，知道现在的法律是阶级的法律，政治是阶级的政治，他们对社会实质的了解，恐怕比绅士、学阀的学者还要彻底，还要明白。太阳出来了，没有打着灯笼走路的人了。因此，李大钊指出，"我们今日所需要的道德，不是神的道

---

① 李大钊：《物质变动与道德变动》，载《新潮》，1919年12月1日第2卷第2号。
② 李大钊：《物质变动与道德变动》，载《新潮》，1919年12月1日第2卷第2号。

德,宗教的道德,古典的道德,阶级的道德,私营的道德,占据的道德"①。这些都是私有制的产物,"应合社会的新要求,就发生了劳工神圣的新伦理,这是新经济组织必然发生的构造"②。

除了劳工神圣的新伦理,李大钊还论述了人道主义、团结互助、积极乐观、男女平等、无产阶级国际主义和爱国主义。

4. 爱国主义

李大钊是赤忱的爱国主义者,他热爱祖国,仇恨祖国人民的敌人,深信中国人民的智慧和力量足以使祖国新生,他仇恨专制制度。辛亥革命没有推翻封建主义,他痛感"共和自共和,幸福何有于吾民也"。面对这种局面,陈独秀曾表示出悲观、厌世的情绪。李大钊批评了陈独秀的悲观主义,他指出,现存的国家虽不可爱,但应该"求一可爱之国家而爱之",这就是改造社会,把目前不可爱的祖国改造成为可爱的祖国,这是一种更高层次的爱国主义。李大钊深信中国人民具有高度的智慧,外国人能办到的,中国人也能办到。帝国主义者说中国情况特殊,只适宜帝制,这是鬼话。因此,他劝说陈独秀不必心灰意冷,而应努力前进。李大钊指出,热爱祖国,就是要致力于祖国的新生,并为之奋斗不息。"吾族青年所当信誓旦旦,以昭示于世者,不在龈龈辩证白首中国之不死,乃在汲汲孕育青春中国之再生。吾族今后之能否立足于世界,不在白首中国之苟延残喘,而在青春中国之投胎复活。"③他认为,中国要能独立于世界,就必须"回春再造","冲决过去历史之网罗,破坏陈腐学说之囹圄,勿令僵尸枯骨,束缚现在活泼泼地之我"④。十月革命之后,李大钊成为无产阶级的爱国主义者,这时,他的"可爱的国家"乃是社会主义的中国,他深信"吾民族可以复活,可以于世界文明

---

① 李大钊:《物质变动与道德变动》,载《新潮》,1919 年 12 月 1 日第 2 卷第 2 号。
② 李大钊:《由经济上解释中国近代思想变动的原因》,载《新青年》,1920 年 1 月 1 日第 7 卷第 2 号。
③ 李大钊:《青春》,载《新青年》,1916 年 9 月 1 日第 2 卷第 1 号。
④ 李大钊:《青春》,载《新青年》,1916 年 9 月 1 日第 2 卷第 1 号。

为第二次之大贡献"①。李大钊的崇高理想今天已变成了不可逆转的现实。

5. 论厚今薄古

今古问题,是古今圣贤哲人讨论最多的问题之一。大凡在社会历史即将或正在发生重大变化的转折时期,往往发生崇古派与崇今派的争论。崇古派以停滞不变的观点观察社会和历史,他们安于古已有之的现实和成训,拒绝更新,惧怕变革。崇今派则敏锐地觉察到时移势异的变化,主张人们的主观认识要适应客观上已经变化了的条件,改弦更张,弃旧图新。崇古派是保守主义者,崇今派是现实主义者。中国先秦时代法先王和法后王之争,就是今古之争。这种今古之争从清末以至五四运动时期,一直是思想理论战线上争论激烈的焦点之一。在西方历史上,今古之争也从来没有中断。当然,中外都有过"托古改制"论者,他们以旧瓶子装新酒,穿着古人的服装,说着古人的语言,却演出世界历史的新场面。这种人当然不是崇古派。

李大钊同志从历史唯物主义的理论观察今古问题。他认为,历史是变动、发展、前进的,人们的责任不在缅怀过去,而在于把握现在,创造将来。他指出:"宇宙的命运,人间的历史,都可以看作无始无终的大实在的瀑流,不断地奔驰,不断地流转,过去的一去不还,未来的万劫不已,于是时有今古,乃至文学、诗歌、科学、艺术、礼、俗、政、教,都有今古,今古的质态既殊,今古的事争遂起。"② 有一种人以为"一切古的都是好的","他们发伤时的慨叹,动怀古的幽情,说些'世道日衰'、'人心不古'的话……把终生的感情、精神,都用在过去的怀想,这一派人可以叫作怀古派。另一类人,对于现在及将来抱乐观的希望,以为过去的成功,都流注于现在,古人的劳绩,都遗赠于后人。无限的古代,都以现今为归宿,无限的将来,都以现今为胚胎。人类的知

---

① 李大钊:《东西文明根本之异点》,载《言治》,1918年7月1日季刊第3册。
② 李大钊:《今与古》,载《社会科学季刊》,1923年2月第1卷第2号。

识,随着时代的发展,不断的扩大,不断的增加,一切今的,都胜于古的,优于古的……我们惟有讴歌现代,颂祷今人,以今日为未来新时代的基础,而以乐天的精神,尽其承受古人、激发来者的责任。这一派人可以叫作崇今派"①。

李大钊列举了历史上许多著名的崇今派人物,他们敢于向旧的传统挑战,敢于不迷信旧的权威,如波丹(Bodin)之否认过去的黄金时代,培根(Bacon)之否认古人权威而重视经验,塔桑尼(意大利人)之攻击彼得拉克(Petrach)、荷马(Homer)、亚里士多德等人。在《孔多塞的历史观》一文中,李大钊更全面介绍了崇今派的思想,在总结中他写道:"我很高兴地写这一篇崇今派荣誉的战史,我们很感谢崇今派暗示给我们乐天努力的历史观人生观……我们……应当……为今人奋力,为来者前驱。"②

今古问题的争论是一个世界观的重大问题,它在政治、哲学、文学等一切思想文化领域都有自己的表现,在历史、教育中也同样如此。李大钊对崇今派的歌颂,对于政治上、文化思想上的复古派、顽固派都是沉重打击,他为新思想的流行特别是马克思主义的传播扫除了思想障碍,为愤时爱国的青年鼓舞了信心和斗志,在教育战线也有着深远影响。

6. 论在无产阶级革命过程中争取劳动人民受教育权的斗争

李大钊揭露了在资本主义制度下,劳动人民的受教育权被剥夺,工人的身体和精神都得不到健全的发展。他指出:"人类的生活,衣食而外,尚需知识;物的欲望而外,尚有灵的要求。一个人汗血滴滴的终日劳动,靡有功夫浚发他的知识,陶养他的性灵,他就同机械一样,牛马一般,久而久之,必把他的人性完全消失,同物品没有甚么区别。"③

---

① 李大钊:《今与古》,载《社会科学季刊》,1923年2月第1卷第2号。
② 李大钊:《今与古》,载《社会科学季刊》,1923年2月第1卷第2号。
③ 守常:《劳动教育问题》,载《晨报》,1919年2月14日。

李大钊愤怒谴责资本家对工人的受教育权的掠夺,"人但知道那些资本家夺取劳工社会物质的结果,是资本家莫大的暴虐,莫大的罪恶,哪知道那些资本家夺取劳工社会精神上修养的工夫,这种暴虐,这种罪恶,却比掠夺他们的资财更是可怕,更是可恶!"①

李大钊深知,在资本主义制度下,要彻底解决劳动人民受教育权的问题是不可能的。只有推翻旧的社会制度,建立新的社会主义制度,才能为劳动人民的教育开辟无限美好的前景。但是,在无产阶级夺取政权的过程中,必须同时进行争取劳动人民受教育权的斗争,并使这种斗争与整个革命斗争结合起来,为整个革命斗争服务。为此,他要求为工人设立教育机关,使工人的生产劳动和教育结合起来。"现在的教育,不许专立几个专门学校,拿印版的程序去造就一班知识阶级就算了事。必须多设补助教育机关,使一般劳动的人,有了休息的工夫,也要能就近得个适当的机会,去满足他们知识的要求",特别是像在我们这样的国家,教育不发达,知识贫弱,"劳工补助教育机关,尤是必要之必要"②。

为了反对对工人的身体和精神的摧残,李大钊要求给予工人以"智的、情的方面的发展"的条件,他认为争取工人的教育和正当的文娱活动,可以"苏慰工作的疲倦,可以免除堕落的恶习,可以回复身体的健康、精神的畅旺,可以补少年时教育的不足"③。因此,他提出要为工人提供"关于游玩的机关与设备……如公园、运动场、学校、俱乐部等。我们应该要求公家为种种正当娱乐的设备在工人聚集的地方","游玩应与教育一样重视才好"④。

中国共产党成立后,李大钊更注意对工人农民的革命政治教育。他认为农民教育的目的有三:一是向农民正确解释,使他们认识帝国主义

---

① 守常:《劳动教育问题》,载《晨报》,1919年2月14日。
② 守常:《劳动教育问题》,载《晨报》,1919年2月14日。
③ 守常:《五一纪念日于现在中国劳动界的意义》,载《晨报》,1922年5月1日副刊。
④ 守常:《五一纪念日于现在中国劳动界的意义》,载《晨报》,1922年5月1日副刊。

的本质,把他们的仇恨引导到帝国主义压迫中国、剥削中国农民的行动和工具上去,认识到全世界的工农群众都是他们的朋友;二是教育他们认识到,只有工农民众自己团结起来,才是他们得到生活的唯一出路,"谁也解放不了我们,只靠自己救自己";三是教育农民认识其阶级地位,把乡土观念发展成为阶级觉悟,克服"村落主义"。

李大钊也注意到在农村中提高文化的问题。革命者应利用一切可能时间,"尤其是旧历新年一个月的时间,作种种普通常识及国民革命之教育的宣传。为使此项工作多生效果,图画及其他浅近歌辞读物,均须预备,并须要联合乡村中的蒙学教师,利用乡间学校,开办农民补习班"①。

李大钊还对妇女教育、母性的保护、女工育儿等问题十分关注,要求多设立学前教育机关。

---

① 守常:《土地与农民》,载《政治生活》,1926年2月3日第62~67期。

恽代英的教育活动和教育观[①]

一、生平和教育活动

恽代英，字子毅，曾用但一、FM等笔名。原籍江苏武进，1895年出生于武昌，毕业于武昌中华大学文学系。

五四运动以前，恽代英就积极从事救国运动，苦心探求救国救民、改造社会的道路。他的大量有关社会政治、哲学，特别是教育方面的论文，大都发表在《新青年》《青年进步》《解放与改造》《少年中国》《少年世界》《东方杂志》《中华教育界》等杂志上，并积极参加李大钊组织的"少年中国学会"，是该会最活跃的骨干之一。

五四运动爆发时，恽代英是中华大学附中的主事，他积极领导了武汉学生的反帝大示威并组织商人罢市，以响应北京的爱国运动。1919年下半年，恽代英接受《新青年》社的委托，翻译考茨基的《阶级斗争》一书。1920年1月，恽代英团结部分进步青年，在武昌组办利群书社，其目的是"实行一部分的共产主义，试办近乎各尽所能，各取所需的团体，看机会以尽力于工读互助主义"。书社成了长江一带团结革

---

① 本文选自《新教育观——从马克思到邓小平》，为作者承担的"八五"教育科研规划国家教委重点课题"马克思主义教育理论在中国的传播和发展"的结项成果，约20万字（未出版）。

命青年骨干、传播马克思主义的阵地。1920年8月，中国社会主义青年团成立于上海，恽代英是领导者、组织者之一。1921年后，恽代英在湖北黄冈组织领导了各地革命青年联合代表大会，并组织共存社，声明拥护布尔什维克主义和苏俄。中国共产党成立后，共存社的社员纷纷加入中国共产党和共产主义青年团。

加入中国共产党以后，恽代英辞去川南师范教务主任一职，到上海任团中央委员兼宣传部长并主编团中央的机关刊物《中国青年》，与广大青年建立了密切的联系。他在《中国青年》上发表的大量文章广泛涉及年青一代的教育问题。此时，恽代英还兼任上海大学教授、国民党上海执行部工农部秘书。

1926年3月，恽代英调任黄埔军校政治总教官，为学校编写了系统的政治教材。同年，他在国民党第二次代表大会上被选为国民党中央执行委员。1927年春，恽代英到武汉主持军事政治学校并任湖北省政府委员。中国共产党"五大"时，他被选为中央委员。恽代英是南昌起义和广州起义的组织者之一。1928年，恽代英到上海参加党中央宣传部工作，1929年任宣传部秘书长。1930年，恽代英在领导工人运动时被捕。1931年，因叛徒告密，恽代英被国民党杀害。

恽代英早年就关心教育问题，发表了多篇教育论文。他曾多年从事学校教育工作。加入中国共产党以后，他的革命活动也有很大一部分是教育工作。他在主编《中国青年》时，更是密切注视教育战线的思想动向，及时揭露形形色色的错误教育思潮。他对青年的前途、道路、学习、修养、锻炼、自学、失学等问题发表了大量指导性文章，引导广大青年健康成长，走光明之路。对有些青年的困难、挫折、彷徨、苦闷、疑难，更是耐心开导，鼓舞他们上进。恽代英不愧是一代青年的导师。他与杨贤江依托《学生杂志》在广大青年中进行的教育工作可谓交相辉映、相得益彰，在党领导的青年运动中立下了卓著功勋。用马克思主义的观点阐释教育理论问题，指导年青一代的教育，广泛传播马克思主义的教育思想，将教育阵地上的斗争纳入中国共产党领导的革命斗争的总战略中，是恽代英的重要贡献的一部分。

二、批判帝国主义的文化侵略和国内封建军阀的反动教育政策

马克思和恩格斯在论证资本主义制度必然灭亡的客观趋势时，不但从经济上透辟地剖析了资本主义制度内部不可克服的固有矛盾，揭露了资产阶级在政治上的反动行径，同时也从教育的角度揭露了资产阶级的反人民的教育政策，批判资本主义制度在身体、智力、道德上对工人的摧残以及工人的子女在资本主义制度下的悲惨命运。马克思、恩格斯认为，在教育领域反对资本主义的剥削和压迫，是无产阶级夺取政权的革命斗争的组成部分。通过这一方面的斗争，揭露反动阶级的本质，激发劳动群众的政治觉悟，保护工人及其子女免受资本主义制度的摧残，提高工人阶级的素质，这都是革命任务所必需。

在中国革命的初期阶段，革命的主要任务是反对帝国主义的侵略，争取民族独立；反对封建军阀的统治，争取社会进步。因此，在教育领域，揭露帝国主义的文化侵略，批判封建军阀的反人民的教育政策，乃是革命者的当务之急。在这一斗争中，恽代英进行了卓有成效的工作。

恽代英从各个方面揭穿帝国主义文化侵略的祸害。他指出，那些帝国主义者所利用的基督教会的真正目的不在传教，而在于攫取中国的主权。那些依附帝国主义、为帝国主义的文化侵略作走卒的洋奴不过是靠着帝国主义的势力来分一杯残羹。基督教何曾靠什么教理来传教，他只靠能为人家在教会学校或教堂里安插位置，可以介绍人到稽核所、邮政局或者洋行、洋船里吃洋饭，只靠为乡里愚民包揽讼事，保证吃洋饭的人不受任何危险①。那些为虎作伥的洋奴与帝国主义分子勾结，霸占教育界、外交界，靠外国人升官发财，而外国人则帮助他们夺取中国的权

---

① 代英：《我们为什么反对基督教》，载《中国青年》，1923年第1卷第8期。

利。他们办了学校，但不受中国政府的管辖。恽代英披露了帝国主义者以慈善为幌子的基督教青年会的活动，他指出，基督教青年会只是供富有绅士或纨绔子弟享受一点西方幸福的场所。帝国主义分子以及他们的走狗从剥削自中国人民的血汗中，偶尔也施舍一点冬米寒衣，然而他们在做这种假仁假义的事情的同时，却让中外剥削穷人的人尽量施其剥削，而为他们祈祷赞美，其目的无非是反对革命，延长中国的内争，以便让帝国主义永远奴役中国人民。至于帝国主义者在中国办的医院，则不过如阎锡山办的小学一样，纯属骗人而已。恽代英揭露教会学校的黑幕及其反动实质。他指出，所谓教会学校，本不是为教育青年而办的。他们有时为着向中国人民炫耀，或者为好对于捐款的政府资本家做报销，在通都大市中，亦未尝不可以购买广大的地皮，建造高敞的校舍，偶尔也陈设一两间很完备的科学仪器室；但是就普通情形谈，他们每做不到这些①。他们最认真的是念经、做礼拜，听受外国教师辱骂中国而不许反抗②。教会学校培养了什么样的人呢？他们培养的人只会几句外国文，给外国资本家做买办、洋奴，做传教士或教会小学的教员，名之曰"为主服务"。因此，恽代英呼吁救救教会学校中受骗的青年，号召青年奋起反对帝国主义的文化侵略。

恽代英对帝国主义文化侵略的批判，正是击中了要害。我们试看当年帝国主义分子自己的招供。美国伊利诺大学校长詹姆斯在给老罗斯福的备忘录中说：

"花一些钱，即使只从物质意义上说，也能比用别的方法收获得更多。商业追随精神上的支配，是比追随军舰更为可靠。

哪一个国家能做到教育这一代的年轻中国人，那一个国家就由于这方面所支付的努力而在精神和商业的影响上取回奇能的收获。如果美国在30年前，已经做到把中国学生潮流引到这个国家来，并能使这个潮

---

① 代英：《打倒教会教育》，载《中国青年》，1923年第3卷第60期。
② 代英：《打倒教会教育》，载《中国青年》，1923年第3卷第60期。

流继续扩大——那我们现在一定能够使用最完满的和最巧妙的方式,而控制中国的发展——这就是说,使用那从知识与精神上支配中国的领袖的方式。"①

帝国主义在中国设立教会学校作为文化侵略的基地,实以美帝国主义为始作俑者,清道光二十五年(1845),美国圣公会建立学校于上海(圣约翰大学的前身),是为外国教会在中国设大学之始。同治七年(1868),《中美续约》第七款又载入:"美国人可以在中国按约指准外国人居住地方设立学堂。"于是帝国主义者通过教会学校进行文化侵略有了条约根据。随着帝国主义侵略的加剧,教会学校遍布中国。民国八年(1919),美帝国主义分子组织中国基督教大学协会,其大学数甚至超过我国自办的大学。到蒋记国民政府在南京成立时,耶稣教在中国设立学校7千余所,学生21万余人;天主教设立学校6千余所,学生1万4千余人。自清末以来,中国的先进人士不断进行反对帝国主义文化侵略的斗争。许多所谓"教案"的发生,即其例证。但是只有在中国共产党成立后,这一斗争才成为自觉的、有组织、有领导的运动,成为反对帝国主义的革命总任务的一个组成部分。

恽代英抨击国内封建军阀的反动教育政策,他指责反动军阀政府摧残青年一代的教育事业。如民国八年(1919)教育经费只占总收入的1%,而债款却超过教育经费30倍以上,那些甲午、庚子年帝国主义以武力勒索的赔款,资助袁世凯、段祺瑞等杀人魔王屠杀人民的借款,竟达总收入的1/3,军费支出则超过教育经费38倍以上。这些军费无非是奉系、皖系、直系乃至西南割据的诸军阀强盗所开列的私人军费,他们利用这些钱制造内战、屠杀人民、筑别墅、讨小老婆,穷奢极欲,用去税收的3/7。恽代英指出,由于军阀们不关心人民的教育,青年学生时时有失学的危险,小学生中途辍学的很多,中学一年级学生继续读到毕业的不过十之五六,他们受的都是半截教育。至于当时教育界、学校

---

① 转引自《人民教育》1955年2月号,第32页。

的黑暗、腐败，更是罄竹难书。学阀依附军阀，把持教育界。学校中流行洋八股，课程内容完全与实际生活脱节。学校设备简陋。一般当教师的，直接或间接把外国的书籍讲义贩运传述下来。有些教师因为学问大了，地位高了，自以为不必而且亦不屑于考察中国实际的情形，所以谬种流传。这种洋学堂的洋学生，卒业后只好在外国人以及少数中国人办的工厂、银行中做奴仆。

恽代英批评了当时教育中另一种奴化教育的表现就是对英文的重视达到荒谬无理的程度。高等小学学英文，国民小学（初小）也学英文；甚至平民半日学校、夜校也教英文，把英文作为教育的符咒，学生却没有一点工夫学些做一个真正公民的学问。由于学校教育不切合实际需要，堆积一些无用的、片段的知识，这种教育被恽代英称为"字纸篓教育"。在这种教育下，学生一离开校门，如果不升学继续受"字纸篓教育"的话，就会把学校中学习的东西丢得干干净净。

军阀们为了制造顺民，在学校中对学生灌输封建伦理思想。恽代英指出：什么叫作纲，什么叫作伦？君为臣纲与君臣之义固然已经是废话，父可为子纲么？夫可为妻纲么？总而言之，人要把待人的道理待人，所以应当相敬相爱。什么纲、什么伦，是说不通的话。

恽代英批评军阀及其附庸们在学校中鼓吹不问政治，引导着青年追求享乐、恋爱、奢侈而好虚荣，驯服而无远见，灌输吃饭主义的人生哲学，醉生梦死地过日子。他指出，当时的教育者只知要学生勤功课，守规则，以达到无违法令，便心满意足。

至于当时学校堕落的教师、校长，更是以他们的恶劣行径毒害青年。恽代英指出，教师不过以饭碗、金钱集合，理想性格各不相同，彼此力量相消相减。修身课教员、学监只知责备学生道德不好，他们自己背着学生，什么事都做得出。嫖是"风流"，赌是"消遣"。另一些人，人格平庸，眼光狭隘，除卖给人家做奴仆，换取温饱外，脑筋里再没有什么东西了。他们给予学生以下贱的榜样，使学生不知道还要硬起脊梁做人。

军阀统治下的黑暗教育把青年培养成了什么样的人？恽代英指出，一种人，只知嫖赌，带夹带，骄奢淫逸，习以为常；一种人，是所谓"好"学生，他们驯谨和平，十之九是有学问无能力，一离开学校，遇到黑暗社会的引诱逼迫，便手忙脚乱，不知所措；一种人有些能力的，又多孤僻自是，不知道什么团体生活，因为独立空拳，最后终不免屈服于恶势力之下，好学生也变坏了。

恽代英指出，在半封建半殖民地的社会条件下，改良教育只有从政治革命下手。他号召青年动员起来，投入反对帝国主义和封建军阀统治的革命斗争。"要解决读书问题和经济问题，只有革命……才是我们的出路。"

恽代英站在无产阶级革命总任务的高度审视教育问题，突破就教育论教育的狭隘眼界和庸人观点，把马克思主义的教育观点创造性地运用于中国的具体情况，分析中国的实际问题。他不仅传播了而且创造性地发挥了马克思主义的教育思想。

三、论教育的作用及对错误教育思潮的批判

恽代英阐发了马克思主义关于教育在社会生活中的地位和作用的理论。他指出，在阶级社会中，统治的思想乃是统治阶级的思想。思想理智，都具有历史性和阶级性。理智之所以有力，必须符合于有力阶级之所要求。例如，在无产阶级的力量壮大以前，社会主义就不能盛行。在阶级社会中，凡是符合统治阶级要求的，无论怎样荒谬，都被认为理智；女权不振时，男子纳妾是当然的行为；工人无势力时，资本家剥削利润，要求工人忠于职守，都被认为天经地义。作为培养人的重要手段的教育，是由统治阶级的意志支配的。因为军阀要人民顺从，不问政治，在军阀统治之下，如果教育真要引导青年好善恶恶，不是只图自己

快活，还要审查社会的需要，从事某种劳动，那便恐怕要使军阀齐燮元嗔怒，累得学校关门，因为在阶级社会中教育只是阶级支配的工具。

恽代英肯定了罗伯特·欧文的一个论点：人的性格不过是境遇的结果。人性的不良是由不合理的生活条件造成的。罪恶的环境是人的罪恶的原因。但是，罪恶的环境是如何形成？如何才能造成培养合理人格的合理环境？18世纪的法国唯物主义者和19世纪包括欧文在内的空想社会主义者都离开了唯物主义，他们不能把他们的唯物主义贯彻到底，因而陷入了循环论。他们从"意见统治世界"的历史唯心主义出发，把环境的罪恶的原因归之于人们的见解的错误，归之于理性没有被大多数人所了解。他们认为，如果大多数人都知道按理性办事，就没有人做坏事，环境就好了。因此，必须从普及理性着手，从宣传教育着手，才能改造环境。马克思曾批判法国唯物论者和空想社会主义者的这种错误观点，指出了环境的改变和人的改变都只有在革命实践的基础上统一起来。恽代英在这个问题上阐明了马克思的观点，批判教育改造社会的谬论。恽代英指出，环境不良，不是人的罪恶的结果，不是人的错误的结果，而是人的错误的原因。国家社会的组织，不是人类的错误所致，乃是人类进化中必然的结果，不过由物质进化自然形成。所以，如果怪古人错误，才发生错误的社会组织，还是不了解唯物主义的缘故。恽代英指出，最要紧的是通过革命实践去改造环境，其余都是几千年来骗人的话。那些基督教社会主义者们反对物质的改造，反对革命。只知写空文章，说废话，甚至念几句怨言诅咒的诗歌，这只是无聊的流氓而已。

当时，打着宗教旗号进行文化渗透的基督教会为抵制马克思主义愈益广泛的传播和人民革命运动的蓬勃发展，提出"人格救国"的口号，以瓦解革命人民的斗志。恽代英对这一谬论进行了针锋相对的斗争。他指出，基督教迷信的一派胡说，虽然还在没有知识的人面前胡说乱道，但是他们也知道，那些上帝七天造天地、耶稣把五块面包两条鱼喂饱了五千人的一些话，是再不好对一般学了一点科学的人谈了。他们还能说什么呢？他们说得最高兴的，便是什么"人格救国"①。

"是谁没有人格把中国弄坏了呢？"——恽代英问道。是帝国主义的侵略！是军阀的卖国，祸国！难道那依靠帝国主义的残羹过活的人还有人格么？恽代英指出，人格救国论者到处受到"督军""省长"的吹捧、恭维，这些督军、省长的人格怎样？你们不敢在他们面前教训他们讲人格，你们亦不敢主张把这些不讲人格的督军、省长打倒②……只知道向着平民青年，讲什么人格救国，真是假冒伪善之极！恽代英说，如果不打倒外国的压迫，如果不振兴实业，就是喊一万年"人格救国"，都只是空话。

另一种错误教育思潮是教育救国论。

在第一次国内革命战争时期，代表大地主、大买办阶级利益的国家主义派鼓吹"教育救国"。这一伙反共反人民的政客，口头上喊救国，实质上是以"教育救国"抑制人民革命。恽代英指出，国家主义派不从打倒中国的经济压迫上着手，专门说些提倡教育、中国文化与中国历史，这是唯心主义，是二三十年来经过许多人鼓吹而没有功效的话。他们名为讲国家主义，其实对于帝国主义的罪恶、军阀政府与帝国主义相勾结的实况，似乎还没有多少精力顾到，他们最大的努力，处处可以看出，只是一个反对共产主义。

另一些人，并不是出于对革命的仇恨，只是由于认识上的偏差和害怕人民群众觉醒的阶级本能，也附和"教育救国"的论调。蔡元培便是这一类人的代表。蔡元培认为，中国还没有具备革命的条件，必须先经过长期的教育训练来准备革命条件。所以，蔡元培又提倡"读书救国""学术救国""科学救国"。显然，"读书救国"的口号只会把青年引入书斋、图书馆，使他们脱离政治，脱离火热的斗争。"学术救国"反映了蔡元培蔑视广大劳动群众在救国运动中的主力军作用，把救国的责任托

---

① 代英：《基督教与人格救国》，载《中国青年》，1923年第1卷第3期。
② 代英：《基督教与人格救国》，载《中国青年》，1923年第1卷第3期。

付给少数象牙塔中的书生、博士。"科学救国"是自由资产阶级要求发展实业的意志的表达。这些口号对当时日益发展的人民革命只会起消极作用。恽代英对蔡元培的口号进行了严肃的批评。他指出，如果不把军阀和帝国主义打倒，教育训练有何用处？他质问蔡元培道：把英文的重音或会话学好了便可以救国么？一国的人都懂得三角、微积分便可以救国么？再不然，大家都会做"风啊""月啊"的新文学，便可以救国么？蔡先生办北京大学已经七八年了，这七八年看不出中国的转机，然而贿选反成功了，临城通牒反承受了，便是蔡先生自身，亦反不能容身于北京那个地方了。蔡先生不但不怀疑以前办教育的功效在什么地方，不要说"非有长时期的教育训练"不可，纵然有了长时期的教育训练，中国便有希望么？①

随着客观情势的变化，人也是可以改变的。中国人民革命发展以后，蔡元培也跟随时代前进了。他的"读书救国""学术救国""科学救国"的美梦也在如火如荼的革命风暴中化作泡影了。

当时还有人提倡"人才救国"。其实这种理论早已被马克思、恩格斯批判过了。革命当然需要人才，但革命的人才只能在革命实践中锻炼成长，而不能事先在温室中培养出来。革命胜利以后的建设当然需要人才，但是只有社会制度得到根本改造，才可以为大量人才的培养提供条件。在旧的社会制度下，人才固难于成长，即使有了人才，也会被旧制度摧残。

恽代英对"人才救国"论进行了尖锐批评。他指出，在一个反人民的社会制度下，纵有几多工业人才，终不能找着他们所应做的事，他们只是用非所学、学非所用地到学界、政界去做流氓。中国办了二三十年的学校，多少总有几千几百人才，硕士、博士亦不少，中国还是怪样子，那些"人才"只是卖国、拨弄是非，给军阀资本家做走狗，或者成了官僚、土豪，或者在学校抢了一个饭碗。如果社会没有根本改造，政

---

① 代英：《蔡元培的话不错吗？》，载《中国青年》，1923年第1卷第2期。

治不上轨道，多一个技术家便是多一个废物。在那种只知争地盘、抢钱、逢迎外国人的军阀统治下，"人才"是做不出什么正经事来的。

恽代英还驳斥了提倡所谓军国民教育以救国的谬论。

上述人格救国、读书救国、教育救国、学术救国、科学救国、人才救国、军国民主义教育救国等口号，在理论上的根本错误就是把教育看作超脱于社会之外、高出于社会之上的一种神奇力量，没有看到教育是处于社会之中、受社会制约的事业。如果把改造社会的希望单纯寄托于教育，那么谁来进行教育呢？势必寄希望于少数高出于社会之上的天才、圣人，这少数天才、圣人是天神派到凡间的。正如马克思在《费尔巴哈论纲》中所批评的，这样必然把社会分成两部分，其中一部分高出于另一部分之上，即少数天生的天才高踞于广大群氓之上。马克思指出，教育者也是需要受教育的。人们只能在改造社会的革命实践中受到教育，在改造环境的同时也改造人。

恽代英对各种"××救国"论的批判，是在中国革命的实践过程中，结合中国的现实情况和斗争需要，捍卫并弘扬了马克思主义的教育理论，对马克思主义教育理论在中国的传播发展作出了重大贡献。

仅凭教育不能救国，仅凭教育不可能实现社会的根本改造。但这并不是说，在救国事业中，在根本改造社会的革命斗争中，教育是无所作为的。恰恰相反，救国事业和革命事业又离不了教育。教育应当成为革命事业的工具，成为革命总任务的一个组成部分。在革命事业和救国事业中，应充分利用教育这个工具，把它作为宣传、鼓动、组织、培养、训练的阵地，为革命总任务服务，这就是充分发挥教育的能动作用，这是马克思主义的绝对要求。

恽代英认为，教育不能代替全部阶级斗争，然而教育却是阶级斗争的有力工具；教育不能代替革命，但革命却需要教育。既然反动统治阶级利用教育为自己的阶级利益服务，无产阶级也必须尽量利用这个武器为革命斗争，为推翻剥削者服务。应当反对教育救国论，反对教育万能论,但这并不排斥在革命的进程中加强革命的宣传教育,向人民灌输革命思想,唤起人民群众的觉醒,组织人民;也不排斥办平民教育、识字运动。但这种教育的目的不是单纯为识字而识字,而是通过这个途径去接近人民,进行政治教育,组织革命力量,为推进革命事业服务。

教育不能代替革命,但这并不意味着教育工作者可以置身于革命运动之外。恽代英号召教育工作者不要做私家的奴隶,而应当尽可能培养对社会有益的人。他指出,有价值的教育,是因为它是改造社会的工具。教育家必须把教育改造与社会改造打成一片。

当学校掌握在反动统治者手中时,想靠教育解决社会问题是不可能的。但在发展革命斗争的前提下,革命家仍应争取利用学校。如果必要,革命者也可办学校,以便利用它的地位,方便宣传革命、组织群众,促进革命。

恽代英正确指出,在革命时期,成人的公民教育比儿童的教育要紧几百倍。革命以前,须成人知道政治不良,他们才拥护革命;革命以后,须成人知道应怎样采取措施,他们才善于运用主权。恽代英的这个意见后来在中国人民革命过程中得到了证明并有了进一步发展。在抗日民族解放战争时期,解放区就是以成人教育重于儿童教育作为一项重要的教育工作原则并付诸行动,因为成人是战争与生产的直接承担者,对他们的教育,其功效可以立竿见影,而儿童教育的功效则在将来。

恽代英以其雄辩的论据,论证了马克思主义教育论的一个重要原理:教育不是万能的,但教育的能动作用是巨大的。

四、论年青一代的革命人生观教育

恽代英是一代青年的导师,他谆谆教导青年,希望他们去掉身上的旧社会的污垢,树立坚定的革命人生观,立志走革命道路。

(一)"卖阶级"和"降身价"

所谓"卖阶级",是指出身于非无产阶级家庭的青年要"有决心做社会的叛徒,有勇气做封建家庭的逆子,将从旧阶级带来的污垢洗涤个干净……改造自己,只有从卖阶级开始"。

所谓"降身价",是指要转变到无产阶级的立场,需要首先放下架子,就是"放下少爷的架子,丢掉书生的气息,到民间去,到军队中去,用革命的火,将自己打熬成为钢铁般的坚强的战士"。恽代英反复教导青年,工农是革命的基本势力,革命必须依靠工人农民。他要求青年到工厂中去,到农村中去,深入工农群众中去"受教育、取知识、获得力量"。他教育到农村中去的青年,首先要向农民学习,学习劳动,学习他们的感情语言;要教育农民,就必须先做农民的学生。

(二)革命乐观主义的养成

恽代英在革命青年身上培养革命乐观主义精神。恽代英教育青年在困难中要看到未来的胜利,在局部的黑暗中要看到全局的光明,更重要的是坚定地相信胜利,就能努力去战胜困难,夺取胜利。不怕失败的人,才是能取得胜利的人。"播下的麦子,没有霜雪,不会有丰收。播下的革命种子,没有流血的斗争,便不会有成功。"要发扬中国人民的优良传统。他指出,我们中国人民的祖先都是英雄好汉,"愚公移山""精卫衔石",这些美丽的神话道出了人民的坚强意志。杀身成仁、舍生取义,表现了人民的伟大气魄。恽代英本人就是具有这种大无畏革命精神、无限忠诚于人类解放事业的榜样。

革命乐观主义必须和脚踏实地实干结合起来,不仅要经得起失败的考验,也要经得起胜利的考验。恽代英教导说,失败是考验,胜利也是考验,革命者一生天天在战斗中接受考验。说话是开支票,考验的结果才是兑现支票。革命党说的话都要计算,我们的支票都要兑现。恽代英把那些只会唱高调，而不脚踏实地去干的人，比之为沙和影子。

恽代英要求青年正确对待革命队伍内部某些个别的、暂时的缺点。要善于看到全局的光明。他指出，太阳和月亮总是最光明的，当日食、月食的时候，可显不出光明。最健康的人有时也害点小病。革命党内部即使有缺点，只要我们不讳疾忌医，便会克服之而不会灭亡。在这一点上，我们要学孔夫子，"君子之过如日月之食"，并采取鸣鼓而攻之的办法来进行自我批评。

具有革命乐观主义精神的革命家要永远做好克服困难的准备。即使在革命胜利以后，也仍然如此。恽代英说：

> 即使胜利了，我们还有困难。我想革命不能像孙悟空打筋斗一样，刚离魔窟，便到极乐世界。

（三）爱国主义与国际主义教育

恽代英是忘我的爱国主义者，他为祖国的繁荣富强贡献了宝贵的生命。恽代英认为，有两种截然相反的爱国主义：无产阶级的爱国主义和代表大地主、大买办阶级利益的国家主义派（醒狮派）的所谓爱国主义。恽代英指出，国家主义派总想拿国家观念压倒阶级观点，这与我们为中国人民实际生活而奋斗，自然枘凿不能相容。什么是无产阶级的爱国主义？恽代英写道："我们心目中的国家，是为抵抗国际资本主义的压迫而存在的；我们心目中的政府，是为保障无产阶级平民的利益而存在的；我们要求全民自爱自保，是为要使全民族从帝国主义政治经济压迫下解放出来，要求全民族解放。我们自然要更注意力求那些最受压迫而占人口最大多数的农工阶级的解放。"

可见，恽代英认为真正的爱国主义，对外要反对帝国主义侵略，主张民族独立；对内要求占国家多数人口的工农大众的解放。离开这两个基本内容，就不是无产阶级的爱国主义。对于口称国家主义，实为卖国主义的国家主义派，恽代英责问道："请问今日不努力攻击现在侵略中国的帝国主义及卖国军阀,却专来无理取闹地设想出苏俄怎样侵略中国、共产党怎样卖国的话,究竟是何道理?"恽代英证明,中国共产党是爱国主义者的先锋,苏联是一切真正爱国者的朋友。反苏反共,与真正的爱国主义是背道而驰的。

恽代英将无产阶级的爱国主义与国际主义看作是统一的、不可分割的。他用阶级观点分析中国革命、苏俄革命和世界革命的联系,指出在反对资本帝国主义的战斗中,世界革命力量要互相依赖、互相协助。

(四)集体主义精神的培养

恽代英早在1920年就论证了群众的解放、人类的解放是个人解放的先决条件,人民群众是历史的中心。他在《论社会主义》一文中写道:"社会主义学理上的根据,以为人类是共存的,社会是联带的。我们要求个人幸福,必不可不求全人类幸福。那便是说,只有人群,只有社会是唯一自然的实在,亦只有它配得上做宇宙的中心。"① 恽代英教导青年,要一切个人利益服从革命需要。个人的求学、就业、恋爱、婚姻、家庭等问题,都不应成为革命工作的妨碍,否则就不是真正的马克思主义者,不是真正的革命者。只有经过革命斗争,群众获得了解放,个人的问题才能得到解决。

个人的力量是孤单的,集体的力量才是伟大的,恽代英号召青年要组织起来,参加党团,习惯于有纪律的战斗生活,除去自私自利的旧习。

在集体生活中,同志间相互帮助、督促、批评、探讨,可以促进共同进步。

(五)主动性、积极性的培养

恽代英认为道德是有历史性、阶级性的。旧时代的旧教育所培养的

---

① 恽代英:《论社会主义》,载《少年中国》,1920年第2卷第5期。

是消极、被动、驯服的道德。"他虽无大的好处，但是谦谨和平，却很不惹人家嫌怨，人家亦找不出他的大错误。"这种人"不犯校规"，不麻烦教职员。然而在校规之外，在严格的监督之外，却干出许多虚伪的事情。恽代英指出这是"流俗"的道德，是"妾妇之道"，根本谈不上什么道德价值。

至于革命者的道德，应是积极的、主动的道德。这种道德的要求是：第一要有操守。不因许多人做坏事也跟着做坏事，不因许多人不做好事也不做好事，他能自主地选择他所当做的事，其所当为，决不因人家的讥笑消骂而有所改变。第二要有作为。好人如果没作为，就没有用处。"好人"不是玩具，不是拿来向人家炫耀的装饰品。第三要能为社会谋福利。"好人的好，是说于社会有益。对于社会无益，怎能称为好？"

恽代英重视劳动，要求培养青年的勤劳品质，他批评"死懒怕动"的剥削阶级意识，教导青年向劳动人民学习。此外，他还要求培养青年刚健、周密、刻苦、恒久、朴素、勇敢、不怕困难、力戒浮夸虚伪、切实、坚忍、审慎等优良品质。

（六）关于政治思想教育和道德教育的方法

恽代英认为，培养青年的革命人生观的方法主要有四种。

1. 学习

学习革命理论，学习时事、报道、名人传记等。

2. 实践

恽代英批评只说不做的人。没有实践，培养不出好的品质。仅仅说好话是无用的，最要紧的是把听得的好话立刻实行起来，"只有'做'，可以使人成为好人"。通过改造社会的实践，可以"磨砺才能，训练组织，体验学理，提高自觉"。恽代英鼓励青年积极参加社会政治活动，在活动中锻炼自己。他指出："我们不能在自私中学得牺牲，在懒惰中学得勤劳,在谈空中学得切实,在书本中学得才干,在靠中学得动,在被动中学得支配。"他又说:"我们靠做事以学得做事,靠与人一同做事以学得与人一道做事。我们做事中间训练自己的品性,增进自己的经验,修养自己的才干。"

恽代英还劝诫青年在做事的过程中,不要回避危险与困难,不要向后退缩一步,而要坦然勇敢地应付它,"以磨炼我们的性格与材料"。

3. 批评与自我批评

还在五四运动时期,恽代英就号召青年以批评和自我批评的精神锻炼品质。他自己制出了一个"自省表",每日自问曾否做过利群助人的事,是否沾染了坏习惯坏风气,特别注意是否有不好的思想意识存在。恽代英在自己的日记中记了某日助某人做好了某事,对某人有何批评,有何自我批评以及如何改进。他就是这样严格要求自己,也严格要求青年。

恽代英倡导青年相互间自动订立"修养盟约",以便自觉地相互监督、相互督促。他教诲青年要"虚心学习,随时准备接受同志的批评,从错误中间发现而且改进自己的缺点"。

4. 身教

恽代英重视教育者的模范作用,"言语教人的影响为蜻蜓点水,行动给人的影响才能入木三分"。他说:"谁要有领导作用,谁先有模范作用。"

五、论文化科学知识教育

恽代英反对单纯依靠学术、读书以解决社会问题的观点。但是,研究学术、读书对于社会的改造与建设又是不可缺少的。在革命胜利前,要注重研究社会科学,以探寻革命的道理,恽代英认为:"一个国家要拨乱反正,转弱为强,必定有他遵循的途径,我们要在社会学者的理论中、古今中外历史的教训中，去找出这种途径。"研究社会的现实，吸取前人的经验，对于一个革命者是极端重要的。恽代英从自己的切身经验中，体会到必须"努力研究社会科学"。他在《学术与救国》一文中写道："我处处想从学术中求得社会破坏、建设中所应遵循的途径，但我处处觉得材料不够用，知识太短浅了，我恨以前糊里糊涂读了几本不相干的书，完全未曾注意社会科学。"①他教育青年要认真研究马克思列宁主义和国际共产主义运动的经验，研究近代中国史、近代西洋史。研究社会的现实，也要研究古代遗产。他号召青年要革命，同时要认真读书，读有益于社会的改造和建设的书。他认为读这些书可以帮助青年人"齐一意向，增进才能，固定志趣，促成组织"。在革命成功以后，在建设事业中，就不仅要读社会科学的书，也要注意研究技术科学，这对于建设事业是重要的。

恽代英批评了几种持错误的学习观点的人。

一种人，把学术看成个人求名求利的工具，为吃饭而学术。对这种不顾人民死活、为个人吃饭而学术的人，恽代英责问道："你们学科学、文学、玄学，你们便可吃饱了饭，然而你的亲友邻舍还是这样贫困窘迫，你以为这中间没有什么问题么？"他指出，要使一切人的吃饭问题得到解决，要使我们的吃饭问题得着永久安定的解决，我们非加入救国运动不可。他号召青年，研究学问要有崇高的目的，要为革命、为救国、为人民的利益而研究学问。因此，研究学问就不能离开实际参加改造社会的斗争。

另一种人，为学术而学术，他们说什么研究学术只是为了学术本身的价值，原不问它是否有用处，不问它可以救国与否。恽代英批评这种错误观点道："中国若能出几个牛顿、爱因斯坦，便是亡了国、灭了种，亦可以留着他们万古馨香的姓名，有时提及他们是中国人，我亦还要分一点荣誉。不过……这种荣誉，不享受亦罢了！"

---

① 代英：《学术与救国》，载《中国青年》，1923年第1卷第7期。

第三种人,教条主义的态度。恽代英批评当时学校教育中"一定要关起书本来死死默记书本中的语句,记不得便要扣分数、留级,其实这种语句,即在平时教师自己亦未必记得"。那种看了书不会灵活应用的人,只好比一个书柜子。恽代英指出,如果只是取背诵的态度去看书,而不作独立思考的工夫,就不能免于越看书越糊涂的弊病。

恽代英论述正确的读书应遵循三项原则。

一是理论联系实际。学习的目的是为了用,学习理论是为了解决中国的问题,了解如何团结民众、打倒帝国主义和封建主义的压迫。一切为了炫耀博雅的学问,都是吃饱了饭无事做的人干的事。恽代英教导青年:"不但要成为有知识的人,而且要成为能运用知识的人。"所学的知识必须是有用的。研究任何问题,不应只限于问题的本身,而且要研究事物的原因,找出解决问题的办法,并且研究了便要去实行。不研究具体的事实,就不能弄清楚理论。有时候,"与其从理论的书籍下手,不如从具体的事实下手。在我们没有求得具体的事实以前,我们去研究理论,若不是惘恍的闹不清楚,亦很会只懂得字面上的话头,而不懂得它所代表的真意义"。

二是独立思考。恽代英重视书本和前人经验,但他教导青年不要对任何权威书本迷信、轻信、盲从;要多看各方面的书,多听各种意见,"自己拿出一副眼光,来下一个判断"。对待书本要取批评的态度。

"读书的时候,若有甚么觉得要反驳或补充的意见,应即刻批注在书本上面空白地方⋯⋯以前,有些老先生反对这种办法。以为年轻很小的人有甚么好意见,敢于批评人家的著作。不过到了今天,我们应当知道,人家的著作,并不是什么不可批评的圣经贤传。年纪小的人批评人家,愚者千虑,亦未必没有对的地方。"

读书要使自己成为书本的主人,而不是书本的仆役。要对所读的书下一番概括整理工夫,从书本中得出自己的结论。恽代英说:"要使书中所说的能成为我的学问,总不可以书为主,而应以我为主,即便是说,只有我能采取书中的材料,以自己创造对于某一问题的整个观念,才会使书中所说的成为我的学问的一部分。……最好每看一部书或一章书以后,要用很少的文字或语言把它的内容概括地记下来,或者是就几种书或许多报章杂志中,搜集其讨论某一问题的材料,自己下一番整理工夫,简单地有条理地记述下来。只有经过这,才能使书中各种材料,在我的脑筋中间,留一种比较深刻的印象。"

三是正确对待今、古,亦即对待历史遗产与现实问题。

"过去的让它过去吧。"

"不过我们更懂得过去,我们便能够更懂得现在。"

这是恽代英在1927年出版的《中国青年》第148期上发表的一篇文章的开头。这里反映了恽代英对待古、今问题的基本态度:既不留恋过去,也不遗忘过去。了解过去,是为了更好地了解现在,知古是为了知今。

恽代英的出发点是,世界上并不存在什么"独立思想"。一切思想,永远是客观现实的反映,而客观世界在变化,历史在发展,因而作为发展变化着的客观世界反映的思想也就不能不是变化的、发展的。古代的学理、道德律、政治思想、风俗习惯的准则,都是属于古代的"天下"的。时代已发展到今天,如果人们不了解或不愿了解现在的世界、现在的世界中的现代问题,而仍然用古代或中世纪的方法过现在的日子,或者徒然啜泣"世道不古",这就是时代的落伍者。

恽代英批评颂古派常发"思古之幽情",一般思想落后的人们,他们多少知道一点古代"天下"的学理、道德律、政治思想、风俗习惯的准则,他们看不来现今"天下"的事情,不愿意理会现今"天下"的许多道理,他们若不是说"世道不古",便是说"自古以来未之有也"……倘若您睁开眼睛一看,便会知道现今"天下不古"或"自古以来未之有也"的事情多得很[①]。

---

① 代英:《青年最急要了解的是什么》,载《中国青年》,1926 第6卷第20/21期。

颂古非今，是顽固派企图阻挡历史前进的思想武器。它在文化界、学术界、教育界流毒甚广。顽固派虽然并不是不了解现在，但为了他们自己的利益，他们却不愿意人家了解现在。恽代英批评道，"这种人为了要掩饰他们的怯弱与内心的污秽，还一定会用一切不合时代的思想理论来诽谤一切正当的行为"。中国现代史上的东方文化派、国故派等就是这样的人物。

以古混今，是颂古的另一种表现形式。恽代英指出，有些人拿中国现在的问题与中国古时某一朝代的问题相比拟，也有人将这些问题与欧洲希腊、罗马或是中古时代的问题相比拟，这种人完全不了解现在世界已经起了变化[①]。这些人既赶不上做古代的中国人，也不知道怎样做现代的中国人。

对于青年学生来说，最急需的是要让他们了解现在的世界，恽代英认为，"我们要使学生能在这种社会里站得住，而且改造它，那便不可不深知这种社会的内情"。因此，青年们必须勇敢地研究"自古以来未之有也"的学理，接受一切合于现在世界所需要的"自古以来未之有也"的学理，接受一切合于现在世界所需要的"自古以来未之有也"的道德律、政治思想，使他们能完全适应这个"自古以来未之有也"的现在的世界。恽代英针对胡适提出的"整理国故"，号召青年研究现实、了解现实，积极投入现实中去，参与现实生活的斗争，与时代共呼吸。

但是，恽代英坚决反对对待人类文化遗产的虚无主义态度。不了解过去，就不能了解现在。了解过去是为了更好地了解现在。恽代英力主要"注意从古代到现在世界进化的痕迹"[②]。他本人就注意研究历史，并对民族文化遗产中的优秀的东西具有深厚的修养。他要求青年也要读些历史书，可能时，读些历史札记书，甚至中国的四书五经，《老子》

---

① 代英：《青年最急要了解的是什么》，载《中国青年》，1926 第 6 卷第 20/21 期。
② 代英：《青年最急要了解的是什么》，载《中国青年》，1926 第 6 卷第 20/21 期。

《庄子》《墨子》《荀子》等书都不是不应该阅读的。恽代英认为，研究文化遗产的意义有四：①研究过去，就可知道现代世界上一切问题的根源。例如，只有学习了中国近代史，才能对中国革命问题有更深切的了解；②批判地吸收文化遗产中的一切对我们有益的精华。例如，他认为，孔子的思想就有其好的东西，我们应当学习其好的一面，去其坏的一面。恽代英在谈到批评与自我批评时，就认为我们应学习孔子不隐瞒错误，敢于以"鸣鼓而攻之"的态度进行自我批评的精神。当五四运动时期"打倒孔家店"的呼声还在空中振荡，大骂孔子成为时尚的时候，恽代英主张对孔子的思想要加以分析，弃其糟粕而取其精华。这是在对待历史文化遗产上的马克思主义态度，这里没有半点形而上学，这是理论修养和理论勇气的表征；③历史上的伟人，特别是革命家、政治活动家的光辉事迹足以使后人"感动"，"使我们更勉励向上"，对我们有深刻的教育意义；④祖先们的优良传统，如杀身成仁、舍生取义的精神，愚公移山、精卫填海的精神，都应当成为我们教育年轻一代的精神财富；⑤古代文化中有许多东西一直流传到现在，甚至成了人们所常用的口语，了解这些遗产，就是更好掌握民族文化传统。

因此，恽代英反对那种认为中国过去文化一切"毫无价值"，在世界文化上"毫无存在意义"的虚无主义者，反对那些因赞美人家的文化而自甘屈服的崇洋分子。

六、对教学法的意见

恽代英关于怎样做一个宣传家的意见，对于教师的教育、教学工作也是适用的，因为教师也应当是马克思列宁主义的宣传员。恽代英要求一个宣传家首先要有坚强的信念，相信自己一定能说明理由，解释疑惑，被听众所接受；其次，要对所宣传的理论自己有充分明了的认识，而且对于一切教材的理由都要能够答辩；再次，说话的时候，要做到每一句都清楚，每一字都清楚。不要说得太快，不要在一句话要说完的时候把尾音吞到肚子里去。说话要通俗易懂，不要为了炫耀自己的学问而滥用名词术语。"须知道听的人若要去思索推敲这些名词，便要少听你的几句话，他便不能把你的话上下交接了下去，便感觉无味了。"最后，要了解听众的生活，在讲话中运用他们生活中的现实材料以及他们所熟知的名词术语。

这些难道不也是一个教师所必备的修养吗？

恽代英认为，有许多知识是必须记忆的。复习有助于记忆，而且要注意平时的复习。记忆要理解其意，而不是机械背诵。只应当记忆那些最重要的东西，若能把知识"附在某种有关系的纲要之下"，即摆在一定体系中，而不是孤立、零碎的知识，记忆就会来得方便有效，所以掌握知识的系统性和巩固性是联系着的。他认为："记忆的事最忌不甚能记忆清楚，宁可记忆的事较少，而每事记忆清楚，不可记忆很多而均不清楚。"

恽代英认为考试具有两方面的意义，一是测验教师的教学法是否良好，以便改进教学。恽代英对教师提出一个要求："学生考试的成绩如多数都不好，不能怪学生懒惰不长进，而要怪教师教法不良。"二是帮助学生复习，帮助他用学过的教材作出新的论断。成绩的好坏，要看能否活用知识，而不在于死记知识。

恽代英对中学英语教学有不少宝贵见解。他批评旧学校把英文的重要性夸大到荒谬的程度。英文应在各门学科中占居恰如其分的地位，把各种学科看作一个相互联系的整体。中学英语教学的目的不在于把每人都教成像莎士比亚，学习英文是为了获得学习科学的工具。把英文看得比其他学科都重要，是错误的。教材的选择既要适合社会的需要，又要适合学生的能力，不可片面追求高深。恽代英批评英文教学中的一些错误方法，例如以记生字为记生字的方法，每个字都是孤立地记入脑中，因为没有 relation of context（上下文的联系），不易起联系作用，既不易记得，更不记得那 exact meaning（准确的意义），即使记住了，也容易忘记。恽代英认为要多读书，使习见的字常常看见，在反复应用的过程中，自然地使记忆牢固。恽代英还批评了英文教学中不注重学生自学、不注意使学生习惯于英文思维以及教发音上的一些错误做法，并提出了改进意见。

杨贤江对马克思主义教育理论的研究与传播[①]

在中国早期共产主义知识分子和共产党人中，陈独秀、李大钊、毛泽东、恽代英等人已初步用马克思主义的世界观认识社会历史、认识教育问题，在教育领域开辟了新的视野，注入了新的空气，使教育界人士和广大青年耳目一新，精神为之振奋，使中国的教育理论别开生面，展示了新的前景。但是，这些人士当时的主要注意力侧重在社会政治问题上，他们只是在阐述社会政治问题时顺便提及教育问题，而没有专门就教育理论问题进行集中研究，也没有写出专门的教育理论著作。随着马克思主义的日益广泛的传播和革命运动的发展，在文化思想战线特别是在教育战线上的思想斗争、理论斗争也日趋尖锐，各种反马克思主义、非马克思主义的教育观纷纷出笼，以阻挠马克思主义的传播和革命运动的发展。除上文提到过的教育改造社会、教育救国、学术救国、读书救国、人才救国、人格救国、整理国故等等错误观点外，还有鼓吹教育不问政治，教师学生关门教书读书的所谓"教育中立""教育清高""教育

---

① 本文选自《新教育观——从马克思到邓小平》，为作者承担的"八五"教育部重点课题"从马克思到邓小平——马克思主义教育思想在中国的传播"的结项成果，约20万字（未出版）。

神圣"等谬论在社会上流传，贻害匪浅。在这种形势下，为了扫除传播马克思主义和发展革命运动的障碍，共产党人在教育战线上的刻不容缓的任务就是从学理上深入、系统地阐明马克思主义的教育理论，从理论上驳斥各种谬论，为广大进步的教师和学生指明前进的方向，使他们正确认识中国教育的出路。优秀的共产党员杨贤江勇敢地肩负起了这一历史使命，他在研究和传播马克思主义教育理论上不畏艰辛，进行了大量创造性的工作，取得了具有历史意义的成就。作为中国最早的马克思主义的教育理论家，杨贤江是当之无愧的。

杨贤江在传播马克思主义教育理论上的重要贡献是：

（1）他出版了《新教育大纲》一书，此书不仅在中国，而且在国际共产主义运动史上也是第一部用马克思主义观点系统阐明教育理论问题的专著。此书出版后深受欢迎，一再重版。

（2）出版了第一部用马克思主义观点写成的教育史著作《教育史ABC》。

（3）翻译发表了系统介绍苏联教育经验的专著和大量论文，是教育战线上学习苏联的最早倡导者。

（4）发表了大量指导年青一代的世界观、人生观、道德修养、学习、处世、增长才干、锻炼身体、研究学问等方面的论文。这些论文都是中国马克思主义者在教育思想上的重要遗产。

（5）有分析、有批判地介绍国外教育理论和实践的动态，并对帝国主义的反动政策进行揭露。

杨贤江在其短暂而光辉的一生中，在紧张的革命活动和严酷的斗争的条件下，写下了400万字的专著、译著、论文、评论、日记，其中绝大部分是关于教育问题的。杨贤江的理论遗产是中国共产党人在传播马克思主义教育理论上作出的不朽贡献。

杨贤江（1895—1931），又名李浩吾，中国共产党党员。杨贤江在他短促的一生中，投身革命，尤其对马克思主义教育思想在中国的传播起了启蒙的作用，对当时青年运动作出了卓越的贡献，是党在文化教育战线上一名忠贞而坚强的战士。他在教育理论和指导青年的工作上，为我们留下了宝贵的遗产，在中国新民主主义革命史上，特别是现代教育史和青年运动史上有其光辉的地位。

一、论教育的起源

杨贤江在中国甚至在世界教育史上也是最早用马克思主义观点来阐明教育起源的人，他的教育起源理论是唯物主义的，又是辩证法的。

首先，杨贤江的教育起源论是历史唯物主义的，他以社会的经济为基本来阐明教育的起源。

他认为教育的起源绝不是像有些唯心主义者所指出的那样，既不是根据什么人性，也不是来自什么天命，更不可能出自教育者的意识，教育的起源并不这么玄妙神秘。他说："教育只是一件日用品，是与社会的生活过程、物质生产关系有密切联系的，而且是以这种现实的社会经济生活为基础……若说教育是与现实的经济生活无关，单凭某个人头脑中的思索所得的决定，从来就没有这样一回事。"①

正是因为教育与物质生产关系、与社会的生活过程息息相关，并且以社会的经济生活为基础，所以，杨贤江用历史唯物主义作为理论武器，根据《古代社会》（摩尔根著）和《原始社会中的儿童》（The Child in Primitive Society，Nathan Miller）中列举的布拉克·费特人、易洛魁人、因纽特人、澳洲黑人、马来人、玻里内西亚人、美拉尼西亚人、日本北海道阿依奴人、美洲印第安人、南美奥利诺哥人，中非、菲律宾等国家和地区内一部分少数民族原始教育状态的实例作出判断，从而得出教育起源的结论："教育的发生，就只根于当时当地的人民实际生活的需要；它是帮助人营谋社会生活的一种手段"，"自有人生，便有

---

① 李浩吾编：《新教育大纲》，福建教育出版社 2007 年版，第 8 页。

教育。因为自有人生，便有实际生活的需要"①，"说到教育起源由于实用的话，有人或许要视为轻视了教育，甚至侮蔑了教育。其实大大地不然，一切科学，无论是自然科学或是社会科学，没有一种是不由实用而产生，不跟着实用以进步的"②。

可以看出，通过潜心研究，杨贤江对教育起源的论述旗帜鲜明地站在马克思主义唯物论的立场上，也正是以马克思主义的唯物论作为武器，才使得他对教育起源论的探索一开始就走上了科学和正确的路途。杨贤江指出了教育起源于实用，起源于人类实际生活的需要，自从有了人类，便出现了教育，这并不仅仅因为人是"万物之灵"，而是因为"自有了人生，便有了实际生活的需要"。

为了更进一步论证他的教育起源论，杨贤江细致地考察了原始社会的教育，因为原始社会阶段，正是人类教育的发轫时期。他考察得出："至于他们的教育，无待言，自不外于所谓'种族保存'之生物学的目的，即是适应实际生活需要的目的。"③ 即在原始社会，人类的实际生活需要，或需要的最大最重要的目标就是"保存种族"，"保存种族"既是原始社会的教育源起，又是原始社会的教育目标。

杨贤江对他的教育起源论作进一步详细的解释说："就大体言，原始社会的教育之内容，不外两个方面：一是获得生活资料的'实用教育'，一是安慰精神的'宗教教育'。属于前者是渔猎、战争、制器的技能；属于后者，是风习仪式的传授。"

> 这时候的教育，显然可以分为两种：第一种简直不是教育，而只是学习，就是由于儿童自然而然的模仿，学得了种种对环境、对畜群、对信仰、对习俗，以至对语言、舞蹈、唱歌的知能，这可以称之为有学而无"教"。第二种才是原始社会

---

① 李浩吾编：《新教育大纲》，福建教育出版社2007年版，第8页。
② 李浩吾编：《新教育大纲》，福建教育出版社2007年版，第9页。
③ 李浩吾编：《新教育大纲》，福建教育出版社2007年版，第15页。

中的教育形式,却可以分为如下的三种:第一种是原始的,取父母养育的形态,以身体方面为主,且止于消极的帮助儿童的发达,使学习父母的习惯,有意识的作风和精神的教训含在里面。……第三种是一般的社会训练(general social training),以谋内部团结的宗教教育与防御外敌的军事教育为中心。这种社会的训练又分为四项:①试练(ordeal),②训练(drill),③入盟仪式(initiation),④传说、信仰、"法律"习惯的教授。①

杨贤江对原始社会教育的这一概述,便于我们更准确地把握他的教育起源于实用,起源于人类实际生活的需要的教育起源论。

其次,杨贤江的教育起源论也是辩证的。辩证法认为世界不是一成不变的事物集合体,而是过程的集合体,一切都处在生成和灭亡的不断变化中。杨贤江按照这一观点进一步对教育起源加以阐发。他说:"教育……而且是以这种现实的社会经济生活为基础,只要是现实的经济关系变了,它是必然跟着变的","不过人生的需要,随时随地有不同;教育的资料和方法,也跟着需要有变迁。这种变迁的根源,就存于社会经济构造的转易"②。杨贤江以联系、发展、变化、整体的观点看待教育的起源,从而把教育的变化、发展与其历史背景、时代特征紧紧联系起来,使人们既看清了原始社会教育与原始社会经济生活的关系,更能从中获取理论武器,分析、剖析现世教育与现实社会状况的关系,因而弄清教育的性质、地位和作用。

二、对教育本质的论述

杨贤江在他的教育专著《新教育大纲》以及其他有关论著中,

---

① 李浩吾编:《新教育大纲》,福建教育出版社2007年版,第78页。
② 杨贤江:《杨贤江全集》(第三卷),河南教育出版社1995年版,第266页。

运用马克思主义的教育理论和历史唯物主义的科学观点"拿有志于教育战线上的青年斗志为目标,要向他们解释教育的本质,说明教育的作用,并辟除对教育的迷信,纠正对教育的误解","在我心目中的这些青年读者……期能把握理论斗争上的武器,以应用于实践中的"①。

杨贤江用历史唯物主义的立场、观点和方法,考察教育的本质及其阶级性。他在《新教育大纲》的序言中表明自己的立场和研究教育的目的,他说:"这本书的大部分资料,与其说是学术研究,毋宁说是暴露的实话。在这个时代,'暴露'正是一种必要的且是有力的武器。让我们拿这个武器来揭穿教育上的把戏吧!"② 可见,杨贤江的教育理论绝不是一般的学究式的学术理论,而是一种"暴露"和"武器"的理论,这种理论既揭露了旧时代,又展示出新时代。

那么,教育的本质是什么呢?杨贤江根据他自己对马克思主义的理解在《新教育大纲》中明确地说:"教育为观念形态的劳动领域之一(one of the fields of ideological labour),即社会的上层建筑之一。"③ 他根据这一基本原则,认为"教育的发生只根于当时当地的人民实际生活的需要"④,"经济的基础发生变动,所以巨大的上层的建筑全体,也徐徐地或急速的发生变革"⑤。在这里,杨贤江认为,由于教育只是"观念形态的劳动领域之一",因而教育将随着人类社会的经济的变化发展,由于人类社会的变化发展而发展、改变,即教育具有历史性和阶级性(在社会出现阶级分层之后)。可见,杨贤江是试图站在马克思主义唯物史观的高度,通过联系社会的本质变化和本质特征来对教育的本质进行论述的。

---

① 杨贤江:《杨贤江全集》(第三卷),河南教育出版社1995年版,第260页。
② 李浩吾编:《新教育大纲》,福建教育出版社2007年版,第2页。
③ 李浩吾编:《新教育大纲》,福建教育出版社2007年版,第6页。
④ 李浩吾编:《新教育大纲》,福建教育出版社2007年版,第8页。
⑤ 李浩吾编:《新教育大纲》,福建教育出版社2007年版,第7页。

(一)原始社会中,教育的根本性质是"社会所需的劳动领域之一"

原始社会的教育,是指引儿童走向社会的向导,是"帮助人营社会生活的一种手段",是"给予劳动力以特殊资格的",教育的根本属性是"社会所需的劳动领域之一"①。杨贤江从教育内容、教育目的和教育方法三个方面对此作了详尽的说明。

在教育内容上,杨贤江认为,"原始社会教育之内容,不外两个方面:一是获得生活资料的,'实用教育';一是安慰精神的宗教教育。属于前者,是渔猎、战争、制器的技能;属于后者是风习仪式的教授"②。无论是技能训练,还是风习传授,都是与生产劳动、社会生活密切相关的,教育无外乎是"给予劳动力以特殊资格",是"帮助人经营生活的手段"。

在教育方法上,杨贤江认为原始社会的教育更是不可能与生产劳动、社会生活分割开来。原始社会教育的主要方式是有学无教的"暗示与模仿",即儿童在社会生活中学习。而另外的原始社会教育形式,如训练和加入式,其目的或为训练儿童之体力以适应他们游荡不定的生活和战争,或为青少年儿童学习训练的结业考核、考验,以证实他们的体力和所获得的经验,这同样离不开生产劳动和社会生活。

在教育目的上,杨贤江以为:"至于他们的教育,自不外所谓'种族保存'之生物学的目的。"这里所说的"生物学目的",实际上是强调教育在人类生活与种族生存、繁衍以至延续的特殊作用,这是原始群队中最大最高的"适应实际生活需要的目的"③。原始社会教育的这一目的只有通过原始社会教育功能的发挥,从而给儿童以"劳动力"资格才能实现。

---

① 李浩吾编:《新教育大纲》,福建教育出版社 2007 年版,第 14 页。
② 杨贤江:《杨贤江全集》(第三卷),河南教育出版社 1995 年版,第 338 页。
③ 杨贤江:《杨贤江全集》(第三卷),河南教育出版社 1995 年版,第 274 页。

在教育对象上，杨贤江认为，"在原始社会时代，教育是全人类的，也是统一的"①，"当代的人，一面利用由前代所传下来的精神及物质的遗产，一面更加上新的经验与发明，以传授给后一代。所以，这不是个人的事情，而是社会的事情；这又不是支配的事情，而是平等的事情"②。所以，尽管原始社会教育亦包含物质和精神两方面，但由于社会尚未出现"阶级分层"，教育对象则是全人类，性质是公正的、平等的。正是因为教育对象是全人类，所以，原始社会的教育更是原始社会不可缺少的劳动领域之一。

（二）私有制的勃兴，导致了教育根本属性的演变，即教育的"变质"

教育的"变质"是杨贤江在探索教育本质时的创新，他以马克思主义的唯物史观为武器，借助翔实的教育史实，揭示了教育根本属性的演变过程。他指出，原始社会的教育属性就是教育的本质，而在原始社会后，教育的性质发生了变化，于是教育变了质。因为"教育是以这种现实的社会经济生活为基础的，只要现实的经济关系变了，它是必然跟着变的"③，所以，"教育的本质，是社会所需要的劳动之一领域……但是，这样一种起于人类实际生活需要的教育，并不是终古如斯的；它的意义和它的内容，是常常变的"④。

同时，杨贤江指出："阶级和对立的教育，是人类有文明期历史以来教育的特质；这在教育的本质上言，却是变质。"⑤

这一演变过程是："第一，在氏族制度时代的教育，是为种族之维

---

① 杨贤江：《杨贤江全集》（第三卷），河南教育出版社1995年版，第273页。
② 杨贤江：《杨贤江全集》（第三卷），河南教育出版社1995年版，第274页。
③ 李浩吾编：《新教育大纲》，福建教育出版社2007年版，第8页。
④ 李浩吾编：《新教育大纲》，福建教育出版社2007年版，第14页。
⑤ 李浩吾编：《新教育大纲》，福建教育出版社2007年版，第15页。

持发展，由一代向次代传下物质及精神之社会的遗产，完全是生物学的目的。①第二，当私有财产制勃兴的时代来临，社会分裂，从而教育于生物学的目的之外，加上当作支配工具的目的。第三，在私有财产制已经发达之后，教育之目的遂变为忽视第一义而重视第二义。"②

由上可见，由于私有制的勃兴，教育的本质逐渐由生物学目的演变为支配工具的目的了，全民的教育也一变而为对立和阶级的教育。

教育变质的根本原因，杨贤江认为是生产力发展的必然结果。当人类征服自然、改造自然的能力大大加强，落后的氏族制度在新的生产力的作用下出现崩溃，私有制由而出现。"在这个社会中，支配阶级有闲暇可受文雅的教育，奴隶们则只许劳动……本来有生存权者，都可享受教育；如今则所有者独占教育的特权，无所有者既无生活权也无教育权。为所有者所独占的教育，就带有贵族性，是装饰品而非必需品"，"故在教育目的上，不复是单纯的生物学的目的，而是拥护私有财产"③。可见，杨贤江认为，由于生产力发展，出现社会财富的增加，从而也为拥有私有财产的有闲阶层提供了出现的可能，这些有产的有闲阶级即社会的支配阶级，他们的出现，也导致了文雅的教育出现，导致了教育与生产劳动分途，也导致了教育成为装饰品而非必需品。并且，支配阶级凭借自己的地位独享了教育权。

教育"变质"的另一原因则是社会的经济构造的变更。杨贤江看到了教育是社会上层建筑之一。他认为：只要现实的经济关系改变了，教育就必然要随着变化，因为只有经济的基础发生了变动，整个巨大的上层建筑才会或急或缓地发生变动。因而，到了社会出现阶级分层时，"在支配阶级方面，有俨然的教育制度，有厘然的教育规则，有专供本阶级适应的教育材料，至于被支配阶级，不是全被挨在这种教育制度之

---

① 杨贤江认为原始社会的教育只是为了生物学目的，这种观点是不正确的。
② 李浩吾编：《新教育大纲》，福建教育出版社2007年版，第18页。
③ 李浩吾编：《新教育大纲》，福建教育出版社2007年版，第95～96页。

外，便被施以欺瞒的教育"①。

教育"变质"的第三个原因是私有制和国家的兴起。杨贤江说："因为私有制既经发生而且发达，势必有拥护这个私有财产之道德跟着发生、发达。从来除单纯的生物学目的以外不另有目的的教育，一到这儿，也便将拥护私有财产之新道德加入，要把这传授给后代，叫他们负担这一项新任务。"他又说，"但是，为教育本来任务的'种族保存'，就渐次丧失意义"，"在这种社会中，适于所有者之道德逐渐发达，教育就成为向下代传授这种新道德的工具"②。这样，由于私有制出现，传授和弘扬有产阶级的道德便成为教育的任务。

（三）文明社会中，教育的根本属性是"社会的上层建筑之一"③

有史以来的"文明社会"，经历了三个不同的发展阶段，在各个不同的阶段中，教育也有些变化。然而，不管是封建社会的"重道德"的教育或者是资本主义"重知识"的教育，教育始终是阶级的，是为支配阶级的利益服务，供统治集团"御用"的。因此，杨贤江指出教育是"观念形态的劳动领域之一"，即社会的上层建筑之一。

他认为，"在剥削阶级的社会中，教育这架机器早就被强盗偷去了，强盗为了自己的利益，不为了受教育者的利益，在占有着它，运用着它"，"教育只是一个工具，只是一种'宣传'，只是一项副产品，只是一批卫队；教育是商品化了；教育是魔术，也是毒药；简而言之——用社会科学的术语——教育是阶级的，是阶级斗争中的武器；从文明开始以来，只有阶级的教育，没有人类的教育，只有对立的教育，没有统一

---

① 叶公朴：《现代教育的特征·病症》，载《教育杂志》，1928年第20卷第8号。
② 杨贤江：《杨贤江全集》（第三卷），河南教育出版社1995年版，第274页。
③ 明确肯定教育是社会的上层建筑之一，这是杨贤江对马克思的历史唯物主义的独特理解。马克思、恩格斯、列宁从未明确肯定教育是上层建筑。其次，杨贤江认为教育是上层建筑的理论只适用于阶级社会，这种观点是不正确的。

的教育"①。这就是剥削阶级社会教育的真正面目。可见,一进入文明社会,教育就成为"社会的上层建筑之一"。

为了更进一步阐明文明社会教育这一特性,杨贤江把国家即阶级社会比作回旋舞台,他指出,自文明社会以来,尽管舞台几度回旋,台柱子终是"所有多者",跑龙套多是"所有少者"或"无所有者","而所谓'教育'这条鞭,终被握在台柱子手里,以之驱策指挥'跑龙套的'用的"②。这就是文明社会即阶级社会的"变质教育"的真实图案。

在奴隶社会里,教育完全被贵族"独占"。杨贤江指出:从这个时候起,支配阶级有闲暇受文雅教育,奴隶们则只许劳动,由此把劳动与教育截然分途,即把实践与理论开始隔离。支配阶级享有教育、独享教育,支配阶级掌握教育权就此开始。

在封建社会里,欧洲的教育:一是基督教的教育,以养成僧侣或以传播基督教的信仰为目的;一是武士教育,专教贵族子弟,是养成封建阶级的卫队机关。杨贤江指出:"这样的教育,已经是阶级性的教育,不复是全人类全社会的教育;换言之,这是变了质的教育,可以到处发现上述变质教育的特征。"③

杨贤江还采用与原始共产主义社会相比较的方法,揭示出奴隶社会、封建社会的"变质教育"具有五个基本特征:(1)教育与劳动分家。(2)教育权跟着所有权走。(3)教育专为支配阶级的利益服务。(4)两种教育制度对立。(5)男女教育的不平等。

到了资本主义社会,杨贤江说,"台柱子"是资本家,而"跑龙套的"则为劳动者。因而,在这个社会中,教育除了具备上述五个特征之外,还具有"独占化与商品化"的特点。

对文明社会的教育历史进行考察后,杨贤江确认在剥削阶级社会中,

---

① 李浩吾编:《新教育大纲》,福建教育出版社2007年版,第4页。
② 李浩吾编:《新教育大纲》,福建教育出版社2007年版,第17页。
③ 杨贤江:《杨贤江全集》(第三卷),河南教育出版社1995年版,第275页。

教育同法制、宗教、艺术、哲学一样，都属于意识形态，都是上层建筑领域之一。他说："照唯物史观来说，社会的经济构造是现实的基础，而法制上，政治上，宗教上，艺术上以及哲学上——简言之，就是观念上——的各种形态（即所谓观念形态）都是建立在这个基础上的上层建筑；教育就是这样的上层建筑之一，也就是这样的观念形态之一。"①

（四）未来社会教育的根本属性，将是"社会所需的劳动领域之一""在一个更高形态上的复活"

杨贤江认为，未来的教育是真正平等的教育，是每个人都该享受也能够享受的教育。到那时，劳动将成为人们与饮食同等的要求。由于人人需要劳动，人人平等，这样，教育的根本属性就不复是阶级社会中的那种"变质"状态，而回复为"社会所需要的劳动领域之一了"。换言之，就是原始社会中的教育本质"在一个较高形态的复活"。

未来教育怎样？杨贤江借用摩尔根的话作答："政治上的民主主义，社会上的友爱、权利、义务的平等，以及教育的普及，即为经验、理智及知识所不断地倾向着的下一较高阶段的社会之前兆。它将是古氏族的自由平等及友爱在一个较高形态的复活。"②

三、批驳"三论"，阐明教育的职能；辟"四说"，澄清对教育性质的认识

（一）批"三论"，阐明教育的效能

杨贤江从"教育是上层建筑之一，是观念形态的劳动领域之一"的

---

① 李浩吾编：《新教育大纲》，福建教育出版社2007年版，第7页。
② 摩尔根：《古代社会》（下册），杨东莼、马雍、马巨译，商务印书馆1977年版，第556页。

教育本质观出发，指出教育受制于经济。但杨贤江又说："教育着实有作用，决不像是专做尾巴的。"他认为：教育受制于同一时代的经济和政治，同时又对当时的政治、经济等以伟大的影响。即教育具有能动性，但不管如何，教育决不可能凌驾于政治、经济之上。为了说明这一马克思主义教育原理，让人们对教育的效能有一个正确的认识，杨贤江对当时流行的三种主要的错误的教育效能观进行一一批驳，并以此阐明马克思主义的基本教育思想。这三种错误的教育效能观是"教育万能论""教育救国论""先教育后革命说"。

1. 对"教育万能论"的批驳

杨贤江首先指出人们持这种错误观念的现状，他说人们几乎认为"赵普以半部《论语》治天下"是幼稚好笑的瞎说，但独对于号称新教育的现代教育，仍有不少人相信为万能的，以为"新教育是科学的教育……天空有飞行机，海底有潜水艇，消热有电扇，保暖有电炉"，这样，"教育虽非万能，也近于万能了"①。

杨贤江对"教育万能论"进行了究根问底的剖析，他说所谓"近于万能"的现代新教育却是无能的。他一针见血地指出："科学的利器多得很呢？""但试问能享受它的利益的究有多少人？""尽管教育上发明了许多利器"，"但试问：从教育门墙被除外的人究有多少？这批人是永不能见到'科学的教育'之面貌的啊！"② 追溯教育并非万能的原因，杨贤江说："便因教育受制于经济，受制于政治。仅靠教育事业上的想法，在教育范围内活动，那么无论怎样巧妙的方法都是枉然的。"③

在对教育制度与政治制度、经济制度的关系进行分析后，杨贤江彻底戳穿了"教育万能论"的谎言。他说："现代社会是'富'的社会，是'富'集中于少数人的社会……在教育上也以富者享有特权。""因

---

① 李浩吾编：《新教育大纲》，福建教育出版社2007年版，第7页。
② 叶公朴：《现代教育的特征·病症》，载《教育杂志》，1928年第20卷第8号。
③ 杨贤江：《杨贤江全集》（第三卷），河南教育出版社1995年版，第327页。

之,所谓'科学的教育'根本不能对无财产者发生影响;所谓'全民的教育'根本就没有这回事。"① 可见,"现代教育"也并不万能,教育这条鞭始终是掌握在"台柱子"手中,因为教育本来就受制于社会的政治、经济制度,现代教育也并不例外。因此,杨贤江严厉地批驳了那些鼓吹"教育万能论"的骗子行径,他指出:"说教育有非凡的本领,有超越一切而独立特行的存在,不是梦呓,也准是夸大狂。"②

2. 对"教育救国论"的批驳

"教育救国论"可视为由"教育万能论"派生出来。既然以为教育万能,当然教育就能救国乃至建国了。杨贤江深刻剖析并批评了"教育救国论"的主张。

"教育救国论"的第一种主张便是竭力提倡道德教育。"以为有了道德教育,便是曹、陆、章等卖国贼的良心也可发现了",殊不知"所谓道德这样东西,也同法制一样,是支配阶级维护自己的利器,根本没有叫作社会道德或人类道德的"③。

"教育救国论"的第二种主张是提倡爱国教育,以为中国之所以衰弱,源于人民没有国家观念。以为"假使教育上努力宣传爱国思想,使人人知道有国当爱,中国何患不能富"。杨贤江指出:"这样的教育,自可效力资本主义所有国家,但与被压榨被压迫的工农大众无关。"④

"教育救国论"的第三种主张便是"提倡职业教育"。这是当时一些"比较切实的人"的想法。以为若能使人民有独立谋生的能力,国家就可富强起来。杨贤江指出:"不推翻帝国主义在中国的统治","不肃清封建势力","不打倒那投降帝国主义、妥协封建势力的资产阶级,中国就不能摆脱现在半殖民地的地位,中国民众就不能改变现在贫困的

---

① 杨贤江:《杨贤江全集》(第三卷),河南教育出版社1995年版,第327~328页。
② 杨贤江:《杨贤江全集》(第三卷),河南教育出版社1995年版,第323页。
③ 李浩吾编:《新教育大纲》,福建教育出版社2007年版,第68页。
④ 李浩吾编:《新教育大纲》,福建教育出版社2007年版,第68页。

生活"①。

杨贤江在批判教育救国论的同时，还提醒人们"教育固然不能救国，但教育也不是绝对不必救国的"，要求青年把求学和救国联系在一起，反对盲目空谈的"教育救国论"。

3. 对"先教育后革命论"的批驳

杨贤江从培养"革命的人才"要有"革命的教育"的观点出发，指出当时社会的教育"是为支配阶级"服务的，这样先教育后革命，就根本产生不出培养革命人才的革命教育。另外，无产阶级革命本质上不同于资产阶级革命。封建社会末期资产阶级可以通过发展经济、改革教育的办法，逐步使自己在经济上占领先地位，进而取代贵族的统治地位。无产阶级革命不仅要夺取政权，同时还要消灭整个剥削制度。另外，杨贤江从资产阶级反对革命教育、镇压革命斗争的反动本性上，戳穿了"先教育后革命"的反动性，指出这种"后革命"简直是"不要革命""放弃革命"。

在批判了"先教育后革命"的说法之后，杨贤江从马克思主义的立场出发，深刻阐明了教育与革命的辩证关系。他说，在革命前，教育是获得政权的斗争武器之一，起着宣传革命、揭露反动派的丑行、激励革命情绪和鼓舞革命斗志的重大作用；在革命过程中，教育又是"革命力量的一个方面军"；革命胜利后，教育更具有训练民众、保卫政权和巩固政权的特殊的机能。

（二）辟"四说"，澄清对教育性质的认识

20世纪20年代前后，由于种种错误的教育效能观的广泛流行，导致人们对教育的含义和地位产生种种曲解，最典型的是"教育神圣说""教育清高说""教育中正说""教育独立说"。杨贤江认为，

---

① 李浩吾编：《新教育大纲》，福建教育出版社2007年版，第69页。

这四说都掩饰了教育的本来面目，欺骗和麻醉大众，所以必须予以揭穿。

1. 辟"教育神圣说"

把教育抬到神圣宝座上的人说，教育是"觉世牖民"的事业、"精神修养"的事业、"清苦廉洁"的事业、"高贵超俗"的事业。对于"觉世牖民说"，杨贤江认为封建教育是"愚民""囿世"而不是"牖民觉世"，社会主义教育的目的也不是为了"觉世牖民"，"而是为准备国民的劳动力可以适用于它的经济组织"，创造出更多的价值。对于"精神修养说"，杨贤江认为支配着物质生产的阶级也同样支配着精神资料生产，所以，"教育只是一种造成供支配阶级利用的工具之手段"①，而绝不可能成为脱离凡尘的精神修养院。对于"清苦廉洁说"，杨贤江认为教师实则清苦，而教育行政官吏"又何尝与一般被认为龌龊腐败的政界及卑鄙狡猾的商界有所差异？"② 对于"高贵超俗说"，杨贤江认为：统治者根本没把教育放在眼里，凭你教师喉咙叫干，有谁来怜恤你？故教育"神圣高贵"于情理上说不过去。

2. 辟"教育清高说"

杨贤江认为，"教育清高说"首先使某些人把教育和政治"隔绝"了。以为"教育"高高在上，"政治愈腐败，教育愈与之隔绝"。结果是教育不问政治，从政者于是更为肆无忌惮，误国殃民。其次，把教育与劳动"隔绝"，一些人以为自己天生就是"治人"而又"食于人者"，从而"社会上平添了一大批只分产而不生产的人"③。再次，是给不得志于政治舞台的政客以一个暂时安身的机会，因为在表面上，教育是不牵涉政治的，于是政客摇身一变而为学客。这些事实使得"教育清高说"不攻自破。

---

① 李浩吾编：《新教育大纲》，福建教育出版社2007年版，第44页。
② 李浩吾编：《新教育大纲》，福建教育出版社2007年版，第49页。
③ 李浩吾编：《新教育大纲》，福建教育出版社2007年版，第53页。

3. 辟"教育中正说"

迷信这种论调的人认为：教育应该站在"公正"的立场，采取中和的态度，不偏私，不极端。杨贤江对这种貌似"公允"的典型的"中庸"之道思想，指出其有"不讲正义""漫有是非"的危害，且是"中正其名，偏私其实"的实质。

4. 辟"教育独立说"

"教育独立"的说法有几方面，其中最重要的一个方面，是教育脱离政治而独立。杨贤江从历史、现实、国外、国内四个方面给予教育不能也无法独立的考察。最后加以总结："自有历史以来，凡确立支配阶级政权的地方，竟可以说，没有一项事业不受政治支配。"①

四、对教育与经济的关系的论述

杨贤江把马克思主义的历史唯物主义和辩证法运用到教育和经济关系上，从而形成了科学的教育经济关系观。

首先，杨贤江根据唯物史观的见解，剖析了经济基础和上层建筑的关系。他说，"社会的经济构造是上层建筑的基础，即上层建筑是依这种基础而决定"，这是唯物史观的一条重要法则。同时，杨贤江又说："这里面可没有前者（即经济基础）最重要或后者（即上层建筑）为不重要的意思。犹之乎左手同右手，或齿轮同发条，在它们中间，只有一种相互的关连，却丝毫没有重要性的差异。"② 这就是说，社会的经济关系和生产力虽是上层建筑的基础；但是上层构造本身，对于社会的经济关系及生产力，也有影响作用，即"在种种社会现象中间，不断地有着一种相互作用的过程存在：原因变成结果，结果变成原因"③。

---

① 李浩吾编：《新教育大纲》，福建教育出版社2007年版，第57页。
② 李浩吾编：《新教育大纲》，福建教育出版社2007年版，第155页。
③ 李浩吾编：《新教育大纲》，福建教育出版社2007年版，第155~156页。

在弄明了上层建筑和经济基础的关系后,教育和经济的关系又怎样呢?首先,杨贤江根据他的"教育是观念形态的劳动领域之一,即社会的上层建筑之一"的教育本质论,以为"教育这种上层构造,自是依据经济构造的成形,且跟随着经济的发展以变迁的"。这样,"经济发展落后的民族,一定成为文化发展落后的民族","封建社会重礼仪,资本主义社会重知识,社会主义社会重教育与劳动的统一,都可为教育反映经济明证,乃至孔子所谓'富而后教',孟子所谓'民惟救死而恐不赡,奚暇治礼义哉?'"①。这些都说明了经济是基础,教育是受到经济发展的情况制约的。

反过来,教育给予经济以巨大的作用。以科学为例,"自然科学是用以表示生产过程的进路,提高它的效果,规制它的行程,建立它的秩序","这就是科学对于生产力及经济关系所产生的影响"②。所以,资本主义社会奖励自然科学的研究,自然是为了这种研究可有助于生产事业的发展。最近数年盛行的"产业合理化""固然促进各种产业教育的发达""达到资本增殖的目的",就是教育对社会经济的影响。通过科学、教育的进步,从而达到改进技术的效用,最终达到资本增值的目的。另外,教育精神运动可以促进经济运动。如1929年日本帝国主义所推行的"教化总动员",其总动员令中就说:"补救时艰的方法……根本当在明彻国体观念,振作国民精神,并谋改善经济生活,培养国力。"③ 即通过"明彻国体观念,振作国民精神"的手段以达到"改善经济生活,培养国力"。这说明即使教育的精神运动也可促进经济运用,通过教育使人们思想、信念、内在动机、积极性变化,发挥以作用于人的经济活动之中,从而促进经济活动的改善。

由上可见,杨贤江认为,既然教育是社会的上层建筑之一,一方

---

① 李浩吾编:《新教育大纲》,福建教育出版社2007年版,第156页。
② 李浩吾编:《新教育大纲》,福建教育出版社2007年版,第161页。
③ 杨贤江:《杨贤江全集》(第三卷),河南教育出版社1995年版,第421页。

面，它是受制约于经济基础的，经济的变化必然会引起教育上的变化；另一方面，教育对经济也有巨大的反作用，这就是世界上不同社会制度国家都重视教育的根本原因之一。科学技术越是发达，教育经济的作用就愈大。另外，教育活动造就人们的精神思想，对经济活动的改善，乃至经济的振兴都有不可忽视的作用。

五、对教育与政治关系的论述

杨贤江在论述教育与经济的关系的基础上，又根据马克思主义的历史唯物主义观点阐明了教育与政治的关系。

首先，杨贤江阐明了政治与经济的关系，以及政治作为上层建筑之一在上层建筑群中的地位。他说："政治本身也是受制于经济的，换言之，政治也是上层建筑之一，以社会的经济构造为现实基础的"，"政治的本义，是经济之集中的表现即为权力之活动"，"在一定社会中，有着相当于该社会的经济关系之政治关系……也便有着相应于经济组织之政治组织，即政治制度"[1]。杨贤江即根据马克思主义观点认为政治受制于经济，政治又是经济最集中的表现，在一定的社会中，有着相应于该社会经济组织的政治组织和政治制度。

关于教育与政治的关系，杨贤江认为，正如教育与经济互有关系，教育与政治也是互相作用的。

首先，政治支配着教育，就教育而言，它虽和政治同为上层建筑之一，但它更较为第二义的，更较为派生的。因为它不仅由生产过程所决定，也由政治过程所决定[2]。接着杨贤江作出更深一层的论述："在阶级社会中，政治支配一般社会的精神的生活过程，教育当然不在例外。教育意义的变迁，便为在社会阶级关系的历史变动中所表现的形态，自

---

[1] 杨贤江：《杨贤江全集》（第三卷），河南教育出版社1995年版，第424页。
[2] 李浩吾编：《新教育大纲》，福建教育出版社2007年版，第164页。

有历史，就没有脱离过政治关系的教育。无论哪一种教育制度，终只是由支配阶级，且是为支配阶级的。"① 可见，有史以来的教育制度，本是支配阶级的教育制度。杨贤江警示世人：所谓超越生活与政治的学校，只不过是一种欺蒙和虚伪。他正确地指出："如再有人说近代教育'得以超越政治'，或者有人相信办教育可以不问政治（有如陶行知的《我们的信条》，见《中国教育的改造》第113～116页），老实说是不可通的。"②

教育对政治又有巨大的影响。关于这一点，杨贤江说从对反动文化的斗争上可见一斑。杨贤江指出，对反动文化的斗争（包括教育运动在内），有三点必须注意：第一，这种文化斗争不能与政治斗争分离。且因文化机关与政治机关很巧妙地互相结合，文化的斗争要与革命的一般的斗争相并动，然后这种文化斗争才能成为确有效的斗争。第二，普罗列塔利亚的组织上，也应涉及一切的文化；要由这种文化的斗争以达到政治变革的主要任务。第三，所谓文化斗争，不只是所谓文化上的斗争。一切斗争当视为动员大众到政治斗争之媒介，故凡一切经济的及政治的斗争之中，皆当实行一种教育运动。所有宣传鼓动之教育的意义，都是不可不有很高估价的。这样，即使政治变革已完成的国家（如苏联），也仍需有政治的教育。可见教育对政治有巨大影响，不管政治变革是否完成，我们都应重视教育在政治组织、政治制度中的作用。

六、论教师的地位和历史使命

由于教育"在革命前是用以斗争的，志在夺取政权的武器之一"，"文化斗争为政治斗争的媒介，为一切政治斗争及经济斗争所当中心地行使之斗争"，因此教育对于政治是有巨大的反作用，能给政治以巨大影响的。而

---

① 李浩吾编：《新教育大纲》，福建教育出版社2007年版，第164页。
② 李浩吾编：《新教育大纲》，福建教育出版社2007年版，第176页。

教师又是专职的教育工作者,在教育活动中充当着非常重要的角色,因此,弄清教师在现代社会生活中的地位及其历史作用就有非常重要的意义。

(一) 教师是"工银劳动者","属于被支配阶级"

关于教师的社会地位问题,杨贤江毫不含糊地提出自己的判断:"教师是属于被支配阶级""工银劳动者"①。这里,杨贤江没有把教师及其他知识分子当作一个独立的阶级来讨论,而是明确地指出教师等知识分子是属于被剥削和被压迫阶级的范畴,这是一个科学的论断,它是符合马克思主义原理的。

历史唯物主义认为,在每个历史阶段的社会中,"划分为阶级或等级,是由生产什么,怎样生产以及怎样交换产品来决定的"②,杨贤江正是从这样一种唯物史观的立场出发,把资本主义社会制度下的教师与工人作了对比分析,指出二者之间的共同点。

(1) 他们都是支领薪水,而不是授薪水的"俸给劳动者"。"他们中谁也没有生产手段,除单靠出卖劳动力以维持生活外,别无想法。教育者所接得的教员许可状,也仅在国家所认为名叫'学校'的地方,得发择它的效用而已。"③

(2) 他们都进行着机械作业。"工厂劳动者对于自己的生产物,绝对没有选择权,他们只须走入工厂主所有工厂中,一天到晚为换得口粮出卖劳动力。他们站在安置好了的器械之旁,顺从着器械的命令,以制造某种生产物。""教员呢……受雇于名叫学校的工场——可不一定能受雇用。在那儿,设有现成的教科书、教材、教法等等器械,要他对于国家所需要生产的人,施以技巧。如果他竟想对学生加上规定以外的思想与训练时,就会被这个学校工场驱逐出来。"④ 这样的器械劳动,是把

---

① 杨贤江:《杨贤江全集》(第三卷),河南教育出版社1995年版,第441页、第443页。
② 马克思,恩格斯:《马克思恩格斯选集》(第三卷),人民出版社1972年版,第307页。
③ 李浩吾编:《新教育大纲》,福建教育出版社2007年版,第183页。
④ 李浩吾编:《新教育大纲》,福建教育出版社2007年版,第182页。

个人的个性完全抹杀，把个人的创造性完全淹没。教师的社会地位与工场劳动者的地位没有什么两样，如果说也有些差别，也即比较体面一些，俗语所谓"长衫帮"罢了。

（二）由于教育对政治和经济以巨大的影响，因而以教育工作为职业的教师就应肩负双重的历史任务

1. 培养人才

培养人才是教师的最根本的社会任务。杨贤江说："既是培养人，就有确立培养目标的必要。而这个目标，却唯有正确地认清人类社会的进化过程，才得确立。"① 即指教师培养的人才要符合社会历史发展潮流。而培养人才不是一朝一夕的事，需要教师付出巨大的努力和心血，因而杨贤江指出只有教师做到"具有改造这许多缺陷的信念和力量"，"具备洞察社会害恶的识见与实行改造的热情"，才可能培养"适应当代及最近将来社会的人"。由于培养对象是"儿童与少年"，是"要啄破现代之壳而走入新时代之选手"②，因此为师者，一方面要求教育者向学生指示人生道路上正确的政治方向，引导他们参加社会变革；另一方面要向他们传授知识，最终造就学生成为具有特殊劳动能力的人。

2. 参加并领导社会民众运动

在社会变革的现阶段中，教育者所负的使命自然非常大。这是教育者所应具有的最基本的认识，也是教育者应该具备的责任。为此，杨贤江认为"教育对于一般民众也有应尽的责任，革命要靠民众的力量才能成功"，"教育者于此，就不要拘于现在所见所处的那样狭小的天地，要自认自己是通文化与民众之间的一条大路"③。杨贤江鼓励教育者冲破狭窄的天地，把革命的道理传播到民众中去，要负起领导民众运动的责

---

① 杨贤江：《杨贤江全集》（第三卷），河南教育出版社1995年版，第448页。
② 李浩吾编：《新教育大纲》，福建教育出版社2007年版，第187页。
③ 李浩吾编：《新教育大纲》，福建教育出版社2007年版，179页。

任。他要求教师们走下讲台,走进民众之中。这样,学校更不该再是"闲人莫入"的地方,而当成为当地文化的中心点,以做民众的训练运动。杨贤江号召:"教育者当是国民文化的宣传者,而学校是国民文化的灯塔","准备自己与训练儿童及民众的责任"①。

杨贤江还号召,为了完成自己的历史使命,教师们应该团结起来。因为教师们要完成自己的历史责任,决不是单独的分散的力量所能做到。于此,杨贤江指出教师们"该把自己这一集团的力量完全积聚起来,形成一种社会势力,一方为保障自己的利益,他方也为尽力于社会变革的工作"②。

七、对资本主义社会教育的批判和对未来教育的展望

杨贤江还在他的《新教育大纲》和《教育史 ABC》中着力对资本主义教育进行批判,对未来社会教育进行了展望。

杨贤江认为资本主义社会便是大家当时生活着的社会。这是就全世界来说的。对资本主义社会教育的分析批判,便于打破当时一些人认为资本主义教育当是历史上最好的教育的思想,并在澄清观念的基础上对理想社会的教育加以宣传。

(一)对资本主义社会教育的批判

首先,杨贤江认为资本主义教育确实比封建教育有进步:第一,封建时代对庶民不施教育;资本主义时代要对全体国民实施义务教育。第二,封建时代的教育,差不多只有道德教育;资本主义时代的教育,却推广范围以传达日常生活上的知识、技能为目的③。然而,教育界的一

---

① 李浩吾编:《新教育大纲》,福建教育出版社 2007 年版,第 180 页。
② 李浩吾编:《新教育大纲》,福建教育出版社 2007 年版,第 180 页。
③ 李浩吾编:《新教育大纲》,福建教育出版社 2007 年版,第 111 页。

些人不明就里,就以为此而认为资本主义的教育是如何达到理想境地,并以劳动化、科学化、平民化、中立化、国际化,即所谓"五化"加以论证。杨贤江对这名不符实的"五化论"予以严肃而有力的驳斥回击。

第一,批驳了"所谓劳动化,或是生活化"。杨贤江说,自社会分成阶级,教育就与劳动分家。到了资本主义社会,"我们却看到教育中逐渐掺入劳动的要素",于是就有教育者宣布:"过去的旧教育是死读书的,现代的新教育是在尊重劳动了","现代的新教育是实际的,是接近社会生活的了","于是更有所谓'教育即生活论''学校是社会文化的中心论',陆续出现"①。对此,杨贤江对这些教育家警告说:"请你不要上当。实在,我在这儿所称教育与劳动的结合,只不过是生产组织所要求的最低限度的文字读写,再不会超过这个程度了。故在原则上,实在依然不脱教育与劳动相分离的立场。因为,这种分离是榨取的唯一必要条件。"②杨贤江批驳这些人只是"鸡毛当令箭"地高喊,资本主义社会并未使教育与劳动真正复合,学校与社会生活更没有能够打成一片。

第二,批驳"所谓科学化"。杨贤江说,当资产阶级在世界上取得统治地位的时候,即从19世纪后半期开始,"资产阶级已中止了革命的实践……便倾向于观念论神秘论的颓唐趣味的意识形态,而指摘唯物论与无神论为人类之耻辱"③。他举例说处处以科学自夸的美国竟发生了猴子案,对教进化论者进行处罚;垦特启州(Kentucky)④的议会通过一个议案,禁止用公款作教授进化论或达尔文主义的工薪。可见,近代资本主义教育若说是科学化,应说是言过其实。即其"主要倾向是非科学的""仅仅在外表上涂上些'科学的'色彩,而骨子里还是'非科学'

---

① 李浩吾编:《新教育大纲》,福建教育出版社2007年版,第113~114页。
② 李浩吾编:《新教育大纲》,福建教育出版社2007年版,第116页。
③ 李浩吾编:《新教育大纲》,福建教育出版社2007年版,第118页。
④ 现通译为"肯塔基州"。——编者注

的底子"①。故杨贤江得出结论说:"在教化上,无论是方法,是内容,也只有在无产阶级方面,才能有科学的成长。"②

第三,批驳"所谓平民化,或民众化与社会化"。杨贤江说有些人看到欧美各国出现普及教育、补习教育、成人教育、取消双轨制,以为平民化或民众化或社会化已成为"新时代教育之特色"。杨贤江指出这种教育普及化的实质是"出于资本主义的经济组织本身的要求,起于资产阶级利益的企图,并不是真正把教育权利普及于全人类"③。因而他指出,资本主义社会教育的专制化与独占化,已是事实昭然。

第四,批驳"中立化或公平化"。杨贤江揭露说,有些人宣扬"超阶级""超政治"的所谓教育"中立化或公平化",实则是些骗人的谎话。他引用列宁的话说:资本主义的学校"业已完全转化为资产阶级的阶级支配之手段。这是彻头彻尾,由阶级的资本家精神所贯彻,而以资本家供给忠勤的奴隶和开通的劳动者为目的的"④。可见,资本主义社会的教育之有阶级的目的与政治的目的,是到处存在的。他进一步指出:如果说资本主义教育有中立化、公平化,那实质上是商品化,表面上看公平合理,实际上是建立在金钱基础上的公平合理。杨贤江的结论是:"真中立的公正的教育,在阶级社会中决不能存在。"⑤

第五,批驳"所谓国际化,特别是和平化"。杨贤江指出:有人看到近年召开世界教育会议,讨论了实现和平的方法;欧洲各国还另行发起了国际和平教育运动,就认为教育上已经国际化、和平化了。他揭露说:"说现代教育国际化、和平化,原是为现代教育生色;但是这种国际和平论,不是引致真正的和平,是助长残酷的战争的。"⑥ 杨贤江对

---

① 李浩吾编:《新教育大纲》,福建教育出版社2007年版,第119页。
② 李浩吾编:《新教育大纲》,福建教育出版社2007年版,第117页。
③ 李浩吾编:《新教育大纲》,福建教育出版社2007年版,第120页。
④ 列宁:《列宁全集》(第二十九卷),中共中央马克思恩格斯列宁斯大林著作编译局编译,人民出版社1956年版,第59页。
⑤ 李浩吾编:《新教育大纲》,福建教育出版社2007年版,第128页。
⑥ 李浩吾编:《新教育大纲》,福建教育出版社2007年版,第134页。

资本主义社会教育的论述分析,对美化资本主义社会教育的"五化"谬说的批驳,在20世纪20年代于军阀反动派白色恐怖条件下,在教育界犹如黑夜里点燃了一盏光辉闪烁的明灯,指出了教育的前进方向就是社会主义社会教育。

(二)对未来教育的展望——着重于对社会主义社会教育的论述和宣传

杨贤江在揭露资本主义社会的教育实质,批驳美化资本主义社会教育的谬说的同时,着力论述和宣传了马克思主义对未来教育的设计以及社会主义社会(苏联)教育的实践,指出苏联社会主义社会教育才是中国效法的榜样。

杨贤江根据唯物史观,指出未来的社会(即共产主义社会)是循着社会进化的法则所必然地要到来的。同样,理想的社会教育将随着理想社会同时而来。他认为马克思关于教育的设想诸如"教育与劳动结合""对一切儿童施行公共的和免费的教育""与小学校联络的专门学校(理论上和实际上的)"等正在苏联的教育事业上得到逐渐的实现。

根据马克思主义科学论述,杨贤江相信,资本主义社会必然经过一个过渡时期即普罗列塔利亚专政时期(无产阶级专政时期)而又积极地走向共产主义社会的。而在这个无产阶级专政的过渡时期,教育有它自己的任务和要求,在过渡时期中,马克思对教育的理想设计也正在实现。

第一,有破坏的任务。所有使学校成为资产阶级之阶级支配工具的,要一律加以破坏或从学校中排除出去。

第二,要利用学校为实现社会主义教育与启蒙之工具。

第三,确认儿童属于社会,属于人类。要废止家庭的教育而采用社会的教育。

第四,从8岁到17岁,一切儿童、青年受平等而且免费的公共教育,设立统一劳动学校。

第五,青年从统一劳动学校获得为社会主义社会一切公民所必需的理论的及实践的知识的总体。

第六,在社会主义之下,专门学校或大学将以劳动为主,由此使技术与科学成为劳动阶级的共有物。

第七,除学校外,更有种种成人的教育机关及娱乐机关,如图书馆、博物馆、美术馆、剧场、音乐厅、影院、景区等等,让所有文化利器都变成大众共有共享之物,更让社会主义精神浸润在大众心里。

杨贤江确信苏联走着的道路,正是中国革命应走的路。他用"东方红了"① 来预示革命的成功。

杨贤江以辩证唯物主义和历史唯物主义为武器,阐述了教育的起源、本质和功能,揭示了教育的阶级性和历史性,批驳了曲解教育本质和教育功能的种种谬说,论述了教师地位及历史使命,批判了资本主义教育并热情讴歌了社会主义教育。因此,可以说,杨贤江是中国最早用马克思主义原理系统阐述教育历史发展和教育学原理的教育家。他的教育理论标志着马克思主义教育学理论在中国的萌芽,对马克思主义教育思想在中国的传播和发展起着划时代的作用,具有极其重大的影响。

---

① 李浩吾编:《新教育大纲》,福建教育出版社2007年版,第137页。

杨贤江与教育史研究[①]

作为我国马克思主义教育理论工作者的先驱，杨贤江同志不仅在马克思主义的宣传、教育理论探索和青年的革命思想教育方面作出了卓越的贡献，在教育史研究方面也留下了宝贵的遗产。研究、继承、发扬这份遗产，是我国教育史工作者的一项重要任务。

一、研究教育史必须以历史唯物主义作为方法论的基础

18世纪末19世纪初，教育史发展成为一门独立的学问，成为教育理论研究中的一个重要分支。但是，在马克思发现历史唯物主义以前，人们对社会历史问题的观察、研究都是在黑暗中摸索前进。教育史的研究也不能例外。马克思贡献的历史唯物主义原理揭示了人类社会发展的规律，为社会科学研究提供了一把金钥匙，同时也就为把教育史研究置于科学方法论的基础上提供了可能。缩短以至消除可能性和现实性之间的距离需要时间。在很长时期内，马克思主义者的主要注意力集中在社会革命问题上，还没有来得及用马克思主义理论去改造每一个具体学术领域中的研究工作，科学方法论还来不及在教育史研究领域中占领位置。克鲁普斯卡雅对教育问题的个别方面（如教育与生产劳动结合问题）作过马克思主义的历史考察，但并没有写出一般教育史著作。直到

---

① 本文原载《教育评论》，1986年第2期。

本世纪①初年，教育史研究领域仍旧是唯心主义和形而上学一统天下。杨贤江同志早在本世纪20年代末30年代初，就以马克思主义者的敏锐的洞察力，用历史唯物主义作指导，创造性地研究教育发展史，写出了《教育史ABC》②。这是一部闪耀着历史唯物主义光辉的教育史专著，它不仅在中国是第一本，在全世界也是第一本，杨贤江同志的贡献的意义也正在于此。尽管这本书还只是初步研究，不免有不足之处，但它毕竟是开创性的，是前无古人的，是在教育史研究领域中升起的第一面马克思主义的旗帜，是教育史研究的曙光和方向。以历史唯物主义作为研究教育史的指导思想，几千年来各种互相矛盾甚至互相对立的教育理论、教育事实才不再是呈现在人们面前的杂乱无章的偶然的堆积物，人们对教育发展历史的认识才得以避免表面性和主观随意性，教育发展的规律才得到科学的说明，教育史才真正成为一门科学。马克思、恩格斯为这一转变提供了可能，杨贤江同志则是第一次使可能成了现实。

自《教育史ABC》出版以来，半个多世纪过去了。现在，历史唯物主义原理在我国教育史界已经根深叶茂，教育史工作者在教育史的教学和科学研究工作中都能自觉地运用这一理论，以提高教学和科研水平，推进本学科的发展。但是，毋庸讳言，不重视马克思主义经典著作的学习，不理解历史唯物主义的科学性、真理性及其在社会科学研究中的指导作用的现象仍然是存在的，例如，一谈到教育与生产力的关系，就否定经济基础和政治对教育的制约的作用，以理论解释理论，以意识说明意识，脱离具体的历史条件，对历史人物或历史人物的某些观点或历史上的教育事实作主观随意的评价，分析阶级社会中的教育时否定阶级分析法或以阶级分析作为唯一的代替一切分析法的方法，以臆断、以讹传讹的偏见代替认真的历史研究，等等。这些现象的存在都不利于教

---

① 指20世纪。——编者注
② 该书的出版时间是1929年，以李浩吾的笔名在上海由ABC丛书社出版。全书包括绪论、先史时代的教育、古代的教育、中世的教育、近代的教育、结论6章，共157页，约10万字。——编者注

育史学科的发展。在科学技术在社会历史发展中的作用日益重要的今天,在随着对外开放,各种学术观点源源不断地涌来的新形势下,教育史工作者尤须以杨贤江同志为榜样,坚持并不断扩大历史唯物主义的阵地,创造性地运用历史唯物主义于教育史研究,只有这样,教育史的教学和研究才能富有生命力,才能做到古为今用,为四化建设服务。否则,教育史研究就会走到无聊的玄学争论中去。

二、关于教育起源问题

教育起源问题是教育史研究中开章明义的问题,对这个问题认识不正确,就会在教育理论上引出一系列错误的结论。杨贤江在教育史领域中,最早摒弃资产阶级的偏见,提出了马克思主义的教育起源论。

19世纪末至20世纪初,随着社会达尔文主义的流传,教育理论中的生物学化倾向也风靡一时。尽管这种仅仅把人看作自然物的思想的渊源可以追溯得更远,但是,19世纪末出现的实验教育学以及由它繁衍出来的儿童学、智力测验等思潮都对教育生物学化起了加速其扩散的作用。教育学中的生物学化倾向也影响到教育起源问题。例如,沛西·能在1923年说:"教育从它的起源来说,是一个生物学的过程……甚至在高等动物中间,也有低级形式的教育……它是扎根于本能的不可避免的行为。"[1] 桑戴克甚至认为在低等动物如昆虫、蚂蚁中就有了教育。

在教育起源问题上,杨贤江克服了生物学起源论的历史唯心主义的谬误,他比后来的劳动起源论者站得更高,看得更全面,他提出了社会生活起源论的创见,并指出:教育既非起源于人性,也非起源于意识,更非起源于天命,教育的起源是"人类实际生活需要"[2],是"帮助人营谋社会生活的一种手段"[3]。这里所说的生活是指:(1)衣食住的充

---

[1] 转引自沛西·能:《教育原理》,王承绪、赵瑞瑛译,人民教育出版社1992年版,译序。
[2] 杨贤江:《新教育大纲》,人民教育出版社1961年,第12页。
[3] 杨贤江:《新教育大纲》,人民教育出版社1961年,第12页。按:这句话有点拗口,原文如此。——编者注

分获得；（2）知识才能的自由发展；（3）集体的社会生活而不是孤立的个人的生活①。杨贤江不仅看到了教育传递物质生产经验的作用，同时又注意到传递精神生活遗产的作用。他指出，原始社会的教育"自不外当代的人一面利用由前代所传下的精神的及物质的遗产，一面更加上新的经验与发明，以传授给后一代"②。教育"是由一代向次代传下物质的及精神的社会遗产"③。由于教育起源于社会生活的需要，社会生活的变迁必然引起教育的变迁，这就是几千年来教育理论和教育实践经历了许多变化的根本原因，这个终极原因是本能论者、自发论者所不能认识的。社会生活的需要是多方面的，虽然其中起支配作用的是经济生活，是生产活动，但又不限于经济生活和生产活动。只有社会生活需要起源论才能说明，在教育与生产劳动分家之后，为什么教育事业没有中断。杨贤江以历史唯物主义原理作向导，创造性地分析教育的起源，从而得出了前人所不曾达到的，经得起历史检验的教育起源论。

三、教育在社会生活中的地位和作用

关于教育在社会生活中的地位和作用，杨贤江在理论上的重要贡献是他早在二三十年代就明确指出了教育是社会的上层建筑之一。他认为："教育这种上层建筑自是依据经济基础以形成，且跟随经济基础以变迁的。"④ 反之，作为上层建筑之一的教育，"对于社会的经济结构也有影响和作用，就是有时可以促进生产的发达，有时也可以拘束经济的发展"。政治也是上层建筑之一，但教育"不仅由经济所决定，也由政治所决定"⑤。他还指出，在阶级社会中，教育是由支配阶级掌握，且

---

① 杨贤江：《新教育大纲》，人民教育出版社1961年，第6~7页。
② 杨贤江：《新教育大纲》，人民教育出版社1961年，第13页。
③ 杨贤江：《新教育大纲》，人民教育出版社1961年，第15页。
④ 杨贤江：《新教育大纲》，人民教育出版社1961年，第110页。
⑤ 杨贤江：《新教育大纲》，人民教育出版社1961年，第118页。

是为支配阶级服务的，阶级社会的教育是有阶级性的。杨贤江的这些论断对教育史的研究具有重要指导意义。正是循着这一思想，杨贤江剖析了各个时代教育的性质及其变迁、发展，科学地阐明了各个时代在教育理论和教育实践上的五花八门的现象背后起支配作用的原因，从而在教育史研究中清除了唯心主义和形而上学的偏见，扩大了科学教育史学的阵地。

众所周知，教育是上层建筑之一的提法不见于马克思、恩格斯、列宁、斯大林的著作。经典作家在论述社会的经济基础和上层建筑并列举上层建筑的各个部门时，从来也没有列入教育一项。近年来，有人正是根据这种情况，否定教育是上层建筑之一。那么，杨贤江的论断在马克思主义经典著作中是否有根据呢？

根据无疑是有的。在《共产党宣言》中，马克思、恩格斯在驳斥资产阶级对共产党人的谤毁时写道：

> 而你们的教育不也是由社会决定的吗？不也是由你们借以进行教育的那种社会关系决定的吗？不也是由社会通过学校等等进行的直接的或间接的干涉决定的吗？共产党人并没有发明社会对教育的影响，他们仅仅是要改变这种影响的性质，要使教育摆脱统治阶级的影响。①

马克思、恩格斯在这里指明了：第一，教育"是由社会决定的"，是"社会关系决定的"，是社会通过各种干涉决定的；第二，社会对教育的决定性影响，并不是共产党人的"发明"，而是客观事实、客观规律、客观真理。社会和社会关系又是什么？马克思在《雇佣劳动与资本》中写道："各个人借以进行生产的社会关系，即社会生产关系，是随着物质生产资料、生产力的变化和发展而变化和改变的。生产关系总合起来就构成为所谓社会关系，构成为所谓社会。"可见，社会关系决

---

① 马克思、恩格斯：《共产党宣言》，中共中央马克思恩格斯列宁斯大林著作编译局译，人民出版社1964年版，第4页。

定教育，也就是生产关系或生产关系的总和决定教育，而生产关系的总合也就是社会的经济基础。既然教育是由社会、社会关系，也就是由生产关系的总和即经济基础所决定、上层建筑中应该包含教育，也就不论自明。

既然教育是社会的上层建筑之一，为什么马克思主义经典作家在列举上层建筑的各个部门时，又从来不曾列入教育一项？这个问题是需要回答的。杨贤江早就敏锐地觉察到并提出了这个问题，他曾试图为这个问题作出答案。由于受历史条件的限制，他没有找到正确的答案。经典作家没有将教育列入上层建筑的真正原因是：教育与上层建筑的其他部门有共同之处（所以它应是上层建筑），又具有与上层建筑的其他部门不同的特殊之处。

（1）教育不仅受经济、政治制约，同时还受教育对象的身心发展规律的制约。青少年的身心发展不能不受社会的影响，但其有本身的内在发展规律，是不因经济基础的变化而受影响的。

（2）教育内容中有一部分是不决定于经济基础的，如自然科学、技术科学、语言文字、语法规则、逻辑学等等，它们都不是上层建筑。

（3）一些教育的组织形式、教学方法、教学手段是各个阶级都可以利用的，它们是世世代代的经验的结晶或者是科学技术的应用，不是由经济基础决定。

（4）生产力和科学技术的发展水平直接对教育发生影响。

由于教育的这些特殊性，马克思主义经典作家在列举上层建筑各部门时不将教育包括进去，这是可以理解的，但这丝毫也不等于教育完全不受经济基础和政治的制约。

如果不把教育看作上层建筑之一，几千年文明社会的教育发展史就无法被理解。同样，如果看不到教育区别于其他上层建筑的特殊性，教育领域中曾经出现过的愚蠢的主张和愚蠢的行为就无法根除。杨贤江以其创造性的研究成果为我们留下了极其珍贵的启示。

四、教育史研究与现实斗争

杨贤江不仅有精湛的马克思主义理论修养，而且对中、外教育史有广博的知识、独到的见解。杨贤江研究教育史的一个突出特点是，他不是为历史而历史，而是将教育史的研究与现实斗争紧密结合，为现实斗争服务，自觉地以学术研究服从革命总任务的需要。这是史学工作者的最可贵的精神，今天应大力加以发扬。

通过教育史的研究，杨贤江启发革命青年认识剥削制度特别是当时的封建制度残余和资本主义制度的腐朽性、反人民性及其历史暂时性，展示了未来的社会主义、共产主义制度的光明前景，引导青年一代投身革命洪流，为实现崇高的理想而奋斗。这样的教育史研究必然会转化为巨大的物质力量，推动社会历史前进。

和杨贤江所处的历史环境相比，今天我国的情况已发生了根本的变化，教育史的研究也面临着新的任务，就是为"四化建设"[①] 服务，为实现新的历史时期的总任务服务。如果教育史的研究不能给从事现实斗争的教育工作者以启示，以智慧，以经验教训，教育史就失去了存在的价值。

教育史有特殊的研究对象和任务，教育史学科的建设还有大量基础工作要做。如果每个教育史工作者都去为现实中提出的有待解决的问题追寻历史线索、寻求历史的经验，教育史也就难于成为一门独立的学科了。如果只允许教育史工作者讨论现实问题，或只允许研究某一方面的教育史，就会捆住研究工作者的手脚，挫伤其积极性，这也是不利于教育史学科的建设和发展的。

---

① 四化建设是指工业现代化、农业现代化、科学文化现代化、国防现代化。——编者注

一部有益的生活教科书

——读《杨贤江全集》①

1995年是中国共产党优秀党员、杰出的马克思主义教育理论家、青年运动的卓越领导人杨贤江诞生100周年。为缅怀杨贤江对中国革命和马克思主义教育理论的贡献，继承和发扬他的革命精神和崇高品质，继承和弘扬他在思想、文化、教育理论上的丰富遗产，我们受杨贤江教育思想研究会（简称"杨研会"）的委托，搜集、整理、编辑《杨贤江全集》。经过一年多的紧张工作，在杨研会、华中师范大学、河南教育出版社、杨贤江同志的遗属、国内杨研专家和有关单位的支持下，共有6卷近400万字的《杨贤江全集》②正式出版了。杨贤江的思想、理论、实践，处处闪耀着革命精神的光辉、真理的光辉和崇高道德风范的光辉。杨贤江的著作，感人肺腑，发人深思，催人奋进。作为参与编辑工作的人员③，我深切地感到，搜集、整理、编辑杨贤江著作的过程，本身就是一个深受教育的过程。《杨贤江全集》是一部内容丰富生动的生活教科书。

---

① 本文原载《教育研究》，1995年第5期。
② 经编者统计，《杨贤江全集》6卷总字数是356.1万字。不过肯定有遗漏、未收入全集的著作或手稿。——编者注
③ 任钟印先生任《杨贤江全集》的总主编。——编者注

一

　　杨贤江在中国共产党成立后不久即加入中国共产党，完成了他在政治上、思想上的质的飞跃。作为优秀的共产党员、忠诚的马克思主义者、坚贞的无产阶级革命事业的先锋战士，杨贤江在全部理论工作和思想教育工作中宣传党的路线、方针、政策，把党的意图贯彻到千百万群众特别是青年学生中去，引导青年认清中国的现状和帝国主义的本性，把青年学生的正义感、爱国激情和忧患意识引导到实现党所制定的反帝反封建的战略目标上去。在对敌斗争中，杨贤江坚定、勇敢、毫不动摇。对为反动派张目的反动文人及其错误观点，他进行毫不留情的驳斥，在一切"权威""名流"及旧势力面前无所畏惧。即使在最残酷的斗争环境里，杨贤江仍孜孜不倦地刻苦学习马克思主义，研究理论，关注年青一代的教育问题。在杨贤江的革命实践中，对敌斗争、研究理论、教育青年，三者完全融为一体，完全服从党的需要。对敌斗争的坚定性、精湛的理论修养和对教育问题的始终如一的热忱，是杨贤江在早期中国共产党人中独具的特色。《杨贤江全集》是加强党性锻炼的好教材，是进行革命传统教育的好教材。我们应充分利用这部教材，充实思想政治教育的内容，提高思想政治教育的质量。

二

　　杨贤江早年就对教育工作产生特别浓厚的兴趣，立志以教育作为自己的终身事业。为了成为一名优秀的教师，他在师范读书时，刻苦学习，全面锻炼自己的才能，并开始对教育理论进行研究，广泛攻读中外有关教育学、教育史、心理学和各种教育思潮的著作，逐渐在借鉴和批判的基础上形成自己对教育问题的独特见解，在报纸杂志上经常发表有影响力的教育论文，阐述自己的见解。加入中国共产党以后，杨贤江将自己对教育问题和教育理论的兴趣融入党的事业中去，将自发的、朴素的兴趣升华为忠诚于党的教育事业的宏愿。随着他的马克思主义世界观的逐渐成熟，他开始用马克思主义的立场、观点和方法观察教育的实际和理论。他密切注视国内的教育现状，抨击反动当局的愚民政策，批判形形色色的错误教育观，提出改革旧教育的主张，并指出对社会进行根本改造是改革教育的前提。在杨贤江大量的论文、译文中，他满腔热情地系统介绍当时的苏联教育改革的情况和成就，剖析资本主义国家教育政策的经济、政治背景和动向，评介国外各种新教育观，介绍教师团体的情况，发表自己在教育理论研究上的新收获，悉心对广大青年学生的自学、自我修养进行指导。这些论文和译文，为我们现在研究教育理论、教育史、心理学和比较教育提供了丰富而珍贵的材料。更为重要的是，杨贤江在教育理论上的创造性见解，仍然具有深刻的现实意义。比如，杨贤江在1930年发表的论个人改造的论文中，阐述了个人与社会、劳动和享乐、个性与群性、理想与现实、自我改造与社会改造等问题，这些问题也正是马克思在《1844年经济学哲学手稿》中探讨的问题，而当时马克思的这个手稿还没有被发现，杨贤江肯定没有读过。这些问题也仍然是今天的教育理论所不能回避的重要问题。杨贤江在教育理论上最为突出的不朽业绩是他的教育理论专著和译著。作为杰出的马克思主义教育理论家，杨贤江在其短暂而光辉的一生中，贡献了两本教育专著（《新教育大纲》和《教育史ABC》）和两本教育译著（《新兴俄国之教育》和《苏维埃共和国的新教育》）。大量教育论文、译文和这四部教育理论的专著、译著，使杨贤江成为早期中国共产党人中在教育理论上成就最显著的杰出代表。《新教育大纲》和《教育史ABC》都是前无古人、独辟蹊径的开山之作，它们在马克思主义教育理论发展史上具有重要的历史意义。在20世纪20年代，不仅在中国，而且在国际共产主义运动中，用马克思主义观点系统研究教育理论和教育史的专著还没有出现，当时的苏联的教育理论界还深受实用主义的影响。在这两部专著中，杨贤江将研究马克思主义理论、研究历史和研究现状结合起来，阐明教育的性质、社会功能，教育在革命事业中的地位和职责，教师和学生的历史使命以及未来的光辉远景。杨贤江将马克思主义创造性地运用于教育研究，又在教育研究中宣传、阐发马克思主义，从而扩大了马克思主义的阵地，使不满于现实而又看不到出路的广大教师和青年学生认清了前进的方向。在教育理论上，杨贤江最早提出教育起源问题，最早分析了在历史上的五种社会形态中教育的功能的变化，在中国最早阐明教育与政治、教育与经济、教育与劳动力培养的关系，最早在理论上说明阶级社会中阶级对教育的影响，最早肯定教师是工资劳动者，最早在中国指出未来理想社会中人的全面发展的前景。在杨贤江的教育理论著作中，我们看到，他的马克思主义理论修养功底深厚，在独立地运用马克思主义观点分析现实问题时具有非凡的能力。这是他密切结合现实斗争刻苦攻读马克思主义著作的结果。深入研究、继承和发扬杨贤江的教育理论遗产，仍然是我们今天的重要任务。

三

杨贤江曾在上海和恽代英一道担任青年运动领导人，他们在工作中密切合作。杨贤江曾长期担任《学生杂志》的实际主编和主笔。他在这份杂志上发表的大量论文、译文，使他在青年学生中享有很高声誉，成了广大青年学生的导师、引路人和知心朋友。各地青年学生有了困难向杨贤江求援，有了苦闷向杨贤江倾诉，有了疑问向杨贤江请教，受了挫折求杨贤江指点。杨贤江通过论文、通讯、答问等形式，耐心地一一予以帮助，有问必答。青年们提出的问题，涉及面十分广泛，诸如求学、失学、自学、研究、学习方法、交友、两性关系、恋爱、婚姻、家庭、生理心理上的问题，审美观、身体锻炼、道德修养、对学校的不满、社会活动、救国问题、入党问题、社会主义和共产主义等方面的问题。经过杨贤江的启发开导，这些处于苦闷彷徨中的青年提高了认识，清醒了头脑，明确了方向，增强了信心，走上了健康向上的人生道路。

现在，我国社会已发生了翻天覆地的变化。国家为青年的成才提供了优越条件，社会、学校、家庭都关心年青一代的健康成长。社会的美好未来也就是青年的美好未来。每个青年都在为共同创造这个美好未来而勤奋学习、努力工作。他们道路明确，对前途充满信心，但是还处在成长过程中，知识、经验还不足，人生观还不成熟、稳定。他们还可能遇到一些具体问题，因不能正确对待而陷入苦闷。20年代的青年所遇到的问题，今天的青年也仍然可能遇到。所以，今天的青年仍然可以通过《杨贤江全集》向杨贤江请教，学会正确对待自己，正确对待生活，使自己从困惑中解脱出来，勇敢地面对人生，做生活中的强者。

杨贤江在青年工作中的优良作风和工作方法值得今天的青年工作者认真学习。第一，杨贤江在青年教育中不是脱离青年的实际进行空洞说教。他从青年最关心的切身问题、热点问题出发，把人生观教育、理想教育与对具体问题的正确处理结合起来，既不是高谈阔论，也不是就事论事，而是通过具体问题的解决，引导他们扩大视野看世界，关心社会进步，引导他们树立积极、进取、向上的人生观，引导他们投入改造社会的斗争。第二，杨贤江在青年教育中不是用教条、"大帽子"压人，而是说理，从理论上提高青年的认识。杨贤江自己博学多识，所以他能给青年介绍古今中外的许多知识，介绍各种新学理、新思想，帮助青年提高认识水平，因此，他赢得了青年的崇敬和信任。第三，杨贤江不是以圣人、教训者自居，而是与人平等地讨论问题，既指出错误，也提出建议。有时他现身说法，谈自己的经验、体会、失误和教训，读者自然感到亲切感人，视杨贤江为贴心人。第四，杨贤江本人就是青年的榜样。他严于自律、勤奋学习、勤奋研究、勤奋写作和工作，为党的事业而不辞艰辛。他每天过着极有规律的生活，争分夺秒。他诚恳待人、谦虚谨慎、淡泊名利、助人为乐、生活俭朴、一身正气。这些优秀的品质，既见诸行动，也溢于文字。如果今天的青年工作者都能以杨贤江的精神从事工作，必将大大提高工作水平。

四

杨贤江在入党时，即树立了对马克思主义的坚定信仰，矢志不移。在他的思想、行动、论文和著作中，处处体现了马克思主义的精神。他在刻苦学习、融会贯通、把握精神实质的基础上，用马克思主义观点分析中国和世界的现状，深信只有马克思主义才能救中国。他处处用马克思主义观察问题、指导斗争、教育青年、宣传群众。杨贤江对马克思主义的宣传不是背诵教条、寻章摘句、注释典故，而是将马克思主义的精神贯注到对具体问题的分析中去，使人们在潜移默化中不知不觉地受到马克思主义的熏陶。他力求使马克思主义中国化、实际化、群众化，使马克思主义成为现实斗争的理论武器，成为行动的指南。杨贤江对社会实际有深切了解，他在用马克思主义观点分析现实问题和理论问题时，援引大量实际材料，说理透辟而又深入浅出，所以他的分析有说服力，能被群众所掌握，使马克思主义理论转化成物质力量。读杨贤江的著作，人们只会感悟到真理的力量，而没有半点学究气、教条味。杨贤江的这种优良学风值得继承、发扬。

五

杨贤江从一个具有民主主义思想的爱国青年知识分子成长为坚定的共产主义战士的历程是富有教益的。一切马克思主义者都不是天生的。马克思在25岁时、恩格斯在23岁时，才完成从民主主义到共产主义、从唯心主义到唯物主义的转变。20世纪20年代，中国早期的共产主义知识分子都无一例外地经历了从民主主义、爱国主义到共产主义的转变过程，杨贤江便是早期共产主义知识分子的代表之一。从杨贤江的成长道路看，他在成为马克思主义者以前，就已经打好了牢固的基础。读《杨贤江全集》，我们看到，青年时代的杨贤江就已经是青年中的佼佼者，具有与众不同的特点。第一，关心他人、关心社会、关心国家的命运和民族的前途，深信天下兴亡，民有其责。他具有是非心、正义感，爱憎分明。对帝国主义的侵略、军阀的横行、民众的苦难，有切肤之痛。第二，奋发有为。他看到社会的黑暗、民族的危机，不是消极悲观、厌世轻生、颓废自贱，或放浪形骸，或埋头营造个人的安乐窝，而是立志伸张正义、改造社会、挽救民族的危亡。第三，踏实苦干，刻苦自砺，严于律己，从身体、道德修养、学识、才能上将自己铸造成才，为投身救国救民的事业打好基础。第四，积极参与，投身社会，在反帝爱国斗争中勇往直前，并积极宣传，唤起千百万人共同参与救国事业。但是，杨贤江这时还缺乏正确理论的指导，还看不清前途，他还相信仅凭教育就可救国。一旦接触马克思主义，他就豁然开朗，明确了奋斗的方向、道路，并沿着这条道路，向着一个崇高的目标，义无反顾地向前奔去。他的忧国忧民意识融入了共产主义事业之中。忧患意识是中国历代知识分子的优良传统，但仅有朴素的忧患意识是不够的，只有将忧患意识提升到马克思主义的高度，才能真正做到"先天下之忧而忧"。在这一方面，杨贤江是每一个忧国忧民的知识分子的榜样。

六

中外历史上成就大学问的人物，有许多都不是大学培养出来的而是自学成材的。孔子、苏格拉底、卢梭、富兰克林、恩格斯、高尔基、华罗庚等都是著名的代表。杨贤江的渊博学识和精湛的理论修养，也是通过自学获得的。还在学生时代，杨贤江就在学校规定的课程以外，自学了大量课外书籍，使教师感到惊异。杨贤江的正式学历只是师范毕业，旁听过许多大学课程。通过刻苦自学，他很快掌握了两种外语（英语和日语），这为他广泛吸收外域新知识、传播新知识准备了有利的条件。在工作中，即使在斗争尖锐、环境险恶的条件下，他仍长期坚持自学、研究、写作和翻译。从杨贤江的著作中可以看到，他对马克思主义著作学得多、理解深、用得活。杨贤江对国学有深厚根底，对国外的新知识、新学理都及时了解，读《杨贤江全集》可以看到，他读书的范围之广、知识之丰富、观察力之敏锐、思想之深刻、见识之成熟，都令人敬佩。杨贤江在25岁时就已经是学识渊博、有独到见解的学者，在教育界、文化学术界有广泛影响，声誉卓著。1913年，杨贤江18岁时发表处女作，1917年师范毕业，1931年逝世。在这短短的十多年中，杨贤江除了进行紧张的学习、繁重的工作和复杂艰苦的斗争外，还留下400万字的文化遗产，这是惊人的。从一个师范毕业生到成为一名著述丰富的杰出的马克思主义教育理论家，靠的就是持之以恒的勤奋自学。他能通过自学成就大学问，一是由于他立志高远，有进取向上的抱负，努力为服务社会、造福人类打好基础；二是由于坚强的毅力和有规律的生活，他每天的时间都有周密安排，何时起床、就寝，何时读外语、何时读书、何时写作、何时锻炼身体、何时做社会工作，都有明确计划，并自觉严格遵守，决不违犯；三是由于谦虚谨慎，永不自满，奋进不止；四是由于投身实际斗争，使理论与实践相结合。

我国的学校教育发展很快，高等学校成倍增加，但是仍远远不能满足每一个有志上大学的青年的需要。在未来一个相当长的历史时期内，这种情况不可能根本改变。对于不能上大学的青年来说，成才之路是宽广的，路就在自己脚下。对于立志自学成才的青年，杨贤江的榜样是很有教益的。细读《杨贤江全集》，必能从中获得启示，获得力量，增强信心。杨贤江能做到的，每一个有志气、有抱负的青年也一定能做到。

杨贤江忘我工作，积劳成疾，英年早逝，这是党和人民的重大损失，也是教育界的重大损失。《杨贤江全集》是一个中国共产党人对丰富我们的民族文化遗产作出的贡献，是中国共产党人为中华民族的解放进行艰苦卓绝斗争的真实记录，是马克思主义教育理论在一个东方大国广泛传播和创造性发展的光辉篇章，是我们后来人有幸享有的精神财富。我们希望有愈来愈多的人学习杨贤江的著作，研究杨贤江的理论，宣传杨贤江的思想和业绩，使杨贤江的精神发扬光大，成为激励千百万人为中华民族的崛起而拼搏的动力。

第二编 外国教育史研究

原始社会初民的教育行为与思想[1]

由于人类起源史的朦胧，要想知道最早产生教育思想的确切时间和地点，这是不可能的。目前，关于教育思想的产生，还只能作一些理论上的推测，而不能作出有史料依据的确凿论断。

第一节 教育思想和教育行为

人类的一切行为都受自己的思想的支配。人区别于动物的重要标志是人的行为的自觉性、预见性、目的性、计划性。动物的行为受本能驱动，是盲目的，不计后果的。人则在自己行动之前，已经在头脑中预计或设想了自己行为的后果，因而能选择后果有益的行为，避免后果有害的行为，力求使自己的行为符合于自己预期的目的。马克思曾以蜘蛛与蜜蜂为例，说明蜘蛛织网、蜜蜂筑巢的本领，足以使织工和建筑师惭愧。但是，最蹩脚的建筑师也比最灵巧的蜜蜂高明，因为"他在用蜂蜡建筑蜂房以前，已经在自己的头脑中把它建成了。劳动过程结束时得到的结果，在这个过程开始时就已经在劳动者的表象中存在着，即已经观

---

[1] 本文选自吴式颖、黄学溥、任钟印主编：《外国教育思想通史》（第一卷），湖南教育出版社2002年版。

念地存在着"①。马克思还指出，人在将自己的力量作用于自然时，不仅改变着自然物的形式，而且实现着自己的目的，他使自己的意志和行为服从于这个预期的目的。在这种场合，思想是行为的先导、动力、方向。

思想先于行为的规律不仅呈现在人与自然的交往中，这也是人类社会一切历史活动的永恒规律。恩格斯在指出人类社会史与自然史的不同特点时说："社会发展史却有一点是和自然发展史根本不相同的……在社会历史领域内进行活动的，全是具有意识的、经过思虑或凭激情行动的、追求某种目的的人；任何事情的发生都不是没有自觉的意图、没有预期的目的的。……历史进程是受内在的一般规律支配的。"② 就正常人的正常情况而言，我们甚至可以说，可能有没有行动的思想，但不能有没有思想的行动。因为"推动人去从事活动的一切，都要通过人的头脑……外部世界对人的影响表现在人的头脑中，反映在人的头脑中，成为感觉、思想、动机、意志，总之，成为'理想的意图'，并且以这种形态变成'理想的力量'……"③。这种"理想的力量"，正是推动人去行动的动力，它体现在人的行动之中。

考古学家们研究了人类开始制造工具的情形，人之所以能制造工具，是因为他们已经具备了超过猿类的心智能力、认识能力。如果没有思想，制造工具是不可能的。考古学家们研究了非洲阿舍尔遗址人类制造工具的遗迹，认定"石器制造者心中有一个他们想要制造出来的石器的模板，他们是有意识地将一种形状施加于他们利用的原材料上"④。

---

① 马克思:《资本论》(第一卷)(上册)，中共中央马克思恩格斯列宁斯大林著作编译局译，人民出版社1975年版，第202页。
② 马克思、恩格斯:《马克思恩格斯选集》(第四卷)，中共中央马克思恩格斯列宁斯大林著作编译局编译，人民出版社1975年版，第243页。
③ 马克思、恩格斯:《马克思恩格斯选集》(第四卷)，中共中央马克思恩格斯列宁斯大林著作编译局编译，人民出版社1975年版，第245页。
④ 利基:《人类的起源》，吴汝康、吴新智、林圣龙译，上海科学技术出版社1997年版，第31页。

即是说，石器制造者在制造石器的行为之前，他们所要制成的工具已经在他们的"表象中存在着，即已经观念地存在着"。考古发现为马克思、恩格斯的论点提供了历史佐证，证明人的行为受思想支配，人的行为是思想的载体。

摩尔根认为，透过社会的制度、风俗习惯和传统去窥视隐藏在制度、风俗习惯和传统后面的思想，是认识历史的方法之一。他说，"我们承认人类历史的实质与观念的发展有着不可分割的关系，而观念是由人民创造出来的，它表现在人民的制度、风俗习惯和各种发现之中"①。

人类的行为都要通过自己的头脑，受思想支配，思想先于行为，行为和行为的结果是思想的载体，人们可以透过人的行为和行为的结果了解行为者的思想，这一理论观点为我们研究没有文字记载的教育思想提供了方法论的依据。

人类社会存在了数百万年，而文字的历史不到一万年。人类文明史在整个人类历史中不过短暂的一瞬。同样，有文字记载的教育思想的历史，不过是全部教育思想史中简短的一个篇章。对于漫长的历史时期中没有文字记载的教育思想，我们可以通过当时的教育活动、教育习俗、传统、教育制度乃至神话传说去研究，以重现教育思想发展第一阶段的原貌，补写那一段无文字的教育思想史。

第二节　教育思想产生于"人类的童年"

恩格斯将人的形成过程划分为三个阶段：攀树的猿群、正在形成中的人、已经形成的人。其中，第二阶段是从猿转变到人的漫长的过渡时期。恩格斯称这种过渡时期的生物为正在形成中的人。正在形成中的人既已不同于猿类，又还不完全同于人类。正在形成中的人的特点是它的

---

① 摩尔根：《古代社会》（下册），杨东莼、马雍、马巨译，商务印书馆1997年版，第302页。

过渡性,但是,无论从两足行走,还是从脑量体积的大小和牙齿的结构形态来看,他们都已经具备人的特征,而不是猿。从攀树的猿群转变到正在形成中的人,分界点是猿从生活在树上下到地上,开始用后肢直立行走而使前肢解放成为双手;从正在形成中的人转变到已经形成的人的分界点是制造和使用工具。

史学界认定正在形成中的人这一发展阶段即是摩尔根所称的蒙昧社会的低级阶段,恩格斯则称这一阶段为"人类的童年"。

考古发掘的新发现和古人类学、古生物学乃至分子遗传学的新成就,不断改写人类起源史,更新人类起源史的原有结论。考古学家们曾经普遍同意,最早的正在形成中的人是产生于约1400万年前的腊玛古猿和南方古猿。20世纪80年代后期,这个结论又遭到一致否定。考古学家和古人类学家一致认定,腊玛古猿和南方古猿的发展水平都还是猿,而不是人。考古学家们的新的认识是,最早的人科物种出现于距今700万年前,而工具制造出现于距今250万年前。这里所说的人科物种的特征就是两足行走。利基说:"我所说的'人'最最基本的,就只是指能够直立行走。"①

考古学的新结论证明恩格斯在100多年前的科学论断是正确的并具体化了三个阶段的年代。根据考古学的发展,"正在形成中的人",即"人类的童年"或"蒙昧时期低级阶段",应是距今700万年前至250万年前这段历史时期,长约450万年,占那一阶段人类历史的约2/3,而制造工具以后的历史略过1/3。

在"人类的童年",既已出现了对教育的需要,又已具备了进行教育的可能。

正在形成中的人虽然还不能制造工具,但已知道利用天然的工具木棒和石块从事简单的"劳动",正是这种简单的、不完全意义上的"劳

---

① 利基:《人类的起源》,吴汝康、吴新智、林圣龙译,上海科学技术出版社1997年版,第4页。一说440万年前非洲的拉密达猿人开始用两足直立行走。

动"，成了从猿发展到人的推动力量，推动了正在形成中的人的手、各种身体器官、脑、思维、语言和社会性的发展，为了个体生命的维持和群体生命的延续，必须将已积累的原始劳动经验、群体的相互关系、简单的行为规范传授给年青一代，这就需要进行教育。

教育对于正在形成中的人的必要性，不仅决定于社会生活的需要，更决定于早期人类的生物学上的特征。科学家们发现，人区别于猿和其他动物的一个重要特征是，人类的初生婴儿是软弱而不能自助的，需要有一个较长的婴幼儿时期，由成年人加以照料、教育，而大多数哺乳动物，包括猿在内，都是从婴儿期几乎直接进入成年期。科学家们发现，人类婴幼儿时期较长，与人脑的体积远远大于猿脑的体积有关。生物学家指出，脑子的大小影响着断奶的年龄、达到性成熟的年龄、妊娠期和寿命。在脑子大的动物物种中，这些因素趋于延长。因此，人类增大的脑量决定了人类婴幼儿的软弱和无力自助，决定了婴幼儿时期的延长和向成人过渡的缓慢，这就使对婴幼儿的照料和教育成为必要，否则人类就无法延续。利基说："在婴儿期无自助能力的一段较长的时期中，需要父母的悉心照料。"①

要使教育得以实现，需要有最起码、最必要的交流思想和传递信息的手段，这种手段就是语言。夏威夷大学语言学家德里克·比克顿（Derrick Bickerton）说："只有语言能够冲破锁住一切其他生物的直接经验的牢笼，把我们解放出来，获得无限的空间和时间的自由。"② 语言使可以传递的信息量无限扩大，为对年青一代的教育提供了广阔的空间，仅凭手势和单音节的简单发音就谈不到真正的教育。

人类何时具有了语言能力，这是人类起源史上争论最热烈的问题之一。多种学科的科学家、考古学家们根据人类脑量的体积大小、左脑和右脑的大小是否对称、牙齿的构造、头盖骨内与语言能力有关的布罗卡

---

① 利基：《人类的起源》，吴汝康、吴新智、林圣龙译，上海科学技术出版社1997年版，第34～38页。
② 转引自利基：《人类的起源》，吴汝康、吴新智、林圣龙译，上海科学技术出版社1997年版，第92页。

区（Broca）的存在与否、喉的位置、人的劳动活动对语言的需要以及艺术的产生等各种因素探索最初的语言能力的出现，结论各不相同。但大致可分为两类：一类人认为，人类的语言能力起源很早，是在漫长的发展过程中逐渐形成的；另一类人则认为语言是在较晚的时期突然产生的。这种争论还会继续下去。但是，后一种意见甚至将语言的产生推迟到 35000 年以前，从而使人类在数百万年中成为"哑口动物"，这是令人沮丧的①。正如比克顿所说："我们几乎无法记起一个没有语言的时代。"利基也说："作为一个个体，我们依靠语言在世界上生存，我们无法想象一个没有语言的世界。"②

持第一类意见的科学家通过不同的研究，得出了大致接近的论断。纽约州立大学的人类学家迪安·福尔克（Dean Falk）写道："如果人科成员不使用和改进语言，我想知道他们用他们的自然增长着的脑子在干什么。"③ 马萨诸塞州贝尔蒙特医院的神经学家特伦斯·迪肯（Terrence Deacon）说："语言能力是在一个由脑——语言互相作用所决定的持续选择的漫长时期（至少 200 万年）中进化的。"④ 利基也认为："如果脑量与语言能力有关，那么脑量在过去的 200 万年左右的时间里的增加表明了我们祖先的语言能力的逐步发展。"⑤ 拉尔夫·霍洛韦（Ralph Holloway）研究非洲特卡纳湖东岸发现的 200 万年前的头骨，发现头骨内有布罗卡区，而且脑的左右两边不对称，这是已具有语言能力的标志⑥。

---

① 利基：《人类的起源》，吴汝康、吴新智、林圣龙译，上海科学技术出版社 1997 年版，第 93 页。

② 这种观点还给上帝准备了席位。

③ 利基：《人类的起源》，吴汝康、吴新智、林圣龙译，上海科学技术出版社 1997 年版，第 114 页。

④ 利基：《人类的起源》，吴汝康、吴新智、林圣龙译，上海科学技术出版社 1997 年版，第 114 页。

⑤ 利基：《人类的起源》，吴汝康、吴新智、林圣龙译，上海科学技术出版社 1997 年版，第 115 页。

⑥ 利基：《人类的起源》，吴汝康、吴新智、林圣龙译，上海科学技术出版社 1997 年版，第 116 页。

虽然语言起源的具体时间难以确定，但有不少科学家都提到"200万年""至少200万年""200多万年""200万年左右"这个大致的数字，这些数字并不排除语言的起源早于距今200万年前的可能。

我国古人类学家认为意识和语言起源于人类制造工具之前，即是说，人类先具有意识和语言能力，然后才开始制造工具，这就意味着语言起源于正在形成中的人，即起源于"人类的童年"。这一观点和摩尔根、恩格斯的结论是吻合的，和"200多万年""至少200万年""200万年左右"的观点并不绝对相互排斥。

摩尔根认为，音节分明的语言产生于低级蒙昧社会①，即"人类的童年"。

恩格斯指出，蒙昧时代低级阶段，"这是人类的童年……音节清晰的语言的产生是这一时期的主要成就"②。恩格斯又说："我们的猿类祖先是一种社会化的动物……随着手的发展、随着劳动而开始的人对自然的支配，在每一新的进展中扩大了人的眼界……一句话，这些正在生成中的人，已经达到彼此间不得不说些什么的地步了……而口部的器官也逐渐学会发出一个接一个的清晰的音节。"③

按照摩尔根、恩格斯和我国古人类学家的论断，人类在制造出第一把粗笨的石刀以前，语言已经有了漫长的历史，它是正在形成中的人为人类的文明准备的一份厚礼。语言起源于距今700万年前至250万年前这段历史时期，它不可能是在某一个早上由上帝或某一位神仙突然创造出来的，它只能是长期逐渐演进的产物。摩尔根说："人类的语言似乎是由最粗糙最简单的表达形式发展起来的。必然是先有思想而后才有语言；同样，必然是先用姿态或手势表达语意而后才有音节分明的语

原始社会初民的教育行为与思想

---

① 摩尔根：《古代社会》（上册），杨东莼、马雍、马巨译，商务印书馆1995年版，第9页。
② 马克思、恩格斯：《马克思恩格斯选集》（第四卷），中共中央马克思恩格斯列宁斯大林著作编译局编译，人民出版社1975年版，第17~18页。
③ 马克思、恩格斯：《马克思恩格斯选集》（第三卷），中共中央马克思恩格斯列宁斯大林著作编译局编译，人民出版社1975年版，第511页。

言……单音节先于多音节,而多音节又先于具体词汇。人类的性灵不自觉地利用喉头发音而发展出清晰的语言。"①

如果语言是教育的必要条件,那么我们就可以说,语言的历史就是教育的历史,也就是教育思想的历史。教育和教育思想必然产生于"人类的童年"。随着制造工具的新进展,语言和教育、教育思想也进一步复杂化了。人类没有必要等到能够制造工具以后才开口交流思想,才对年幼一代进行教育。制造工具的历史才250万年,而语言、教育和教育思想的历史长得多。

第三节 没有文字记载的教育思想

所谓没有文字记载的教育思想,是指没有文字的社会中的教育思想。没有文字的社会有两种情况:一种是文字产生以前的社会,另一种是文字产生以后仍然与文明社会隔绝、处于相对落后状态的社会。文字产生以前的社会的历史,古人根据世世代代口头传说,有一些对远古社会史影的追忆。考古学、古人类学、古生物学、解剖学、分子遗传学等众多学科的新成就则进一步揭开了连古人也不知道的远古社会的秘密。人类起源史的研究澄清了数不清的关于人类由来的怪诞神话,撕去了"造物主"的神秘面纱,关于文字产生以后仍然与文明社会隔绝、处于史前阶段的相对落后的社会,古代已进入文明世纪的人对于当时周边地区尚处于史前阶段的居民的风俗习惯、社会状况,曾有文字记述,如古代罗马人对日耳曼诸部落的记述、中国古籍中对边远少数民族的记载,但是更大量的材料来自19世纪以来的人类学家、社会学家、民族志学者、旅行家、传教士、航海家对近代尚处于史前阶段的各人种、各部族的社会情况、生活习俗的亲身调查、访问和研究报告,如对美洲印第安人、澳大利亚土著居民、太平洋各岛屿和非洲等地一些原始部落的居民

---

① 摩尔根:《古代社会》(上册),杨东莼、马雍、马巨译,商务印书馆1997年版,第5页。

情况的调查和研究报告。我们现在对没有文字记载的教育和教育思想的了解，主要是根据这一类材料。可惜的是，这一类材料所涉及的，大都是已经发展到较高水平，甚至已经受到周边地区文明的某些影响，接近文明时代的边缘，或已经开始从史前时代向文明时代过渡的社会。现在已难以找到尚处于人类社会初期的人种，更不用说正在形成中的人了。

一、人性观的萌芽

人是教育的对象和主体。人是什么，人性是什么，这是教育思想中的根本问题。对人性问题的关注和讨论、争辩，在文明社会中贯穿于教育思想发展史的全过程。人性问题，也是哲学、伦理学、心理学、宗教学中的核心问题。如果有一个主题，能够将哲学、伦理学、心理学、教育学、宗教学乃至经济学、政治学等学术领域联结起来，贯通起来，综合起来，那么，这个主题就一定是人性论。

在没有文字的、处于史前时代的社会里，人们已开始思考人性问题，他们试图说明人的智愚和人性善恶的起源，而这恰恰是人性论所讨论的中心问题，数千年文明社会的哲人、学者关于人性的论辩，都是围绕着这个问题展开的。

史前时代的人已开始思考人的智慧、能力存在差别的原因，他们力图解释人的智慧和能力从何而来。太平洋中的美拉尼西亚人相信存在一种超自然的力量，他们称为玛纳。玛纳可以为善，也可以为恶。人通过宗教活动可以获得这种玛纳，据为己有。拥有玛纳的人，就会行时走运，其身价便提高，甚至可成为首领。有能力、有作为的人都是拥有玛纳的人。由此可见，美拉尼西亚人认为人的智慧、能力决定于某种超自然的外在力量，但是人可以通过自己的主观努力去获取这种外在力量，使之为己所用。人在超自然的力量面前并不是完全消极无为的。北美印第安人中的苏人则称这种超自然的力量为玛尼图，此种玛尼图可以由父或母传给子女，于是他们肯定了遗传的作用。太平洋中的波利尼西亚人[①]也相

---

① 近人根据人类基因研究，认为新西兰的毛利人和太平洋中的波利尼西亚人的祖先源于中国。

信玛纳是一种特异的力或能，首领的超凡能力、他的神圣性，是源于他所拥有的玛纳，首领若不小心从事，便会失去玛纳。部落的强盛也是由于部落拥有玛纳。奴隶则不具备玛纳。在其他一些地区和人种中，玛纳也称为奥伦达、瓦坎、瓦坎达。可见这是史前社会流行颇广的一种人性观。

人性论的另一方面是人性善恶问题。人性是善、是恶或亦善亦恶？善恶自何而来？史前人类即已开始思考这些问题并试图找出答案。他们的答案是各式各样的。综观各地各民族的传说和神话，答案大致可分为三类。

（一）性恶说

据希腊神话，宙斯为了报复普罗米修斯为人类偷取火种，命令赫淮斯托斯造美女石像，给她艳装打扮。宙斯给她注入恶毒的祸水，众神都送给她一件危害人类的礼物，赫尔墨斯神把谎言、能说会道以及一颗狡黠的心灵放在她的胸膛里。这个祸水给人类带来了一切灾难和不幸。宙斯给她取名潘多拉。她的性恶是神注定的，是不可更改的。

（二）或善或恶说

在许多史前居民中流传着关于本部落的"文化英雄"的传说。"文化英雄"是各部落祖传的仪礼、习俗、典制或成丁礼的创建者。"文化英雄"一般是一对孪生兄弟，一人代表善，一人代表恶。易洛魁人中流传的"文化英雄"是针锋相对，各行其是的两兄弟。一个崇尚善良，人、光明和一切有用之物都是他所建造的；一个专施邪恶，一切危害人类者如毒蛇、猛兽、春寒冬冻、严冬酷寒，都出自此人之手。这两种人是善者一切皆善、恶者一切皆恶。太平洋的美拉尼西亚的"文化英雄"也是一对孪生兄弟，一个聪明，一个愚拙；一个致力于创造，一个专事破坏。另一些地区的"文化英雄"实即各该部落崇拜的图腾。有的"文化英雄"是半人半兽，有的"文化英雄"是动物。

在希腊神话中，也有善恶对立的传说。据说，有两种"不和女神"，一种不和女神天性残忍，专事挑起罪恶的战争和争斗；另一种不和女神则对人类友善，刺激怠惰者劳作，因为一个人看到别人因勤劳而致富，就会变得热爱工作。神世界只是人世界的幻影，善神和恶神不过是罩上了灵光圈的善人和恶人。

由上可知，史前时代的人已经将人类分为两类：善人和恶人。善人有益于人类，恶人为害人类。善人和恶人的斗争构成人类历史的一幅生动的图画。善和恶都是预定的，不可更改、不可转化的，因而善恶的对立是永恒的。

（三）亦善亦恶说

据希腊神话，普罗米修斯用水和泥土调和，按照天神宙斯的形象造了人形，又从动物的灵魂中摄取了善与恶两种性格，将它们封入人的胸腔内。于是，人性中就既有善性，又有恶性，这也是神所预定的。

上述关于人性善恶的三种观点，基本上奠定了直到今天为止的人性善恶理论的框架。在以后数千年的文明社会中，无数的哲人、智者都力图探索人性善恶的究竟，他们的思想成就竟未能跳出史前人类的窠臼，这是令人吃惊的。中国古代的性善论、性恶论、善恶混论，早已存在于史前人类的头脑中。至于普罗米修斯将善恶两种性格注入人的胸腔之内的观点，更是成为几千年来西方名家以不同的形式一再重述的观点。例如，柏拉图认为人性中既有理性，又有"野性""兽性""多头怪兽""狮性"；亚里士多德认为人有理性的灵魂和动物的灵魂；施达克认为人性一半是天使，一半是禽兽。甚至恩格斯也不得不说："人来源于动物界这一事实已经决定人永远不能完全摆脱兽性，所以问题永远只能在于摆脱得多些或少些，在于兽性或人性的程度上的差异。"① 人身上既有人性，又有兽性，也就是既有善性，又有恶性，这已经由普罗米修斯注定了。后世的哲学家、伦理学家、教育学家都不过是按照普罗米修斯的

---

① 马克思、恩格斯：《马克思恩格斯选集》（第三卷），中共中央马克思恩格斯列宁斯大林著作编译局编译，人民出版社1975年版，第140页。

节拍吟唱人性的颂歌。在人性论这样抽象的理论问题上，史前人类的思想竟能达到如此深刻、如此成熟的程度，真是令人敬佩。摩尔根说得好："近代文明吸收了古代文明中一切有价值的东西，并使之面貌一新；近代文明对人类全部知识的贡献很大，它光辉灿烂，一日千里。但是，其伟大的程度还远远不能使古代文明暗淡无光，并使它沦于不甚重要的地位。"①

二、人生观教育

青少年时期是人生观逐渐形成时期。人的一生应怎样度过、人生应有什么理想、应追求什么目标、走什么道路，这些问题是人生观教育的内容。史前人类已注意重视在青少年的人生观形成时期进行人生观教育，他们将两种人生观、两条道路、两种前途摆在青少年的面前，教育他们坚定地选择正确的道路，避免危险的道路。这种教育是通过神话的形式进行的。

据希腊神话，古代著名英雄赫拉克勒斯在青年时代正在思考人生的道路时，突然在他的面前出现两位女神，其中一位是幸福女神，被人称为轻佻女神。她仪态万方，雍容华贵，谦和有礼，浓施脂粉，对赫拉克勒斯说，如果你选择我做你的女友，我可以领你走上一条最舒服的生活道路，你可以享尽生活的乐趣，一生没有烦恼和不平，不用参加任何战争，不用操心买卖的事，只是享用美酒佳肴，睡在温暖柔软的床上，衣来伸手，饭来张口，不用从事体力劳动和脑力劳动，尽情享用别人的劳动成果，享不尽荣华富贵。另一位是美德女神。她对赫拉克勒斯说，如果你选择我指引的道路，你将成就一切世上的善事和大事。我不能保证你享受荣华富贵。一切收获都不会从天上掉下来，应当敬奉神祇，为朋友做好事，为国家服务。有播种才有收获，要想赢得战争，就要学习战

---

① 摩尔根：《古代社会》（上册），杨东莼、马雍、马巨译，商务印书馆1997年版，第29页。

争的艺术；要想保持矫健的体魄，就应该通过艰苦的劳动使它强健。

于是，幸福女神和美德女神展开了激烈的争辩。美德女神对幸福女神进行了严厉的申斥：你没有一点美的东西。你不饥而食，不渴而饮，让你的朋友通宵畅饮，白天酣睡，多少美好时光白白流逝。他们在年轻时花天酒地，过着无忧无虑的生活，到年老时，愧对过去的时间。你将遭到诸神的唾弃，为善良的世人所不齿。

赫拉克勒斯在对比了两条道路后，经过思考，最终选择了美德女神指引的道路，成就了赫赫功业，成了全希腊著名的英雄①。

古人通过类似的神话故事对青少年进行人生观教育，指引他们沿着美德女神指引的人生道路，树立崇高理想，胸怀大志，艰苦创业，成为有益于人、有益于社会的人。

三、儿童观

史前时代的人对儿童的珍爱、爱护，让文明时代的人都深感惭愧。罗伯特·路威（Robert Lowie）在《文明与野蛮》一书中记述了各地区各人种爱护儿童的动人事例。

在多年的南美旅行中，诺登瑟德子爵只看见一回印第安人父母打孩子。一个倔强的女孩子，在小腿、臀部和背脊上挨了轻轻三下。格林纳尔博士研究平原印第安人几十年。他说，印第安人从来不鞭挞他们的孩子……有时候，孩子哭闹不休，母亲怄气，也只拉住他一只臂膀揉两下，我从来没有看见父母责罚儿童这样的事情②。

因纽特人对孩子无不疼爱。孩子哭着要求的东西，倘不给他，这在野蛮人心中便是冷酷无情。体罚是难得有的，有些部族里头简直从来没有用过。和尔姆船长关于因纽特儿童的记述写道：儿童无拘无束地长

---

① 施瓦布：《希腊神话故事》，刘超之、艾英译，宗教文化出版社1996年版，第126～128页。
② 路威：《文明与野蛮》，吕叔湘译，生活·读书·新知三联书店1984年版，第116～117页。

大,他们的父母说不出怎样疼爱他们,无论他们怎样倔强,从来不责罚他们。尽管这样溺爱,那些小孩却长得性情很好……儿女长大以后,对于年老的父母非常敬爱、体谅,常常牺牲自己的利益来孝顺父母①。

因纽特人之所以如此疼爱儿童,是由于他们相信人死以后灵魂可以转世,人死以后的灵魂往往依附在孙辈身上,待孙辈成长以后,祖先的灵魂便离去,因此,任何一个儿童身上都依附着祖父母或先祖的灵魂。疼爱儿童,就是尊敬先祖②。其实,这不过是因纽特人为疼爱儿童寻找或编造的一个理论依据而已。

阿肯巴人(Akambas)的特点是爱护儿童,尤其是幼小儿童。无论谁看见有人虐待儿童,都会冲上去护卫他,不管是谁的孩子③。

在马来半岛上,塞芒人(Semang)溺爱他们的儿女,从来不打不骂。塞里格曼博士在锡兰岛上看见一个维达族(Vedda)孩子使小性子,拿起一柄斧子投向他的父亲,投中他的腿。父亲生气了,捡起斧子丢在林莽里,但并不责罚那孩子。那孩子反而怒气冲天,哭了起来。过了一会儿,父亲又拿食物去哄他不哭④。

令人大惑不解的是,初民社会的人如此疼爱儿童,拒绝体罚,而一进入阶级社会以后,世界各地都流行着体罚儿童的格言。古代埃及的格言是:孩子的耳朵是长在背上的,打他时才听见。古代斯巴达的儿童以忍受鞭挞为勇敢坚忍并引以为荣,以哭泣为耻。西欧中世纪的格言是:学习就是在棍棒下生活。在17至18世纪,英美各国的格言是:吝惜棍棒就毁了孩子(Spare the rod and spoil the child)。中国古代的格言是:棍棒底下出孝子,不打不成才。中国的"教"字的右边竟是扑打的意思。尽管昆体良、洛克都力陈对儿童体罚的不良后果,然而在20世纪

---

① 路威:《文明与野蛮》,吕叔湘译,生活·读书·新知三联书店1984年版,第138页。
② 托卡列夫:《世界上各民族的宗教》,魏庆征译,中国社会科学出版社1985年版,第124页。
③ 路威:《文明与野蛮》,吕叔湘译,生活·读书·新知三联书店1984年版,第167页。
④ 路威:《文明与野蛮》,吕叔湘译,生活·读书·新知三联书店1984年版,第168页。

的某些高度现代化的老牌民主国家,家长和教师竟然都赞成体罚。

教育思想上的这种荒唐,也许恰好证明了摩尔根的历史观的深刻性。摩尔根说:

> 文明人的成就虽然卓越伟大,却远远不能使人类在野蛮阶段完成的事业失色。野蛮阶段的人已经自己创造并享有了一切的文明要素,仅字母文字一项为例外。对于野蛮人的成就,我们应当就其与人类整个进步过程的关系来衡量;可能我们不得不承认,从相对重要性而言,他们的成就超过了后人的一切事业。①

史前时代的儿童观,在进入文明社会以后,在维多利诺、夸美纽斯、卢梭、巴泽多的教育思想中得到了进一步的发展,成为教育思想史上的一股重要教育思潮。但是,史前时代的人划不清溺爱与理智的爱的界限,这个缺陷直到文明时代仍长期存在。在独生子女日益增多的中国,对儿童溺爱的弊端更是普遍存在。

但是,在史前时代,并不是所有人种都热爱儿童,相反的情形也大量存在。如有的部落轻易地杀死儿童,有的部落用各种恐怖的办法恫吓儿童。在成丁礼时,儿童、少年往往要经受各种野蛮的、残忍的痛苦折磨。

四、人才观

前面说过,推动人去从事活动的一切,都要通过人的头脑,人在劳动过程开始时,劳动的结果已经观念地存在于他的头脑中,在工具制造者的心中,先就有了一个他所要制造的工具的模板。这一原理在教育活动中也同样是正确的。在没有文字的社会里,当原始人进行教育活动时,他们的教育活动所要达成的结果即他们要把年青一代培养成什么样

---

① 摩尔根:《古代社会》(上册),杨东莼、马雍、马巨译,商务印书馆1997年版,第30页。

的人，这种"模板"已经观念地存在于他的头脑中，他是按照头脑中的"模板"对原材料进行加工的。这个"模板"就是原始人的人才观。

人才观是历史的范畴。把年青一代培养成什么样的人，这不决定于任何人的主观愿望，而是决定于历史条件，决定于生产力发展的水平、文化水平、社会提出的需要和可能。马克思、恩格斯指出："单个人的历史决不能脱离他以前的或同时代的个人的历史，而是由这种历史决定的。"又说："人们每次都不是在他们关于人的理想所决定和所容许的范围之内，而是在现有的生产力所决定和所容许的范围之内取得自由的。"① 生产力发展水平、社会关系决定着每个人能发展到何种程度，能取得多大自由。

原始人按照他们的人的理想安排教育活动。这种教育包括知识教育、伦理教育、健康教育、艺术教育和生产教育。

（一）知识教育

知识教育包括自然知识的教育和社会知识的教育。而这两类知识都是与他们维持生存的需要直接相关的。

> 在漫长的冬夜里，极北部的红色皮肤人，用口头来教育自己的孩子。他们使孩子们知道本地动物的名称，认识动物的性能，认识猎取的方法；教他们应该如何设置皮毛兽的陷阱。他们告诉孩子们如何利用锹和刀，把树皮造成独木舟、雪车、雪靴等。②

认识与生活直接相关的动物、植物、季节的转换、天气的变化和预测都是为了提高人的生存能力。

原始人重视以社会知识教育年青一代。

> 对孩子们继续不断地讲述光荣的业绩和他们祖先的军功，

---

① 马克思、恩格斯：《马克思恩格斯全集》（第三卷），中共中央马克思恩格斯列宁斯大林著作编译局译，人民出版社1975年版，第515页，第507页。
② 转引自哥兰塔、加业林编：《世界教育学史》，柏嘉译，作家书屋1951年版，第10页。

以引起儿童的想像，指导他们走向光荣。在任何适宜的机会，总是告诉儿童们关于他们部落的仇敌，表示复仇是神圣的义务。①

利用贝珠带进行社会知识和历史教育，是北美印第安人的独特创造。贝珠带是没有文字的历史档案和文献记录，它比结绳记事更进一步，用一串一串颜色不同的贝珠的组合，记录着部落的章程和本部落历史上值得记取的重要事件。只有经过专门训练的人才能读懂并宣讲贝珠带。当部落的首领去世、新当选的首领就职时，由专人在就职群众大会上展示并宣讲贝珠带，以便对新当选的首领和包括青少年在内的大会参加者进行历史传统教育和本部落的行为规范的教育。贝珠带是没有文字的历史教科书和社会学教科书。摩尔根有详细记载：

> 这些贝珠带通过一位讲解人就能把当年传述给它的章程、条规和事例原原本本复述出来，只有贝珠带是这些章程等的唯一记录。他们把紫贝珠串和白贝珠串合股编成一条绳，或者用各种颜色不同的贝珠织成有图案的带子，其运用的原则就是把某一件特殊的事情同某一串特殊的贝珠或某一个特殊的图案联系起来；这样，就能对事件作出有系统的排列，也能记得准确了。这种贝珠绳和贝珠带是易洛魁人唯一可以目睹的史册；但是，它们需要一些训练有素的讲解人，那些讲解人能够根据各串或各种图案将其所隐含的记录表达出来。②

讲解贝珠带的是部落的一位首领或巫师，有时还给他配备助手。这些助手"也需要同这位首领一样熟悉讲解贝珠记录。这位巫师在讲解这些贝珠带和贝珠绳的时候，就把（部落）联盟形成的历史原原本本地讲出来了。他把历史传说从头到尾全部复述一遍，遇到其中重要的部分就

---

① 转引自哥兰塔、加业林编：《世界教育学史》，柏嘉译，作家书屋1951年版，第10页。
② 摩尔根：《古代社会》（上册），杨东莼、马雍、马巨译，商务印书馆1997年版，第138页。

要引用这些贝珠带中所包含的记录来加以证实。因此，推举首领的会议也就成了一次教导民众的会议；它使（部落）联盟的组织、原则及其形成的历史在易洛魁人的心中保持常新的概念"①。

如果说贝珠带、贝珠绳是易洛魁人的无字的历史典籍，那么讲解贝珠带、贝珠绳的首领或巫师便是易洛魁人的"史官"，是用历史教导人民群众的历史教师。

（二）伦理教育

伦理教育的内容是逐渐复杂化的。正在形成中的人已经有了简单的社会联系，这种联系就必须以一定的行为规范加以约束，这就需要进行伦理教育。已经形成的人在组成氏族以前，就对两性关系有了最初的限制，这种限制就是伦理。在氏族产生以后，伦理教育的重要内容之一就是熟悉作为氏族成员的权利和义务，这是参与氏族生活的必要条件。摩尔根将北美印第安人氏族成员的权利和义务概括为10项，这10项条规也就是"氏族法"。古希腊氏族成员的权利和义务也是10项。古罗马氏族成员的权利和义务是9项。年青一代必须掌握这些规定，才能成为氏族的正式成员。氏族法的教育也就是文字产生以前的法制教育、公民教育、政治教育。

原始社会的人已认识到调节人际关系是保持社会稳定的保证，他们教育年青一代尊敬老人、服从长者、爱护儿童、尊重妇女、善待朋友、仇视敌人。这些规范已成为以后文明社会普遍接受的伦理观，并有了新的发展，如中国古代的儒家就规范了君臣、父子、兄弟、夫妇、朋友的关系，提倡君使臣以礼、臣事君以忠、父义母慈子孝、兄友弟恭、夫唱妇随、朋友有信等，只是将仇视敌人改成了"以直报怨""不念旧恶"。北美印第安人的伦理观、澳洲和太平洋各岛屿的原始居民的伦理观，和中国古代儒家的伦理观息息相通。这是不值得奇怪的，摩尔根的分析令

---

① 摩尔根：《古代社会》（上册），杨东莼、马雍、马巨译，商务印书馆1997年版，第138页。

人信服。他说：

> 人类的心灵，特别是人类所有的个人、所有的部落和民族共同具有的心灵，其力量的范围是有限度的，因此，这种心灵的活动遵循的途径是（而且必须是）彼此一致的，分歧很小的。在空间远离的不同地区，在时间远隔的不同时代，这种心灵活动的结果把人类共同的经验连成了一条在逻辑上前后相连的链索。在这种人类经验的伟大汇合中，仍然可以辨认出少许原始的思想根芽，那些根芽根据人类原始的需要而发展，经历自然发展的过程以后，终于产生了如此丰硕的成果。①

摩尔根的这一深刻的理论观点，当然不只适用于伦理问题。文明社会乃至我们现代人的许多文明成果，都可以从远隔万里的原始人中找到最初的根源。

伦理教育的另一内容是各种禁忌。各地区、各人种、各部落都各有其特殊的种种禁忌，是未成年人必须知道的。例如，澳大利亚的土著居民禁止氏族内部通婚，禁杀、禁食本部落的图腾物种；有的部落则禁杀而不禁食，有的部落则禁食而不禁杀，有一些部落则规定在举行图腾崇拜仪式时，必须食用少量图腾物种的肉，拒食和多食都不允许，以增进与图腾物种之间的神秘亲缘。

因纽特人有一种习俗，姑娘初潮时，必须在室内独自面壁幽居40天，不得外出。因纽特人对陆地狩猎和海上捕猎两者严禁混淆。两者的猎物和用具必须严格分开，海豹肉和鹿肉，严禁放在同一室内，严禁在同一日混食，猎鹿时不得穿猎鲸时所穿的衣服，如此等等。

此外，如尚未加入男子会社、秘密会社的儿童、少年，不得窥知会社的秘密。有些部落有一些活动对妇女保密。原始人的各种禁忌不胜枚举。

---

① 摩尔根：《古代社会》（上册），杨东莼、马雍、马巨译，商务印书馆1997年版，第254页。

(三) 健康教育

原始人已知道开展各种体育活动,以增进人的健康。北美印第安人的塞内卡部举行部族与部族之间的球赛,每个胞族都挑选自己最优秀的球员,通常是每一方6～10人,胞族的全体成员分列赛场两边观看比赛,双方各以财物做赌注,以赌比赛结果的胜负。比赛气氛热烈,双方各为自己的球员喝彩①。

荷马的史诗《伊利亚特》和《奥德赛》根据世代的口头传说追忆了公元前13世纪当希腊人还没有文字的时代体育活动的盛况。

据《伊利亚特》的记载,在帕特罗克洛斯的葬礼后举行的体育竞赛项目有:驾驶战车、拳击、摔跤、投枪、赛跑、掷铁饼、射箭等。这些项目绝大部分仍然是今天奥运会的项目。涅斯托尔说,在为阿马里科斯王举行葬礼时,竞赛项目有拳击、摔跤、赛跑、投枪、赛车等②。

据《奥德赛》的记载,法伊阿基亚人的体育竞赛项目有:快跑、跳远、投饼盘、拳击、摔跤、射箭、高抛圆球等。欧鲁阿洛斯说,这些竞技之事"如今到处盛行不衰"③。

体育活动不仅是正式竞赛中的运动项目,也是人们休闲时的活动项目。如在奥德修斯家胡闹的求婚者们在闲暇时"以嬉耍自娱,或投饼盘,或掷标枪"④。又如,"当阿喀琉斯正在一旁生气时,他的士兵在岸上消遣,投掷铁饼、标枪,拉弓射箭"⑤。娜乌茜卡"和女仆们摘去掩面的头巾,玩开了球戏"⑥。

---

① 摩尔根:《古代社会》(上册),杨东莼、马雍、马巨译,商务印书馆1997年版,第92～93页。
② 荷马:《伊利亚特》,罗念生、王焕生译,人民文学出版社1997年版,第595～620页,第610页。
③ 荷马:《奥德赛》,陈中梅译,花城出版社1994年版,第133～143页。
④ 荷马:《奥德赛》,陈中梅译,花城出版社1994年版,第317页。
⑤ 荷马:《伊利亚特》,罗念生、王焕生译,人民文学出版社1997年版,第60页。
⑥ 荷马:《奥德赛》,陈中梅译,花城出版社1994年版,第107页。

古代阿拉伯的儿童自幼学习搏斗、赛跑、举重、射箭、投枪、骑马。有些部落中的妇女还和男子比赛武艺,使用同样的武器和坐骑。

（四）艺术教育

澳大利亚考古学家伊恩·戴维森（Iain Davidson）和威廉·诺布（William Noble）认为艺术与语言之间存在紧密联系,甚至艺术先于语言而出现。他们认为艺术表现是语言赖以发展的一种手段,不是语言使得艺术成为可能。艺术必定先于语言,或者至少与它平行出现,因此最早的艺术在考古记录上的出现,标志了口头语言的最早出现①。戴维森和诺布关于艺术先于语言或与语言同时出现的断语可能只是一种推测。因为语言在正在形成中的人的发展时期即已出现,而最早出现的艺术品目前还只发现旧石器时代晚期的洞穴画,如西班牙的阿尔塔米拉洞穴的壁画、法国拉·穆特洞穴的动物画等。以后相继在许多地区发现了洞穴画。旧石器时代晚期是从34000年前到30000年前奥瑞纳时期开始的,即是说,考古学家们现在已知的艺术史不过30000多年。艺术教育的历史的开端不会早于这个时期。

当印第安人被发现时,他们的舞蹈已发展到很高水准。摩尔根说:

> 舞蹈是美洲土著的一种敬神的仪式,也是各种宗教的庆典中的一项节日。世界上任何地方的野蛮人也没有像美洲土著这样专心致志地发展舞蹈。他们的每一个部落都有10至30套舞蹈;每一套舞蹈都有其专门的名称、歌曲、兵器、步法、造型和服装。某些舞蹈是所有的部落共有的,如战争舞即是。特殊的舞蹈是专有财产,它们属于某一氏族或专属于某一舞蹈社团,这种舞蹈社团可以随时接收新成员。②

这种舞蹈社团,想必就是后来的舞蹈学校的前身。

---

① 利基:《人类的起源》,吴汝康、吴新智、林圣龙译,上海科学技术出版社1997年版,第104页。

② 摩尔根:《古代社会》（上册）,杨东莼、马雍、马巨译,商务印书馆1997年版,第113页。

唱歌、演奏乐器，在史前时代已是普遍存在的事实，它们或者与某种宗教仪式或礼仪相结合，或者单独进行。诗歌的吟唱已盛行于史前社会。

在文字产生以前，艺术教育已成为对年青一代的教育的必要组成部分，艺术修养已成为对人的起码要求。

（五）生产教育

史前时代，生产力水平十分低下，生产的产品除了艰难地维持最起码的生活需求，没有剩余产品，因而当时还没有产生体力劳动和脑力劳动之间的分工。每一个有劳动能力的人都必须从事生产劳动，因此，每个儿童自幼就学习生产技术，受到生产教育。例如，在密拉尼西亚，"当儿童年龄稍长的时候，男子就教他们投枪，使用石斧、树皮制的盾、棍棒，教他们攀树、掘土，学习用网。这种实践教育是很早就结束的，而且因为这种教育的内容很简单，孩子们在技巧上往往并不逊于他们的父母"[1]。"有些负有教育责任的部落成员，应该使儿童认识生产，谁都不可以没有生产的知识。"[2]

弓箭既是狩猎工具，也是作战武器。恩格斯说："由于有了弓箭，猎物便成了日常食物，而打猎也成了普通的劳动部门之一。弓、弦、箭已经是很复杂的工具，发明这些工具需要有长期积累的经验和较发达的智力，因而也要同时熟悉其他许多发明。"[3] 因此，学习制造和使用弓箭，便成了年青一代的必修课。

平原印第安人的儿童很小便使弓弄箭，八九岁便学着射杀小鸟或兔子。当他射中第一头鹿的时候，克洛人便举行盛大的庆祝，他的父辈中就会有一位族人出来穿营走寨唱歌赞美他[4]。

澳洲的土著居民中，少年常常跟着父亲去打猎，在实践中学习打猎。

---

[1] 转引自米定斯基：《世界教育史》，叶文雄译，生活·读书·新知三联书店1950年版，第7页。

[2] 转引自哥兰塔、加业林编：《世界教育学史》，柏嘉译，作家书屋1951年版，第10页。

[3] 马克思、恩格斯：《马克思恩格斯选集》（第四卷），中共中央马克思恩格斯列宁斯大林著作编译局编译，人民出版社1975年版，第18页。

[4] 路威：《文明与野蛮》，吕叔湘译，生活·读书·新知三联书店1984年版，第174页。

南非的黑人儿童从小学习造陷阱，守护将熟的禾谷，使用捕鱼器，在河里捕鱼。女孩则学烹饪，粉刷墙壁，头顶水罐等。

西伯利亚察克奇族的男孩到了能握刀柄的年纪，父亲就教他雕木头，用刀作兵器。到了10岁，男女儿童都要放牧冰鹿群，获得处理动物的经验。

通过生产教育，年青一代不仅学会了生产技能，也养成了劳动习惯，增强了驾驭自然的信心。

原始社会初民的教育行为与思想

在文字产生以前，世界各地区、各人种、各部落或氏族，就一个人或某一小部分人而言，未必就已经有了一套完整的、一贯的、充分自觉的教育思想体系。他们只能根据当时当地的需要和可能，以及世世代代的祖先一点一滴地逐渐积累起来的老规矩、旧传统对年青一代进行教育。需要和传统胜于理想，现实重于未来。各地区、各人种、各部落或氏族在教育事业上各有其独特的创造和特色，由于交往范围的狭小和传播工具的匮乏，各具特色的教育经验难以成为人类共享的财富。例如，北美印第安人的舞蹈和贝珠带便难以广泛传播。这种分散的、各自为政的局面造成了教育发展的不平衡。而如果我们将文字产生以前的人类社会看作一个整体，将各地区、各人种、各部落或氏族的教育经验综合起来，原始人所具有的一套完整的教育理想便跃然呈现在我们面前。原始人的教育理想已经形成了后来文明社会的教育家所追求的全面教育理想的雏形，智、德、体、美、劳五育的理论基础已朦胧地奠定了。没有文字记载的教育思想已形成为有文字记载的教育思想的胚胎。文明社会的五光十色、异彩纷呈的教育思想，不是从天上掉下的，不是神启的，不是偶然出现的，它是人类在几百万年的艰难历程中点滴积累起来的。一位瑞士学者克那本汉斯（Knabenhans）说得好："正唯那些物质文化最贫乏的部族，成就了许多我们认为最新的教育原理。"①

---

① 转引自路威：《文明与野蛮》，吕叔湘译，生活·读书·新知三联书店1984年版，第176页。

五、教育制度的雏形

在文字产生以前，一些行之有效的教育措施行之日久，便成了习俗，习俗固定下来，便是不成文的制度。古代盛行于美洲、澳洲、亚洲、非洲原始人中的教育制度就是成年礼（initiation）。

成年礼又叫成丁礼、入社式、成年式、加入式、戒礼或献身礼。它是对儿童少年进行有目的、有计划的系统教育，目的是造就年青一代，使他们充分具备成为正式社会成员的资格。现在还不能确切知道成年礼何时出现的。有的学者认为在前氏族社会即已有了成年礼，而现在所知的实行成年礼的社会大多属于母系氏族社会乃至以后时期。

（一）进行成年礼的年龄，各地相差悬殊

东非尧族人（Yao）的男孩的成年礼在 8~11 岁。中非俾格米人中的一支班布蒂人（Bambuti）的成年礼行于 9~16 岁的少年。南亚安达曼人的成年礼行于 11~13 岁。这些举行成年礼的少年都没有达到成年的年龄。

（二）成年礼进行的期限，各地亦不一致

澳大利亚土著居民中的成年礼往往进行数年之久，澳洲的另一些部落则只进行数星期。东非尧族人的男孩进行成年礼时要隔离 3 个月。南亚安达曼人的成年礼持续 1~5 年不等，女孩则更长。

（三）在成年礼期间，要对受礼者进行系统教育

澳大利亚一些部落要对受礼者传授狩猎技术，使他们接受严格培训和身体的磨炼。受礼者须遵守严格的禁忌和斋戒，不得与人交谈，只能用手势和暗号，要与妇女成员隔绝，同时教以部落的行为规范、仪俗、传说，教以尊敬长者、服从头人。澳洲另一些部落对受礼者施以各种教练，教以打猎、宗教和道德教训，告诫受礼者服从长辈、不得沾惹已婚妇女，和朋友共饮食，保守成年礼的秘密，不得私吃雄鼯或蜂蜜或其他珍品，这些食品是专供老年人享用的。美洲火地岛人的成年礼对受礼者

传授各种秘仪、部落的道德规诫，如恭顺长者，遵守风俗等。澳洲阿拉瓦部落的成年礼对受礼者授以行为准则，如不得追逐妇女，不得向狗投掷梭镖，要恭顺长者，不得与长者争辩，不得违抗长者的命令，不得与同部落的兄弟姊妹斗殴，回避表姊妹、堂姊妹，不得失去自制等等。

（四）在成年礼期间，受礼者要经受各种残酷的、痛苦的磨炼

毁门齿是盛行于许多地区的习俗。澳大利亚各部落、南非巴托卡人（Batoka）都行此俗。澳洲部落和中非班布蒂人有在受礼者身上切痕的习俗。此外，如在篝火上烟熏火烤、毒打、污秽涂身、以可怖的面具舞进行恫吓、强使伏地、用鸟喙或野猪牙刮划受礼者的胸脯、臂膊；头痒时不得用手指搔头，必须用管子喝水。女孩第一次月经来潮时要挨一顿痛打或禁笑、禁食肉。加利福尼亚南部印第安人将受礼者置于蚁穴上，任凭蚂蚁叮咬。我国古籍中的《东夷传》记载了古代韩民族的习俗："诸年少勇健者，皆凿脊皮，以大绳贯之，又以丈许木插之，通日欢呼作力，不以为痛……且以为健。"又云："其人壮勇，少年有筑室作力者，辄以绳贯脊皮，缒以大木，欢呼为健。"梅根悟在《世界教育史》中引述这些材料时，将其归之于古韩民族的成年式①。

（五）"死而复生"

古代许多部落在成年礼期间，用各种办法使受礼者昏死过去，然后使他们"死而复生"，使之有脱胎换骨、隔世再生之感，从此变成一个完全不同的人。北美印第安人在成年礼期间通过种种手段，使受礼的少年求得"幻象"。他们须经受种种磨难，长期斋戒，离群索居，甚至使用麻醉剂，使其全神贯注，静坐凝思。历时既久，终至如痴如狂，获得幻象，幻象中所见之物即是他终身的佑护精灵。托雷斯地区岛民在成年礼期间，"始而将少年窒杀，继而又使之复生"。加利福尼亚南部的印第安人在成年礼时，使受礼者饮用一种能使人酩酊大醉的饮料，这种饮料由当地所产的一种草酿成，叫作"托洛阿切"。受礼者饮用托洛阿切后，

---

① 董宝良译：《原始时代的教育》，载《教育研究与实验》，1982年第1期。

酒性发作，神智昏迷，朦胧中出现的幻觉即所见的幻象，就是他终身敬奉的对象。

（六）割礼

澳大利亚诸部落、非洲尧族人、埃维人（Ewe）、中非的俾格米人、古代希伯来人、埃及人、埃塞俄比亚人和阿拉伯人都有行割礼的习俗。所谓割礼，就是割去男孩生殖器的包皮。有的部落女孩亦行割礼。割礼大都行于成年礼期间，但是古代希伯来人在男孩出生以后的第8天便行割礼，据说这是根据上帝的旨意。《圣经·旧约·创世记》第17章记载："神又对亚伯拉罕说，你和你的后裔必世世代代遵守我的约。你们所有的男子，都要受割礼"，"生下来第8日，都要受割礼"。但是，亚伯拉罕本人受割礼时已99岁，他是和他的13岁的儿子以实玛利在同一天受割礼的。行割礼在许多部落被认为是由少年进入成年的标志。斐济的纪姆巴雷的土人说："到接受割阴茎包皮的礼仪之前，对男孩是同狗以及其他动物一样看待的。"①

（七）换名

印第安人由童年转入成年时要换名字，一般在16~18岁时，由氏族的酋长废掉换名者原有的名字，代之以第二个名字，并在部落会议上正式宣布。换名以后，就必须承担成年男子的责任。有的部落将第二个名字作为对勇敢作战者的奖励。

（八）隆重的成年礼

澳洲一些部落的成年礼是全部落的集会，有的部落的成年礼则是几个友好部落联合举行的盛会。成年礼一般与宗教仪式、舞蹈、唱歌相结合，有的部落还举行穿戴特殊服饰和面具的舞蹈，扮演各种神幻的形象，有的则与图腾仪式结合进行。

有的学者认为古代黄种人中没有成年礼的习俗，这是不符合实际的。前述古代韩民族的习俗证明了黄种人中亦有此俗。此外，中国古代

---

① 董宝良译：《原始时代的教育》，载《教育研究与实验》，1982年第1期。

的冠礼，应是远古时代成年礼的孑遗。直到近代，我国有的农村地区还有一种传统习俗，男子结婚称"做大人"，要换一个正式的名字以取代小名，正式的名字要用匾额大书悬挂在高墙上，这应该也是成年礼的遗风残存。

对文字产生以前的这种成熟的教育制度——成年礼——的意义，应有足够的认识。过去曾经认为，成年礼是一种考试，用以检验受礼者是否已经具备正式社会成员的资格。从成年礼的全部内容来看，它显然不仅仅是"考试"、检验，还是一种有目的、有计划的系统教育。成年礼从8岁、9岁、11岁开始，持续的时间达数周、数月，甚至5年以上，成年礼必须伴以系统的培养、训诫、锻炼，这些都充分说明成年礼是系统的教育而不仅仅是考验。成年礼也可以看作文明社会中义务教育的前身，学校教育的胚胎，教育制度的雏形，它说明在文字产生以前，原始人的教育观已发展到相当的水平。有的学者甚至认为成年礼是现代西方的寄宿学校，如英国的伊顿公学的原始形态。成年礼中进行的教育已经包含有智、德、体、美、劳五个方面，它的意义远远不限于"考试"。

第四节　没有文字记载的教育思想的意义

没有文字记载的教育思想是人类教育思想史一个初创的然而是十分重要的阶段，人类的文明就是在人类的远古祖先所艰难奠定的基础上开始的。从人科物种两足直立行走已经700万年，开始制造工具已经250万年，而人类文明史才数千年。人类的祖先在没有文字的环境下蹒跚前进，度过了如此漫长的岁月，发展的速度如此缓慢，这是合乎规律的现象。摩尔根发现，人类发展的进度是按几何比例前进的，人类在最早一个阶段的发展速度最慢，在最近一个阶段的发展速度最快，因为每一项准确的知识既经获得之后，就变成了进一步获得新知识的动力，一直推进到错综复杂的现代知识。在没有文字的年代，当知识的积累才刚刚起步的时候,任何一点新知识的获得都是举步维艰的。摩尔根说:"在蒙昧阶段,人们要从一无所有的环境里想出最简单的发明,或者要在几乎无可借助的情况下开动脑筋,这是极其困难的;在这样一种原始的生活条件下要发现任何可资利用的物质或自然力量,也是极其困难的;因此,当时人类心智发展之迟缓自属不可避免的现象。"① 摩尔根又说:"人类的伟大的和奇迹般的成就在反映出人类经历了漫长的文化阶段的同时,也证明了光阴确实未曾虚度。文明直至如此晚近方才出现的事实,表明人类进步途中困难之大,同时也反映出人类开始其历程时水平之低。"② 人类的远古祖先就是在这种困难条件下为对年青一代进行教育创造了"文化英雄"、玛纳、潘多拉、美德女神、贝珠带、伦理规范、竞技项目、成年礼等一系列概念与经验,编写了一部无字而内容丰富的早期教育思想史。无论现代人看来人类早期的教育思想多么简陋、多么原始,甚至多么荒唐,但教育史上人类的一切主要制度和理论都是从早期所具有的少数思想胚胎进化而来的,原始的思想胚胎对人类的心灵和人类的命运产生过最有力的影响。在教育思想的某些方面,我们迄今仍在享受原始人类的恩赐。尽管没有文字的教育思想史占去了人类历史上太长、太长的时间,但是,诚如摩尔根所说,"光阴确实未曾虚度"。

当我们对原始人类在教育思想上的奠基工作满怀崇敬之意、感激之情的时候,我们并不赞成某些学者向后看的历史观。近代以来,西方许多思想家基于对社会现实的不满,往往发思古之幽情。他们认为人类的早期社会是"黄金时代",是理想的"自然状态",后来的文明进步是对"自然状态"的破坏。在教育思想上,由于原始社会还没有出现体力劳动和脑力劳动的分离,有些人就认为原始社会的人已是"全面发展"的

---

① 摩尔根:《古代社会》(上册),杨东莼、马雍、马巨译,商务印书馆1997年版,第33页。

② 摩尔根:《古代社会》(下册),杨东莼、马雍、马巨译,商务印书馆1997年版,第514页。

人。这些观点都不是积极的、向前看的观点。原始社会的人虽然还没有体力劳动和脑力劳动的分离,人的"原始丰满性"尚未遭到破坏,但是当时生产工具和技术简陋,生产力低下,人征服自然的力量微弱,人与自然以及人与人之间的关系狭隘、地区和活动范围决定了人的眼光狭小,文化积累贫乏,图谋生计艰难,这一切决定了当时教育质量低下、内容简陋、方法原始甚至粗野。原始人"完全是被生存的困难和与自然作斗争的困难压制着的"(列宁语)。在那种求生艰难的条件下,人的体力和智力不可能得到充分的发展和运用,根本谈不上人的全面发展。进入文明时代以后,教育的内容更丰富、方法更完善、制度更健全,教育发展到更高的水平,并产生了最早的有文字记载的教育思想。教育思想的发展进入了一个新的阶段①。

---

① 这一段参考滕大春主编:《外国教育通史》(第一卷),山东教育出版社1989年版,第20～22页。

苏格拉底评传[1]

苏格拉底（Socrates，公元前469—前399）是古代希腊哲学家、教育家。他常在街头与青年们讨论政治、伦理、艺术和社会问题，被认为是第一个当公众教师的雅典人。他以不敬神和腐蚀青年的罪名被判处极刑，饮鸩而死。他自己没有著作，但是通过柏拉图和色诺芬（Xenophon）的著作，将他一生的活动和风貌栩栩如生呈现给世人。苏格拉底"不仅是哲学史中极其重要的人物——古代哲学中最饶有趣味的人物——，而且是具有世界史意义的人物"[2]。他的哲学和教育思想一直流传下来，至今仍具有强烈的影响。

一、生平

苏格拉底出生于雅典附近的阿洛佩凯的一个平民家庭，父亲索弗罗尼斯科斯是石匠和雕刻匠，母亲法伊纳列特是接生婆。苏格拉底的父亲与雅典著名的民主派政治家阿里斯特伊德斯是好友。苏格拉底出生在希波战争（公元前483—前449）的后期，正值雅典的奴隶制民主制度蒸蒸日上之际。公元前457年，由于伯里克利（Pericles）的改革，以前

---

[1] 本文选自赵祥麟主编，任钟印、李文奎编：《外国教育家评传》（第1卷），上海教育出版社2002年版。

[2] 黑格尔：《哲学史讲演录》（第二卷），贺麟、王太庆译，生活·读书·新知三联书店1957年版，第39页。

只有一二等公民拥有的当选为执政者的权利也扩大到三四等公民。作为手工业者,苏格拉底的父亲是这一改革的受益者,雅典的民主制度给苏格拉底的家庭带来了政治上的好处。苏格拉底自幼就受到雅典民主制度的熏陶。他认为,是国家的法律把他带到了世界上,抚养了他,教育了他,让他和同胞们分享所有的好东西①。他热爱雅典,热爱雅典的制度,为雅典的光荣感到自豪,对雅典的未来充满信心。他"热爱这一城邦和它的法律甚于其他雅典人"②。他自诩"不论在战场上,在法庭上,还是在任何其他地方,你都必须服从你的母邦和国家的命令,……不能伤害你的国家"③。

苏格拉底曾学过雕刻手艺,他勤奋学习,熟读了荷马和其他诗人的作品,"吸收了家乡街头传闻的各种新理论"④。他与已届老年的哲学家巴门尼德(Parmenides)虽只见过一次面,却从他那里学到不少东西。苏格拉底是哲学家阿那克萨哥拉(Anaxagoras)的再传弟子。阿那克萨哥拉一生中在雅典生活了约30年(公元前462—前432),是伯里克利的密友。据说,"作为第一个把哲学带给雅典的人,并且作为塑造了苏格拉底的影响者之一,他还是重要的"⑤。苏格拉底活动的时期,也正是来自希腊各地的智者活跃于雅典的时期,他曾听过智者普罗底柯斯(Prodicus)的讲演,并盛赞其人;与智者安提丰(Antiphon)辩论过;与智者希庇亚斯(Hippias)讨论过关于正义的问题。但是,他对智者的无知伪装有知、争名求利、无原则、无是非和巧言佞色深感厌恶。这促使苏格拉底从反面去思考人生的真谛、真理的实质,使他得以高出智

---

① 柏拉图:《苏格拉底的最后日子——柏拉图对话集》,余灵灵、罗林平译,上海三联书店1988年版,第100页。
② 柏拉图:《苏格拉底的最后日子——柏拉图对话集》,余灵灵、罗林平译,上海三联书店1988年版,第103页。
③ 柏拉图:《苏格拉底的最后日子——柏拉图对话集》,余灵灵、罗林平译,上海三联书店1988年版,第100页。
④ 文德尔班:《哲学史教程》(上卷),罗达仁译,商务印书馆1987年版,第101页。
⑤ 罗素:《西方哲学史》(上册),何兆武、李约瑟译,商务印书馆1982年版,第95页。

者之上，并开辟了西方哲学史上的一个新时代。

公元前449年，希波战争以雅典的完全胜利告终。这是雅典的民主制度对于波斯的专制制度的胜利。战争的胜利把雅典推到了希腊各邦的无可争议的盟主地位，使雅典的奴隶制民主进入黄金时代。可是当雅典人沉浸在胜利、权威、荣耀、财富、文明的欢乐中而自满自足的时候，深藏在欢乐背后的危机正暗暗滋长。法制观念的淡化、道德的沦丧、追逐钱财和权力的引诱，以及智者们的无原则、无是非的诡辩，一大堆隐患啃噬着雅典的民主制度。苏格拉底以哲学家的深思和敏锐的目光看到了雅典繁荣景象背后潜伏着的深刻危机。他决心抛弃个人的一切天伦之乐和物质享受，担负起教育公众的重任。大约从30岁开始，他为此艰苦奋斗了40年。

苏格拉底曾3次奉命从军参战，当过重装步兵。在第一次战役中，他的门徒阿尔基比阿德斯（Alcibiades）身负重伤，他奋不顾身，击退敌人，救出了阿尔基比阿德斯。在第二次战役中，他的另一个门生色诺芬身负重伤，他冒死救援，使之得以生还。在战斗中，苏格拉底英勇顽强，任劳耐苦。有一次遇到严寒，"这时只有苏格拉底赤着脚站在冰上，穿着平时的衣服，但他比别的穿了鞋的兵士走得更好"①。苏格拉底自己承认，在战争中，"我也像别人一样坚守岗位，正视死亡"②。

公元前406年，雅典在与斯巴达的一次海战中大获全胜。但是巨大的风浪使雅典的25艘战舰沉没，将军们无法按照惯例将阵亡战士的尸体带回雅典，人民因此要求将10名海军将领同时审判，并全部处死。苏格拉底这时正被选入五百人议会，并担任值班的执政官。他认为，同时审判10人而不是个别审判，违反了雅典的法律，遂投了反对票。

公元前423年，阿里斯多芬（Aristophanes）的喜剧《云》在雅典

---

① 罗素：《西方哲学史》（上册），何兆武、李约瑟译，商务印书馆1982年版，第127页。
② 柏拉图：《苏格拉底的最后日子——柏拉图对话集》，余灵灵、罗林平译，上海三联书店1988年版，第59页。

上演。阿里斯多芬是苏格拉底的朋友。由于对智者的极端不满，阿里斯多芬在剧中把苏格拉底当作智者的化身，对他极尽攻击之能事，说苏格拉底不信神，不承认有宙斯的存在，说苏格拉底认为雨并不是宙斯送下来的，没有云就不能有雨，雷也不是宙斯派下来的，只是一团空气的旋转等等。这些正确的观点虽然并不属于苏格拉底，但在宗教迷信的传统仍然根深蒂固的雅典，却是触犯众怒的。因此，《云》剧客观上在雅典公民中散布了不利于苏格拉底的影响，这种影响在后来对苏格拉底的审判产生了消极作用。阿里斯多芬所编造的苏格拉底不信神的"恶"名，被阴谋陷害苏格拉底的人所利用。虽然这不是阿里斯多芬的初衷。

公元前404年，雅典在伯罗奔尼撒战争（公元前421—前404）中最终被斯巴达击败，在斯巴达的将军来山得（Lysander，亦译吕山德罗斯）的操纵下，雅典的民主制度被推翻，建立了由斯巴达支持的"三十僭主"的统治。三十僭主的头目就是苏格拉底以前的门生克里底亚（Critias）。他恃权作恶，滥杀无辜。苏格拉底因谴责其不义行为而激怒了他，他们竟以法律规定禁止苏格拉底教育青年。克里底亚粗暴地对苏格拉底说："不用再讲你那套鞋匠、木匠和铜匠了。由于你反复不休地提他们，现在他们已经被你讲烂了。"① 但是苏格拉底不畏强暴，据理驳斥，正如他的自白所说："我从不由于怕死而违心地服从任何权威，即便以生命为代价也在所不惜。"②

除了三次奉命参战、一次被选入五百人议会、一次与三十僭主发生冲突外，苏格拉底再没有卷入政治活动，也从未离开雅典。苏格拉底说："我一生从没过过宁静的生活，我从不关心大多数人所关心的事情：诸如赚钱，建立舒适的家庭，谋求高官厚禄等；也没有参与如政治、秘

---

① 色诺芬：《回忆苏格拉底》，吴永泉译，商务印书馆1986年版，第14～15页，译文据罗素：《西方哲学史》（上册），何兆武、李约瑟译，商务印书馆1982年版，第118页。按：苏格拉底说，修鞋要找鞋匠，做家具要找木匠，修铜器要找铜匠，治国要有治国才能的人。这是在克里底亚的伤口上撒盐。

② 柏拉图：《苏格拉底的最后日子——柏拉图对话集》，余灵灵、罗林平译，上海三联书店1988年版，第65页。

密结社、结党等在我们城邦从未间断过的政治活动。因为我想，由于我过于恪守原则，如果参与这些生活，就难保性命。……我试图说服你们每个人不要更多考虑实际利益，而要更多关心心灵的安宁和道德的完善，更多地考虑国家利益和其他公众利益。"①

公元前399年，雅典的民主派政治活动家、硝皮匠安尼图斯（Anytos）、"年轻而不著名"的悲剧诗人墨勒图斯（Meletos）和默默无闻的雄辩家李康（Lycon）三人联名对苏格拉底提出控告。罪状是：(1) 苏格拉底不信国家的神而另造新神；(2) 苏格拉底毒害青年。对于这种全无事实根据的指控，苏格拉底本来应准备好法庭上的辩护，但是他泰然处之，不予理会。他认为，他一生的行为就是最好的辩护。他对海尔莫盖尼斯说："难道你不认为我一辈子都是在申辩着吗？""我一生一世没有做过不义的事，我以为这或许就是最好的申辩了。"②临近开庭时，在法庭门外，苏格拉底还若无其事地用他惯用的问答法讨论什么是虔敬的问题。虽然没有准备，苏格拉底还是在审判会上作了长篇辩护，这篇辩护词就是《苏格拉底的最后日子——柏拉图对话集》中的《申辩篇》。在审判大会上，柏拉图在场，亲听了苏格拉底的申辩。虽然《申辩篇》是柏拉图事后追记的，但他所记载的基本事实和情节与色诺芬在回忆录中的记载大同小异，说明两人的记载都是基本可信的。在法庭上，苏格拉底对原告和陪审团也是以居高临下的教训口吻说话，这就激怒了陪审团的一批人，以至苏格拉底的近邻和好友克里托也认为他"辩护失当"③。表决结果，以280对221的微弱多数判定苏格拉底"有罪"，接着又判处死刑。

德国哲学家文德尔班（Wilhelm Windelband）虽然不公正地作出了

---

① 柏拉图：《苏格拉底的最后日子——柏拉图对话集》，余灵灵、罗林平译，上海三联书店1988年版，第72页。

② 色诺芬：《回忆苏格拉底》，吴永泉译，商务印书馆1986年版，第189页。

③ 柏拉图：《苏格拉底的最后日子——柏拉图对话集》，余灵灵、罗林平译，上海三联书店1988年版，第88页。

苏格拉底与雅典的民主制度"矛盾"的判断,但却实事求是地认为,是"误解和私仇把他推上法庭"①。应该说,苏格拉底的死是"雅典的悲剧,希腊的悲剧"②。

在行刑日,苏格拉底在狱中照常和陪伴他的朋友、门人畅谈灵魂不朽。傍晚,苏格拉底安详地喝下狱卒送来的毒药,含恨而死,终年70岁。死后留下3个儿子,一个即将成年,另两个还是幼童。

二、哲学思想

西方哲学史的研究者往往将古代希腊哲学史划分为前苏格拉底哲学和苏格拉底以后的哲学,这种划分是有充足理由的。文德尔班说:"苏格拉底以其外在特征、独到的品格、哲学推理的新风格,开辟了哲学史上的新纪元。"③ 这是中肯之论。

苏格拉底之前的哲学家大多是自然哲学家,他们思索的对象是宇宙的本原,考究这大千世界究竟是什么构成的。哲学家们作了各种不同的揣度。泰勒斯(Thales)认为宇宙的本原是水,阿那克西美尼(Anaximenes)认为是空气,阿那克西曼德(Anaximandros)认为是无限,巴门尼德认为是存在,恩培多克勒(Empedokles)认为是土、水、气和火,阿那克萨哥拉认为是元素,毕达哥拉斯认为是数,留基伯(Leukippos)和德谟克利特认为是原子,等等。这些探索无疑对人们都有启迪作用。到公元前5世纪中叶以后,当雅典的民主制度发展到鼎盛阶段时,正是私有制和国家走向发达的时候,随之也出现了成堆的社会问题:传统的宗教道德观念崩溃,奢侈浮华之风滋长,不法行为屡屡发生,贪利忘义之徒寡廉鲜耻,政治斗争激烈等等。这些社会问题亟待解

---

① 文德尔班:《哲学史教程》(上卷),罗达仁译,商务印书馆1987年版,第101页。
② 黑格尔:《哲学史讲演录》(第二卷),贺麟、王太庆译,生活·读书·新知三联书店1957年版,第44页。
③ 文德尔班:《哲学史教程》(上卷),罗达仁译,商务印书馆1987年版,第101页。

决。而自然哲学家的研究成果却无助于解决实践中的问题。苏格拉底虽然也有着丰富的自然知识,但他认为应使哲学成为实践的哲学,哲学应是能够实践的,哲学研究的立脚点应从天上回到地上,哲学研究的对象应从自然转移到人间,把主要精力放在研究人类自身的事务上。苏格拉底"并不像其他大多数哲学家那样,辩论事物的本性,推想智者们所称的宇宙是怎样产生的,天上所有的物体是通过什么必然规律而形成的。……他常问他们,是不是因为他们以为自己对于人类事务已经知道得足够了,因而就进一步研究这一类的题目,还是因为尽管他们完全忽略了人类事务而研究天上的事情,他们还以为自己做得很合适"①。苏格拉底将注意力转向人类的问题,考究"什么事是敬虔的,什么事是不敬虔的;什么是适当的,什么是不适当的;什么是正义的,什么是非正义的;什么是精神健全的,什么是精神不健全的;什么是坚忍,什么是懦怯;什么是国家,什么是政治家的风度;什么是统治人民的政府,以及善于统治人民的人应当具有什么品质"②,等等。苏格拉底的哲学研究领域集中在以伦理为中心的政治、伦理、实际知识和才能以及教育等问题上,可以认为,苏格拉底的哲学乃是伦理哲学。在苏格拉底以前,毕达哥拉斯等人也曾注意到伦理问题,但是,只有苏格拉底才第一次以伦理问题作为哲学研究的主题和主体,实现了从自然哲学到伦理哲学的重点转移,开拓了哲学研究的新领域。

在苏格拉底的时代,人类对自然规律的认识和按照这些规律使自然为人类服务的能力,都还处于低级水平,因此,苏格拉底片面地认为,研究宇宙本原不能像学习技艺那样"付诸实践"。他问道:"那些研究天上事物的人,当他们发现万物是凭着什么规律实现的以后,也希望能够制造出风、雨、不同的节令以及他们自己可能想望的任何东西来,还是

---

① 色诺芬:《回忆苏格拉底》,吴永泉译,商务印书馆1986年版,第4页。
② 色诺芬:《回忆苏格拉底》,吴永泉译,商务印书馆1986年版,第5页。

他们并没有这类的希望,而是仅以知道这一类事物是怎样发生的为满足呢?"① 像在其他许多问题上一样,苏格拉底往往局限并停止于直接的实用目的,他的弟子柏拉图才进而突破了这种局限性。尽管如此,苏格拉底之后,在很长的历史时期中,哲学一直包括自然哲学、伦理哲学、逻辑学三个组成部分,这是苏格拉底在哲学史上的一大贡献。

苏格拉底活动的时期,雅典既吸引了一批智者,也吸引了一批哲学家。巴门尼德、普罗泰戈拉、阿那克萨哥拉、德谟克利特都到过雅典。普罗泰戈拉和阿那克萨哥拉都是伯里克利的密友和座上客,德谟克利特曾听过苏格拉底的演讲。智者们虽然并没有自己独特的哲学体系,但他们人数之多、活动之积极加强了他们的影响。

智者提出了观念起源于感觉的问题,但他们认为,感觉与感觉的主体和被感觉的对象既密切相关,又不完全等同。感觉因人、因物而异,通过感觉认识到的并不是关于事物本身的知识,而只是与被感觉的事物相对应的知识。每个人是按照他在感知时的那一瞬间的感觉去认识事物的。因此,感觉具有相对性。同一事物,对一个人是真的,对另一个人可能是假的;对一个人在某一瞬间是真的,对这个人在另一瞬间可能是假的。感觉不具有普遍有效性,观念也不具有普遍有效性。人是万物的尺度,真理因人、因时而异,没有普遍的真理,没有普遍有效的原则,寻求事物的本质是不可能的。这种相对论、怀疑论在起初有过破坏神的权威、提高人的价值;破坏旧传统的权威、提高人的现实生活的意义的作用。但它否定了人的认识能力和客观事物被认识的可能性,否定了追求真理的意义,以致为后期智者唯利是图、摇唇鼓舌、颠倒黑白、拨弄是非提供了理论根据。

苏格拉底不满意智者的相对论。他搁置了先辈自然哲学家的研究对象,却从他们的思维方法中得到启示。既然自然哲学家思考宇宙的本

---

① 色诺芬:《回忆苏格拉底》,吴永泉译,商务印书馆1986年版,第5页。

原，即不以人、时、地为转移的宇宙的统一的本原，那末，人类自身的事务是否也存在不以人、时、地为转移的统一的本原？人类是否可以探求到不以人、时、地为转移的具有普遍有效性的真理？① 提出这个要求，苏格拉底就将哲学思维深入更深的层次，提升到更高的水平，并使自己远远高出于智者之上。

苏格拉底要求追求真理，寻求本质。他要求人们不要依赖感觉，而要凭借心灵、思维，进入"纯粹的、永恒的、不朽的以及不变的事物的领域"②，"直接接触有相同本质的各类存在……灵魂的这种状态我们就叫作智慧"③。在探讨伦理问题时，他要求探讨各种伦理概念的一般定义。亚里士多德认为苏格拉底"第一个提出了这些品德的一般定义问题。……苏格拉底要寻求本质"④。苏格拉底相信，只要虔诚地追求，真理是可以得到的。他一生都鼓励人们勤奋求知、热爱知识，不止息地追求道德的完善。文德尔班说："与智者学派年青一代的混乱行为和缺乏信念相比，苏格拉底提出对理性的信仰，提出对普遍有效的真理的存在的信念，……他认为知识的本质存在于概念思维中。"⑤

这种对本质、一般、共相的追求，是哲学研究上的一大进步，它对柏拉图产生了重大影响。但是苏格拉底对"一般"的追求是以唯心主义的灵魂不朽论为基础的，他把肉体看作灵魂的障碍，割断思维与感觉、真理与客观存在的联系，这是柏拉图建立客观唯心主义哲学体系的出发点。

苏格拉底以德尔非神庙墙上刻的警句"认识你自己"作为自己的格言。他认为他的职责就是教育自己和同胞认真地作自我解剖，他认为，

---

① 文德尔班：《哲学史教程》（上卷），罗达仁译，商务印书馆1987年版，第129～130页。
② 柏拉图：《苏格拉底的最后日子——柏拉图对话集》，余灵灵、罗林平译，上海三联书店1988年版，第159页。
③ 柏拉图：《苏格拉底的最后日子——柏拉图对话集》，余灵灵、罗林平译，上海三联书店1988年版，第159页。
④ 北京大学哲学系编评：《西方哲学原著选读》（上卷），商务印书馆1985年版，第58页。
⑤ 文德尔班：《哲学史教程》（上卷），罗达仁译，商务印书馆1987年版，第98页。

缺乏自知之明、不自量力的人，无论在处理个人私事或国家公事上，都不仅不可能取得成功，而且会遭受祸患。认识自己，必须从承认自己的无知开始，自以为有智慧的人恰恰是最无知的人。为了证明这一点，苏格拉底找许多人作了调查。他先访问了一位具有极高智慧、声誉的政治家，继而又访问了一个在智慧方面声誉更高的人，在遍访政治家后，又访问了诗人、戏剧家、熟练的手艺人。苏格拉底遗憾地发现，那些自以为有知、别人也以为他们有知的人，其实都是最无知的人，并直言不讳地当面指出他们的无知。这就使苏格拉底招致了许多人的怨恨，这种积怨显然对他后来被处死产生了影响。苏格拉底要求从承认自己无知开始，具有深刻的意义，因为承认无知，不使自己已有的知识成为进一步探求真理的障碍，才是最有智慧的。苏格拉底认为，他自己的智慧之所以远远高于别人，就是因为他承认自己一无所知并孜孜不倦地探求着。这是苏格拉底留给后人的最宝贵的箴言。

苏格拉底的哲学是后世许多哲学流派的渊源。这些流派的创立者各自拾取苏格拉底哲学中的一个片段，发展成一个独立的学派。这些流派各有其成败得失，但无论如何，他们是从苏格拉底那里得到启发，在某一方面促进了哲学的深化、繁荣和发展。通过他们，对西方以后的哲学发展产生了长远影响。

发展苏格拉底哲学的最著名的人物是柏拉图，这是苏格拉底哲学的正宗嫡传。滥觞于苏格拉底、发展于柏拉图的客观唯心主义哲学体系，后来经过奥古斯丁的改造利用，成了中世纪基督教神学的理论支柱。

麦加拉人欧几里得（Euclid）是苏格拉底的门人，他发展了苏格拉底美德就是至善的理论，创立麦加拉学派。这个学派一直存在到公元前2世纪上半叶，以后和犬儒学派与斯多噶学派合流。

犬儒学派的创始人安提西尼（Antisthenes）发展了苏格拉底关于"自制"的教导，反对享乐和纵欲，成为后来的斯多噶学派的先驱。

非洲昔勒尼人阿里斯底普（Aristippus）在年老的时候创立昔勒尼

学派，又叫享乐主义学派，发展了苏格拉底美德就是知识的理论。阿里斯底普不赞成奴隶制度，反对统治和被统治，奴役和被奴役。他渴望自由，要求无拘无束地云游四方。

苏格拉底的得意门生斐多（Phaedon）在他的家乡爱利斯创立了一个哲学小派别，它存在的时间不长。

在这些流派中，每一个流派都有苏格拉底的影子，但又都不是苏格拉底。这同中国古代在孔、墨死后"儒分为八、墨离为三"① 一样。这是中西学术发展的共同规律。

三、教育活动

由于苏格拉底和智者同时活跃于雅典，当时和后世都有人把苏格拉底也看作智者。他们确有表面上的共同之处。苏格拉底和智者一样对天上的事物不感兴趣，不重自然研究，仅仅讨论人类自身的事务。苏格拉底和智者都以教育人为职责，都以善辩著称，吸引了一批听众和追随者，都是传播知识的教师。苏格拉底和智者都一样教无定所，教无定时，没有专门的学校，没有既定的教材，街坊、市廛、广场都是教室。

但是，苏格拉底与有特定含义的智者根本不同，他不是智者。智者是为收取酬金而施教的职业教师，而苏格拉底是不收酬金的义务教育家。前者是知识的贩卖者，后者是知识的无私奉献者；前者是谋取个人利益的人，后者是谋取城邦公众利益的人。色诺芬说："尽管他（苏格拉底）接待了许多希望听他讲学的人，其中有本国公民也有外国人，但他从来没有因为讲学而向任何人索取过报酬，而是以其丰富的学识毫不吝惜地向所有的人施教。"② 当智者安提丰讽刺挖苦苏格拉底的贫困生活、企图从他身边夺走听众和追随者时，苏格拉底反唇相讥说："人们

---

① 《韩非子·显学》。
② 色诺芬：《回忆苏格拉底》，吴永泉译，商务印书馆1986年版，第20页。

把一些为金钱而出卖他们的智慧的人称作诡辩者，这也仿佛就是在说，智慧的出卖者。"①

智者施教的内容侧重于雄辩术、文法、修辞，其目的在于教人在辩论中不择手段地取胜；苏格拉底施教的内容侧重于道德、智慧、治国才能，其目的在于教人怎样做人，以期敦风化俗，改善城邦的政治。

智者，特别是后期的智者是些没有原则、没有信念、没有操守的人。他们巧舌如簧，却不相信真理；苏格拉底则有自己独特的哲学信条和道德信念，有坚定的操守。他谆谆教人以道德，但不是道德的说教者，而是德行的身体力行者，是以身教人的道德的榜样。他教人以知识，而从不以有知自夸，从不无知而佯作有知，"从不自命为任何人的老师"②。

智者都是来自希腊各地的外邦人，苏格拉底则是土生土长的雅典人，第一个本地出生的雅典教师。他的教育活动不是为了求利，而是出于对母邦命运的关心，对母邦前途的责任感。他说："正如别的人由于过分超群出众和成绩优异而疏忽大意以致落后一样，雅典人在取得卓越成就之后，也是由于疏忽大意而变得落后了。"③他把雅典比作一匹懒散迟钝的马，而他是被神派遣到这个国家的牛虻，来刺这匹大马的。

针对雅典社会生活中的消极面，他大声疾呼："我的好朋友，你是以智慧和力量著称于世的最伟大的雅典城邦的公民，而你只关注聚敛钱财，追逐名誉，而不关心真理和理智，不去完善自己的灵魂，你难道不为此而感到羞愧吗？"④苏格拉底用全部时间到处劝导雅典公民，包括老人和青年，首先要关心心灵的最大幸福，而不要关心肉体享受和财产。他到处宣称："财产不能带来善，而善能带来财富和其他一切幸福。

---

① 色诺芬：《回忆苏格拉底》，吴永泉译，商务印书馆1986年版，第37页。
② 柏拉图：《苏格拉底的最后日子——柏拉图对话集》，余灵灵、罗林平译，上海三联书店1988年版，第66页。
③ 色诺芬：《回忆苏格拉底》，吴永泉译，商务印书馆1986年版，第101页。
④ 柏拉图：《苏格拉底的最后日子——柏拉图对话集》，余灵灵、罗林平译，上海三联书店1988年版，第61~62页。

不论对个人还是对国家都是如此。"①

苏格拉底的追随者有富家子弟，也有穷人。他说："我愿同样回答富人和穷人提出的问题，任何人只要愿意听我谈话和回答我的问题，我都乐于奉陪。"② 例如，尤泰鲁斯（Eutherus）就"不得不亲手劳动来维持自己的生活"③。画师帕拉西阿斯（Parrhasias）、雕刻匠克雷多（Cleito）、胸甲制造者皮斯提阿斯（Pistias）都曾是苏格拉底的施教对象。

苏格拉底的门人中有贵族派成员，也有民主派成员，前者如色诺芬，后者如开瑞丰；有母邦人，也有外邦人；有政治家、将军，也有正在成长的青年。

对于一切乐于听取教诲的人，苏格拉底"不仅不索取报酬，而且有人愿意听我讲，我还愿意倒付钱"④。因此，苏格拉底一生克勤克俭，薄衣粗食，一无所有。智者安提丰对苏格拉底说："你所过的生活是一种使得奴隶都不会继续和他的主人过下去的生活；你所吃喝的饮食是最粗陋的；你所着的衣服不仅是褴褛不堪，而且没冬没夏都是一样；你一直是既无鞋袜，又无长衫。"⑤ 苏格拉底自己也承认："这些年来，我把私事置于脑后，抛弃天伦之乐，为你们的利益整日奔忙，像父兄一样默默地照顾你们每一个人，敦促你们专心向善。……我一贫如洗。"⑥

苏格拉底的弟子中的著名人物除前述几个哲学派别的创立者外，还有伊索克拉底（Isocrates）。他曾师事智者高尔吉亚和苏格拉底。伊索

---

① 柏拉图：《苏格拉底的最后日子——柏拉图对话集》，余灵灵、罗林平译，上海三联书店1988年版，第61~62页。
② 柏拉图：《苏格拉底的最后日子——柏拉图对话集》，余灵灵、罗林平译，上海三联书店1988年版，第66~67页。
③ 色诺芬：《回忆苏格拉底》，吴永泉译，商务印书馆1986年版，第78页。
④ 柏拉图：《苏格拉底的最后日子——柏拉图对话集》，余灵灵、罗林平译，上海三联书店1988年版，第4~5页。
⑤ 色诺芬：《回忆苏格拉底》，吴永泉译，商务印书馆1986年版，第34页。
⑥ 柏拉图：《苏格拉底的最后日子——柏拉图对话集》，余灵灵、罗林平译，上海三联书店1988年版，第63~64页。

克拉底于公元前392年创办一所教授雄辩术的学校，这是西方第一所以传授专业知识为宗旨的高等学校性质的教育机构，它较之柏拉图创办哲学学园（Academy）大约早5年。这就是说，西方世界最早2所有固定校址的传授学术和专业知识的高等学校都是苏格拉底的弟子创办的。

四、教育思想

智者们曾经偶尔提到一点零星的教育观点，但没有形成系统的教育思想。苏格拉底则提供了一个在当时条件下可能达到的教育思想体系。这个体系并不完整，但西方的教育理论却是从这里起步的。

苏格拉底认为，教育是"对于人类有最大好处"[①] 的事业，并且自信在"教育方面很精通"[②]。他不仅毕生从事哲学探究和教育活动，而且在教育理论上有许多独到见解。苏格拉底的教育观点不仅表现在他的教育活动的实践中，而且表现在他的言论中。

（一）教育的重要意义

苏格拉底认为，人天生是有区别的，但不管这种区别多么大，教育可以使人都得到改进，人必须受教育。"我看在所有其他方面，人和人之间也都同样天生就有所不同，而且也都可以通过勤奋努力而得到很多改进。因此，很显然，无论是天资比较聪明的人还是天资比较鲁钝的人，如果他们决心要得到值得称道的成就，都必须勤学苦练才行。"[③]

苏格拉底告诫那些自以为禀赋好的人不要轻视学习，"越是禀赋好的人越需要受教育"[④]，否则他们的好禀赋实足以为害，正如"烈性而

---

① 色诺芬：《回忆苏格拉底》，吴永泉译，商务印书馆1986年版，第193页。
② 色诺芬：《回忆苏格拉底》，吴永泉译，商务印书馆1986年版，第193页。
③ 色诺芬：《回忆苏格拉底》，吴永泉译，商务印书馆1986年版，第116页。
④ 色诺芬：《回忆苏格拉底》，吴永泉译，商务印书馆1986年版，第139页。

桀骜不驯的良种马,如果在小的时候加以驯服,就会成为最有用、最骁勇的千里马,但如果不加驯服,则始终是难以驾驭的驽才而已"①。

对于那些以财富自夸、自以为不需要受教育的人,苏格拉底教育他们说:"只有愚人才会自以为不用学习就能够分辨什么是有益的和什么是有害的事情。也只有愚人才会认为,尽管不能分辨好歹,单凭财富就可以取得自己所向往的并能做出对自己有利的事情。……只有呆子才会认为,尽管自己一无所知,但由于有财富就会被认为是个有才德的人,或者尽管没有才德,却会受到人们的尊敬。"②

如果普通人必须受教育,对于治国者来说,受教育就更为必要。苏格拉底认为,真正的统治者是"那些懂得怎样统治的人"③。他认为,"最大的骗子乃是那些本来没有资格,却用欺骗的方法使人相信他们有治国才能的人"④。苏格拉底在教育尤苏戴莫斯时指出,奇怪的是,那些想学竖琴、笛子、骑马或熟练任何这类的事情的人,对于他们想学会的技艺,总是毫不间断地勤学苦练,还要请教那些公认为最精于此道的人们,征求师傅的意见。"然而,在那些立志做成功具有演讲和实践才能的政治家的人中间,却有些人以为不必经过准备和钻研,就可以自动地忽然间取得这些成就。其实很显然,后者比前者更难成功……因此很明显,后者需要更为巨大的艰苦的努力。"⑤

在奴隶制社会,奴隶得不到人的待遇,苏格拉底所主张的教育自然不包括奴隶在内。

(二)教育目的:造就治国人才

苏格拉底一生只有一次参加政治活动,其余全部时间致力于哲学和

---

① 色诺芬:《回忆苏格拉底》,吴永泉译,商务印书馆1986年版,第139页。
② 色诺芬:《回忆苏格拉底》,吴永泉译,商务印书馆1986年版,第139页。
③ 色诺芬:《回忆苏格拉底》,吴永泉译,商务印书馆1986年版,第118页。
④ 色诺芬:《回忆苏格拉底》,吴永泉译,商务印书馆1986年版,第39页。
⑤ 色诺芬:《回忆苏格拉底》,吴永泉译,商务印书馆1986年版,第142页。

教育事业。对于自己的"不为政",他在不同场合作了不同解释。有时说,是神谕禁止他从政;有时说,像他这样恪守原则、坚持正义的人,如果从政,就难免一死。其实这些都不是真正的原因。因为神谕不过是他自己的心声的神圣化,而苏格拉底也决不是苟全性命的贪生之辈。他不从政的真正原因是,他认为,通过教育培养更多的治国人才,比他一个人从政重要得多。他在答复智者安提丰时说:"是我一个人独自参预政事,还是我专心致志培养出尽可能多的人来参预政事,使我能够对政治起更大的作用呢?"① 教育也是政治,育人也是从政,而且是更重要的从政。

苏格拉底是历史上最早的专家治国论者,这是柏拉图培养哲学王的思想渊源。苏格拉底轻视群众,轻视公众舆论。他认为一个人"不应苟同于大众的所有意见,而只能听取部分意见"②。在判断是非、荣辱、善恶时,不应"为大多数人的意见所支配和左右"③,而应为"有专门知识的人的意见所支配和左右"④,"应敬畏有专门知识的人更甚于敬畏其他所有人"⑤。在是非问题上,只能"站在专家一边,即站在能提出真理的权威一边"⑥。苏格拉底谴责当时盛行的用抽签的办法选举执政和将军。他说:"用豆子拈阄的办法来选举国家的领导人是非常愚蠢的,没有人愿意用豆子拈阄的办法来雇用一个舵手、或建筑师、或奏笛子的人、或任何其他行业的人,而在这些事上如果做错了的话,其危害要比

---

① 色诺芬:《回忆苏格拉底》,吴永泉译,商务印书馆1986年版,第38页。
② 柏拉图:《苏格拉底的最后日子——柏拉图对话集》,余灵灵、罗林平译,上海三联书店1988年版,第90页。
③ 柏拉图:《苏格拉底的最后日子——柏拉图对话集》,余灵灵、罗林平译,上海三联书店1988年版,第90页。
④ 柏拉图:《苏格拉底的最后日子——柏拉图对话集》,余灵灵、罗林平译,上海三联书店1988年版,第92页。
⑤ 柏拉图:《苏格拉底的最后日子——柏拉图对话集》,余灵灵、罗林平译,上海三联书店1988年版,第92页。
⑥ 柏拉图:《苏格拉底的最后日子——柏拉图对话集》,余灵灵、罗林平译,上海三联书店1988年版,第93页。

在管理国务方面发生错误轻得多的。"①

苏格拉底的指责是十分正确的。用豆子拈阄的办法选举国家官吏和将军,不是真正的民主,而是极端民主、无政府主义,是对国家和公众事务不负责任,是愚昧和轻率的产物。正是这种无政府主义,加剧了雅典内部的混乱,加速了它的衰败进程。只有具有真知灼见和对祖国命运有着深刻责任感的人,才敢于不避"反对民主制度"的嫌疑,直言不讳。后世有些评论者也和当时浅见的雅典人一样,把苏格拉底的正确批评看作"反对国主制度"的言论。这些评论者是以一个假定为前提:既然雅典实行优越于贵族专政的民主制度,它就是一切都好,洁圣无瑕,无可指责;或者,既然雅典实行民主制度就只能对它歌功颂德,为它粉饰太平,即使它有缺点错误,甚至是足以危害其生存的错误,也批评不得,否则就是反对民主制度。显然,这种假设是错误的,正确的是苏格拉底真正的属于更高层次的爱国主义。

治理好城邦要靠有专门知识的治国人才,培养这种人才,就是教育的目的。

柏拉图的弟弟格劳孔年少气盛,急欲成为城邦的领袖人物。苏格拉底连续追问格劳孔关于城邦的税收、支出,城邦陆军和海军的力量与敌人力量的对比,城邦的防御工事、防御兵力,银矿税收减少的原因、粮食贮备等等,格劳孔都一无所知,这时,苏格拉底教导他说:"难道你看不出,去说或做自己还不懂得的事情是多么危险吗?……如果你真想在城邦获得盛名并受到人的赞扬,就应当努力对你所想要做的事求得最广泛的知识。"②

对于有执政能力的人,苏格拉底就鼓励他们积极参与城邦的政治事务。查尔米戴斯"远比当时执政的人们更有本领"③,但不愿插手城邦

---

① 色诺芬:《回忆苏格拉底》,吴永泉译,商务印书馆1986年版,第8页。
② 色诺芬:《回忆苏格拉底》,吴永泉译,商务印书馆1986年版,第109～110页。
③ 色诺芬:《回忆苏格拉底》,吴永泉译,商务印书馆1986年版,第110页。

事务。苏格拉底鼓励他说:"不要轻忽城邦的事务,只要力所能及,总要尽力对它们加以改善;因为如果把城邦的事务弄好了,不仅对于别的公民,至少对你的朋友和你自己也有很大的好处。"[1]

苏格拉底认为,将领都必须学习自己的业务,没有军事知识的人不能当指挥官。因为在战争的危急时期,整个城邦都被交给将领手中,他的成败将影响整个城邦的受益或是蒙受损失。苏格拉底具有丰富的军事知识,他说,一个将领仅仅知道战术还不够,还必须为战争的必要事项作准备,为部队取得粮秣,必须足智多谋、精力旺盛、谨慎、懂事,坚忍不拔而又精明强干,和蔼而又严峻,坦率而又狡诈,善于警惕而又巧于偷袭,审慎周详而又大胆进攻,知道如何排列阵营等等。苏格拉底还教育一个当选的骑兵指挥官了解骑兵指挥官的职责,如何改善士兵和马匹的情况,如何训练士兵,如何培养自己的演说能力,如何鼓舞士气、激发他们的荣誉感,等等。

苏格拉底认为,对于一切有志成为城邦统治者的人,都要锻炼忍受饥渴、寒热、劳苦的能力,养成节制的习惯,力戒贪杯、贪食、贪色、贪睡的习惯。他说,学习工艺,没有师傅指导,不能自己精通,"把像治理城邦这样最伟大的工作,认为人们会自然而然地做出来,那就更加荒谬了"[2]。

罗素(Bertrand A. W. Russell)说,色诺芬"叙述过苏格拉底是怎样不断地在研究使有才能的人能够当权的问题"[3]。这正是苏格拉底毕生为之奋斗的目标。

奴隶社会是人类历史上第一个阶级社会,体力劳动与脑力劳动之间的分工是阶级划分的基础。这既是生产力较之原始社会有了提高的结果,又是生产力仍然十分低下的结果。这在当时是必然的、不可避免的现象。恩格斯指出,"当实际劳动的人口要为自己的必要劳动花费很多

---

[1] 色诺芬:《回忆苏格拉底》,吴永泉译,商务印书馆1986年版,第112页。
[2] 色诺芬:《回忆苏格拉底》,吴永泉译,商务印书馆1986年版,第141页。
[3] 罗素:《西方哲学史》(上册),何兆武、李约瑟译,商务印书馆1982年版,第118页。

时间,以致没有多余的时间来从事社会的公共事务,例如劳动管理、国家事务、法律事务、艺术、科学等等的时候,必然有一个脱离实际劳动的特殊阶级来从事这些事务"①。只有大工业所达到的生产力的大大提高,只有当生产力能为充分满足全体社会成员的物质文化需要而提供丰富产品的时候,才能为消灭体力劳动和脑力劳动的分工创造条件。在苏格拉底的时代,以教育去培养统治者,这是历史的必然,是当时历史条件下社会的进一步发展所必需。因此,我们没有必要责备苏格拉底的教育目的的狭隘性。无论如何,培养有德行、有才干的治国人才,较之没有受过训练而被选举出来的或中签的人,或用暴力或用欺骗手法取得政权的人②,总是一个进步。

(三)教育的首要任务:培养美德

1. 教人学会做人

伦理问题是苏格拉底的哲学的主题,也是他的教育思想的主题。苏格拉底承认,他一生都在实践他的哲学,也就是以伦理的要求自励并以之教人。他一生都在劝人向善,教人美德,勉人敦品笃行。他认为,教育的首要任务是教人"怎样做人"。苏格拉底说,禀赋最优良的、精力最旺盛的、最可能有所成就的人,如果经过教育而学会了他们应当怎样做人的话,就能成为最优良最有用的人,……但如果没有受过教育而不学无术的话,那他们就会成为最不好、最有害的人,由于不知道应该选择做什么,就往往会插手于一些罪恶的事情,而且由于狂傲激烈、禀性倔强、难受约束,就会做出很多很大的坏事来③。苏格拉底到处劝人"把精力用在高尚和善良的事上"④,教育人们要"努力成为有德行的

---

① 恩格斯:《反杜林论》,中共中央马克思恩格斯列宁斯大林著作编译局译,人民出版社1973年版,第179页。
② 色诺芬:《回忆苏格拉底》,吴永泉译,商务印书馆1986年版,第118页。
③ 色诺芬:《回忆苏格拉底》,吴永泉译,商务印书馆1986年版,第139页。
④ 色诺芬:《回忆苏格拉底》,吴永泉译,商务印书馆1986年版,第25页。

人"①。色诺芬认为,"苏格拉底则耗尽了他毕生的精力最大限度地嘉惠了那些愿意领受他的教益的人们,他使那些从他游学的人在和他分手的时候都成了更好的人"②,他"诱导了他的门人中那些有犯罪倾向的人停止了罪行,劝勉他们追求那最光荣最美好的德行,正是借着这种德行,人们才能治国齐家"③,他"制止了许多人的犯罪行为,引导他们热爱德行,给予他们希望,如果他们谨慎为人,他们就会成为光荣可敬的人"④。

2. 智慧即德行

苏格拉底认为道德不是天生的,正确的行为是根据正确的判断,做坏事的人是按照错误的判断行事,没有人会明知故犯,所以教人道德即是教人智慧,教人辨别是非、善恶,沿着正确的道路去做。智慧就是道德,"智慧就是最大的善"⑤。苏格拉底说:"正义和一切其他德行都是智慧。因为正义的事和一切道德的行为都是美而好的;凡认识这些事的人决不会愿意选择别的事情;凡不认识这些事的人也决不可能把它们付诸实践……所以,智慧的人总是做美而好的事情,愚昧的人则不可能做美而好的事……既然正义的事和其他美而好的事都是道德的行为,很显然,正义的事和其他一切道德的行为,就都是智慧。"⑥

知识即道德或智慧即道德的命题反映了苏格拉底和柏拉图的伦理思想的特色。它把古代希腊伦理学和后世基督教伦理学严格区别开来⑦。基督教认为道德基于信仰,信仰基于无知,"无知是信仰之母",提倡盲从、服从权威的道德,实行愚民政策。人们为了争取理性的权利,曾进行长期奋斗,付出昂贵的代价。

---

① 色诺芬:《回忆苏格拉底》,吴永泉译,商务印书馆1986年版,第69页。
② 色诺芬:《回忆苏格拉底》,吴永泉译,商务印书馆1986年版,第21页。
③ 色诺芬:《回忆苏格拉底》,吴永泉译,商务印书馆1986年版,第21页。
④ 色诺芬:《回忆苏格拉底》,吴永泉译,商务印书馆1986年版,第7页。
⑤ 色诺芬:《回忆苏格拉底》,吴永泉译,商务印书馆1986年版,第171页。
⑥ 色诺芬:《回忆苏格拉底》,吴永泉译,商务印书馆1986年版,第117页。
⑦ 罗素:《西方哲学史》(上册),何兆武、李约瑟译,商务印书馆1982年版,第128页。

知识即道德的论断在教育实践上有重大意义。既然正确行为基于正确的认识,"对于人进行道德教育是有意义的。正因为如此,德行是可以教出来的。因为一切教育都要应用知识。因为人可以通过教育知道什么是善,所以(也只有用这方法)他能被带到正确的道路上来。如果德行不是知识,它就是不可教的了"①。

基于道德与知识之间的这种密切联系,后世许多教育家都把培养道德意识、道德判断作为道德教育的重要任务之一。

苏格拉底相信知识即道德,但他没有使道德停留在知识上,他的伦理学的另一个特点是注重"行",即实践道德。自制是实践道德之路。

3. 自制是德行的基础

既然道德行为是基于正确的认识,这就要求人们以明智的认识约束自己的行为,抑制自己的欲望。所以,自制是"一切德行的基础"②。苏格拉底认为,对一个人来说,口才流利、办事能力强和心思巧妙都是次要的,"首先必需的是自制"③,他谆谆教诲他的门人"把自制看得比什么都重要"④。他对他的门人尤苏戴莫斯说:"智慧就是最大的善,你岂不认为,不能自制就使智慧和人远离,并驱使人走向其相反的方向吗?你岂不认为,由于不能自制就使人对于快乐流连忘返,常常使那些本来能分辨好坏的人感觉迟钝,以致他们不但不去选择较好的事,反而选择较坏的事,从而就阻碍了人们对于有用事物的注意和学习吗?"⑤苏格拉底认为,一个不能自制的人就不能忍饥、耐渴、克制情欲、忍受瞌睡,不能自制的人恰恰阻碍了人们对于这种值得称道的最必要的最经常的乐趣的享受。由此可见,苏格拉底提倡的自制,既不同于中国宋代理学家的"灭人欲",也不同于基督教的摧残人性的禁欲主义。苏格拉底只是要求

---

① 文德尔班:《哲学史教程》(上卷),罗达仁译,商务印书馆1987年版,第113页。
② 色诺芬:《回忆苏格拉底》,吴永泉译,商务印书馆1986年版,第33页。
③ 色诺芬:《回忆苏格拉底》,吴永泉译,商务印书馆1986年版,第155页。
④ 色诺芬:《回忆苏格拉底》,吴永泉译,商务印书馆1986年版,第170页。
⑤ 色诺芬:《回忆苏格拉底》,吴永泉译,商务印书馆1986年版,第171页。

将情欲控制在最必要的合理的限度以内。以智慧规范行为，以理性克制情欲，这个思想影响到亚里士多德，也是西方两千多年的哲学、伦理学、教育学中一直在讨论的命题，这是道德教育中一个带根本性的问题。

色诺芬认为，苏格拉底的"实际行动比他的言论更好地表现了他是一个能自制的人"①；又说，"苏格拉底不仅是一个最能严格控制他的激情和嗜欲的人，而且也是一个最能经得起冷、热和各种艰苦劳动的人。此外，他还是一个非常惯于勤俭生活的人，尽管他所得的很微薄，但他却很容易地使它应付裕如"②。

自制，是一个政治家必备的品质之一。

4. 守法即是正义

苏格拉底常与智者和门人讨论正义与非正义问题，他认为正义的行为和其他一切道德都是智慧，行不义之事的人就是既无智慧又不明智的人。但区分正义与非正义的标志是什么？苏格拉底在与智者希庇亚斯辩论时明确回答："守法就是正义。"③ 正义的本质含义就是遵守城邦的法律。苏格拉底将教育、道德问题和政治、法律问题联系起来，为巩固城邦的制度服务。这个观点在柏拉图和亚里士多德的理论中得到继承和发展，成为古代希腊伦理学的另一显著特色。

5. 身教重于言教

苏格拉底在自制、守法和一切道德问题上都是崇高的榜样。色诺芬说："我知道苏格拉底是以自己的光辉的人格和高尚的品质做那些与他交游之人的榜样的，他还就德行和与人类有关的其他问题进行可钦可佩的演讲。"④ 就这个意义上说，苏格拉底也是一切教师的榜样。

（四）学习广博而实用的知识

苏格拉底关于知识学习的观点在理论上基于先验论，但接触到实际

---

① 色诺芬：《回忆苏格拉底》，吴永泉译，商务印书馆1986年版，第33页。
② 色诺芬：《回忆苏格拉底》，吴永泉译，商务印书馆1986年版，第6～7页。
③ 色诺芬：《回忆苏格拉底》，吴永泉译，商务印书馆1986年版，第164页。
④ 色诺芬：《回忆苏格拉底》，吴永泉译，商务印书馆1986年版，第9～10页。

问题时，他的观点是通情达理、切实可行的。

1. 学习即回忆

从灵魂不朽论出发，苏格拉底认为知识不是后天获得的，人在出生以前就不知从什么地方、以何种方式获得了知识，但在出生时又将它们丢失了。后来，通过把感官运用于可感觉的对象，又重新获得了已经丢失了的知识。所以，学习不是获得知识，而只是重新唤醒、回忆生前已经具有的知识。"借助视觉、听觉或任何其他感觉感知了一个对象后，感觉者可以通过联想回想起已经忘记了的对象……他们只不过回忆以前所掌握的知识，换言之，学习就是回忆。"[①]

学习即回忆说割断了感觉对象与知识的联系，割断了感知与思维的联系，知识的源泉在于不可捉摸、不可把握的冥冥之中，使知识蒙上神秘主义的色彩。它同柏拉图由此出发进一步发展的理念论一样，是当时的社会现实在思想家头脑中的投影。雅典曾经光芒四射，但后来在现实社会中，充满了冲突、争斗、弊端、阴谋诡计、违法乱纪、道德沦丧。这个衰败中的社会不可能是理想的、长治久安的社会。理想的社会、真理只存在于思想家的头脑中。从现实的感觉对象中不可能获得真实的知识，从现实的感觉中只应激起人们去追求超脱于现实之外的理想、永恒的真理。与其说是回忆生前的知识，不如说是构建未来的理想。苏格拉底和柏拉图的思维的结果和表达这种结果的方式是唯心主义的，但他们的思维过程却具有唯物主义的因素。苏格拉底的感觉与知识的关系就是柏拉图的现实世界与理念世界的关系，也就是现实与理想的关系。康德的此岸与彼岸之说就是从这里发源的。千百年来，人们只是简单省事地给苏格拉底和柏拉图扣一顶唯心主义的帽子，事实上，苏格拉底和柏拉图都不是雅典民主制度的反对者，而只是它的改良者，他们不是主张实行雅典以外的某一个城邦（例如斯巴达）所实行的制度，而是追求超越

---

① 柏拉图：《苏格拉底的最后日子——柏拉图对话集》，余灵灵、罗林平译，上海三联书店1988年版，第150页。

于当时一切现存政治形式之上的理想的奴隶制度。

如果抛弃其糟粕,学习即回忆说也有积极的因素,如重视感觉,注重新的感觉经验与已有知识的联系、联想、对比。这种联想,后来发展成为统觉论。

2. 广博而实用的知识

苏格拉底认为,治国者必须具有广博的知识。他说,"在所有的事上,凡受到尊敬和赞扬的人都是那些知识最广博的人,而那些受人的谴责和轻视的人都是那些最无知的人"①。为此,他孜孜不倦地教人以各种知识。色诺芬说:"凡是一个善良和高尚的人所应该知道的事,只要他自己知道,他总是非常乐意地教导他们,如果他自己不熟悉的话,他就把他们带到那些知道的人那里去。他还教导他们,一个受了良好教育的人对于各门实际学问应该熟悉到什么程度。"②

苏格拉底重视知识的实用性,主张只学能直接应用的知识。"他说,一个人学习量地学,只须学到在必要时能够对于买进、让出或分配的土地进行正确的丈量,或者对于劳动量进行正确的计算……他不赞成为了研究复杂难解的图形而学习量地学;因他看不出这样做有什么用处,尽管他自己并非不懂这一套。"③

他劝人要熟习天文学,"但这只是为了能够知道夜间的时辰、月份节令,为了作水陆旅行、值夜班等工作的方便,以便利用征象来分辨上述时间"④。这些知识可以从有实践经验的人那里学到。

关于算术,他劝人学习,但也要避免作无意义的劳动。

3. 学习与占卜

苏格拉底认为,人如果要寻求人类智慧所不能提供的帮助时,就只有通过占卜去求助于神明。但是,神明已经使人可以通过学习学会可学

---

① 色诺芬:《回忆苏格拉底》,吴永泉译,商务印书馆1986年版,第109页。
② 色诺芬:《回忆苏格拉底》,吴永泉译,商务印书馆1986年版,第183页。
③ 色诺芬:《回忆苏格拉底》,吴永泉译,商务印书馆1986年版,第183页。
④ 色诺芬:《回忆苏格拉底》,吴永泉译,商务印书馆1986年版,第183页。

的东西，因此只要自己努力去学习，就不必问神。色诺芬说："至于想要熟练于建筑、金工、农艺或人事管理工作，或想在这一类艺术方面成为一个评鉴家，或者做一个精于推理、善于持家的人，或者想要做一个有本领的将领，所有这一类事情，他认为完全属于学习问题，是可以由人的智力来掌握的。"① 连这一类事情也要去问神是愚蠢的。人应当尽自己的主观努力去学习，自求多福。至于人的追求的结果是祸是福，则只有神明知道，谋事在人，成事在神，放弃主观努力是不对的。如果把苏格拉底所说的神明理解为人所不能控制的异己力量或偶然性，苏格拉底的思想则是积极的。

（五）苏格拉底方法

苏格拉底在哲学研究和讲学中，形成了一套由讥讽、助产术、归纳和定义四个步骤组成的独特的方法，也称苏格拉底方法。讥讽是就对方的发言不断提出追问，迫使对方自陷矛盾，无词以对，终于承认自己的无知。助产术即帮助对方得到问题的正确答案。归纳即从各种具体事物中找到事物的共性、本质，通过对具体事物的分析、比较寻求"一般"。定义是把个别的事物归入一般概念，得到关于事物的普遍概念。亚里士多德对苏格拉底方法给予高度评价，他说："有两样东西完全可以归功于苏格拉底，这就是归纳论证和一般定义。这两样东西都是科学的出发点。"② 苏格拉底在理论上把思维看作是离感觉而独立的，真理是靠灵魂获得的，并主张"尽可能切断思想与眼睛、耳朵及身体的其他部分的联系"③。他认为只有依赖心灵的沉思去研究纯粹的对象，才"能够达到认识实在"④。但是在具体实践上，苏格拉底是通过对个别关系、个

---

① 色诺芬：《回忆苏格拉底》，吴永泉译，商务印书馆1986年版，第2～3页。
② 北京大学哲学系编评：《西方哲学原著选读》（上卷），商务印书馆1985年版，第58页。
③ 柏拉图：《苏格拉底的最后日子——柏拉图对话集》，余灵灵、罗林平译，上海三联书店1988年版，第127页。
④ 柏拉图：《苏格拉底的最后日子——柏拉图对话集》，余灵灵、罗林平译，上海三联书店1988年版，第127页。

别事物的认识和在个别知识、个别意见中去寻找事物的一般、共相，寻找个别事物中的一致性、普遍性。所以，亚里士多德说：苏格拉底"并没有把共相与个体分离开来；他不把它们分离开来，是正确的想法"①。

问答法并不是苏格拉底的发明，巴门尼德的弟子芝诺（Zenon）就曾用这种方法对付苏格拉底②。苏格拉底发展了这种方法。后世的许多著名的著作都是以问答体的形式出现的。归纳法在科学研究上的价值是不言而喻的。但是，直到17世纪，弗兰西斯·培根才将归纳法置于唯物主义的基础之上。

问答法是苏格拉底与人讨论哲学的方法，也是他的教学方法③。这种原始的教学方法，是在当时没有成熟的教材和教科书、没有成熟的知识体系和正规的课堂教学制度的条件下产生的。苏格拉底的教育活动因人因时因事而异，别人需要什么就教什么，自己知道什么就教什么，遇到什么人就教什么，教和学的手段都极为简陋，不可能按照一定的知识体系进行前后连贯的系统讲授。问答法的优点是不将现成的结论强加于对方，而是通过不断提问诱导对方认识并承认自己的错误，自然而然地得到正确的结论。问和答的双方是在平等的基础上讨论，受教的一方必须独立思考，不能生吞活剥地背诵别人的结论。但是，问答法不是万能的教学方法，它只能在一定的条件下和适度的范围内运用。第一，受教者必须有探求真理、追求知识的愿望和热情，否则问答法不可能达到预期的目的。苏格拉底在申辩时用问答法对付墨勒图斯的失败，就是明证。第二，受教者必须就所讨论的问题已经积累了一定的事实和知识，否则问答便无从进行。罗素指出："只要所争论的是逻辑的事情而不是

---

① 北京大学哲学系编评：《西方哲学原著选读》（上卷），商务印书馆1985年版，第58页。
② 参见罗素：《西方哲学史》（上册），何兆武、李约瑟译，商务印书馆1982年版，第129页。
③ 苏格拉底运用这种方法的最有典型意义的例子，可参见色诺芬：《回忆苏格拉底》（第四卷）第2章中苏格拉底与尤苏戴莫斯的谈话，因文字过长，不便摘引。苏格拉底的全部教学都是采用这种方法。

事实的事情，那么讨论就是发现真理的一种好方法。……但是当其目的是要发见新事实的时候，这种方法便完全行不通了。"① 第三，苏格拉底的教育对象是已经有了一定的知识基础和推理能力的成年人，这种方法不能机械地搬用于幼年儿童。对于幼年儿童，多数情况下还应以系统讲授为主，只能以问答法为辅助方法之一。

（六）健康在于锻炼

苏格拉底教人锻炼身体，增进健康。色诺芬回忆说："苏格拉底竭力劝勉他的门人，要注意身体健康。一方面要尽量向那些知道怎样保持健康的人学习，另一方面各人自己也要一生一世注意：什么食物、什么饮料和什么样的运动对自己有益处……"②

身体健康在平时是有用的，苏格拉底说，因为人们所做的一切事情都是需要用身体的，所以要尽可能使身体保持最良好的状态。至于在战时，身体健康就更重要了，他说，雅典人随时可能与敌人进行生死存亡的斗争，身体虚弱的人在战争中就可能丧生或被俘而成为奴隶，或可耻地偷生。即使在思维活动中，健康的身体也是必要的，许多人"由于身体不好，健忘，忧郁，易怒，就会影响他们的神智，以致他们把已获得的知识全部丧失净尽"③。

健康不是天生的，锻炼可以使人身体强壮。"那些天生体质脆弱的人，只要锻炼身体，就会在他所锻炼的方面强壮起来，比那些忽略锻炼的人更能够轻而易举地经受住疲劳。"④

苏格拉底自己"经常锻炼身体，准备应付对于身体可能临到的任何考验"⑤，色诺芬说，苏格拉底每天早晨都到广场去进行体育锻炼，因

---

① 罗素：《西方哲学史》（上册），何兆武、李约瑟译，商务印书馆1982年版，第130页。
② 色诺芬：《回忆苏格拉底》，吴永泉译，商务印书馆1986年版，第184页。
③ 色诺芬：《回忆苏格拉底》，吴永泉译，商务印书馆1986年版，第132页。
④ 色诺芬：《回忆苏格拉底》，吴永泉译，商务印书馆1986年版，第35页。
⑤ 色诺芬：《回忆苏格拉底》，吴永泉译，商务印书馆1986年版，第35页。

此他培养了自己忍受饥渴、酷热、严寒和疲劳的惊人能力。

公元前 6 世纪，军事体育锻炼曾经是斯巴达和雅典教育的重要内容。公元前 5 世纪中叶以后，只有斯巴达还保留了这个传统。因希波战争的胜利而陶醉，富裕起来的雅典人不再重视军事体育锻炼了。苏格拉底针对此时弊提出："不要因为城邦没有正式规定军事训练，就自己也疏忽起来，而是应该更加注意锻炼才是。"① 这是醒世之论。

---

① 色诺芬：《回忆苏格拉底》，吴永泉译，商务印书馆 1986 年版，第 131 页。

柏拉图的教育思想[①]

柏拉图（Plato，公元前 427—前 347）是古代西方哲学史上客观唯心主义的最大代表。在西方教育思想史上，柏拉图的《理想国》和卢梭的《爱弥儿》、杜威的《民主主义与教育》被称为三个里程碑。

一、时代与生平

柏拉图生活于古希腊雅典城邦迅速走向衰落的时期。雅典的极盛时代是"伯里克利时代"。公元前 429 年，伯里克利病逝，人亡政息，标志着雅典黄金时代结束，衰败已经开始。柏拉图出生于伯里克利去世后两年。这时，困扰雅典数年之久的瘟疫刚刚过去，耗尽雅典精力的伯罗奔尼撒战争正激烈进行。在柏拉图的青少年时期，雅典群龙无首，派别斗争尖锐，社会剧烈动荡。公元前 413 年，雅典远征西西里全军覆灭，从此降为二等强国。公元前 411 年，贵族派政变，推翻民主政体，旋即恢复。公元前 404 年，雅典在伯罗奔尼撒战争中彻底失败，在斯巴达操纵下，民主政体又被推翻，建立了"三十僭主"的暴戾统治，次年又恢复民主政体。每一次政局变动，都伴随着逮捕、审判、处死、放逐、没收财产。雅典人的自信心、自豪感随之消逝。公元前 399 年，雅典发生了对无辜的苏格拉底审判、处死事件。柏拉图亲自旁听了对苏格拉底的

---

① 本文选自吴式颖主编：《外国教育史教程》，人民教育出版社 1999 年版。

不义审判并参与营救活动。此事使柏拉图的思想深受震动。到柏拉图的中、晚年,雅典已经衰落,雅典民主制的光荣已成为对遥远过去的回忆。柏拉图亲身经历了社会的混乱、多变、无序、争斗、罪恶,使他萌生了探求一个稳定、和谐、正义、不变、完善的理想社会的宏愿。

柏拉图出身于名门望族,母亲是改革家梭伦的后裔。柏拉图幼年丧父,在继父家中长大。他的继父是伯里克利政策的积极支持者,一个杰出人物。在这个家庭中,柏拉图"一定最初受到'伯里克利式'政治的灌输"[①]。柏拉图7岁进入狄奥尼索学校学习,12岁进巴斯特拉体操学校,对体育、文学、艺术、音乐有浓厚兴趣,写过一篇史诗和一部悲剧。公元前409年,18岁的柏拉图从体操学校结业,按当时规定在国内服兵役两年。20岁从师苏格拉底。(据传,在柏拉图拜见苏格拉底的头一天晚上,苏格拉底梦见一只小天鹅飞来停在自己的膝上,小天鹅的翅膀很快长大,接着就飞向天空,唱着优美的歌曲。)青年时代的柏拉图对政治发生兴趣。"三十僭主"的头目克里底亚和查米达斯是柏拉图的亲戚,他们想拉柏拉图入伙,柏拉图也跃跃欲试。经过冷静观察,柏拉图对"三十僭主"的倒行逆施,特别是他们对苏格拉底的迫害十分厌恶,于是打消从政的念头,退而转入哲学的沉思。柏拉图跟随苏格拉底学习8年。苏格拉底死后,柏拉图漫游各国达12年,先到麦加拉的欧几里得处,旋去非洲昔勒尼,在名数学家德奥多罗指导下研究数学;又去埃及,考察了埃及的科学、教育、礼俗、法律乃至宗教秘仪;接着去南意大利的希腊殖民地塔林顿,研究毕达哥拉斯学派的科学、数学和宗教。这时,柏拉图已是阅历丰富、知识渊博、卓有声誉的学者。公元前387年,柏拉图应僭主戴奥尼修一世之邀,前往叙拉古,在此结识了戴奥尼修一世的妻弟狄翁(Dion)。此人以后成为柏拉图的忠实追随者。柏拉图想借助戴奥尼修的力量,实现其哲学家治国的构想,结果话不投

---

① 泰勒:《柏拉图——生平及其著作》,谢随和、苗力田等译,山东人民出版社1991年版,第9页。

机，被当作奴隶交给斯巴达的使者，幸在途中偶遇友人，以 20 米那①为其赎身。公元前 386 年，柏拉图在雅典近郊的体育馆创建学园，讲授哲学和科学。他主持学园 40 年，直到去世。柏拉图的著作，包括《理想国》，大都是在学园时期写成的。公元前 367 年，应狄翁之邀担任叙拉古继任僭主戴奥尼修二世的老师，柏拉图于是二访叙拉古。此行又不欢而散，推行哲学家治国的梦想又遭破灭。公元前 361 年，应戴奥尼修二世之邀，柏拉图三访叙拉古，结果被囚禁一年，幸得友人营救，才免遭杀身之祸，哲学家治国的梦想再次成为泡影。三访叙拉古的失败，促使柏拉图对《理想国》的设计进行反思，晚年写成最后一篇著作《法律篇》，对自己的观点作了重要修正。柏拉图终年 80 岁，他创办的学园存在了数百年，是当时的哲学和科学中心，并对中世纪和近代大学产生了影响。

二、政治观和哲学观

柏拉图遍考当时各国的政体，发现没有一种政体是理想的。人们感官所及的现实中的政体都不完善，远离真理和正义，转瞬即逝。完善的、理想的、符合真理与正义的国度不存在于现实中，不是人的感官所能感受到的。它只存在于头脑中，只是思维的对象。这个存在于头脑中的、超越现实之上的理想境界就是他的大胆构想："除非哲学家成为我们这些国家的国王，或者我们目前称之为国王和统治者的那些人物，能严肃认真地追求智慧，使政治权力和聪明才智合而为一；那些得此失彼、不能兼有的庸庸碌碌之徒，必须排除出去，否则的话……对国家甚至我想对全人类都将祸害无穷，永无宁日。"② 根据这一构想，他在头脑中构建了一个"理想国"。在理想国中，爱智慧、掌握了真理的深明

---

① 米那，古希腊货币单位，1 米那约合 16.2 美元。
② 柏拉图：《理想国》，郭润、张竹明译，商务印书馆 1986 年版，第 214～215 页。

事理的哲学家居于统治地位，居于辅佐地位的是具有勇敢美德的军人，这两种人都是护卫者。第三类人则是具有节制美德的手工业者和农民。三类人各安其位，各尽其责，互不逾越自己的本分，分工而又合作，不同而又和谐一致，这就是正义。智慧、勇敢、节制、正义，这就是理想国中的四种美德。（护卫者也应节制）为了防止争夺，在哲学家和军人中废除私有财产和一夫一妻制家庭，实行儿童公有公育。哲学家是生来含有黄金的人，军人生来含有白银，手工业者和农民则生来只含有铜和铁。一个人应归入这三类人中的哪一类，不是决定于他的血统和财产，而是决定于他的天赋和在教育、实践锻炼中表现出来的才德。金质的人的儿子，如果生来只含有银子或铜和铁，应归入军人或手工业者、农民中去。银质或铜、铁质的人的儿子，如果含有金子，则应成为哲学家、统治者。这和中国先秦思想家"选贤举能""官无常贵，民无终贱""无德不贵，无能不官"的理想是契合的。

一方面，柏拉图认为，只有哲学家成为统治者，理想的国家才能成为现实；另一方面，他又说只有在理想的国家里，哲学家才能充分成长。于是理想国有赖于哲学家，哲学家有赖于理想国，他陷入了不能自圆其说的循环论。

柏拉图青年时代学习过赫拉克利特的哲学，受到万物皆流、物无常在的观点影响。但是他抛弃了赫拉克利特的辩证法思想的核心，得出了轻视感性事物的结论。他认为从感性事物中不能得到真实知识，哲学的任务是超越变幻无常的感性世界，追求常驻不变的、无生无灭的永恒世界。柏拉图又受到毕达哥拉斯灵魂不灭思想的影响，相信轮回说和灵魂转世说，认为身体是灵魂的囚笼、坟墓，灵魂只有脱离肉体，才能升华，达到灵魂的净化。他将这一切哲学观和他的政治观结合起来，提出了两个世界的理论。他将世界划分为现象世界和理念世界。现象世界是不完善、不真实、暂时的，只有理念世界才是完善、真实、永恒的。哲学应追求真实知识，追求共相，追求普遍永恒的真理。在理念世界的众多理念（共相）中，最高的理念是善的理念。柏拉图关于现象世界和理念世界的划分，实际上是他对感性、现象与理性、本质的关系的扭曲，而最高的善的理念不过是他的思维在头脑中的产物——理想国。

三、《理想国》中的教育观

柏拉图认为，教育和培养是当政者应注意的一件大事。理想国的建立和保持，端赖于教育，一个人得到的培养如果不合适，那么最好的天赋所得到的结果甚至会比差的天赋还要坏。理想国中有公民身份的男女儿童的教育从音乐和讲故事开始，歌词、曲调和故事内容都要经过严格审查，禁止不健康的东西。然后经过2～3年体育训练，锻炼吃苦、耐劳、勇敢等品格。10岁时所有男女孩子都被送到乡下去受教育，除识字、阅读、道德教育外，学习算术、几何、天文和音乐理论。20岁时，进行第一次筛选，被挑选出来的青年要能将学过的课程加以综合，以考察他们有无辩证法的天赋。30岁时，根据第一次挑选出来的人在学习、作战和工作中的表现，作第二次筛选并进行考试。被选出的人用5年时间专心致志地学习辩证法。35岁再放到实际工作中锻炼。50岁时在实际工作锻炼和知识学习中成绩优异并通过考试的人接受最后考验，从事管理国家事务并继续研究哲学。理想国中教育的最高目标是培养哲学家兼政治家——哲学王。这种教育贯串于人的整个一生。学习和实际锻炼始终紧密结合。

柏拉图认为女子应和男子受同样的教育，从事同样的职业。女子应同样受体操训练和军事教育。各种天赋才能同样分布于男女两性，根据自然，各种职务不论男女都可担任。

理想国中重视早期教育。"在幼小柔嫩的阶段，最容易接受陶冶，你要把他塑成什么型式，就能塑成什么型式。"[①] "先入为主，早年接受

---

① 柏拉图：《理想国》，郭润、张竹明译，商务印书馆1986年版，第71页。

的见解总是根深蒂固不容易更改的。"从小养成的习惯会成为第二天性，正如白色的羊毛一经染上颜色就不会褪掉①。

教育的最终目的是促使"灵魂转向"。各种知识都有其实用价值，但这不是终极目的。教育要培养人从可见世界上升到可知世界，也就是转离变化着的感性世界、现象世界，眼睛向上，转向光明，看到真理、本质、共相（理念），认识最高的理念——善。善不仅是认识对象，也是认识能力，只有从善理念的高度，才能见到真实的世界。柏拉图所要求的这个"灵魂转向"，实际就是看问题的立脚点和世界观的转变。

柏拉图是"寓学习于游戏"的最早提倡者，他要求不强迫孩子们学习，主张采用做游戏的方法，在游戏中更好地了解每个孩子的天性。但是游戏必须有选择，孩子们参加的游戏必须符合法律精神。参加不符合法律精神的游戏，就会成为违法的人，不可能成为品行端正的守法公民。

柏拉图发展了苏格拉底关于节制的思想，认为节制是一种好秩序或对某些快乐和欲望的控制。正如在理想国里有三类人，每个人的灵魂中也有三种成分。人们用以思考推理的是灵魂的理性部分，人们用以感觉爱、饿、渴等物欲之骚动的是灵魂的无理性部分或欲望部分，激情部分是理智的同盟者和辅助者。通过教育和培养，使理智在人的灵魂中起领导作用，激情起辅助作用，欲望接受领导，被控制在简单的有分寸的范围之内，三者之间友好和谐而没有纷争，各安其分，这种人就是正义的人。

国家对教育的重视，教育与政治结合，高度评价教育在人的塑造中的作用，将算术、几何、天文、音乐理论四门课程（后来称为四艺）列入教学科目，第一次提出以考试作为选拔人才的手段之一，强调身心协调发展、男女教育平等，注意早期教育，主张课程学习与实际锻炼结

---

① 柏拉图：《理想国》，郭润、张竹明译，商务印书馆1986年版，第140页、第98页。柏拉图的这个比喻后来被昆体良、夸美纽斯所引用。

合、净化教育内容，反对强迫学习，以理性指导欲望作为道德教育的中心任务，这些就是《理想国》中的教育观的积极因素。它们对后来西方教育理论的发展产生了长期影响。但是《理想国》的教育过于强调一致性，用一个刻板的模子铸造人，忽视个性发展。此外，它拒绝变革，"不让体育和音乐翻新"。柏拉图认为音乐的翻新会给国家带来危害。

四、"第二个理想国"中的教育观

三次访问叙拉古受挫使柏拉图认识到，《理想国》过于理想，在现实中是无法实现的。他在晚年写成《法律篇》，重新设计了一个最接近于理想的政治制度（the second—best form of polity），被称为"第二个理想国"。在这个新制度中，实行君主制和民主制结合的混合政体，法治代替了哲学家的人治，哲学家被继承王位的王子取代，恢复了私有财产和一夫一妻制家庭。法律是哲学家制定的，但执政的是一批无权修改法律的官员，立法和行政的职能已划分开。在新制度中，柏拉图的教育观有重要变化。

在教育管理上，有了一名专管教育的长官（commissioner of education），他是社会中最优秀、最杰出的人物，一个五十多岁的有子女的人，由行政官员投票从"护卫法律"的团体中选举产生，任期五年。由于教育在这个新制度中的特殊重要地位，"'教育部长'因而是柏拉图社会里的'总理'"[①]。

《法律篇》规定了学校的兴建。在城邦市区内的三个地方兴建向一切人开放的体育馆和学校，在城市郊外和周围农村地区建立练习骑术的学校，还要有三个空旷的地方作为练习射箭和掷标枪的场所。

---

① 泰勒：《柏拉图——生平及其著作》，谢随和、苗力田等译，山东人民出版社1991年版，第681页。

对专职教师有了明确规定。学校应有教师宿舍，教师是从外国雇来的，支付给他们工资。

在课程设置上，由于哲学家地位的改变，《理想国》中作为王冠学科的哲学被取消了。最高级的课程限于三门：算术、几何与天文。这是只有少数人才能掌握的学科。科学的学习是与宗教密切结合的。这反映柏拉图晚年深受毕达哥拉斯学派影响。

"第二理想国"中首次提到强迫教育（compulsory education）。所有公民的孩子到一定年龄都无一例外地要受学校教育，不管他们的父母是否乐意①。

《法律篇》提出要控制人口过度增长。一个家庭只能有一个孩子，多的孩子送给没有子女或失去子女的家庭。

对早期教育比《理想国》规定得更具体。孕妇必须接受培训。孩子出生后，保姆应让他做有益的运动，有充足的空气。应唱歌给他听，使婴儿保持心平气和，因为躁动不安和易怒是不良道德的开端。应将婴儿上下摆动，以发展其勇敢坚强的性格。3岁或3岁以后，孩子开始游戏。3～6岁时，每天被送到各种神殿，在当局任命的妇女的指导下游戏。这实际上是公办托儿所、幼儿园的雏形。6岁后开始学习功课，男女儿童都学习骑马、射箭、掷标枪，但分开进行。教他们学会使用武器，左右手并用。10～13岁学习识字、书写、阅读，写字不要求写得流利而迅速。13～16岁学习七弦琴的演奏。

《法律篇》更详细介绍了埃及人在"寓学习于游戏"方面的经验。埃及人创造了算术游戏，他们使学习成为乐事和娱乐。他们让儿童分配苹果和花环，接受分配的人时多时少。另一种游戏是分配杯盏之类的容器，有的是金质、银质和铜质的混合在一起，有的则分开。他们还要儿童玩调配军队和远征，以发展他们的智力。他们让儿童玩做家务，以学会自理，还用游戏方法教儿童测量长度、宽度和深度，这是学习几何知

---

① P. 孟禄：《希腊罗马时期的教育史料》，1928年英文版，第243页。

识的准备。

在恢复一夫一妻制家庭的新制度下，人伦关系、孝道成了道德教育的必要内容。受到崇敬的对象的顺序是：上界和城邦诸神，冥府诸神，行为高尚的人物和英雄，祖先和已故父母、在世的父母。对在世父母的尊敬，用钱财供养是小事，用身体照顾他们是较好的事，在精神上给他们热爱和忠诚，才是大事。父母在世时，无论怎样为他们多做事都不为过分，去世时，葬礼从简才合乎礼仪。

《法律篇》对儿童的管理持更严厉的态度。"在一切动物中，男孩子是最难管理的，因为他们的理智的源泉还没有加以规范，他们是一切动物中最狡黠、最敏锐、最不驯服的，所以必须用很多缰绳把他们勒住。当他们离开父母时，由于他们的幼稚和无知，必须置于教师的控制之下。"[①] 因为他们是自由人，所以必须有教师，受教育；但他们又是奴隶，如果做错了事，不但教师、导师要给以惩罚，任何发现他们做错事的人都可施加惩罚。如果有谁不惩罚他，这个放过他的人就要受到教育监督官员的惩罚。

在《理想国》中，柏拉图视诗人为危险人物加以贬抑，《法律篇》对诗人有更严格的限制。诗人的作品不得违背法律和真、善、美。作品必须先送给任命的检查官和护法者审查，未经他们批准，不得在私人中传播。

对于音乐和舞蹈，《法律篇》详尽地推荐了埃及人的严格审查和十分具体的法律规定。

五、学习即回忆

柏拉图给自己的认识论蒙上一层神秘主义的迷雾。他认为从感性的个别的事物中不能得到真知识，只有通过感性事物引起思维，认识共

[①] P. 孟禄：《希腊罗马时期的教育史料》，1928年英文版，第247页。

相，才能达到对真理的把握。强调理性思维，追求共相、本质，这个本来深刻的哲学见解被他作了唯心主义的解释，他把思维、共相看成与外界无关的、存在于人的灵魂的内部。他说人在出生以前已经获得了一切事物的知识，在灵魂依附于肉体（降生）后，这些已有的知识被遗忘了，通过接触感性事物，才重新"回忆"起已被遗忘的知识。"认识就是回忆""一切研究、一切学习只不过是回忆罢了"。学习并不是从外部得到什么东西，它只是回忆灵魂中已有的知识。黑格尔认为，"学习即回忆"是在比喻和寓言的意义下说的，绝不可以像神学家那样去追问是否人在生前已经有了知识，它存在于什么地方。回忆说是对苏格拉底追求"一般"的思想的进一步发展。

亚里士多德的教育思想[1]

亚里士多德（Aristotle，公元前384—前322）是古代希腊百科全书式的学者，恩格斯称亚里士多德"就已经研究了辩证思维的最主要的形式"[2]。黑格尔称亚里士多德为"人类的导师"。亚里士多德对西方的教育和教育思想有着深远影响。亚里士多德的著作有400卷（一说1000卷），但是现在能得到的不及他的著作的四分之一，而且有许多经过了后人的增删和编纂。

一、生平和世界观

亚里士多德出生于希腊殖民地色雷斯，父亲是马其顿国王阿明达斯二世的御医。亚里士多德幼年时父母双亡，在亲戚家中长大。公元前367年，17岁的亚里士多德被带到雅典，先入伊索克拉底的雄辩术学校学习，旋即转入柏拉图的学园，入科学组学习，凡20年，被誉为"学园的精英"。公元前347年，柏拉图去世，亚里士多德离开学园，去吕底亚投靠僭主赫尔米亚。赫尔米亚在柏拉图学园中与亚里士多德同学，

---

[1] 本文选自吴式颖主编：《外国教育史教程》，人民教育出版社1999年版。
[2] 马克思、恩格斯：《马克思恩格斯选集》（第三卷），中共中央马克思恩格斯列宁斯大林著作编译局编译，人民出版社1995年版，第358页。

相交甚笃。在赫尔米亚那里，有一个柏拉图的门徒的小组，他们想在赫尔米亚的支持下实现柏拉图的理想。公元前343年，赫尔米亚被波斯人所杀，亚里士多德迁居米底勒尼，在那里研究植物学。这一年，马其顿国王腓立慕亚里士多德之名，邀请他去担任时年13岁的王子亚历山大的老师。腓立在给亚里士多德的信中说："我有一个儿子，但我感谢神灵赐我儿子，还不若我感谢他们让他生于你的时代。我希望你的关怀和智慧将使他配上我，并无负于他未来的王国。"① 亚里士多德不负所望，他对亚历山大的教育取得成功，师生间建立了深厚的情谊。柏拉图对戴奥尼修二世的教育是用一个先入为主的固定模式——《理想国》去铸造人，把教育对象看作实现自己理想的工具。亚里士多德对亚历山大的教育是培养人，发展他的人格，给他以一般的哲学熏陶。公元前336年，腓立被刺，亚历山大继承王位。在他开始远征后，亚里士多德回到雅典，于公元前335年，在吕克昂原来伯里克利为训练新兵而建造的游乐场开办一所学园，在此讲学、研究、著述凡13年。公元前323年，亚历山大暴死，亚里士多德被控以不敬神的罪名，于是逃离雅典，次年去世，终年63岁。

亚历山大在征战途中，对亚里士多德的科学研究提供了有力支持，为他提供800塔兰特②科研经费，并命令部下，凡在亚细亚发现新的动植物材料，必须将原物或该物的绘图或详细描述寄给亚里士多德以供他研究。普林尼（Pliny）说，亚历山大命令近一千个以打猎、捕鱼为生的人，波斯帝国境内动物园、禽鸟园、鱼塘的监护者，经常供给亚里士多德以各个地方值得注意的东西。普林尼还说亚里士多德著了50部博物学的书。亚历山大还下令为亚里士多德收集各城邦的法律和政治制度的资料，竟收集到了

---

① 黑格尔：《哲学史讲演录》（第二卷），贺积、王大庆译，商务印书馆1996年版，第272～273页。

② 塔兰特，古希腊重量单位和货币单位。作为重量，1塔兰特合26公斤。作为货币，1塔兰特约合972美元或270英镑，其实际购买力约合1200英镑或4276.8美元。伯罗奔尼撒战争时，1塔兰特银块可供1条战船1个月的薪给，可购买大麦1569市担。

158个国家的宪法，整理了雅典每年上演的悲剧和喜剧的演出记录。吕克昂学园中研究的学科遍及哲学、美学、诗学、伦理学、文法、修辞、逻辑学、天文、物理、生物、解剖、气象、心理等领域，包括了当时的一切知识部门。亚里士多德的著作中提到的动物达五百多种，他还亲自解剖过五十余种动物和人的胚胎。据说，亚里士多德有教育著作，可惜失传。现在只能从他的哲学、政治学、伦理学著作中窥见其教育思想的梗概。

在哲学上，亚里士多德承认物质世界的客观存在。他批评柏拉图的与客观世界脱节的理念论，认为理念不能解释物质世界，理念不是事物的摹本，相反事物是理念的摹本。亚里士多德认为事物是质料和形式的统一，质料含有发展的可能性，只是由于形式的作用，它才现实化，即转化成为现实。他承认自然界是处在运动发展中的，发展即是质料形式化的过程，即可能性向现实性转化的过程，但是他又认为发展的动因是由于神的"第一次推动"。在认识论上，亚里士多德认为认识的对象是物质世界，物质世界是经验和感觉的泉源，而经验和感觉则是理性思维和概念的泉源。概念是由感觉产生的，它是知识的高级阶段。认识事物的一般，从感觉上升到理性思维，认识共相、概念，这是科学的任务。

在社会政治观上，亚里士多德为奴隶制辩护。他认为在一个国家中，最富的人和最穷的人都不应该掌权，在两个极端之间的中庸适度是最好的，共和政体是最好的形式。

二、教育思想

亚里士多德的教育思想包括理论和实践两个方面。理论是指对教育的一些基本原理的论述，实践是指对具体教育工作的意见。

（一）教育理论

1. 论灵魂的三个组成部分

亚里士多德在《论灵魂》和《尼各马可伦理学》中都将人的灵魂

区分为两个部分：理性的部分和非理性的部分。非理性部分又包括两种成分。所以人的灵魂由三部分构成，即营养的灵魂、感觉的灵魂和理性的灵魂。这三个部分相应于植物的灵魂、动物的灵魂和人的生命。当营养的灵魂单独存在时，是属于植物的，如果它还有感觉，则属于动物的灵魂。如果它既是营养的，也是感觉的，同时又是理性的，就是人的灵魂。在灵魂的三部分中，植物的灵魂与理性不相干；动物的灵魂即感觉的；欲望的灵魂在一定程度上分有理性，但它天性中有某种反理性的倾向，与理性相对抗、相搏斗，但它又有可能分有理性，特别是能自制的人是如此。使灵魂的三个部分在理性的领导下和谐共存，人就成为人。

亚里士多德的灵魂论在教育理论上的重要意义在于，首先，它说明人也是动物，人的身上也有动物性的东西，它们与生俱来，采取不承认主义或企图消灭它，是违反人的本性，也是做不到的；其次，人具有理性，人不同于动物，高于动物。能否用理性领导欲望，使欲望服从理性，是人与动物区分的标志。任凭欲望肆虐，不听从理性的领导，人就降低成为动物。用理性引导、限制、指导欲望，人就上升成为人。发展人的理性，使人超越于动物的水平，上升为真正的人，这就是教育，特别是德育的任务。再次，灵魂的三个组成部分的理论为教育必须包括体育、德育、智育提供了人性论上的依据。后世的众多教育家在这个问题上议论纷纭，各种意见对立。总的说来，他们无法绕开柏拉图、亚里士多德提出的这个问题。

2. 论教育的作用

亚里士多德提到了人形成为人的三个因素，"有三种东西能使人善良而有德行，那就是天性、习惯和理性。首先一个人生来就是人，而不是其他动物，并且其身心必定有某种特性。但在初生时有些品质虽具有而无用，因为它们可以为习惯所改变，还有些禀赋天然地有待于习惯使之变好或变坏。……只有人类除天性与习惯外，尚有理性。由于天性、习惯和理性不能经常统一，要使它们互相协调并服从于理性，除了通过立法者的力量而外，就寄托于教育。"① 重视人的天性、在良好的环境和正当的行为中养成良好的习惯，并通过教育发展人的理性，使天性和习惯受理性的领导，人就能成为有良好德行的人。在这三个因素中，教育显然有其特殊作用。

亚里士多德关于形成人的三要素的理论，是后世关于遗传、环境和教育的理论的雏形，也是卢梭划分自然教育、事物教育和人为教育的张本。不同的是，卢梭以事物教育和人为教育服从自然教育（天性），亚里士多德则坚持天性、习惯服从于理性的指导。

亚里士多德在高度评价教育的作用时，并不认为教育在人的形成中的力量是万能的。教育并不能使那些天性卑劣而又在不良环境中养成了坏习惯的人服从理性的领导。对于拒不服从理性领导的不可救药的人，强制和惩罚是必要的。因此必须建立公共生活的正确制度，有良好的立法和法律知识的教育，"如一个青年人不是在正确的法律下成长的话，很难把他养成一个道德高尚的人。因为节制、艰苦的生活是不为大多数人所喜欢的，特别是对青年人。所以要在法律的约束下进行哺育，在变成习惯以后，就不再痛苦了"。对于拒不接受教育的人，"痛苦应该作为最使人迷恋的快乐的抵消物而出现"②。这就是说，只有当法制、良好的环境影响、正确的家庭影响和教育形成合力时，人才能成为道德高尚的人。

3. 白板说

亚里士多德在说明自己的唯物主义认识论时指出，理智没有什么东西不是先已在感觉中的。他用一个形象的比喻说明感觉与感觉对象的关系。感觉只是采纳被感觉的东西的形式而不要它的质料，在感觉里面只

---

① 参见亚里士多德：《政治学》（卷七），吴寿彭译，商务印书馆1965年版，第13章。
② 亚里士多德：《尼各马可伦理学》，苗力田译，中国社会科学出版社1990年版，第231页。

有形式达到我们而没有质料,"正如蜡块只把带印的金戒指的印记接纳到自己身上,而不取黄金本身,而只纯粹取其形式。"① 又说,人的灵魂(意识)正如一本什么也没有写上的书,或什么也没有写上的一张白纸,一块白板(tabula rasa),它能接受对象的知识。这种观点确认知识是从外面经过感觉进入意识的,与柏拉图知识即回忆的理论相对立,这是古希腊在认识论上的一个成就。但是,亚里士多德的这个比喻合理性是有限的,因为人的灵魂与蜡块不能完全等同。当感觉印象进入灵魂(意识)时,经过思维加工,它引起灵魂的性质的改变,人的灵魂毋宁说就是各种感觉印象的综合加工的产物。蜡块接受带印的黄金戒指的印记时,蜡块仍然是原来的蜡块,它的性质没有改变,它接受的印记仍然是外在的,附加于其上的。其次,人与外界的关系不是纯粹被动的关系,人本身既是主体,又是客体;既是被动的,又是主动的。人的自觉能动性使人与动物区别开来②。后世的哲学家、教育家往往引用亚里士多德关于蜡块和白板的比喻,论证教育在人的形成中的巨大作用(例如洛克),显然这个比喻的意义被夸大了,因为亚里士多德并不否定天性的作用,也不否认在人的灵魂中有着与理性相抵触的东西。

4. 普遍的公立的教育与教育立法

和柏拉图一样,亚里士多德认为教育应是国家的事务,立法者应首先注意少年人的教育,因为忽视教育就会危害政制,应陶冶公民使他们的生活适合于政府的形式。他称赞斯巴达人使教育成为国家的事业,批评"每人只分别地照顾自己的儿童,给以自以为适合于他们的教育"的现象。他认为人人都是国家的一分子,"既然全邦具有一个目的,显然所有的人就应该受到同一的教育,教育事业应该是公共的而不是私人的"③。

---

① 黑格尔:《哲学史讲演录》(第二卷),贺积、王大庆译,商务印书馆1996年版,第344页。

② 马克思:《1844年经济学哲学手稿》,参见马克思、恩格斯:《马克思恩格斯全集》(第四十二卷),中共中央马克思恩格斯列宁斯大林著作编译局译,人民出版社1979年版。

③ 参见亚里士多德:《政治学》(卷八),吴寿彭译,商务印书馆1965年版,第1章。

亚里士多德提到了教育立法,"教育应由法律规定"[①]。古希腊人这些有远见的思想只是在两千多年后,在19世纪才被西方的政治家普遍接受并在各国成为现实。

(二) 对实际教育工作的意见

1. 胎教和婴幼儿教育

亚里士多德主张优生优育,控制人口过度增长。男女应在精力最旺盛的年龄结婚、生育子女,以保证下一代的健康。孕妇应自己保重,应当从事运动、吃富于营养的食物,保证心理的安静。婴儿出生以后,应吃含乳分最高的食物,应有适合于年龄的运动,在幼年时习惯于寒冷,但这种锻炼应是渐进的。在5岁以前,不应要求儿童学习课业或工作,以免妨碍其发育。游戏是有益的,但应避免鄙俗的游戏。对神话或故事要加以选择,其中大部分应是他们将来要认真从事的事业的模仿。应注意儿童语言的纯洁,防止下流的语言,不要让儿童接触不健康的演出。

2. 初等教育

遵守自然所作的年龄划分,人生以7年为一期,儿童从7岁开始上学。初等教育的分科有4种,即阅读、书写、体育锻炼、音乐和绘画。其中,读写和绘画在生活中有各种用途,体育锻炼可培养勇气,学习音乐的目的在于要善于利用闲暇。教给儿童的东西应是"真正必需的有用东西",而不是"一切有用的东西"。亚里士多德认为,职业可分为自由的和偏狭的,教学科目的性质也应该一部分是自由的,一部分是偏狭的。任何职业、艺术、科学,凡是足以使自由民的身体、灵魂、心理不适应于实践或无法运用其德行者,都是鄙俗的,应予以拒绝。

不同于柏拉图先音乐教育、后体操训练的主张,亚里士多德认为在教育上,实践必须先于理论,身体的训练应在智力训练之先。体育训练

---

① 参见亚里士多德:《政治学》(卷八),吴寿彭译,商务印书馆1965年版,第2章。

的目的不是为了竞技,不应像斯巴达人那样用自以为将使儿童们勇敢的艰苦操练而使儿童变得残忍,应该把高贵的东西而不是兽性的东西放在首位。他认为,那些专心致志于自己的儿童的身体锻炼而忽视他们的必要教育的家长,实际上是使他们的儿童流于粗俗。儿童的体育练习应是比较柔和的,应避免粗劣的膳食和痛苦的劳作,使身体的生长不受损害,幼年的过度训练只有害处。

必须把音乐列入教育,这是因为音乐具有多种功能:教育、心灵的净化和理智的享受,为了紧张劳动后精神的松弛和休养,为了使音乐有教育作用,必须选择富于伦理性的旋律和曲调。

3. 高等教育

由于亚里士多德的著作已残缺不全,现在已经无法知道他关于中、高等教育的论述。关于高等教育,从吕克昂学园的实践略知其大要。我们知道,在学园中,学科的门类十分广泛,它不仅是哲学学校,也是科学学校。那里实行教学和科学研究相结合,研究和实验相结合,讲授与自由讨论相结合。学园大致上根据学员的程度划分年级或班级,亚里士多德上午给高级班讲授哲学、物理、辩证法等较高深的课程,下午给普通班讲授修辞学、政治等学科。

4. 兴趣与学习

亚里士多德注意到了学习中的兴趣原理,"人们的活动为本身的快乐所加强、所延长、所改善,又为异己的快乐所妨害……如果一个人感到写和算对他是痛苦的,他就不肯再写,也不肯再算了,因为这些活动是一些痛苦"①。因此,引起学习兴趣是重要的。

5. 家庭教育的特殊功能

亚里士多德认为:"在各个家庭中父亲的话语和家族惯例也具有权威性,而血缘关系越近,家庭给予的恩惠越多,这种权威也就愈大。家

---

① 亚里士多德:《尼各马可伦理学》,苗力田译,中国社会科学出版社1990年版,第220~221页。

庭成员对家长的依恋与服从最初是自然发生的。此外，个别教育优于共同教育……因为，每个人都应得到与他相适合的对待。"① 充分利用家庭教育的这种特殊有利条件，是家长的责任。

三、伦理思想

伦理思想是进行道德教育的理论基础，亚里士多德提供了许多有益的见解。

（一）论幸福

幸福是人的一切行为的最高目的，它就是人的目的。幸福部分地依赖于外部财产，但伦理学必须讨论的只是那些在我们掌握之中的东西。幸福就是合乎德行的现实活动。它是合乎德行的，因为它以理性为主宰，享至福的人从不做卑鄙下流的事。它是现实活动，因为幸福不是品质，幸福的获得不能靠机遇，人应该通过努力获得幸福。幸福生活离不开勤劳。人应该主宰自己的命运，"只听命运的摆布是不对的……合乎德行的现实活动才是幸福的主导原因"②。人应当善于利用一切机会，从现有的条件出发，永远做得尽可能地好，尽其在我，自求多福。幸福的人尽管遭受噩运，高尚仍放射出光辉，因为他能心平气和地承受那么多巨大的坏机遇，这不是由于感觉迟钝，而是由于他的宽宏和心胸博大。这种幸福，就是一切善的事物中的最高选择，而最高的幸福就是思辨活动。

（二）论美德

"美德"（virtue）一词，不仅指道德，也含有长处、特点、效能的

---

① 亚里士多德：《尼各马可伦理学》，苗力田译，中国社会科学出版社1990年版，第232页。
② 亚里士多德：《尼各马可伦理学》，苗力田译，中国社会科学出版社1990年版，第18页。

意义，有时译为德性、德行。亚里士多德将美德分为两类：理性美德和伦理美德，后者才是伦理学讨论的对象。伦理美德就是中道，中道在两种过错之间，一方是过度，一方是不及。道德品质是被过度和不及所破坏的。如痛苦或快乐的情感，过多和过少都不好。有的人沉湎于一切快乐不能自拔而成为放纵，有的人则如一个苦行者，回避一切快乐而成为一个冷漠无情的人。这都是对中道的破坏。"若是在应该的时间、按应该的情况、对应该的人、为应该的目的、以应该的方式来感受这种情感，那就是中道，是最好的……所以德行就是中道，是对中间的命中。"① 因此，美德就是适度，恰如其分，恰到好处。

亚里士多德并不将欲望排除在美德之外，欲望、意向、理性的统一，理性的东西和非理性的东西的统一，也就是介乎两个极端之间的中项，就是美德，美德也包含非理性的环节在自身之内。

亚里斯士多德在《尼各马可伦理学》中详细讨论了各种具体的美德（见本书第218页上的表）。

（三）美德在于实践

亚里士多德认为美德既非出于本性而生成，也非反乎本性而生成，自然给了我们接受德性的能力，它以潜能的形式存在，然后再以现实活动的方式展示出来，我们必须先进行有关德行的现实活动，才能获得德行，只知道德行是不够的，还要力求应用或者以某种办法变得善良。公正的人由于做了公正的事，节制的人由于做了节制的事，如果不去做这些事，谁也别想成为有德行的人。亚里士多德批评那些空谈德行而不实践德行的人，"有些人什么合于德行的事都不做，而是躲避到有关德行的道理言谈之中，认为这就是哲学思考……像这样的哲学也不能改善灵魂。"②

---

① 亚里士多德：《尼各马可伦理学》，苗力田译，中国社会科学出版社1990年版，第33页。
② 亚里士多德：《尼各马可伦理学》，苗力田译，中国社会科学出版社1990年版，第31页。

过　度	中　道	不　及
浪费　挥霍	慷慨	鄙吝　吝啬
傻气　无度	大方　大度	小气
虚荣	自重	自卑
好名	淡泊	不好名　矫情
谄媚　随声附和	友谊	爱争吵　坏脾气　难相处
愤怒　暴躁	温和	无火性　无血性
吹嘘　夸张	真实	过谦　自我贬抑
戏弄　粗俗	机智　圆通	呆板
做不公正的事	公正	受不公正待遇
奢望	爱名	矫情
奉承	好客	慢待
害羞　脸红	温良　谦和	无耻
鲁莽　过度自信	勇敢	怯懦　过度恐惧
放纵	节制	冷淡　拘谨
忌妒	义愤	恶意　幸灾乐祸
任性	自由	不自由

在实践德行中，亚里士多德强调动机与效果的统一，知与行的统一，主观与客观的统一。"合乎德行的行为，本身具有某种品质还不行，只有当行为者在行动时也处于某种心灵状态，才能说它们是公正的节制的。第一，他必须是有知、自觉的；其次，他必须是有意识地选择行为的，而且是为了行为自身而选择的；第三，他必须在行动中勉力地坚持到底。"① 亚里士多德认为，对于获得德行来说，知的作用是非常微弱的，其他的条件比知的作用更重要，因为公正和节制的德行是公正和节制的行为多次重复后才产生的。正是在这个意义上，他批评苏格拉底智慧即美德的观点不完善。

苏格拉底、柏拉图、亚里士多德的教育思想是古代希腊长期发展的

---

① 亚里士多德：《尼各马可伦理学》，苗力田译，中国社会科学出版社1990年版，第30页。

教育思想的总结,又是以后两千多年西方教育思想发展的直接源头。古代希腊最早有文字记载的教育思想应溯源到约公元前7世纪①的赫西俄德。古希腊最早的书籍是《伊利亚特》和《奥德赛》。这两部史诗的故事原来在小亚细亚一带的民间说唱艺人中口头流传。据说公元前8世纪由荷马汇编整理成为完整连贯的故事,公元前6世纪中叶才用文字记录成书。史诗中有一点零星的与教育有关的记载,但它们是以神话的形式反映了公元前13～前12世纪的史影。希腊最早的以教育为主题的作品是赫西俄德的《工作与时日》(或译《田功农时》),这是作者以教诲自己的兄弟为目的写成的古希腊第一本个人作品。书中涉及历史观、人性观、劳动教育、道德教育,还具体介绍了各种农业生产知识。以后,毕达哥拉斯、德谟克里特、智者都有一些零星的教育观点。到苏、柏、亚三哲的时代,古代希腊的教育思想已经有了300～400年的历史积累,这是三哲教育思想产生的土壤。但是三哲以前的零星教育思想对后世影响甚微。对以后西方教育思想产生长远、广泛、深刻影响的,无疑是三哲的教育思想。除了在哲学、政治、伦理、美学、文学、修辞学、逻辑学、科学、神学等方面的影响外,在教育理论方面,和谐发展、理性指导欲望、白板说、问答法、学园,都是长盛不衰的话题。后世许多重要的教育理论观点,都可以从古代希腊三哲那里找到发展程度不等的胚胎。甚至柏拉图为说明早期教育的重要性所举的那个白色羊毛染色的例子,也被昆体良、夸美纽斯一再援引。希腊三哲的教育思想是对西方,也是对人类的不朽贡献。

古代希腊的教育思想的发展受到了古代东方文化的明显影响。《伊利亚特》和《奥德赛》就是东西文化结合的产物,古代希腊的哲学家大都游历过古代东方各国,广泛吸收东方文化。希腊的天文学、数学、几何学知识是从东方引进的。柏拉图在《法律篇》中详细记载了埃及人有关音乐教育、审查教材、"寓学习于游戏"等方面的经验。通过柏拉图,"寓学习于游戏"成为巴泽多教育思想的重要概念,并受到康德的批评。

---

① 一说公元前8世纪。

昆体良评传[1]

恩格斯曾说:"没有希腊文化和罗马帝国所奠定的基础,也就没有现代的欧洲。"[2] 在教育领域,罗马帝国上承希腊教育的成果,逐渐建立了适合自己的民族文化传统、现实条件和实际需要的教育制度。罗马教育是西方教育发展史上的一个重要阶段,是从古代希腊教育发展到中世纪基督教教育的中间环节。公元1—2世纪是罗马教育的鼎盛时期,以后逐渐走向衰落。在罗马教育的全盛时期,在教育界因成绩卓著而享有盛誉,并留下系统教育著作的唯一教育家,是玛库斯·法比尤斯·昆体良(Marcus Fabius Quintilianus,约公元35—95)。他对后世的教育思想和教育实践产生了重大影响。

一、罗马学校教育的发展与昆体良

古代罗马的学校始建于何时,仍然是一个谜。历史学家李维(Titus Livius)和哲学家哈利卡纳苏(Dionysius Halicarnassus)都曾

---

[1] 本文选自赵祥麟主编:《外国教育家评传》(第一卷),上海教育出版社1992年版。1995年,《外国教育家评传》第一至三卷分别获全国第三届优秀教育图书一等奖和全国高等学校人文社会科学研究优秀成果二等奖。

[2] 马克思、恩格斯:《马克思恩格斯选集》(第三卷),中共中央马克思恩格斯列宁斯大林著作编译局编译,人民出版社1972年版,第220页。

提到，在公元前5世纪中期，古罗马的广场上就有过初等学校。李维曾提到公元前381年时"孩子们书声琅琅的学校"①。但是这些史学家并未提供足够的证据。传记作家和道德学家普鲁塔克（Plutarch）却说，在古代罗马的早期，起初教学被看作一种服务，一种受尊敬的服务，"因为人们只是教他们的朋友和亲戚"②。普鲁塔克还说，"为金钱而施教是后来才出现的事，第一个开办初等学校的人是卡微留（Spurius Carvilius）"。他是一个被释奴隶，是"将G这个字母引入拉丁字母表的第一个人"③。经学者考订，卡微留在罗马开办第一所私人收费初等学校的时间，不是普鲁塔克所说的公元前6世纪，而是公元前3世纪末，即是说，距昆体良出生的年代只有200多年。

早在公元前3世纪初，罗马人征服了意大利南部的希腊移民城邦，便开始接触希腊文化。经过3次马其顿战争，罗马人终于在公元前168年以军事力量完全征服了马其顿。随着希腊本土的陷落，处于更高发展水平的希腊文化、学术和教育便开始了征服征服者的胜利进军。希腊人大量涌进罗马时，也随之将希腊的语言、文字、哲学、文学、艺术、戏剧、教育带到了罗马。希腊的教仆、文法教师、雄辩术教师、哲学教师以及希腊的教育思想和教育经验，给罗马的教育以巨大推动力，加速了罗马的希腊化过程。早在希腊本土被罗马征服以前，老派人物如大加图（Marcus Porcius Cato）眼看在希腊文化面前罗马古代朴素、严格的风尚日渐式微，浮华、放荡、奢侈的习气蔓延滋长，曾一度竭力抵制希腊文化的传播，以免让它们"熏染、迷惑青年人的思想感情，潜移默化地改变国家的生活方式和习俗"。公元前161年，一项元老院的法令将哲学教师和拉丁语雄辩术教师逐出罗马。公元92年，罗马监察官下令查禁拉丁语雄辩术教师，把他们的教学看作与国家的传统不相容的异端④。

---

① S. F. 邦纳：《古代罗马的教育》，1977年英文版，第34页。
② S. F. 邦纳：《古代罗马的教育》，1977年英文版，第34页。
③ S. F. 邦纳：《古代罗马的教育》，1977年英文版，第34页。
④ P. 孟禄：《古希腊罗马时期教育史资料》，1928年英文版，第352~353页。

但是，历史是无情的，要完全恢复罗马古朴的风尚已经不可能。旧的罗马传统文化即使有其自身的优点，它在另一种更高发展水平的文化面前终究是要退却的，强大的军事力量和国家政权也无法阻挡这种历史趋势。希腊文化的繁花茂叶被扎根在罗马文化的肥土沃壤之中，希腊文化的硕果和罗马文化的精华融合成了一种新文化。罗马的教育也是如此。

应该说，罗马学校教育的真正发展是在公元前2世纪中叶以后。到昆体良的时代，随着学校教育的发展，罗马人不但已熟知希腊人的教育观，而且自己也积累了200多年学校教育的经验。这些经验不只是父子相传、师徒相传、主奴相传。许多政治家、文学家、哲学家、雄辩家虽不是专业的教育理论家，但在他们的著作中都或多或少总结了已有的教育经验，发表了各具特色的教育见解。昆体良以前的政治家、雄辩家西塞罗（Marcus Tullius Cicero）在其名著《论雄辩家》（De Oratore）[1]中，就通过论述雄辩家应具备的素养阐述了自己的教育见解。比昆体良略早一点的斯多噶派哲学家辛尼加（Lucius Annaeus Seneca）的许多深刻教育见解，直到1000多年以后仍然受到人文主义者和夸美纽斯的重视。和昆体良大体同时略晚一点的普鲁塔克，不仅对历史和道德问题感兴趣，而且专门写了《论儿童教育》的论文[2]。虽然有人怀疑这篇有价值的论文不是普鲁塔克的亲笔之作，但它还是作为普鲁塔克的作品被保存下来，在文艺复兴时期广为流传。普鲁塔克的这篇论文主要是为希腊人写的，但是普鲁塔克曾经在罗马讲学，有人说他教过图拉真[3]的哲学，晚年做过哈德良[4]的师傅，并得到上述两任罗马皇帝的恩宠。普鲁塔克不仅了解罗马的教育实践，而且还以他的教育见解通过他的教育活动给罗马

---

[1] 该书的中文节译见昆体良：《昆体良教育论著选》，任钟印选译，人民教育出版社1989年版，附录。

[2] 该论文的中译文见昆体良：《昆体良教育论著选》，任钟印选译，人民教育出版社1989年版，附录。

[3] 图拉真（Marcus Ulpius Traianus），罗马皇帝，在位时间是公元98—117年。

[4] 哈德良（Publius Aelius Hadrianus），罗马皇帝，在位时间是公元117—138年。

以影响。普鲁塔克的教育论文在一定程度上也是罗马人的教育观的反映。

但是上述作家的教育见解毕竟还处于零星的、偶然的、没有充分展开的初级水平。到公元1世纪末，罗马人还没有自己的像样的教育著作，这是和一个有着三个世纪的学校教育实践经验，横跨欧、亚、非三大洲的庞大帝国的地位极不相称的。需要有人来弥补这一缺陷。到昆体良活动的年代，罗马帝国的奴隶制度正进入繁荣的顶峰。虽然外部的征战、掠夺和内部的镇压、倾轧使统治者自我吹嘘的"奥古斯都和平"成为笑柄，但罗马社会的相对稳定确实给罗马经济带来繁荣。罗马奴隶主掠夺了大量土地、奴隶和其他财富，农业和手工业都有了一定程度的发展。希腊文化的传播促进了罗马文化的成长，学校教育发展了，已经有了丰富的教育实践经验。需要有人在继承希腊有用的教育遗产的基础上，对罗马共和国最后一个世纪和罗马帝国最初一个世纪在教育实践和教育思想上积累的成果加以全面的总结、提高，概括出比希腊人和西塞罗等人的教育思想更丰富、更完善的教育理论。肩负这一崇高使命的人必须兼具教育实践和教育理论两方面的修养，有渊博的学识，有为理论献身的精神。时代提出了需要，历史准备了条件，这样的人也就应运而出了。这个人就是昆体良。

二、生平和教育活动

昆体良的确切生卒年月已不可考。一般人认为他出生于公元35年（一说公元40年）西班牙埃布罗河上游加拉古里斯的一个小镇上，死于公元95年（一说公元96年）。关于他的家庭，只知道他的父亲是一位颇有名气的雄辩术教师，在罗马的事业颇有成就。书香门第自幼给了昆体良以良好的熏陶。

早在公元前6世纪，西班牙东南沿海一带被迦太基人所侵占。公元前218—前201年第三次布匿战争后，罗马人从迦太基人手里夺取了这片土地。后来,罗马人多次派军队镇压西班牙人的反抗。公元前138年,西班牙大部分领土并入罗马版图。公元前130年,西班牙成为罗马帝国的9个海外行省之一。公元前19年,罗马帝国完全征服西班牙。屋大维①将海外行省划为三类,西班牙成为元首(事实上的皇帝)直辖行省。罗马帝国对海外行省的统治策略是剿抚互用、恩威并济、软硬兼施。军事上的镇压,政治上的笼络,经济上的掠夺和文化上的同化同时并进。在文化上,罗马本土的希腊化过程和海外各行省的罗马化过程并行不悖,而推行罗马文字则是将各行省捆绑在一起的有效手段。早在公元前2世纪,西班牙就兴起了一些以手工业为中心的城市。经济的发展、罗马文化的传播,使西班牙迅速跟上了文明的步伐。罗马文化,特别是罗马文学在西班牙的传播比在任何其他行省都快。到罗马共和国末期和帝国初期,西班牙的高等教育已十分繁荣,成了罗马文化和文学创作的一个中心。它为罗马培养了一群杰出的拉丁文作家、诗人、学者、雄辩家和教育家,其中包括哲学家辛尼加父子,诗人路坎(Lucan)和马歇尔(Martial),雄辩家路坎的外祖父阿西琉·路卡努,散文作家庞破尼乌·默拉和柯路麦拉。在这群为罗马文化的繁荣作出了不朽贡献的西班牙人中,教育家昆体良占有重要的位置。

昆体良的童年时代是在西班牙还是在罗马受教育,史无记载。据当时罗马富裕之家的孩子不进初等学校的通行惯例,很有可能是昆体良的父亲把他带到罗马,在家里受教育。可以间接证明这一点的是,15世纪时,费勒佛(Filefo)曾试图在昆体良的著作中寻找"西班牙方言"的痕迹,但终于徒劳而无功。昆体良的纯净的罗马语言修养亦表明他自幼就在罗马受到熏陶。

可以肯定,青少年时代的昆体良是在罗马受教育的。他的教师中有

---

① 屋大维,即奥古斯都(Augustus),罗马帝国皇帝,在位时间是公元前27—公元14年。

著名的文法教师帕利门（Remius Palaemon）。帕利门本是一个家生奴隶①，他通过自学掌握了文化知识，被释获得自由后，成为文法教师②，是标准拉丁文法教科书的编者。大约在公元50—58年，昆体良给当时在罗马有点名气的雄辩术教师、著名的律师阿弗尔（Domitius Afer）当过助手，有机会见到当时正处于权势顶峰的辛尼加并倾听过他的演说。阿弗尔死于公元58年或59年，正是旷世暴君尼禄（Nero）皇帝统治时期。昆体良结束了学业，离开罗马，回到了故乡西班牙。

现在一般认为，昆体良回到西班牙以后，在那里教授雄辩术并兼操律师业务。这个论断可能只是部分正确。因为在公元68年再到罗马以前，昆体良在西班牙呆了10年。再到罗马以后，他又在公元70—90年左右担任了20年雄辩术教师。如果昆体良在西班牙的10年也教授雄辩术，那么他作为雄辩术教师的经历一共应是30年或更多。但是，昆体良在《雄辩术原理》第一卷前言中说，"从事培养青年的工作达20年以后……"，这是他从学校岗位上退休以后从事写作时的话。如果他自己只承认有20年的教学经历，而在罗马的20年教学工作又没有中断，那就足以证明，昆体良在西班牙的10年中没有教授雄辩术，而只是操律师业务。

公元68年，尼禄在众叛亲离的绝境中自杀。同年6月，元老院宣布由伽尔巴③继任皇帝。伽尔巴回罗马时，把昆体良也带到罗马。

据罗马历史学家塔西佗（Publius Cornelius Tacitus）记载，"伽尔巴进入罗马之前的征兆是不吉利的，因为在这之前成千上万的手无寸铁的士兵被屠杀了"④，"伽尔巴前来罗马的速度十分缓慢，并且伴随着血

---

① 奴隶主和家中的女奴隶生的孩子，具有奴隶身份，但有别于从外地买得或掠夺来的奴隶，故称家生奴隶或土生土长的奴隶。
② 文法教师相当于中等学校教师。
③ 伽尔巴（Galba），当时任西班牙统帅第7军团的副帅，年已72岁。
④ 塔西佗：《历史》，王以铸、崔妙因译，商务印书馆1981年版，第6页。

腥的罪行"①。伽尔巴于公元69年1月1日就任皇帝以后,"新宫廷里的罪恶和旧宫廷里的一个样,它们是罪恶累累……伽尔巴的衰年遭到嗤笑和嘲骂"②。伽尔巴只当了半个月短命皇帝就被杀。接着是一场争夺帝位的混战、厮杀。半年之内,包括伽尔巴在内,有三个皇帝先后被杀。塔西佗描写当时罗马的情景时写道,"这时罗马处于一片混乱和恐怖状态","各处街道上都发生屠杀事件,广场和神殿散发着血腥味。他们身边遇到的任何人都逃不过他们那不分青红皂白的屠杀……只要他们发现身体高大的年轻人,便把这个人杀死"③。在那种荒唐和野蛮代替了理智和文明的日子里,昆体良显然是不能有所作为的。

经过半年多灭绝人性的拼杀,最后韦斯巴芗④取胜,于是年12月就任皇帝。韦斯巴芗精明能干,却也是残暴凶狠之徒。不过,据塔西佗说,韦斯巴芗"是在做了皇帝之后变得好起来的唯一的一个皇帝"⑤。韦斯巴芗的统治为昆体良的事业开辟了前景。

罗马进入帝国时期以后,历代皇帝中不乏有文化的人。当他们接触希腊文化以后,看到了罗马文化的落后,为了维持对一个建立在辽阔幅员上的庞大帝国的统治,他们认识到必须以文化教育作为军事、政治控制的辅助手段,于是采取了一些优待知识分子的措施。前此,奥古斯都和恺撒(Gaius Julius Caesar)曾相继给医生、文法教师和雄辩术教师以豁免权,并免除公共义务等。韦斯巴芗继承了这一政策,为了加强教育,他在罗马历史上第一次创设由国库支付薪金的讲座,实际上是由国家(皇家)办的公立学校。罗马帝国的地方公立学校不始于韦斯巴芗,早在奥古斯都时期,在罗马帝国的城市马赛就有过由公共基金支付薪金的医生、雄辩术教师和哲学教师。以后,这类公立学校在全国许多城市

---

① 塔西佗:《历史》,王以铸、崔妙因译,商务印书馆1981年版,第6页。
② 塔西佗:《历史》,王以铸、崔妙因译,商务印书馆1981年版,第7页。
③ 塔西佗:《历史》,王以铸、崔妙因译,商务印书馆1981年版,第242页。
④ 韦斯巴芗(Titus Flavius Sabinus Vespasianus),罗马皇帝,在位时间为公元69—79年。
⑤ 塔西佗:《历史》,王以铸、崔妙因译,商务印书馆1981年版,第42页。

出现。这些都是地方经费维持的学校。韦斯巴芗决定建立由国库支付薪金的国立学校,在罗马历史上是史无前例的创举,是教育上的一项重大革新。韦斯巴芗创办的讲座有两个,一是希腊语雄辩术讲座,一是拉丁语雄辩术讲座。希腊语雄辩术讲座由谁主持,史已无传。现在我们只知道这所学校在很久以后还存在。主持拉丁语雄辩术讲座的则是昆体良。他在这个岗位上工作了20年,前后历经弗拉维王朝的三代皇帝。昆体良在事业上取得了辉煌成就,他成了罗马最受敬仰的教师。他不仅赢得了荣誉,而且赢得了财富,成为罗马教师中少有的富人之一。

昆体良的年俸是10万塞斯特斯(sesterces,罗马币),与一般教师相比,他的年俸是相当高的。

除了从国库领取年俸,他还接受学生的馈赠,同时兼操律师(雄辩师)业务①,另有一宗收入。昆体良兼具雄辩术教师和辩护律师双重身份,它的意义不在于经济收入,而在于能在教学中将理论与实践结合起来,用做律师的丰富经验充实教学内容,又以教育实践丰富他的教育见解。一个善于雄辩的人去教授雄辩术,一个善于教授雄辩术的优秀教师去撰写培养雄辩人才的教育理论著作,昆体良都是当之无愧的。由此决定了昆体良的教育思想不是虚玄的思辨,不是抽象的逻辑推导,不是纸上谈兵,而是有血有肉的实践经验的结晶。这是昆体良的教育理论的生命力之所在。16世纪的宗教改革家马丁·路德对昆体良给予高度评价,他在给友人的信中写道:"我向您保证,我喜爱昆体良更甚于几乎所有其他教育权威,因为他既是教师,也是模范的雄辩家,即是说,他是以理论和实践的最巧妙的结合进行教育的。"

昆体良能够在雄辩术教师的公职岗位上工作20年之久,不是偶然的。韦斯巴芗皇帝生活简朴,反对奢侈放纵。昆体良也是提倡旧时代德

---

① 昆体良说:"至于我自己,从学校教学岗位和法庭辩护工作中退休下来以后,我早就认为退休是最光荣的结局。"见H. E. 巴特勒:《昆体良的〈雄辩术原理〉》(第1卷),1920年英文版,第289页。

行的人，甚至在学术上也是如此。他说："我力图使之恢复到更简朴的规范上去的正是被各种恶习败坏了的那种雄辩术风格。"在崇尚简朴这一点上，昆体良正适合韦斯巴芗的需要。韦斯巴芗对哲学家持敌视态度。昆体良对当时口是心非、言行不一、放言高论、不谙实事的哲学家也有一种由衷的厌恶。他认为："而现在，哲学家的名号往往掩盖着十足的邪恶，板着面孔、神情抑郁、与众不同的装束，掩盖着最恶劣的道德堕落。"这样，在政治上，昆体良对韦斯巴芗及弗拉维王朝并不构成危险。作为教师，昆体良为人严谨、仁慈、和善、通情达理、感情深沉、忠于职守、热爱学生，赢得学生的尊敬。他的学生中，我们现在只知道有小普林尼和多密善皇帝的2个侄外孙。

公元90年左右，昆体良从雄辩术教师的公职岗位上退休。在几经犹豫之后，他终于接受了朋友们的请求，着手撰写《雄辩术原理》。昆体良用了2年多时间，终于完成了这部12卷的巨著，在公元96年左右面世。

昆体良生前出版的著作除《雄辩术原理》外，还有《论罗马雄辩术衰落的原因》和一篇为一个名叫尼微尤斯·阿庇尼安努斯的人辩护的辩护词。此外，未经昆体良本人同意，他的热心的学生速记了一些他的演讲词，出版了两卷本流传于世。遗憾的是，流传到现在的只有《雄辩术原理》。

昆体良退休以后，在从事著述的同时，还担任多密善①皇帝的2个侄外孙即弗拉维·克里门斯的2个儿子的家庭教师。通过克里门斯的力量，昆体良获得了多密善皇帝封赠的执政官称号。这是一个并无实权的空衔，只是名誉、地位和某些特权的象征。

昆体良的事业、荣誉、地位、财富可以说都达到了顶点。然而，对昆体良来说，这一切似乎都成了身外之物，并没有保证他的晚年幸福。他结婚很晚，当他从公职岗位退休时，便失去了刚刚芳龄19岁的妻子。

---

① 多密善（Domitian），弗拉维王朝的第三代皇帝，在位时间为公元81—96年。

昆体良撰写《雄辩术原理》的直接动因是为了朋友的儿子和自己的两个儿子的教育。不幸的是，著作尚未完成，昆体良的两个幼子又先后死去。相继丧妻失子，使昆体良晚景凄凉。我们可以想见，昆体良是强忍着极度的悲痛，以超人的毅力坚持完成著作的。

三、论教育的作用和学校教育的价值

相信教育在人的培养中的作用，这是一切教育活动的前提。如果教育不能给人的发展以帮助，教育活动就将失去意义而成为多余。古代希腊的智者即已提到教育的重要性。他们认为，一个人成为什么样的人，有赖于接受何种教育，后天的练习与禀赋一样，在人的成长中具有同等意义。亚里士多德分析了决定人的发展的3个要素——天性、习惯和理性，后两个因素都是教育的作用。普鲁塔克也认为，艺术、科学和德性的培养，有赖于"天性、理性和应用"（nature，reason，use）三者的结合。普鲁塔克说："我这里所说的理性是指学习（learning），我所说的应用是指练习（exercise）。原理来自教导（instruction），习惯来自练习。……天性如果不通过教育加以完善，就是不实之华，教育如果无天性之助，就是残缺不全，练习如果没有这两者的帮助，就不能完全达到目的。"[①]普鲁塔克还断言："天性类似于土壤，青年的教育者类似于农夫，所教的合理的原理与概念类似于种子。我敢断然肯定，所有这三者的结合和协调一致才促成了那些受到普遍尊敬的人的灵魂的完善。"[②]

昆体良对上述精湛见解作了进一步发挥。他深信教育在人的形成中的重要作用，深信人可以通过教育得到培养、完善和发展。他在《雄辩术原理》第1卷第1章中，就开宗明义地劝告作父亲的人，在孩子刚一出生的时候，就要相信孩子受教育的可能性。在批驳了那种认为只有少

---

① P. 孟禄：《古希腊罗马时期教育史资料》，1928年英文版，第307～308页。
② P. 孟禄：《古希腊罗马时期教育史资料》，1928年英文版，第307～308页。

数人生来具有受教育能力的悲观论以后,他指出:"正如鸟生而能飞,马生而能跑,野兽生而凶残,唯独人生而具有敏慧而聪颖的理解力。所以,心智的根源也是来自天赋。"①昆体良认为,天生畸形和生而有缺陷的人只是稀有的例外,绝大多数人都是可以培养也必须加以培养的。如果有人没有得到应有的发展,缺少的不是天赋能力而是培养。昆体良承认天性的作用,他甚至认为,"没有学习,天性也能有所作为,而没有天性的帮助,学习是毫无用处的"②。但是,他又说,"我认为优秀的雄辩家却是更多归功于学习,而不是更多归功于天性。这就像最好的农夫也不能改良没有肥力的土壤,而肥沃的土地即使没有农夫的帮助也能长出有用的东西来。然而如果农夫在富饶的土地上支付了劳动,他就能比土地本身的恩赐收获更多的果实"③。昆体良得出结论说,"自然(天性)是学习的原材料……没有原材料,人工无所用,即使没有人工,原材料仍能有自身的价值,但人工的成就较之自然(天性)的成就效果更大"④。

在西欧中世纪,当基督教会在社会生活中占据统治地位以后,人成了神的消极被动的奴隶,禁欲、读经、祈祷成了皈依上帝的唯一手段,古代欧洲人对教育作用的深刻信念就被遗忘了。到16—17世纪,随着新时期的到来,深信人的可教性、深信教育力量的观点成了反对宿命论、原罪论,弘扬理性和科学的强有力的理论武器。昆体良对教育作用的乐观主义态度,对人文主义者和夸美纽斯产生了明显的影响。

学校的产生是教育发展史上的重大事件。它标志着教育已发展到更高水平的新阶段。与家庭教师的个别教育比较,学校教育具有更大的优越性。昆体良针对罗马社会许多家长不愿送孩子进学校而宁肯雇请家庭教师的风尚,极力论证学校教育的价值。他尖锐地提出这样的问题:

---

① H. E. 巴特勒:《昆体良的〈雄辩术原理〉》(第1卷),1920年英文版,第19~21页。
② H. E. 巴特勒:《昆体良的〈雄辩术原理〉》(第1卷),1920年英文版,第349页。
③ H. E. 巴特勒:《昆体良的〈雄辩术原理〉》(第1卷),1920年英文版,第349页。
④ H. E. 巴特勒:《昆体良的〈雄辩术原理〉》(第1卷),1920年英文版,第349页。

"把孩子关在家里、关在私舍的围墙之内好呢,还是把他交给人数众多的学校,即是说,交给公职教师好呢?"① 昆体良肯定后一种方式,并且认为,"那些奠定了闻名的国家的政体的政治家们和有声望的著作家们是赞成这种方式的"②。昆体良批驳了不主张把孩子送进学校的种种"理由"。他认为,学校教育之所以远远优越于家庭教师的个别教育,第一,在于"一个未来的雄辩家,一个必将生活于广大公众之中并谙悉公共事务的人,应当从童年时代起就习惯于见了人不致羞涩腼腆,也不应该过着颓唐孤僻有如隐士的生活"③。按照昆体良的观点,在封闭式的离群索居的家庭教育中,不可能培养出能在公共生活中施展才华的人才,只有在学校的群居生活中才能了解社会、熟悉人情、养成适应公共生活的能力和习惯。第二,学校生活能增进同学之间的感情,培养友谊。第三,在学校的群居生活中,对一个人的教育也可以使其他人受到教育,每个人都可以从教师对别人的责备和赞许中受到激励。"在学校,教给别人的东西,他也能学到。在学校里,每天能听到有许多事受到赞扬,有许多事得到纠正。对怠惰同学的责备,也是对自己的一种警惕;对勤奋学生的赞许,也是对自己的一种刺激。……所有这一切都能激励头脑。虽然野心本身是一种邪念,然而它常常也是德性之母。"④第四,同学之间在学习上的竞争是一种强大的推动力,它足以鼓励学习者积极向上。

昆体良极力推崇学校教育,它的意义不仅在于学校本身,而且具有一般的社会意义。罗马时代,由于哲学家受排斥(辛尼加之流的献媚者除外),哲学学校已失去雅典时代的繁荣。在罗马帝国的高等教育中,雄辩术学校(旧译修辞学校,不准确)处于主导地位。这种学校之所以兴旺发达,不只是因为统治阶级培养官吏的需要,一些薄有资产的非统

---

① H. E. 巴特勒:《昆体良的〈雄辩术原理〉》(第1卷),1920年英文版,第39页。
② H. E. 巴特勒:《昆体良的〈雄辩术原理〉》(第1卷),1920年英文版,第49页。
③ H. E. 巴特勒:《昆体良的〈雄辩术原理〉》(第1卷),1920年英文版,第39页。
④ H. E. 巴特勒:《昆体良的〈雄辩术原理〉》(第1卷),1920年英文版,第39页。

治阶级也向往着律师职业,把它看作取得稳定生活来源甚至进入仕途的门径。皮特罗尼乌(Petronius)的小说中曾说到,一个名叫伊吉翁的旧衣销售商告诫自己的儿子说:"孩子,记住我的话,不管你学什么,你都是为自己学习。看看律师费勒罗吧,如果他没有职业,他现在就面临着饿死的危险。唉,不久前他还背着货物沿街叫卖,而现在他几乎与诺巴努并驾齐驱了。教育是个宝库,有了一技之长,你就永远不会吃亏。"[1]朱文那尔曾描写一位父亲在半夜过后把儿子叫醒,喊道:"喂,小子,去拿写字板,开始练习,用心一点,准备好你的辩论稿,通读一遍我们祖先的红头法律。"[2]这一类企求以雄辩术学校作为跳板跳出原有社会地位的家庭,并不都是能出高价雇用优秀家庭教师的富户。因此,昆体良极力论证学校教育的重要性就有了特殊意义。学校的设置能给非统治阶级家庭提供机会,有助于扩大文化的传播面,推动"知识下移"。1500年后,当夸美纽斯在另一种历史条件下为另一种目的论证学校教育的优越性时,吸取了昆体良的若干论点。

四、论雄辩家的培养

昆体良认为,教育的目的就是培养"善良的、精于雄辩的人",即道德高尚的在雄辩术的造诣上达到完美之境的雄辩家。

罗马帝国时代的雄辩家(oratore),已失去古代希腊和罗马共和国时代就国家重大政治问题发表意见的演说家的职能,剩下的只是(或主要是)在法庭上为诉讼当事人辩护的职能。帝国时代的雄辩家已不能称为演说家而只是辩护士或辩护师,或径直称为律师。雄辩术学校也就是培养律师的高等专门学校。

雄辩家的职能的这种蜕变或萎缩,是由罗马帝国时代的社会环境和

---

[1] S. F. 邦纳:《古代罗马的教育》,1977年英文版,第101页。
[2] S. F. 邦纳:《古代罗马的教育》,1977年英文版,第102页。

政治气氛决定的。皇帝个人的专制，排除了就国家政治问题自由发表意见、影响舆论的可能，正如斯迈尔（W. M. Smail）教授所说："当奥古斯都的仁政被提伯流和尼禄统治下的残暴的政治上的变幻无常所取代的时候，人们自然会问，既然不允许有为公众服务的机会，培养一个为公众服务的雄辩家还有什么用？在专制暴君的朝廷里，雄辩之才一定是最最危险的才能之一。"① 于是雄辩家的活动范围从广泛的公共生活退守到法庭，雄辩术的注意重点从关心国家的政治生活转移到追求文采，追求绚丽浮华的辞藻，精心研究遣词造句，从而造成雄辩术在帝国时代的衰落。

帝国时代的雄辩家就是律师，这从昆体良的著作中处处可以证明。例如，昆体良在论及培养雄辩家的重要课程之一演讲练习时指出，"选入课题中的题目应尽可能符合实际生活，真正的演讲应尽量模仿作为训练而设计的法庭辩论"②。又说，"如果演讲不是法庭上的实际工作的准备，这就不过是演员的激昂慷慨和疯人的胡言乱语。试图赢得并不存在的判决，或陈述一个人人都知道是虚构的案情，或努力证明一个法官所不能通过的论点，这有什么用处呢？……除非我们是为了准备真正的论争或法庭上的针锋相对的辩论而作这种模拟的争辩，还有什么比我们大发雷霆和激起听众的愤怒和悲哀的努力更愚蠢可笑呢"③？

昆体良认为，培养雄辩家不只是高等学校（即雄辩术学校）的任务，而是包括学前教育、初等教育、中等教育和高等教育在内的全部教育工作的共同任务，他坚持一个未来的雄辩家的培养应从最年幼的时候开始，"我主张从婴儿时期起就型范我的雄辩家的学业，假定他的全部教育都是由我负责"。"我的计划是引导我的读者从咿呀学语开始，经过初露头角的雄辩家所必需的各个阶段的教育，一直达到雄辩术的顶

---

① W. H. 斯迈尔编：《昆体良论教育》，1938 年英文版，第 X X Ⅱ 页。
② H. E. 巴特勒：《昆体良的〈雄辩术原理〉》（第 1 卷），1920 年英文版，第 273 页。
③ H. E. 巴特勒：《昆体良的〈雄辩术原理〉》（第 1 卷），1920 年英文版，第 275 页。

峰"①。正是从这种认识出发，昆体良突破了他以前的一切雄辩术著作的局限，"避免因袭前人的老路，力求另辟蹊径"②。在昆体良以前，凡是论述雄辩艺术的人，包括西塞罗在内，几乎全都以一个假定为前提，即假定他们的读者已经在各方面受过完备的教育，他们的任务只在于在雄辩术训练方面最后点睛。昆体良则不然，他认为雄辩艺术包括培养一个雄辩家所需的一切基本知识，所以首先必须从初步阶段教起。因此，昆体良的巨著《雄辩术原理》不仅探讨雄辩术原理及其教学，而且全面地论述了学前教育、初等教育、中等教育和高等教育，从而使《雄辩术原理》不只是一部雄辩术理论著作，而且是一部系统的教育理论著作；使昆体良自己不只是一位优秀的雄辩家和教师，而且是罗马帝国时代唯一的教育理论家。

昆体良认为，一个理想的雄辩家的首要条件，是具有崇高的道德品质。西塞罗在论述对雄辩家的要求时，着眼点首先在于广博的知识和雄辩才能，而忽略了道德品质。昆体良对西塞罗本人推崇备至，认为只有他和古代希腊的狄摩西尼斯才达到了雄辩术的顶峰。但是，昆体良认为自己有责任弥补西塞罗的缺点，比他更前进一步。昆体良用了一个形象的比喻。他把为数众多的雄辩术著作的作者比作一群出航的游客。刚出发时，熙熙攘攘，人声鼎沸，千帆竞发。走了一段航程以后，人渐渐稀疏了。最后，来到了天水相连、茫茫一片的海洋之上。这时昆体良已只能隐约看见一个同行者，此人就是西塞罗。但是，西塞罗已经落帆停桨，停止前进了。而昆体良却还要以西塞罗的终点为起点，再航行一段路程。昆体良所要航行的这段路程就是进一步讨论雄辩家的道德修养问题，即一个雄辩家首先必须是一个善良的人。痛感社会上道德沉沦的昆体良，坚持把崇高道德的培养放在教育工作的首要位置。"我的目标是完美的雄辩家的教育。这样一种雄辩家的首要因素是他应当是一个善良

---

① H. E. 巴特勒：《昆体良的〈雄辩术原理〉》（第1卷），1920年英文版，前言。
② H. E. 巴特勒：《昆体良的〈雄辩术原理〉》（第1卷），1920年英文版，前言。

的人，因此，我要求他不仅具有演说的天才，而且同时要具备一切优异的品格。"① 在昆体良看来，一个有能力而无道德的人较之没有能力的人对社会的危害更大。"因为，如果以演说的才能去支持罪恶，那么无论从私人的还是公共的角度看，没有什么东西比雄辩术更有害的了，而我自己竭尽全力帮助培养雄辩家的才干，就应当受到世人的谴责。因为我不是给战士提供武器，而是给强盗提供武器。"② 如果一个人掌握了雄辩术却以之用于"教唆犯罪、压迫无辜、与真理为敌"，倒不如生来聋哑、没有理智更好。

一个头脑充满了邪念的人，也不可能集中注意于追求高尚的学问，因为只有当头脑无挂无碍而成为自己的主人时，当没有任何别的事情妨碍、分散注意力时，才能不致忘掉所要追求的目标。

孜孜于猎取地位，汲汲于追逐财富，耽溺于以此等追求为乐，把光阴虚掷给这花花世界，如果让这一切剥夺我们大量学习时间（因为在一件事情上花去了时间，就损失了做另一件事的时间），野心、贪婪、嫉妒由此而产生，它们的刺激性是如此强烈，甚至使我们夜不能眠，眠不能梦。试想，这一切将造成什么结果？没有什么东西像一个有邪念的头脑那样心猿意马、神情不安、被如此众多的五花八门的情感所撕裂……在这些心神不安之中，哪里还有学习的地位？哪里还有任何合理追求的地位？无异乎在荆棘丛生的田地里是没有稻谷生长的余地的。③

正如在道德修养问题上一样，在雄辩术的风格上，昆体良也企图匡正时弊，恢复朴实无华的固有优良传统。他批评了被帝国时代的浮华之风败坏了的流行风格，"这种风格或以滥用词汇自夸，或滥用幼稚的警

---

① H. E. 巴特勒：《昆体良的〈雄辩术原理〉》（第1卷），1920年英文版，前言。
② H. E. 巴特勒：《昆体良的〈雄辩术原理〉》（第12卷），1920年英文版，第1~2页。
③ H. E. 巴特勒：《昆体良的〈雄辩术原理〉》（第12卷），1920年英文版，第4~7页。

句,或以装腔作势洋洋自得,或以陈词滥调得意扬扬,或装作泰然自若,这种风格经不起轻轻一击,或错把夸张看成崇高,或以自由演说之名,给狂人的胡言乱语套上光环"①。昆体良认为,人应当遵循自然而生活,而不能与自然背道而驰②。他所要培养的雄辩家应"伟大而不过分、崇高而不暴烈、勇敢而不鲁莽、稳重而不沮丧、有力而不懒散、生气勃勃而不放荡、外貌悦人而不放肆、庄重而不装腔作势"③。昆体良自己就是这种风格的典范。

在罗马帝国时代,雄辩家这个词的含义比现在广泛得多,它是指"有文化教养的人"。但是当时一些浅薄的雄辩术教师,或由于急功近利,或由于自己文墨不多,格调低下,他们的培养工作只侧重于雄辩技巧的训练,认为只要能争取在法庭辩论中胜诉就已足够。而一些作父亲的人也急于求成,迫不及待地希望以能见速效的办法过早地将稚气尚浓的孩子推向公共生活,承接诉讼案件,担任法庭辩护律师。有的年轻人也急于显露自己的才干,他们对需要时间的按部就班的教育缺乏耐性。迎合这种速成的要求,有些教师便压缩文学课,甚至不愿给学生讲授算术、几何、音乐理论和天文学这些课程,他们认为这些课程与雄辩术的关系并不密切。昆体良也像西塞罗一样,力主雄辩家的培养应以广博的知识为基础,不赞成把雄辩术贬低为单纯的技巧训练。昆体良坚持说,他所要培养的雄辩家不是现时这种样子的或以往有过的那种雄辩家,"而是我们心目中的完美的雄辩家,没有任何缺陷的雄辩家"。他认为,一个雄辩家可能不是音乐家、几何学家、天文学家……但是他不能没有这方面的知识,"即使这些学艺在辩论的过程中可能不会明显地体现出来或对它们起推动作用,然而却能以一种内在的、无声的力量对辩才作出贡献"④,正如蜜蜂采集各种花卉的汁液制成人类技艺所不能模仿的

---

① W. H. 斯迈尔编:《昆体良论教育》,1938年英文版,第134页。
② W. H. 斯迈尔编:《昆体良论教育》,1938年英文版,第139页。
③ W. H. 斯迈尔编:《昆体良论教育》,1938年英文版,第136页。
④ H. E. 巴特勒:《昆体良的〈雄辩术原理〉》(第12卷),1920年英文版,第163页。

蜂蜜的奇异芬芳。在《雄辩术原理》中，昆体良列举古今的事例，详尽论述了上述学科对雄辩术的重要意义，他认为知识的基础不深厚牢固，上层建筑迟早会坍塌。因此，昆体良所规定的初、中、高等教育的学科，几乎包括了当时的一切知识领域，没有任何一门学问是对雄辩家无用的，没有任何一门学科应该被遗弃在未来雄辩家的注意之外。这些学科包括希腊文和拉丁文的读、写、说，文法（包括诗歌），辩证法（逻辑学），几何（包括算术，测量等各种数学），天文，哲学（自然哲学即物理学和道德哲学即伦理学），历史，音乐，悲剧、喜剧，历代著名雄辩家的演说词，法律等。昆体良确立的课程体系较之在古代希腊即已初具雏形的"七艺"范围更广阔，较之罗马帝国时代流行的教育内容更完备。昆体良确立了专业教育必须以宽广深厚的普通教育为基础的原则，这个原则直到今天还是有价值的。

在扎实学好基础知识之后，雄辩术的课程就开始了。雄辩术课程大体包括3个组成部分：一是广泛阅读前人的和当代人的雄辩词，有些精彩段落甚至要背熟；二是学生自己进行写作雄辩词的练习；三是根据写作的雄辩词进行演讲练习。三者都是在教师的指导下进行的。

昆体良要求对作品作缜密的选择。"我自己认为，从一开始以及自始至终都要阅读最优秀的作品，在这些作品中，我又优先选用文体明晰、用词清楚易懂的作品。"① 无论古人的或现代人的作品，即使是名家的作品，昆体良都要求学生以创造性的、分析批判的态度去对待，不可盲从，不可被别人的作品束缚自己的思想。"童年时代要经常表现出勇敢、有创造力，以创造为乐。"② 昆体良很赞赏西塞罗的话："我真正希望年轻的学生能表现出丰富的创造性。"③ 因此，昆体良要求小心谨慎地防止学生的两种错误倾向，一是"不要容许学生由于过分地崇拜古

---

① W. H. 斯迈尔编：《昆体良论教育》，1938年英文版，第95页。
② W. H. 斯迈尔编：《昆体良论教育》，1938年英文版，第81页。
③ W. H. 斯迈尔编：《昆体良论教育》，1938年英文版，第82页。

人而在阅读格拉古兄弟和加图以及其他同类作家作品中使自己的思想受到束缚"①，二是要防止一种正好相反的危险，"不要让学生成为现代浮华作家的矫揉做作的华丽文词的有害诱惑的牺牲品，从而爱上这种绚丽的文体"②。但是，昆体良认为"过去和现在都有值得全面学习的作家"，"现代作品中也有很多值得学习的有价值的东西，但要注意不要把浮渣当作美玉"③。

除了学生要发音清晰、准确地朗读教材外，雄辩术教师还要对教材进行讲解，如指出作品中的优缺点；解释学生所读演说词中涉及的事实；讲解演说词的风格；讲解律师在发言的开头如何争取法官的同情，在陈述事实时如何表现得条理清楚、精练和真诚；讲解怎样随机应变，怎样将问题分成几个子题，怎样巧妙地反复猛烈进攻，怎样运用尖刻的嘲笑和机智的诙谐，怎样控制听众的情绪和打动他们的心弦，争取陪审法官的同情以及姿态、用词、隐喻、修辞手段；等等。

在指导学生根据教师出的题目模仿读过的范文写作演说词时，教学方法是多种多样的，但不论哪种方法，都要"在开始的时候给他们指出正路，而不要等到他们走错了路以后再把他们从迷途中叫回来"④。有时，要完全让学生自己想办法，进行独立思考，依靠自己的力量去进行，"否则他们就会养成事事依赖别人的坏习惯，这样，他们就不能学会自己努力，表现出创造性"⑤。

在演说练习中，教师要对学生的演说作出评判，指出其优缺点。必要时教师要作示范演说，并给学生讲授雄辩术的原理。

为了培养完美的雄辩家，昆体良认为，重要的是培养学生自己发现问题，善于运用自己的智力。教科书是有用的，但规则不能处理一切特

---

① W. H. 斯迈尔编：《昆体良论教育》，1938 年英文版，第 95 页。
② W. H. 斯迈尔编：《昆体良论教育》，1938 年英文版，第 96 页。
③ W. H. 斯迈尔编：《昆体良论教育》，1938 年英文版，第 96 页。
④ W. H. 斯迈尔编：《昆体良论教育》，1938 年英文版，第 97 页。
⑤ W. H. 斯迈尔编：《昆体良论教育》，1938 年英文版，第 97 页。

殊情况，对规则必须灵活运用。"这正如在军事学中一样，有很多留传下来的传统的共同规则，但更有用的是要知道它们的灵活运用，要知道在不同的地点、时间、环境、条件下，哪一位将军用得明智，哪一位将军用得愚蠢。因为几乎在一切领域都是规则不如实际经验有价值。"①

一旦学生已经充分理解应当怎样演说时，教师的任务就接近完成了。如同学飞的小鸟，"当它们的力量证明已经足够的时候，就让它们自由地飞向天空"②。

五、论教学法

关于教学法问题，除苏格拉底的问答法以外，古代希腊没有留下太多遗产。古代罗马人也只有昆体良提供了丰富的经验。可以说，昆体良是西欧古代直至17世纪最杰出的教学法学者。

昆体良是分班教学的拥护者和实行者。他说他的老师就是采用这种办法进行教学的。昆体良的老师帕利门开办的私立文法学校有学生200人，想必个别教学是难以应付的。但是，老辛尼加上过的学校也有200名学生，是否也实行班级教学就不可臆断。现在只能肯定，在公元1世纪上半叶的尼禄时代，昆体良的老师实行过分班教学。昆体良称赞这一形式并论证了它的优越性。他主张把学生分成班级，教师对全班而不是分别对个别学生进行教学。实行这一制度，不但教师可以一次同时教许多学生，节省时间和精力，而且学生中良好榜样的相互影响，相互模仿、竞赛，从教师对别人的表扬和批评中得到的鼓励和警惕，公共活动的交往给人的锻炼，都不是个别教学所能比拟的。但是，在西欧中世纪的漫长历史中，分班教学被废弃了，直到宗教改革时期，才由耶稣会和路德派在本教派的学校中重新加以采用。夸美纽斯则将班级教学制的内

---

① W. H. 斯迈尔编：《昆体良论教育》，1938年英文版，第94页。
② W. H. 斯迈尔编：《昆体良论教育》，1938年英文版，第97页。

容进一步丰富和具体化，并从理论上论证了这一组织形式的重要意义。19世纪下半期，这种教学制度才在学校中被普遍采用。

昆体良认为，在实行分班教学的同时，教师要善于观察学生，了解他们的倾向、能力和个性特征，根据学生的具体情况，扬长补短，长善救失。"一个高明的教师，当他接受托付给他的儿童时，应当首先弄清他的能力和资质。"[1] "善于精细地观察学生能力的差异，弄清每个学生的天性的特殊倾向，人们通常认为这是教师的优良品质之一，这是有道理的，因为各个人的才能的确有着不可思议的差别。人心之不同，各如其面。"[2] 昆体良认为，学生的性格特征是千差万别的，不应当用同一个方法对待所有的人。例如，"有些孩子是懒惰的，除非你激励他，有些孩子一听到吩咐就发怒；恐吓能约束某些孩子，却使另一些孩子失去生气；有些孩子由于持续的勤劳而得到陶冶，另一些孩子因短期的努力而成就更好"[3]，因此，应区别对待。学生的能力也各有特点，"一个青年比别人更适合于研究历史；一个人宜于写诗；另一个人适合于研究法律，有些人也许只宜于送去干庄稼活"[4]，一个雄辩术教师，要在了解学生能力特点的基础上决定哪个学生的才能最适宜于以简洁、文雅的态度演说，哪个学生宜于以生气勃勃的、庄重的、流利的、粗犷的、华丽的或优美的态度演说，使每个人在他最有才能的方面得到发展。

在1世纪，昆体良就提出了"教是为了不教"的深刻见解。他认为，教学的最终目的是要"引导班上的学生自己去发现问题，运用他们的智力"[5]，"除了使我们的学生不需要总是有人教，我们的教学还能有什么别的目的呢？"[6]

激发学生学习的兴趣和意愿，这是昆体良的教学法思想中极有价值

---

[1] W. H. 斯迈尔编：《昆体良论教育》，1938年英文版，第30页。
[2] W. H. 斯迈尔编：《昆体良论教育》，1938年英文版，第101页。
[3] W. H. 斯迈尔编：《昆体良论教育》，1938年英文版，第31页。
[4] W. H. 斯迈尔编：《昆体良论教育》，1938年英文版，第102页。
[5] W. H. 斯迈尔编：《昆体良论教育》，1938年英文版，第94页。
[6] W. H. 斯迈尔编：《昆体良论教育》，1938年英文版，第94页。

的遗产。"因为专心致志的学习有赖于意愿,而意愿是不能强迫的。"①昆体良本人在这方面积累了丰富的经验。他认为,要激发学生的学习兴趣和意愿,首先要求"教师要以父母般的感情对待学生。……他应当严峻而不冷酷,和蔼而不放纵,否则,冷酷引起厌恶,宽容招致轻视"②。教师以自己的理智的爱赢得了学生的尊敬,学生就能"视教师如父母",就为引导学生进步创造了有利条件。"这种感情大大有助于进步,因为在这种感情影响之下,学生不仅将愉快地听讲,而且会相信教给他们的东西,愿意仿效教师。当汇集到学校去的时候,他们会愉快地、欢欣地聚合在一起;他们的错误被纠正时不会生气,他们受到称赞时会感到鼓舞;他们会以专心学习,努力尽可能取得教师的珍爱。"③

善于纠正学生在学习中出现的错误,这是教学艺术的重要内容。昆体良指出:"在纠正学生的错误时,如果过于吹毛求疵,学生就会丧失努力的信心,意志消沉,最后会憎恨他的功课,担心动辄出错,什么功课也不想做。"④ 对于年幼的学生,在纠正他的错误时,教师的态度要和蔼。昆体良说:"不论对错误的纠正多么严格,也要以温和的手法去施行。学生作业的有些部分应受到赞扬,有些要马虎过去,有一些要重做,一定要说出重做的理由。有时在隐晦难解之处要加进教师的批语,以进行启发。"⑤

总之,"对不同年龄的学生,纠正错误要用不同方法,作业的数量和改正错误的标准都应当适合学生的智力水平"⑥。

激发学生学习的兴趣和意愿的另一个方法是学习与休息相间和课业的变换。昆体良指出,"对于一切儿童都应当允许有休息……如果儿童

---

① W. H. 斯迈尔编:《昆体良论教育》,1938 年英文版,第 31 页。
② W. H. 斯迈尔编:《昆体良论教育》,1938 年英文版,第 73~74 页。
③ W. H. 斯迈尔编:《昆体良论教育》,1938 年英文版,第 105 页。
④ W. H. 斯迈尔编:《昆体良论教育》,1938 年英文版,第 82 页。
⑤ W. H. 斯迈尔编:《昆体良论教育》,1938 年英文版,第 83 页。
⑥ W. H. 斯迈尔编:《昆体良论教育》,1938 年英文版,第 83 页。

的精力和精神得到恢复，就能更愉快地、以更坚强的精神从事学习，而这种坚强精神大半是不能用强迫得来的"①。他赞成儿童应该有游戏，但游戏应有节制，应规定一个限度，"否则不让他休息时，就会产生对学习的厌恶，而过于放纵的休息会养成懒惰的习惯"②。游戏还应当有助于发展智力和培养良好的道德。

变换课业能使学生保持旺盛的精力，"如果一个人整天只听某一学科一个教师的讲课，无论什么课目，谁不会被弄得头昏脑涨？如果变换课业，精力就可以得到恢复"③。因此，应将一天的时间加以安排，使不同的课业相互交替，使学生在每一种课业开始时都感到新鲜，重振精神进行学习。

为了激发学生的学习兴趣和意愿，昆体良认为，"应当善于回答学生提出的问题，向那些不发问的学生提问"④。在课堂上，教师"还要经常向学生提出问题以测验学生的判断能力。这样做就可以防止学生的漫不经心，防止他们对教师的讲课听而不闻"⑤。

如果教师对学生的成绩加以评判，鼓励学生在竞赛中争取胜利，争取荣誉，"这种方法能提供较之教师的训诫、教仆的监督或家长的期望所能提供的更强有力的激励"⑥。但是，对学生的表扬应当适度。昆体良认为，"对学生作业的表扬既不可吝啬，也不可浪费，因为吝啬使学生对课业产生厌恶，而浪费则产生自满"⑦。

昆体良认为，教学必须与学生的接受能力相适应，过与不及都是不正确的，"有两种情况应当特别避免：一是企图去做不可能做到的事；

---

① W. H. 斯迈尔编：《昆体良论教育》，1938年英文版，第31页。
② W. H. 斯迈尔编：《昆体良论教育》，1938年英文版，第32页。
③ W. H. 斯迈尔编：《昆体良论教育》，1938年英文版，第65页。
④ W. H. 斯迈尔编：《昆体良论教育》，1938年英文版，第74页。
⑤ W. H. 斯迈尔编：《昆体良论教育》，1938年英文版，第94页。
⑥ W. H. 斯迈尔编：《昆体良论教育》，1938年英文版，第27页。
⑦ W. H. 斯迈尔编：《昆体良论教育》，1938年英文版，第74页。

一是要学生放弃他的确能胜任的事，去做别的不能胜任的事"①。但是，在这两种错误倾向中，昆体良特别告诫要防止学生的负担过重，教师要节制自己的力量，俯就学生的能力。"如像紧口瓶子不能容受大量灌进的液体，却能为慢慢流入的或倒进去的液体所填满。我们也应当确定，究竟儿童的头脑能接受多少，因为超出他的智力之上的东西是不能进入他的头脑的，因为头脑还没有发展到能承受它们。"②昆体良批评了存在于教师中的一种不良倾向，有的人为了抬高自己，炫耀自己博学，虚张声势，不顾及学生的接受能力。"……愈是无能的教师，愈是教得晦涩难懂。"③而最有学问的教师却懂得教学法，懂得俯就学习者的能力，他们的教学往往比别人的教学更加易懂，因而教学效果也最好。

在雄辩术的教学中，昆体良的实践是理论与实践结合的典范。他使自己的教学尽可能与现实生活接近，特别是与法庭上的真正的抗辩相近，使他培养的学生能适应实际辩护的要求，成为合格的律师。同时，在他的教学中，也注入了他自己的丰富的法庭辩论的经验。

昆体良重视学校的纪律，主张对学校进行严格管理，认为教师作出良好行为的榜样，是十分重要的。但是，"仅仅靠教师本身作出严格德行的榜样是不够的，还必须以严肃的纪律去约束受教育者的行为"④。

在世界教育史上，昆体良是最早提出反对体罚的教育家。体罚，在古代和中世纪，是世界各民族中普遍流行的教育方法之一。直到现在，在有的号称发达国家的学校中，对学生的体罚仍然受到法律保护和家长的支持。但是，昆体良早在公元1世纪就明确提出反对体罚，说明他不愧是有远见卓识的教育家。昆体良反对体罚所持的理由是：（1）体罚是残忍行为，是一种凌辱；（2）如果申斥还不足以矫正孩子的过失，他就会对体罚习以为常，使体罚失去作用；（3）如果经常正面告诫，在课业

---

① W. H. 斯迈尔编：《昆体良论教育》，1938年英文版，第104页。
② W. H. 斯迈尔编：《昆体良论教育》，1938年英文版，第28页。
③ W. H. 斯迈尔编：《昆体良论教育》，1938年英文版，第79页。
④ W. H. 斯迈尔编：《昆体良论教育》，1938年英文版，第73页。

上严加督促，体罚就没有必要；（4）幼年时使用体罚，一旦长大以后，恐怖失去作用，就更难以驾驭；（5）体罚造成儿童心情压抑、沮丧、消沉①。从上述昆体良反对体罚的理由中，可以看到他对儿童的深刻了解，对儿童人格的尊重，对正面教育的强调，以及对培养儿童生龙活虎般的积极性、创造性的要求。这些都是文艺复兴以后一切进步教育家追求的理想。文艺复兴之初，主张实行温和纪律、把学校办成"欢乐之家"的维多利诺被誉为"昆体良式的人物"，不为无据。

在罗马帝国后期，昆体良关于初等教育的见解，特别是他在教学法上的一些经验，曾被圣·杰罗姆（Saint Jerome）所采用②。西欧中世纪的一些学校也曾采用昆体良的教学方法。但是，只是到了文艺复兴时期，当人们对基督教会实行的禁欲主义、原罪论、权威崇拜、经院主义等感到厌倦的时候，昆体良的著作被重新发现，才立即放出异彩，受到渴望进步的人文主义者的赞扬。

六、在历史上的深远影响

昆体良的著作《雄辩术原理》在很长一个时期中散失了。人们只能从残篇断简以及"教科书的残缺不全的、以讹传讹的东西"（布鲁尼语）管窥昆体良的教育思想。然而，即使这一点残缺不全的孑遗，已使文艺复兴时期的大师们叹为观止，深深折服。吹响文艺复兴号角的彼特拉克（F. Petrarco）没有读过昆体良著作的全文，仅见过一些片段。他对昆体良的赞许却能独具慧眼。在虚拟的《致昆体良书》中，彼特拉克写道："你所完成的不是一把刀子的职责，而是一块磨刀石的职责。你在培养雄辩家方面所取得的成功，较之培养他在法庭上取胜更加伟大。我承认，你是一位伟大的人物，但你的最伟大、卓越之处是你给伟大人物

---

① W. H. 斯迈尔编：《昆体良论教育》，1938年英文版，第32～33页。
② S. F. 邦纳：《古代罗马的教育》，1977年英文版，第165～166页。

以基础训练和塑造伟大人物的能力。"①他认为,作为教育家的昆体良,较之作为文体家或雄辩家的昆体良更加伟大。

布鲁尼(Leonardo Bruni)也说,昆体良著作的残篇"曾经给我带来愉快"。

1414—1418年在瑞士召开了著名的康斯坦斯宗教会议。会议的出席者之一布拉秋利尼(Poggio Bracciolini)是一位热心的文艺复兴学者和古籍收藏家。他于1416年在会议的空隙时间到瑞士和德意志邻近的寺院去搜寻散失的古籍。在瑞士圣·高卢的女修道院藏书楼底层的积尘中,他发现了散失已久的《雄辩术原理》的手抄本。

这部光辉著作竟然能在这里被长期保存下来,绝非偶然。

女修道院所在的地区是古代属高卢地区。公元前1世纪,罗马征服了全部高卢领土,设置行省。随着罗马文化的传播,雄辩术也迅速发展。高卢地区出现了一批著名的雄辩家和雄辩术教师。昆体良曾提到过的高卢雄辩家就有阿弗瑞坎、阿弗尔和弗罗茹三人。此外还可以举出乌尔苏斯、加比尼亚、奎瑞那利、阿帕尔、西昆都和马特努等一长串名字。高卢地区又影响到不列颠。由于高卢地区雄辩家辈出,"高卢式的雄辩"这句谚语沿用了好几个世纪。雄辩术的教授和雄辩家的培养也成了高卢地区文化教育发展的独具特色的传统。昆体良的著作必定在这一地区广为流传,成为雄辩家教育的重要理论指导书籍。正是由于这个雄辩之乡对雄辩术的重视,对昆体良的著作的重视和珍藏,才得以使它幸免于毁灭。这是高卢人对后世的一大贡献。

布拉秋利尼发现昆体良著作的手稿时,极度兴奋之余也不免带着几分伤感。他在给友人布鲁尼的信中写道:"一位高贵的、光彩照人的、优异的、文雅的、睿智的人物,如果还能继续忍受我找到他(指著作——引者)的那间牢房的肮脏,还能继续忍受他的狱卒的粗暴和那个

---

① W. H. 斯迈尔编:《昆体良论教育》,1938年英文版,前言。

地方的可悲的污秽,这是不可想像的。看上去他的样子确实十分凄惨,像一个鬓发蓬乱、披头散发的罪犯,以他的仪容和装束抗议对他的不公正的裁决。他似乎在张开双臂向罗马人发出呼唤,要求把他从如此不幸的命运中解救出来。"①

幸运的是,"虽然被积尘所盖以及由于无人过问和年代久远而污秽了,但仍旧完整无损"②。布鲁尼得知这一令人兴奋的喜讯时,在给布拉秋利尼的复信中写道:"由于你的努力,一些杰出的著作家的作品得以重见天日,这对你是多么光荣!后代子孙将不会忘记,人们惋惜地以为失传而不可能重新得到的手稿已经找到了。谢谢您。"③

布拉秋利尼用了32天时间,以漂亮的手笔将这部著作全部抄录了下来,这部著作才得以重新流传开。文艺复兴时期人文主义教育思想的先行者佛吉流斯(Petrus Paulus Vergerius)注释了《雄辩术原理》,更促进了这本书的流传,使它成为新教育家们普遍阅读的著作。昆体良在著作中阐述的广泛的学科内容和通情达理的教学方法,给力图打破经院主义牢笼、探索教育改革的先进人士提供了新的动力。瓦拉(Laucentius Valla)和波利先努(Politianus)认为,昆体良的地位即使不在西塞罗之上,也可以与西塞罗相伯仲。维多利诺是佛吉流斯的学生,他似乎对昆体良深有研究,以致被同时代人和后继者称为"昆体良式的人物"。

伊拉斯谟熟知昆体良的著作,他的教育观深受昆体良的影响。

英国学者、外交家艾略特(Thomas Eliot)爵士,英国学者、作家阿沙姆(Roger Ascham)都读过昆体良的著作。

英国戏剧家、诗人琼森(Ben Jonson)编辑了一本名人名言集锦,称为《发现集》。后人不察,以为那是琼森自己的著作。英国诗人、评

---

① E. P. 卡伯莱:《教育史读物》,1920年英文版,第189页。
② E. P. 卡伯莱:《教育史读物》,1920年英文版,第189页。
③ E. P. 卡伯莱:《教育史读物》,1920年英文版,第190页。

论家斯文本恩（Algernon Charles Swinburne）对《发现集》中从昆体良著作中翻译出来的一些段落作了如下评论："如果19世纪还有任何人对这个问题的见解能够像17世纪上半期或前25年的那位学者的见解和批评那样值得一听，那样明智、合乎人情，那样充满同情和健全判断，这样的见解我还没有遇到。"

斯文本恩对琼森的评论，实际上是赞扬昆体良。不过由于疏忽，他不知道他所赞扬的人是昆体良。

夸美纽斯在《大教学论》及其他教育论著中，直接引证昆体良的言论并不多，但是在字里行间，我们可以看到昆体良的影子。夸美纽斯对人的可塑性和教育力量的深刻信念，对学校教育优于家庭教育的论证，对儿童个性特点的分析以及某些教学法上的真知灼见，都可以从昆体良的著作中找到历史渊源。甚至在夸美纽斯论述自己的教育见解时所举的例子中，也有许多见于昆体良的著作，例如，将儿童的接受能力比作紧口瓶子的例子，将早期教育的牢固影响比作用过的瓶子上的气味和染色的羊毛的例子，用提摩都斯（Timotheus）对未学过吹笛者收学费较少而对学过吹笛者收取昂贵的学费以说明再教育比较困难的例子，等等，都不能看作纯偶然的巧合，而是教育历史遗产的继承性和昆体良的著作的恒久生命力的证明。在1000多年后，人们仍然视昆体良的著作为智慧的源泉。

英国诗人波普（Alexander Pope）用如下的诗句表达对昆体良的崇敬：

> 我们在地窖里找到了昆体良的内容丰富的著作，
> 他使最正确的规则和最明确的方法巧妙结合；
> 于是，我们在武库里增添了有效的武器，
> 一切都井然有序，入情入理；
> 但不是为了好看，而是为了能做，
> 手仍然有用，并准备好随时听从吩咐。

诗人在另一处意译了昆体良的一段话：

  有些人靠古僻的文字沽名钓誉，

  纯粹现代的观点，古老的用词遣句；

  这种奇形怪状的文体煞费苦心而纯属徒劳，

  使无知者愕然，有识者见笑。

英国哲学家、经济学家穆勒（John Stuart Mill）在自传中说到昆体良对自己的影响时写道："他的著作是整个文化教育领域中古代思想的百科全书，我终身服膺的许多有价值的见解，都可以溯源于少年时代阅读昆体良的著作。"

昆体良曾说，一个有崇高理想的雄辩家不应以捞取酬金为目的，而应"从自己的精神中，从沉思和知识中去寻求一种长存的、不以财富衡量的收益……"他的抒怀述志，成了他的预言。在1800年后，我们看到，昆体良生前拥有的大宗地产和执政官空衔都不过贱如粪土，薄如轻烟，只有后代人对他的真诚感谢和由衷的敬意才是永存的。

古往今来，没有完美无缺的伟人，昆体良自然不能例外。但是，我们不必责备昆体良对罗马奴隶制的温顺和忠贞，那是在当时的历史条件下难以避免的。要紧的是，在世界教育遗产的宝库中，昆体良增添了他那个时代所能提供的最有价值的东西，这些东西闪烁着超越历史的光辉，使我们后代人深受启迪，这也就够了。

裴斯泰洛齐与当代教育①

裴斯泰洛齐逝世以后的年代,是人类历史高速发展的年代。社会已经改变得面目一新。即将跨入新世纪的教育,面临着许多前人不曾想过的问题。然而,裴斯泰洛齐教育思想中的精华仍然是我们时代的智慧、瑰宝。

一、农村——普及教育的重点

在人类历史上,自从城市与乡村分离,文化、知识、教育就是贫苦农民的禁果。西方教育史上的教育家,将目光投向农村和农民者,寥寥无几。裴氏首开风气之先,怀着对贫苦农民的深切同情,深入农村,与农民共尝艰辛,立志为农民教育献身。裴氏教育活动的起点在农村。在新庄的岁月,物质条件的艰苦,因缺乏助手而超重的工作负担,时人的不理解甚至嘲讽、奚落,经验不足,各种痛苦和冤屈,都没有动摇他的初衷,因为"从青年时代起,我的心就像一股湍急的溪流孤单而又寂寞,朝着我的唯一的目标滚滚流动,我看到周围的人陷于泥沼,就立志要堵塞那悲惨之源"②。新庄的努力虽受挫折,但是,40 多年后,裴氏

---

① 本文系任钟印先生 1994 年 10 月在北京举行的裴斯泰洛齐教育思想国际研讨会上的发言稿。选自卓晴君、方晓东主编《教育与人的发展》,教育科学出版社 1995 年版。
② 裴斯泰洛齐:《裴斯泰洛齐教育论著选》,夏之莲等译,人民教育出版社 1992 年版,第 13 页。

追忆这件往事时，仍深情地说："我对于新庄有难以言传的亲切感。"①裴氏虽然被迫离开了新庄，但他毕生的努力——建立初等学校、改革教育、寻找简易的教学法，以及研究发展人的心、脑、手的规律，都是为了一个矢志不渝的目标：帮助以农民为主体的广大贫苦民众。裴氏甚至提出一个大胆的设想：将教育、农业科学和产业结合起来，使之一体化以实现农村的经济繁荣和文化提高。挫折、磨难、痛苦教育了裴氏，他在晚年已模糊地意识到，在他生活于其中的社会里，他的理想是不能实现的。"我梦寐以求的教育理想——民众教育、人的教育和穷人教育，只有在更单纯的社会中才有可能实现。"② 时代使他的历史观带有表面性、狭隘性，他的"更单纯的社会"仍然是抽象的、朦胧的，但这无损于他的崇高、伟大的胸怀，执着追求的精神。

在当今世界里，城乡差别仍然存在，这种差别在大多数发展中国家尤为显著。离开了农村教育的发展和农民教育水准的提高，任何国家的教育现代化都是不可思议的。半个世纪以前，针对中国的情况，毛泽东指出，农民是现阶段中国文化运动的主要对象，扫除文盲、普及教育、大众文艺、国民卫生，离开了占人口绝大多数的农民，"岂非大半成了空话？"这也是许多发展中国家的共同问题。农村的条件比较艰苦，从事农村教育需要献身精神。当代教育仍然呼唤着千千万万裴斯泰洛齐式的教师和教育家。弘扬裴斯泰洛齐精神，必将为当代教育提供强劲的动力。

二、心、脑、手均衡发展——统一的人性

心、脑、手三者协调发展，是裴斯泰洛齐教育思想的核心，也是教

---

① 裴斯泰洛齐：《裴斯泰洛齐教育论著选》，夏之莲等译，人民教育出版社1992年版，第334页。
② 裴斯泰洛齐：《裴斯泰洛齐教育论著选》，夏之莲等译，人民教育出版社1992年版，第319页。

育的终极目的。心指道德,脑指智力,手指实践能力。三者结合起来,构成统一的、完整的人的本性。这也是卢梭的自然人的特征:身心两健、手脑并用。

裴氏强调教育要和自然规律相一致,但是遵循自然进程只是就方法而言,不是就目的而言。教育的目的不是消极被动地听任人的自然本性自发地发展,而是要帮助人脱离人的自然本性即动物本能,超越社会本性,提升到道德本性的更高水准上,用道德统摄人的能力的发展。道德在全部教育中居于中心地位。

裴氏认为,教学的首要任务不是传授知识、单词或定义,而是发展学生的智力和实践能力。经过长期的摸索、实验,裴氏认为发展智力只能以感觉经验和能力为基础,从发展计算、测量和说话能力入手,进而发展人的认识能力、思维能力、推理能力和判断能力。文艺复兴以后,进步教育家大都重视发展智力。把智力发展提高到教学中的首要地位并长期探索达到这一目标的途径和方法,则是裴氏的新贡献。发展智力不是教学的最终目的,而只是发展能力的基础。"一个恶魔般的幽灵带给这个时代的最可怕的礼物是:有知识而没有行动的能力,有见识而没有实干、克服困难的能力。"① 在智力发展和体力发展的基础上进而发展人的行动能力、实践能力、动手操作能力,使教学的成果能为改善现实的人生服务,这才是教学的最终目的。

在教学中突出发展智力和能力的地位,这是裴氏留给现代教育的一份珍贵遗产。在当代,开发智力,特别是早期智力开发,不仅是教育家和父母关心的热点、焦点,也是各国的国策之一。智力,就是个人的幸福、经济的动力、社会的财富、国家的实力。社会愈向前发展,社会的富裕程度愈将以人的智力和能力的发展程度为衡量标准。这是裴氏的思想在新的历史条件下的升华。但是问题还有另一面。回顾近代史,教育

---

① 裴斯泰洛齐:《裴斯泰洛齐教育论著选》,夏之莲等译,人民教育出版社1992年版,第167页。

的普及、知识的传播、文化的提高、智力的发展、发明的增加、技术的进步、经济的繁荣、社会财富的扩大、人们的物质生活质量的改善,其速度和幅度远远高于人类道德水准的提高。道德的发展远远滞后于智力的发展。文明进步了,人类利用文明成果作恶的手法也花样翻新了。卢梭在1749年的激愤之词①竟不幸成了预言,贺拉斯·曼在1848年的慷慨陈词②竟成了我们时代的现实的生动写照。因此,当今世界的教育,更加迫切地需要宣传裴氏的心、脑、手协调发展的思想。智力既可以为善,也可以为恶。只有以道德统摄的智力发展才有益于人类。

三、爱——教育的起点、动力和目标

如果裴氏整个教育体系的中心是道德教育,那么道德教育工作中心便是爱。如果裴氏的教育活动的起点在农村,那么他的教育工作中的起点便是爱。

裴氏认为,爱既是统摄其他一切感情的核心,也是人性统一的核心,所谓心、脑、手协调发展,也就是爱和智力的协调发展。只有爱才能使知和行统一起来。爱和智力结合构成核心力量,使人成为人,达到人的理想。

裴氏肯定爱的本质人人都有。母亲对初生婴儿的需要给予满足,使婴儿产生了对母亲的感激、信任、依赖,激发了他的爱的本性。这种母子之间的爱,即是道德原则之所在,即是教育之开端。婴儿对母亲的爱报之以爱,这就为教育提供了动力。裴氏力主根据家庭教育的原理改造初等学校,使学校家庭化,消除家庭和学校之间的鸿沟,使教师成为慈

---

① 指卢梭在《论科学与艺术》一书中提出的观点:"文明愈进步,道德愈败坏。"——编者注

② 指贺拉斯·曼《第十二次年度报告》中论道德教育的部分,对当时社会各种花样翻新的劣迹进行了抨击。可参见任钟印主编:《世界教育名著通览》,湖北教育出版社1994年版,第783页。——编者注

父、慈母。在新庄和斯坦茨，裴氏在这种实践中积累了丰富经验。他对孤儿的慈父般的爱赢得了孩子们的感激、信任、爱和服从，他把一群染上各种恶习的儿童教育成了兄弟般和睦团结的集体。教育中没有爱，任何努力都将事倍功半。

从对母亲的爱出发，通过生活中的行动、练习，逐渐扩大到爱兄弟姐妹、爱邻人、爱受苦受难的人，最后达到崇高的目标——爱人类。人道和博爱，自始至终贯穿在裴氏的全部活动和全部思想中。

在教育工作中，爱的力量是巨大的。在转化后进班级和后进学生中取得成功的每一个教师，通过自己的经验对此都有更真切的感受。但是在教育中，爱不是万能的，也不是无限的。越过合理的限度，爱就变成了溺爱、纵容、放任，这是教育中的极大的祸害。裴氏深知溺爱之弊，他指出："过分的纵容乃是不小的干扰，不论哪一阶层中愚昧并溺爱孩子的人，都在儿童心里滋长了不适当的欲望，暗中破坏了孩子通过自身努力以满足其需要的能力。他成了不断增长的不满、沮丧和暴力的源泉。"① 他认为，父母不能满足孩子的非分要求，特别是孩子胡搅蛮缠地提出不合理要求时，就更不能允许。裴氏主张爱与威结合。"用单纯的慈爱办教育是没有用的，只有慈爱和威严互相结合才行。"② 裴氏在不得已时也使用惩罚，以对付顽梗、倔强的学生。

昆体良很早就提出在儿童教育，特别是在早期儿童家庭教育中要防止溺爱。洛克告诫家长要区分孩子的自然需要与无理要求，满足其自然需要，拒绝其无理要求。他主张理智的爱，对孩子的无理纠缠决不宽容。以自由为旗帜的卢梭也坚决反对溺爱，甚至以"关黑屋子"的办法与爱弥儿的无理取闹作斗争。溺爱、放纵，只会发展孩子的任性、蛮横、无穷的欲望、命令他人以及各种恶习，终至不可收拾，使父母自食

---

① 裴斯泰洛齐：《裴斯泰洛齐教育论著选》，夏之莲等译，人民教育出版社1992年版，第416页。

② 参见裴斯泰洛齐：《林哈德和葛笃德》(下卷)，北京编译社译，人民教育出版社1984年版，第67节。

苦果。今天，特别在中国，父母对孩子的溺爱、无原则的迁就，随着独生子女的增多而愈益泛滥，愈益严重化、畸形化。父母和祖父母正在以愚昧的爱心养成一批"小皇帝""小公主"，这已成为我国家庭教育中的一个顽症。宣传、普及昆体良、洛克、卢梭、裴斯泰洛齐等人防止溺爱的教育思想，在我国有特殊的现实意义。

四、学习与手工劳动合———一个尚待解决的课题

裴氏在历史上第一次实践了初等教育和手工劳动相结合的主张。他主张"学校与工场联系""学习与手工劳动合一""做事与读书并进"，从而在学校教育与生产劳动脱节的难题上打开了一个突破口，使初等教育更加接近生活，更加有益于劳动群众。

宗教改革以后，由于各教派的努力，初等学校发展迅速，尽管这种教育内容简陋，质量低劣。当享受初等教育只是极少数人的幸运时，这种教育的实际意义尚未引起教育家的重视。一旦初等学校学生大量增加时，这种教育对实际生活的价值便突出了。使初等教育与实际做事结合，使之更有益于学生走向生活，便成了趋势。

工商业的发展、交往的扩大和生活的复杂化，使知识在生活中的重要性增加。既会做事，又有知识，成了新时代对人的新要求，这种要求推动着教育改革。

遭受资本主义和封建主义双重剥削的瑞士农民的悲惨处境，使裴氏身心交瘁。他同情人民，但看不清人民苦难的根源；幻想帮助农民学习文化，发展智力和能力，学会谋生，以改善他们的处境。

所以，初等教育与手工劳动结合，是历史条件和裴氏的人道主义、民主主义思想结合的产物，它的出现不是偶然的。

今天的情况有了变化。随着中等教育的普及，毕业生走向生活和教育与生产劳动结合的问题从初等学校转移并集中到中等学校。普通中学

要为毕业生的两种可能前途——升学或就业作好准备。普通中学实现教育与生产劳动结合的最佳方式和内容尚待进行新的探索。

上述四项，并未包括裴氏教育遗产中所有重要方面。但仅从以上几点，我们不难看出，裴氏教育思想的精华不仅在当时有重要意义，且足可供当代人借鉴，用以指导或推动教育改革。

第斯多惠的教育思想[①]

一、生平和教育活动

第斯多惠是 19 世纪德国著名的资产阶级民主主义教育家，一生为反抗德国的封建教育和教会对教育权的控制而斗争，力图改革与发展德国的民主教育体系，尤其在发展德国的国民学校和改革师范教育上，贡献了他的全部精力。

1790 年 10 月 29 日，第斯多惠出生于威斯特伐利亚省锡根市的一个法官家庭。1808 年，中学毕业后进入赫尔朋大学，学习数学、哲学和历史。一年后转入杜平根大学，于 1811 年毕业。1817 年，以《论世界的末日》一文获得杜平根大学哲学博士学位。

大学毕业后，第斯多惠开始从事教育工作。1812 年，他担任了霍尔姆谢城中学的数学和物理学教师。1813 至 1818 年，受聘为法兰克福一所模范学校教师。在这里，他结识了一些裴斯泰洛齐的学生和信徒，接受了裴斯泰洛齐的思想。从此，他决心以裴斯泰洛齐的精神为向导，献身于培养国民教师的事业，以此促进国民学校的发展。1820 至 1832 年，第斯多惠担任莱茵河上的梅尔斯师范学校校长，兼任数学和德语的

[①] 本文选自任钟印、李文奎主编：《外国教育通史》（第三卷），山东教育出版社 1990 年版。

教学工作，并在附属小学任课。1832 至 1847 年，调任柏林师范学校校长，同时教授教育学及各科教学法。在这两所师范工作期间，他进行了一系列的教学改革实验：把教育学列为师范学校最重要的必修课，把心理学和人类学规定为教育学的基础；重视师范生的教学实习，专门在师范学校中设立了一所附属小学作为实习基地；同时，力图培养有崇高的社会责任感、好研究和具有独立精神的教师。

在从事师范教育实践的同时，第斯多惠进行了大量的著述与宣传工作。1827 年，他创办了《莱茵教育杂志》，这个杂志一直办到他去世。第斯多惠在第一期中指出，该杂志的目的在于拓宽教师眼界、宣传教师接受一般文化知识和广泛教育的重要性。他一生中在该杂志上发表文章 400 多篇，批评了德国政府与教会对学校的桎梏和不关心培养教师的恶劣状况。1835 年，第斯多惠主编出版了他一生中最重要的代表作《德国教师教育指南》（Wegweiser zur Bildung für deutsche Lehrer）。该书详尽阐述了有关教学与教师培养等问题，并介绍了一些为教师提供各种文化与专业知识的教育名著。他声称著书的目的是为了"寻找中的教师"。这部巨著在他生前共出版四次，对德国教师的思想与专业指导产生过巨大作用，在欧洲教育理论尤其是教学理论的发展上占有重要地位。1832 至 1841 年，第斯多惠还在柏林创办了四个教育团体，研究并传播先进与民主的教育思想，同时呼吁政府改善教师的经济地位和社会地位，并通过组织维护教师的切身利益。

从 1836 年起，第斯多惠由于其激进的民主教育活动，受到普鲁士政府和教育部的批评、训斥和禁止。1847 年，他被免去了柏林师范学校校长职务，但他并没有因此消沉下去。1848 年，他被选为新成立的"全德教师联合会"主席，积极建议改革学校，并坚持认为学校应摆脱教会的影响和国家负有保证所有儿童受到教育的责任。他在和左翼法兰克福国会代表提出的《二十三条请求书》中提出：学校是国家的机构，它不依赖于教会；国家应保证每个儿童受教育，这对于全人类、公民和民族教育来说是必需的；教育应该是普遍的和为任何信仰的人所享有。1850年，随着1848年资产阶级革命被镇压，第斯多惠被迫退休，实际上是被解除了一切职务。此后，他专心致力于教育理论的研究与宣传活动。除继续主编《莱茵教育杂志》外，从1851年起又主编《教育年鉴》。第斯多惠通过它谴责了德国教育狭隘的民族主义和地方分裂主义倾向，同时呼吁人的自由发展是教育的主要任务，教师应培养出自由思考的、能接近当代进步思潮的青年。1854年，普鲁士政府颁布了一个专门针对初等学校和师范学校的法令。规定缩短国民学校的修业年限；大大降低了国民学校的文化知识教学的时数和质量，而要求学生大量背诵《圣经》和教义问答；还规定师范学校的教学内容只限制在国民学校教学大纲范围内。第斯多惠和全体进步教师为反对这一法令进行了不屈不挠的斗争。他在报刊和众议院的讲台上，发表了一系列激烈反对法令的言论，指出法令的实质是要把学校变成现存腐朽制度的支柱，是用排挤和压制新思想的手段来反对新事物和社会革新。1857年，第斯多惠写了《教育的理想和可能性》，总结了自己多年来为捍卫新教育原则而进行的斗争。1865年，德国进步教师庆祝了第斯多惠75岁寿辰，他在回答教师们的祝贺中提出："人民的教育，在最广义上说乃是人民的解放"，集中表达了他的教育理想。

二、论教育目的

从17世纪以来，德国对初等教育的实施一直比较重视，曾不断地发布过关于初等教育的法令，但教育目的主要在于培养温顺虔信的顺民和对外侵略的士兵，带有浓厚的民族利己主义、大国沙文主义倾向和浓厚的宗教迷信色彩。为了使国民教育的发展真正有利于国民的健康发展和社会的进步，第斯多惠提出了"全人教育"思想。从第斯多惠的论述中可看出，所谓"全人"主要包括以下几个方面的内涵：

首先,"全人"是一种能自由思考,以追求真、善、美为崇高使命的人。第斯多惠认为,人之所以能超越于自然对人的制约,主动地趋向人所认定的合理目的去行动,乃是因为人身上存在着一种"自动性",即生而具有的渴望发展的特性;人的观察、感觉、思维、自制力、言语和行为等各种能力和表现,都是因为在人的天性中潜藏着这种自动性的结果。他指出,自动性是人的本质,是一切人性的、自由的和独创活动的泉源,是达到培养"全人"这一教育目的的主要因素。但他又提出:自动性只构成教育的主观基础,如果不把自动性用于达到某个目的,发展自动性将毫无意义。为此,还应承认教育必须有它的客观基础,这个客观基础就是现实生活中的真、善、美,自动性的培养应以真、善、美为思想内容。根据这一原理第斯多惠提出:教育的任务在于发展人的自动性,使每个人都能成为自己生活的主人和指导者;只有通过人类力量的自由发展才能找到真正的、善良的和公正的东西。同时他还指出,真、善、美的内容是随着历史发展而变化的,因此教育的任务不是叫人去适应现存的状况,恰恰相反,是激起人们去改革现存状况。学校应该培养能自由思考的、能独立改善自己状况和周围环境的人。

其次,"全人"是充满人道和博爱、为人类而忘我牺牲的人。针对德国教育狭隘的民族利己主义和大国沙文主义倾向,第斯多惠指出:民族不能把自己的幸福建立在人类的废墟之上,在人们身上,爱人类精神与爱祖国精神应当密切结合起来培养,德国学校培养出来的不应是"真正的普鲁士人",而应是人,是公民。他向教育家及教师们强调说:"你要说,要想,人是我的名字,德国人是我的绰号。"①

再次,"全人"是全面的和谐发展的人。第斯多惠继卢梭和裴斯泰洛齐之后又提出了人的体力和精神力量和谐发展的思想。按照他的看法,正确的教育应该加强人的所有器官,锻炼人的感觉灵敏性,发展人

---

① 转引自米定斯基:《世界教育史》,叶文雄译,生活·读书·新知三联书店1950年版,第333页。

的思维能力，培养人的语言能力，激励人们敦品励行，养成尊重真理的习惯，遏止利己倾向，换言之，即加强体力，发展智力，培养德性。

在第斯多惠关于教育目的的思想中，自动性的培养占着最重要的地位。在他看来，只有充分发展学生的自动性，才能培养出能自由思考的、各方面素质和谐发展的人。

第斯多惠关于教育目的的思想恰好与赫尔巴特的培养具备"五大美德"的普鲁士人的教育目的形成强烈反照，是对普鲁士政府和教会所确定的教育方针的反叛，在当时启发了德国教师以追求人的发展和崇高的思想内容来理解教育目的。

三、论教育的自然适应性和文化适应性原则

第斯多惠在《德国教师教育指南》一书和《论教育的最高原则》（1830年）、《论教育事业的自然适应性和文化适应性》（1832年）、《初等教育的原则》（1834年）、《在人性的教育和基本要求之间协同一致的必要性》（1844年）等一系列论文中，提出了两个基本的教育原则，即自然适应性原则和文化适应性原则。

第斯多惠继承了卢梭与裴斯泰洛齐关于儿童的自然本性和天赋力量的观点，把自然适应性确定为教育的最高原则。他说："自然适应性原则在教育学的天地中是永恒的，它是辉煌的、永不熄灭的、永不改变自己状态的指路明灯，它是极、是轴心，一切其他的教育和教学法的规则都围绕着它旋转，而且都趋向它。"[①]

他在《德国教师教育指南》中，把人的自然本性理解为智慧与能力的素质，并且认为这种素质是与生俱来的，它既不能在后天获得与增强，也不能受之于别人或赠送给别人，它潜藏在人的本性之中，如果没

---

① 米定斯基：《教育史中的自然适应性原则》，载于《教育译报》，何国华、吴文侃译，1957年第4期。

有它，任何教育对人的本性发展都无能为力。因此，教育必须适应儿童的自然本性发展规律。他说："所以，你要倾听和遵从自然的声音，准确地遵循自然所指示的道路。只有跟自然联盟，才能得到幸福并造福别人。不信任人的天性，就不可能有适应自然的、成功的教育。"①

他强调认识和研究儿童自然本性的发展过程，要求对儿童的自然本性给以符合自然规律的发展。他把儿童的智力发展过程分为感觉阶段、记忆阶段和理性阶段，并进行了系统论述：

1. 感觉阶段（0—9岁）

儿童的智力活动主要表现在渴求感性认识和求知欲上，教师应引导儿童通过细心认识事物来练习感觉，保存其天赋的易感性和活跃性；儿童的体力活动基本上表现在游戏中，教师应通过体操促进儿童身体的全面发展；儿童的主动性开始发展，表现为爱幻想，教师应引导儿童多阅读一些故事、童话和鲁滨孙式的游记。

2. 记忆阶段（9—14岁）

儿童已具备透彻领会和记忆能力，具有认真学习的能力和意向，这是记忆有价值材料的最有效时期。教师应帮助儿童打好语言基础，养成牢固的技能，尤其是学习外语和各种手艺。

3. 理性阶段（14岁以上）

通过前一阶段的发展，儿童的理解、思维能力和概括能力被激发和表现出来，个人的素质、爱好和特性也日益明显地显示出来。到这一阶段，儿童已具备学习自觉性、思维的逻辑性，理想开始产生，道德观念转化为信念。教师应着重发展学生的理性。

第斯多惠指出，以上只是儿童智力发展的最一般形式，儿童的智力发展次序不是绝对的，不可能进行截然划分。

第斯多惠提出教育的自然适应性原则，与当时欧洲资产阶级以自然主义教育理论反抗封建教育的总特征是一致的。他强调研究儿童的自然

---

① 张焕庭等编：《西方资产阶级教育论著选》，人民教育出版社1979年版，第352页。

本性及其发展规律，顺应了由裴斯泰洛齐、赫尔巴特等倡导的教育心理学化趋势。

与自然适应性相对应，第斯多惠提出了文化适应性原则。他指出，自然适应性原则是每一个教育者都必须力求达到的永恒的理想目标，它只是评价教育者教育活动的一般标准，教育中还必须注意文化适应性。他认为，人的自然本性的发展必然受到时间、空间、社会风俗习惯、时代精神、历史的和现代的文化影响，因此，教育必须适应社会文化的状况与要求。首先，教育中必须注意到民族性。他要求教师们通过教授本国历史、地理和民族文学，使学生彻底了解祖国文化，培养学生的爱国主义感情。其次，教育必须适应变化着的现代社会生活的要求。他提出教学内容要符合现代科学发展水平，要让学生认识现代科学发展状况，不要把时间和精力浪费在一些错误的、已经被否定的知识上，应当使学生通晓现代的物理学、自然科学、数学、地理学、心理学和哲学观点，通过教学把儿童提高到现代文化成就的高度。他还强调要注意时代精神，培养学生具备一切符合时代要求的优良社会品质，如真诚、爱好自由、刚毅、勇敢、深谋远虑、精确、稳定、有深厚的感情等。

在教育的文化适应性原则中，第斯多惠第一次明确提出了教育必须受到诸种客观的社会条件的制约，这是对西方近代教育理论的一个贡献。他提出教学内容要"适应现代科学水平"和"适应文化"的口号，表现了他试图引起教育者们对正在发展的近代工业资本主义文明的关注。

四、论教学

第斯多惠把国民学校看作实现他的教育理想的重要基地，从改革和发展国民学校出发，非常重视教学问题，提出努力研究科学教学论的历史任务。他一方面从裴斯泰洛齐的教学思想、德国古典哲学的辩证法思想和自然科学的发展理论中吸收营养,另一方面总结了自己丰富的教学实践经验,形成了自己较完整的教学论体系。

他的教学论主要反映在《德国教师教育指南》一书中。这部两卷集的著作分为总论和分论两大部分。第一卷总论由第斯多惠撰写,着重论述教学论的研究对象。第二卷分论主要是关于分科教学法的研究,第斯多惠写了德语、算术、理科等教学法、爱国心的培养等章节。这一卷后来还增加了盲、聋、哑教学论各两章,对生理缺陷儿童的教育进行了研究。在这部著作中,第斯多惠把决定教学规律与规则的内部因素分为学生、教材、社会文化条件和教师四个方面,论述了一系列重大的教学理论问题。

"发展性教学"是贯穿第斯多惠教学论的一条主线。在他看来,要求发展、要求自然的自由的发展是全部教育学的简单结论。由此,他提出教学的主要目的就在于:激起学生求知的爱好,使他们在领会和寻找真理中发展起来。

第斯多惠辩证地论述了教学的实质目的与形式目的的关系。他说:"教学可以具有两种倾向,或者是想使学生知道一定的教材,给他以知识和技巧,使其成为不可剥夺的财产或者是希望通过教学发展他的能力。在第一种情况下,追求的是实质的目的;在第二种情况下,追求的是形式的目的。"① 他认为,在教学过程中两种目的不是彼此排斥,而是相互依存的。在采用正确方法的前提下,学生在学习教材、掌握知识的同时,他的能力也必然得到发展,教学往往同时达到两个目的。实质目的和形式目的的关系是辩证统一的。一方面,形式目的不能离开知识教学而独立存在,教材是儿童智力发展的血液,任何教学都必须根据某种教材来进行,只有接受多学科多方面的知识并把所学知识与娴熟地、自由地运用知识的过程密切结合起来,形式目的才能真正达到。那种以为仅靠学习一些古典科目就能达到形式训练目的的看法是错误的。另一

---

① 张焕庭等编:《西方资产阶级教育论著选》,人民教育出版社1979年版,第367页。

方面，学生的能力发展也有助于其主动地学习教材掌握知识。"学生的能力愈成熟，就愈要向他提出困难的教材，因为可以预料，业已壮大起来的精力能使这种教材成为学生心智的财富。"① 由此，他得出一个极为明确的结论，即"无论何时都不能谈到实质的观点和形式的观点的绝对划分问题"，"尽可能深刻地认识和彻底地精通知识是一个统一的目的"②。

但第斯多惠并不认为两个目的中没有主次之分。他一再强调两者之中只有一个，即形式目的始终比较重要，因而它应占优势和统治地位，特别在初等教育中更是如此。他之所以特别重视形式教育，是试图消除当时学校中存在的单纯死记硬背的遗迹，更重要的是认为发展儿童的能力有着巨大的意义。首先，他认为少年儿童的能力发展能为他升入高级学校主动学习知识打下坚实基础。因此，学生年龄愈小，愈不成熟，发展能力的意义就愈大，如果在初等教育阶段获得了加强能力的基础教育，到中学时实质教育就可以占优势了。其次，少年儿童的注意、记忆、理解、思维、语言以及其他各种能力的发展，可以增强其运用知识的能力，使他们把学到的知识既能运用于其他知识部门，又能运用到生活环境中去，一生受益无穷。另外，敏捷的观察力、记忆力特别是思维能力能激发性格的力量，影响意志，形成完善的人格。他断言："我们深信教学的最高目的，不是广度的实质目的，而是深度的形式目的。"③ 因而，正确的教学目的，不是把主要意义放在学科上，而是放在学生由于掌握了学科而获得的能力上，好的教师不是奉送真理，而是教学生去发现真理。

第斯多惠对于教学目的的观点，决定了他对教学方法的态度。他认为儿童的发展只有以学生"本身的活动，本身的力量和努力"为基础才

---

① 张焕庭等编：《西方资产阶级教育论著选》，人民教育出版社 1979 年版，第 368 页。
② 张焕庭等编：《西方资产阶级教育论著选》，人民教育出版社 1979 年版，第 369 页。
③ 张焕庭等编：《西方资产阶级教育论著选》，人民教育出版社 1979 年版，第 369 页。

能达到，因而，他把那些能激起学生思维活动和智力独立性的方法提到首位，用自动性原则作为衡量各种教学方法的尺码。他说："如果使学生习惯于简单地接受或被动的工作，任何方法都是坏的；如果能激发学生的主动性，任何方法都是好的。"① 据此，他强烈反对用当时盛行的"学术式的方法"即讲述法进行教学。他指出，这种由教师从最一般的原则出发进行教条式的讲述、传授、讲解和教诲的方法，经常使学生处于消极地接受现存东西、死记硬背和抄写上；在整个教学过程中，教师或学科成为中心，学生完全处于被动状态，它不能调动学生的积极性，无法培养和发展学生的心智能力。他主张用启发式的对话法进行教学，并断定它是教学的基本方法。这种由教师或学生提出问题、以对话方式进行的教学，体现了学生是教学的主体、是"运动的中心"，教师则成为"促进学生活动"的工具。这种方法是通过一些影响学生认识能力的问题来引起他的主动性，并不断地激发它，引导他获得新的知识和产生新的思想，它能发展学生的分析、归纳、推理、判断等各种能力，养成其积极思考的习惯，它不是把知识直接传授给学生，而是引导他去发现它们并且独立地掌握它们。

在强调启发式教学法的同时，第斯多惠指出，良好的教学方法还应该符合学生的年龄特征和学科的性质。他认为，对话式、问题式教学是初等学校最基本的教学方法，讲述法则适宜于中等和高等学校；不同学科应采用不同的教学方法，如地理、历史等科目应该采用讲述法；数学和自然科学应采用对话法。但启发式的对话法适宜于各级学校，在学校中应笼罩着问题和回答、探索和发现。

教学原则的论述是第斯多惠教学论的一个极其重要的部分。他主要从自然适应性和自动性原则出发，提出了一系列具体的教学原则，归纳起来可分为以下几个方面：

循序渐进原则。第斯多惠认为，儿童智力的发展是和渐进性规律相

---

① 曹孚编：《外国教育史》，人民教育出版社1979年版，第211页。

联系的,因此,教学必须循序渐进,即在学生年龄和学科性质所许可的范围内完成每一阶段学习,从而达到发展自动性和充分了解学科知识的目的。遵循这一原则必须做到:第一,教学应适应学生发展水平,不要教学生还不能领会的东西,而要教明确的、学生容易理解的东西。人的精神好比胃一样,不能消化的东西会使它受到损伤。第二,不要教学生当时还不需要的东西。教学必须符合学生的发展水平,所指的正是符合学生当前的水平,而不是可能的未来的水平,因此,不要过早教任何东西。所教的东西为时过早,不仅不利于学生掌握它们,而且会打消学生对学习的兴趣和爱好,甚至会妨碍学生学好必要的东西,影响学习的顺利进展。第三,在教材安排上,要把教学内容分为一定的阶段,在每一阶段上可引出与之相近的下一阶段内容的个别部分,以此激发学生的求知欲。在学习下一阶段教材内容时要重新复习前一阶段的内容。

巩固性原则。巩固性原则与渐进性原则是密切联系在一起的,只有所学的知识是牢固的,才能为学生下一步的学习打下基础。遵循这一原则必须做到:第一,教师应"尽可能少教些"。没有经验的青年教师总是力图把刚学到的一切都教给学生,结果事与愿违。教师讲许多学生没有准备的和不需要的东西会成为他们的一个沉重负担。有经验的教师总是尽量精简教材和教学内容,把最本质和最主要的东西教给学生,并使他们牢固掌握,这样,学生就会对所学的知识充满自信,所学知识成为一生中必不可少的财富。第三,要系统复习。他指责当时许多学校让学生背诵大量东西而不注意复习,结果,边学边忘,到离开学校时几乎把所学的一切都忘光了。为了避免类似的时间和精力上的浪费,他建议要不时地复习所学的内容,高年级的教师应该了解学生在前几年学过的所有内容,以便指导学生在毕业前进行系统复习。第四,要注意练习和运用所学的知识。他认为,只有通过练习达到不需要紧张的注意就能理解所学会的东西,并且能实际运用它时,所学知识才是牢固的。

直观性原则。第斯多惠认为人的认识过程是一个由生动的直观到抽象的思维的过程,教学也必须从直观到思辨、从个别到一般、从具体到抽象,对儿童尤其应该如此。在第斯多惠看来,儿童的本性要求直观性,小学生的注意力主要指向个别的具体的事物,因此,要避免让他们死记硬背那些不可理解的、毫无生气的和毫无内容的词句。他指出,过早地把儿童引向抽象而空洞的思维,等于给儿童以矫揉造作的、难以消化的食品来代替自然的、富有营养的精神食粮。同时他也指出,在学校条件下不是随时随地都能把所要学的知识都还原为直观形式的,但在有可能和必要的场合下应尽量运用直观教学。教师在进行直观教学时应做到:由近及远、由简到繁、由易到难、由已知到未知。但在具体教学时不能太刻板。他说:并非所有在时间或距离方面近的东西就是儿童容易理解的,有时构造简单的东西比构造复杂的东西更难理解,认识个别部分比认识整体部分更难,关键在于一切都应从已知到未知。

教学要考虑学生的个性差异。第斯多惠指出,儿童的智力发展在幼年时期就出现了各种差异和偏向,有的长于抽象思维,有的长于形象思维,有的长于感性认识,有的学生在某些科目上成绩好些,在另一些科目上成绩差些。教师应考虑到儿童的个性差异并促进每个儿童的独特发展,不能要求所有学生在同一科目上表现同样的成绩,不能要求所有学生学习同样的分量,也不能要求记忆力差的儿童去做一个记忆力强的儿童所做的事。总之,不能以同样的尺度要求所有学生,不要妨碍每个学生个性的自由发展。

要发挥学生的学习主动性。他指出:教师应该在教学中要求学生自己用手、用舌、用脑去工作,使学生感到学习是一种内在的需要。正如没有人能代替学生去吃、喝和消化食物一样,也没有人能代替学生思考,代替他学习。学生必须自己获得一切,凡是他自己没有获得的东西、没有自身养成的东西,就不会真正属于学生。他特别强调教师应迫使学生用自己的语言来表述已经学过的教材内容,他认为这不仅能培养学生正确的发音、语调、明晰的口头表达能力和清楚而确切的语言逻辑结构，而且也是检查学生对教材掌握程度的最好标准，只有由学生用自己的语言正确表达出来的东西才是他真正掌握了的东西。他建议教师在教学时应言简意赅，应该让学生多讲。

教学应力求引人入胜。他指出：谁能吸引学生的注意力，谁就是他们的主宰者，哪里开始烦闷无聊，哪里的教育就因此中止。为了使教学引人入胜，教师必须做到：第一，要热爱所教的学科，因为教师对学科的热爱也会传导给学生。第二，应力求使教学生动活泼。教学的艺术不在于传授本领，而在于激励、唤醒和鼓舞，为此，教师本身必须生动活泼、机警善变、精神焕发，这样才能调动学生的情绪，激发学生的主动性，"只有生气才能产生生气"。但生动活泼并不在于手忙脚乱，不在于装腔作势和做怪相，而主要是一种精神风貌在外表上的自然表现。第四，要不断肯定学生在学习中的成就，使他们感到自己在前进，以摄取知识和本领为乐事。

教学应保持精力充沛。他认为，教师维持课堂纪律的关键在于他的性格力量，一个教师在教学中应具有坚定、严格、刚毅的精神状态与性格力量。教师在教学中精神饱满，不仅能使学生在学习中保持旺盛的精力和稳定、紧张的注意，而且也会陶冶学生的性格，只有具有充沛的精力和严整、刚毅性格的人才能使学生也具有同样的品格。

最后，第斯多惠还提出了要进行教育性教学的要求。他接受了裴斯泰洛齐关于教学必须具有人格形成和道德思想培养作用的思想，认为教育适应文化的根本问题在于贯彻道德教育的要求。他批评了当时德国的教学实际，即在世俗性教学内容方面偏重知识传授，仅在宗教教育中才灌输道德说教的做法，认为这种教学是保守主义的、宗教忏悔主义的，正确的教学应该是在教给儿童知识的过程中，同时给儿童以先进的文化思想认识，使掌握知识与品行陶冶统一起来。

除了论述上述问题外，第斯多惠还对教学准备工作提出了建议。他指出，教师工作中的成就取决于他对工作的准备如何。他建议教师在教

学之前应做到以下几点:

（1）精通本门学科；

（2）遵循书刊中所发表的教学工作指南；

（3）很好地准备每节课；

（4）研究自己的工作经验，进行观察并做出笔记；

（5）应努力确定完全符合学生的要求及年龄特征的教学进度；

（6）经常不断地研究教育的、教学论的、心理学的和教学法方面的知识；

（7）有讲课计划，做到能口述所要讲的学科内容，而不是照本宣科；

（8）在课堂上必须正确地采用鼓励学生的方法。

以上是第斯多惠教学思想的主要内容，第斯多惠在德国乃至欧洲近代教育发展史上最重要的贡献就是他的教学理论，他的教学理论的最大特点是它的实践性和系统性。第斯多惠认为，教育学不单纯是理论的体系，而且也是从实际教学经验中总结出来的法则的总和。因此，他十分重视将教学理论与实际教学经验结合起来探讨。他自己几乎做过各科教师，有着丰富的教学实践经验，这使得他对教学问题的一系列论述都有着很强的实践性，避免了空泛性和思辨性的理论演绎，而注重反映实际要求，力求做到在具体教学实践中切实可行。他的教学论的理论意义在于，他集前人研究之大成，同时审慎地研究了近代德国教育学与心理学的研究成果，将教学原理系统化和规则化，从而大大提高了教学原理与原则的研究水平。

第斯多惠对教育史上历来有争议的若干问题，如实质教学与形式教学或传授知识与发展能力的关系、教学与发展的关系、教师和学生在教学中的地位等进行了考察，提出了很多具有启迪意义的见解。他对发展性教学的强调，以及把培养学生能力放在首位，让学生自己去发现真理、尽可能少教些等著名教学论点，代表了近代教学理论新的发展趋向。

五、论教师的使命和素质

第斯多惠所生活的时期正是德国在政治上全面倒退时期，为了防止教师用反君主主义精神去教育儿童，政府重新加强了对教师的思想控制，尽量限制国民学校教师的知识范围和教育，严重影响了国民学校教师的素质和国民学校的发展。在第斯多惠看来，如果不培养出具有自由思想、广泛的知识修养和掌握教育、教学规律的教师，就谈不上国民学校的改革与发展。为此，他以活跃教师思想和提高教师素质为己任，除了积极组织教师联合会、为教师的严重状况奔走呼号以外，还在《莱茵教育杂志》和《德国教师教育指南》等书刊中论述了教师的使命和素质问题。

首先，第斯多惠认为一个教师必须有崇高的理想。他说，一个教师如果不追求一定的理想，不为一个目的而活着，那他就永远不会取得什么好的成就。在他看来，教师的最高理想就是实现人道、博爱。教师的使命是引导青年一代走向真正的生活，引导他们对真、善、美的渴求，并使他们的能力和智慧得到最大的发展。他主张通过培养青年一代促进人类的发展，并认为，当时的时代正是人民需要自由发展的时代，教师的任务就在于培养具有自由思考能力并能接近当代进步思潮的青年。

其次，第斯多惠认为，教师作为一个教育者，本身应具备良好的素质。他说："正如没有人能把自己所没有的东西给予别人一样，谁要是自己还没有发展、培养和教育好，他就不能发展、培养和教育别人。"[①] 在他看来，一个具有良好素质的教师，首先必须是一个具有自由思考和独立精神的人，"只有自由和独立的人，才能培养别人的自由和独立精神"[②]；其次，应该是一个有教养的人，他拥有一般的文化知识，接受

---

① 张焕庭等编：《西方资产阶级教育论著选》，人民教育出版社1979年版，第350页。
② 转引自王天一等编：《外国教育史》（上册），北京师范大学出版社1985年版，第340页。

过广泛的普通教育，熟悉心理学和教育学，通晓自己的教材，懂得正确地运用教学方法。

除此之外，第斯多惠还要求教师在任何时候都不要满足于自己的知识水平。教师所进行的教育、教学活动从来都不是已经完成了的与完善了的工作，它应该永远在前进与发展之中。因此，教师需要不断进行自我教育，包括不断完善自己的思想品质和不断扩展自己的知识眼界。他要求教师"要经常地加强进修：作为一个人、一个公民来说，要加强普通教育，作为一个教师来说，要加强专业教育"①。

19世纪，随着以工业革命为标志的现代资本主义经济的发展，整个社会的青少年义务教育逐渐成为既必要又可能的事情，培养大量的、合格的师资力量被提上了教育日程，第斯多惠明确地提出了教师的素质问题，在德国师范教育的改革与发展中具有重要意义。

19世纪德国的教育理论得到很大的发展，同时也存在着各种理论体系之间的斗争，而维护封建专制的旧教育与宣传民主的新教育，则是这一斗争的核心。第斯多惠正是民主主义教育理论的代表。他终身致力于改革旧教育、改革社会及教育的不平等状况，宣扬真正的全人类的教育，把教育与人的自由、解放联系在一起，这些对近代德国学校教育的发展起了巨大作用。尤其是在师范教育和教师培养方面，第斯多惠因其卓越贡献而被称为"德国教师的教师"。

---

① 张焕庭等编：《西方资产阶级教育论著选》，人民教育出版社1979年版，第391页。

近代早期西方教育制度的探索[①]

西方教育制度走出中世纪，发展成近代教育制度，经历了一个漫长、缓慢又曲折的过程。这个过程随着经济、政治、社会、科学技术及意识形态的演进而稳步向前延伸。西方近代教育制度萌芽于中世纪，初具雏形于17世纪，发展于18世纪，完成于19世纪，改革、完善于20世纪，并将在21世纪发生质的飞跃。在16、17世纪时，西方近代教育制度的轮廓已跃然可见。但只有那些目光犀利、对时代脉搏敏感的人物，才能独具慧眼，善于识别尚处于萌发状态的有前途的新生事物，并扶持新生事物的发展。这些锐意进取的思想家、教育家，不得不在与传统、保守势力的斗争中为新生事物开辟前进的道路。然而，他们自己也背着沉重的历史包袱为新生事物开辟前进道路。他们探索新教育制度的过程，既是战胜传统的过程，也是战胜自我的过程。

第一节　近代教育制度的雏形

近代早期西方教育制度是在中世纪教育制度的基础上发展而来的，教育制度各个因素的最初萌芽开始时并不是很明显，但经过长期发展，

[①] 本文选自易红郡等著的《近代早期西方教育的演进》，华东师范大学出版社2022年版。原标题为"第六章　教育制度的探索"，作者为任钟印、易红郡。本文由湖南师范大学易红郡教授对任钟印先生的初稿进行了修改。

到 16、17 世纪时近代教育制度的雏形已经形成。

一、教育管理制度

近代教育管理制度是在古代教育管理的基础上，吸收了耶稣会和新教派教育管理的优点，历经数百年的发展过程逐步形成的。在 16、17 世纪，西方教育管理制度已出现了如下特征：教育管理权从教会向世俗政权转移；地方分权制；以穷人教育作为普及教育的重点和难点；强制征收教育税；教育调查和视导制度等。

（一）教育管理权从基督教会向世俗政权转移

教育管理权从基督教会手里向世俗政权转移，这是教育世俗化趋势的一个重要方面。这一转变过程经过数个世纪缓慢的、量变的积累，到 18 世纪末才发生质变，但这一演变过程早在宗教改革以前就已开始。

公元 8 世纪，法兰克国王查理曼大帝（Charles the Great，742—814），768—814 年在位。兴学重教的成果没有维持长久。查理曼大帝去世后，西欧社会苦于分裂和内部争斗，8 至 11 世纪又有北方蛮族的入侵，普遍的劫难使本来为数不多的学校几乎被破坏无遗。直到 11 世纪，西欧社会才平静下来，逐渐恢复元气。城市的兴起，给西欧社会增添了活力。自治城市中市民力量的发展和对文化、教育兴趣的增长，为教育世俗化提供了动力。欧洲南部特别是意大利，是自治城市发展最早的地区。早在 11 世纪，意大利就已经有一些自治城市建立了自治国家（城邦）。12 世纪时，博洛尼亚率先打破教会对办学权的垄断，建立了自治大学。13 世纪时，意大利已有 9 所自发地建立起来的大学。1348 年佛罗伦萨建立了一所大学。同样，西班牙的城市自治生活也很活跃，由市政当局和国王建立的大学在 13 世纪有 3 所，14 世纪有 3 所，15 世纪有 6 所。虽然教皇极力恢复对大学的控制权，但教育管理权的转移已是不可逆转的客观趋势。

12 世纪以后，大学是西欧中世纪教育事业发展的排头兵。随着大学的兴起，普通教育也发展起来，并不断地向教会的教育管理权提出挑战。北欧的大学发展较迟，但在13世纪荷兰人对公众控制学校和扶助教育发展有巨大兴趣。1461年哈伦（Harrlem）市已有了市立学校。这些最初的稀有现象预示了未来教育的发展方向。在宗教改革以前，英格兰也出现了普通教育脱离教会控制的最初迹象，如基尔特学校已不再受教会控制。

教师任命权的转移大体经历了三个阶段。最初，教师由修道院的教士垄断。12世纪时，寺院制度处于支配地位，学校由寺院管理，但教师已不再由寺院的教士垄断，而是从教区牧师中吸收教师。但12世纪时，在博洛尼亚只要能招到学生，任何学者都可以进行教学，不必先得到教会的允许。15世纪时，英格兰也出现了不再由牧师垄断教学的现象。在德国和苏格兰兴起的自治市学校，已由世俗市政当局为学校提供经费和任命教师。

校长的任命权也经历了由教会到世俗政权的转变。15世纪时，英格兰约克大教堂的文法学校连续三任校长都是俗人而不是牧师；以后甚至有法规规定，校长必须是由俗人而不能是牧师担任。1464年，苏格兰一个自治市的当局不经教会同意，直接任命了一所学校的校长。1509年，苏格兰的阿伯丁自治市公然违抗教会司法官的意旨，直接任命一所学校的校长。

宗教改革以后，教育管理权由教会向世俗政权转移的速度加快了。宗教改革时，新教派的领袖一方面紧紧抓住宗教对教育事务的影响，另一方面又在客观上有力地推动了学校事业的世俗化。路德在提倡强迫义务教育时，赋予世俗市政当局以权力和责任。他认为应由市政当局提供教育，以公费维持学校运行，并运用市政当局手中的权力推行强迫义务教育。路德强调学校教育事业对世俗政权的市政当局和国家的重要意义。他认为，即便没有灵魂，没有天国和地狱，只有世俗事务需要考虑，也必须有良好的学校，培养善于治国的男子和善于理家的女子。路德又说，一个城市的兴旺并不在于巨大的财富、坚固的城墙和漂亮的住宅，而在于有聪明、能干、智慧、有荣誉感，并能获得、保存和利用一切财富与财产的受过良好教育的公民。同样，加尔文也重视教育的世俗意义。他认为，为了保证治理国家，为了保证教会安然无恙，也为了保持人类的博爱，教育是必不可少的。加尔文在1541年制定的《基督教法规》中对教育的世俗性有明确规定，认为大学为教会和社会的共同福利所不可缺少，大学生应当学习世俗科学，既为将来担任牧师做准备，也为担任公职做准备。当加尔文去世时，在他的势力范围内公立学校的学生已有300人。新教领袖们的新思维，为教育管理权向世俗政权的转移定了基调，它是宗教改革后教育管理权转移步伐加快的一个重要原因。

如果说宗教改革以前教育管理权出现转移迹象的先行者是意大利，那么，宗教改革以后教育管理权转移在欧洲的先驱便是德国。宗教改革后，德国部分中心城市的学校得到整顿，学校数量也有所增加。萨克森公国选帝侯于1543年后又建立了三所由国家（邦）资助和管理的学校。17世纪以后，随着义务教育在德意志各邦的普遍推行，德国的学校管理体系开始发生变化，教育管理权逐渐由教会向政府转移。17世纪时，哥达公国的欧内斯特公爵任命了一位哥达中学的校长，该校长在1642年1月起草的关于教学法的备忘录中，明确维护国家对教育的控制。

在法国，人文主义者比代于1530年未经教会批准创建了独立于教会的法兰西科学院。1534年，安德烈·古维亚在法国西南部自治城市波尔多创办人文主义学校居依内学院（College of Guyenee，亦译圭阳学院）。1600年，法国国王亨利四世对巴黎大学进行强制改革，但世俗政权这一干预成果维持不久。17世纪，耶稣会在法国教育中占绝对优势，几乎所有学校都掌握在教会团体手中。

世俗政权干预教育的现象也出现在荷兰。1522年哈伦市市长为学校校长提供薪金。1536年海牙一所学校靠向学生收费维持，同时市政当局还为教师补助薪金。1522年乌特列支省和乌特列支市为世俗公立学校校长提供薪金;1567年该市为学生拨款,其后又为贫穷学生免费提供教育拨款;1576年该市决定拨出足够的薪金以维持圣·哲罗姆学校。1574年在荷兰举行的多特宗教会议责成"世俗当局为教师提供足够的薪金"。从1580年开始,荷兰各省着手制定管理学校的章程制度。1612年乌特列支市政当局对于挑选教师、确定课程和一般管理完全负责;1644年该市又通过了一个免费教育穷人的详细计划,并把他们安排在该市的四所主教学校里。到17世纪中叶,荷兰各地(包括农村地区和城镇)都有了由世俗政权管理和资助的各级学校。

在苏格兰,宗教改革从1560年开始后就出现了世俗政权干预学校的迹象。1616年枢密院命令各教区建立一所学校,此命令于1633年为苏格兰议会所承认。1646年2月,在苏格兰第五次会议上又通过了关于学校的法规。其主要内容如下:"要依据教会长老的建议,在没有学校和教师的各教区创立学校,任命教师;为达到此目的,要求每个会众组合的继任人彼此会晤,为学校提供宽敞的校舍,并规定教师的薪俸在100麦克(Merk)至200麦克之间,一年分两学期支付。为了做到这一点,他们应对教区内每一个人的农具、家畜和土地按照其价值规定一定数额的税金,以维持学校支付教师的薪俸。"①

从上述情况可以看出,教育管理权由基督教会转入世俗政权之手,在不同时期、不同地区有着不同形式。第一种形式是自治城市的市民、学者个人争权,他们不顾教会的禁令,把办学权掌握在自己手里;第二种形式是自治城市市政当局越权,它们无视教会的权威,毅然担负起兴办学校的职责;第三种形式是教会部分地放权、让权,当学校发展到教会已无力包揽全部教育事业的迫不得已情况下,教会才会将教育管理权部分地推诿给世俗政权。不管哪一种形式都反映了教会权威的低落、世

---

① 克伯雷选编:《西方教育经典文献》(上卷),任钟印译,人民教育出版社2016年版,第336页。

俗政权地位的加强,以及自治城市经济实力的增长和城市独立性的增强、新兴市民对知识的兴趣提高等。在16、17世纪,德国的各诸侯国接受路德新教的居多,所以德国教育管理权向世俗政权转移的趋势最为明显。法国天主教特别是耶稣会势力强大,教育管理转移步履艰难。英国的宗教改革是走过场,英国国教会不热心兴办教育,却醉心于控制教育;它不能容忍非国教徒涉足教育,却在客观上迫使被摒弃的非国教徒发展了新型中等学校,并迫使清教徒在北美马萨诸塞海湾殖民地放手建立公立教育制度。经过800年的反复较量,西欧世俗政权与基督教会争夺教育管理权的斗争终于在18世纪末取得胜利。到19世纪,国家在教育中的作用加强了。

(二)教育管理体制上地方分权制的肇端

在教育管理方面,地方分权制的雏形最早出现于北美殖民地。从17世纪初开始,先后在北美殖民地定居的欧洲移民成分十分复杂。他们所属的民族、语言、文化背景、宗教信仰及在原出生地的职业、社会地位、移居北美的动机等各不相同,移民大都按民族、语言、宗教信仰聚群而居,各殖民地也按移民们原来的传统、风格和宗教信条进行管理。各殖民地之间没有协调,更没有凌驾于各殖民地之上统一的移民管理机构,于是各殖民地自发地形成了独具特色的教育管理体制。

这种情况大体上有三类:一是以弗吉尼亚为中心的南部殖民地移民大多是英国国教会的信徒,他们在母国都是颇有资产和社会地位的上层人物。他们移民北美的动机是寻找黄金,发财致富。他们按本国国教会的政策,对广大民众的教育毫无热情。除极少数附有屈辱条件的慈善性质的赤贫子弟学校外,他们没有建立任何公立的民众学校。奴隶主和种植园主则将自己的儿子送回英国本土受教育。所以,这里除赤贫学校和学徒制外,民众教育一片空白。二是北部殖民地以马萨诸塞海湾殖民地为中心,是英国清教徒的聚居区。移民们是为逃避在英国本土国教会的宗教迫害、怀着宗教信仰自由的理想来到北美。移民中剑桥大学的毕业生占据很大比例，他们对建立公立教育制度、普及民众教育、发展中等和高等教育饱含热情，这里一直是美国教育发展的模范地区和先锋。三是以纽约为中心的中部殖民地，这里是各种民族、各种语言和各种宗教信仰的移民杂居的地区。

新阿姆斯特丹是荷兰新教加尔文派移民的聚居区，这里按荷兰新教的教区学校制度兴办学校。英国人夺走新阿姆斯特丹并改名纽约后，教育处于停滞、倒退的无人照管状态。宾夕法尼亚殖民地是贵格会（教友派）信徒的聚居地，该殖民地统治者威廉·佩恩十分重视教育，因此它是北美教育发达地区之一。此外，中部地区还有来自德国、瑞典、比利时等地的移民，其中许多人是为了躲避欧洲大陆的战乱来到北美，他们都按本国的习俗兴办教育，所以中部地区没有统一或相似的教育制度。在17世纪，北美各殖民地自发地形成了地方分权制的教育管理模式。后来美国建国时，宪法中没有关于教育的条文，因为各州不愿将太多权力交给中央政府。宪法第10条修正案将教育管理权赋予各州，于是教育管理上的地方分权制有了宪法依据，成为美国后来中央集权制和地方分权制之争的一个长久的话题。在北美形成的地方分权制教育管理模式，与后来以法国为代表的中央集权制教育管理模式形成鲜明对比，给教育理论家提出了一个永无止境的比较研究的课题。

（三）教育宏观管理上特别关注穷人教育

西方教育史上一个极有借鉴意义的优良传统，是在普及教育的过程中自始至终关注穷人教育。穷人是社会中的弱势群体，而且往往占人口的很大比例。忽视穷人的教育，无法提高全社会的整体教育水平，就会增加社会进步的障碍。在西方历史上，许多基督教会、世俗政权、社会团体、热心教育事业的个人都对穷人教育问题十分关注，这是西方历史上普及教育发展较早的重要因素之一，也是宝贵经验之一。

早在1179年第三次罗马拉特兰大教堂会议中，就提出了穷人教育问题。"因为上帝的教会像慈母一样，有义务为贫困的人既提供与保养身体有关的必需品，而且也提供有益于灵魂的必需品，使不能得到父母财产帮助的穷人，不会被剥夺读书和深造的机会，每个大教堂都将把充足的俸禄给与教师，他将免费教同一个教会的职员和贫穷的学生。"①文艺复兴初期，维多里诺主持一所招收贵胄子弟的宫廷学校，但他特例在该校招收有才华的穷苦学生免费入学。宗教改革以后，新教教会和接受新教的世俗政权更加大了资助穷人教育的力度。

在德国，哥达中学的校长安德里斯（Andreas）奉哥达公国欧内斯特公爵之命起草并于1642年发表了《学校指南》。该指南的宗旨是阐明在公爵的保护下哥达公国的乡村男女儿童和下层阶级子女，怎样才能获得简要而有成效的教育。根据这一宗旨努力奋斗30年以后，哥达公国的整体教育水平大为提高。当时有一句谚语十分流行："欧内斯特公爵治下的农夫都比其他地方贵族所受的教育好得多。"② 后来，德国的虔敬派也为贫苦民众办学，如弗兰克在哈勒办了一所贫民免费学校、一所孤儿院及流浪儿童教养院。

在英国，1432年7月一位名叫威廉·塞维诺克（William Sevenock）的伦敦杂货商临终前立下遗嘱，在死后将自己的财产捐赠，创办一所文法学校。"学校的目的就是对所有愿意来上学的穷苦儿童施以教育而不必从他们的父母、亲友收取分文学费。"③ 1503年伦敦市前市长立下遗嘱，在死后将财产遗赠，创办一所免费文法学校。英格兰曾有一种医院附属学校（Schools Connected with Hospitals），起初这些学校是为贫穷儿童设立的，其中最有名的是1553年伦敦基督医院（Christ's Hospital）创办的蓝衣学校（Blue Coat School）。

在苏格兰，1560年教会与罗马教廷正式决裂，新教领袖约翰·诺

---

① 博伊德、金合：《西方教育史》，任宝祥、吴元训主译，人民教育出版社1986年版，第154页。

② 博伊德、金合：《西方教育史》，任宝祥、吴元训主译，人民教育出版社1986年版，第251页。

③ 克伯雷选编：《西方教育经典文献》（上卷），任钟印译，人民教育出版社2016年版，第264～265页。

克斯等四位牧师起草制定了新教规,旨在教会控制下为所有社会阶层建立一整套教育制度。就其广度而言,当时没有别的教育计划可以与之媲美。新教规对教育问题十分重视,它指出:"贫苦学生,不能自立或由朋友资助的学生,尤其高地山区的学生,还须资助食物,使之能坚持学业。……出身贫苦的学生须由教会供养,除非负疚受审,而不论其有无驯服精神。一旦发现能文善学之士,则不允许其(指穷人子弟及富家子弟二者)拒绝学习。必须使之继续学业,使国家因他们而有所慰藉。"①

1650年,活跃于英国的教育改革家哈特利布向国会提出《扩大伦敦的慈善事业》的议案,其主要内容是要求准许贫苦儿童受教育。后来,英国在1699年成立"基督教知识促进会",1701年成立"海外福音宣传会",1750年成立"贫民宗教知识普及协会"。这些宗教团体在英国本土和海外殖民地(尤其是北美)宣传基督教知识,同时也在贫苦群众中推广识字教育,在客观上促进了贫民普及教育的发展。英国卫理公会(新教派别之一,由英国教徒约翰·卫斯理创立)的教义与德国虔敬派接近,两派都强调通过虔诚获得个人得救的重要性以及每个灵魂的潜在价值,而无须在耶稣受难像前祈祷。为了传道工作的需要,它们在贫民知识普及上也开展了特别广泛的活动。

在法国,1560年奥尔良议会里的新教贵族向国王递交了一份请愿书,要求建立小学教育,强迫包括贫苦儿童在内的所有儿童入学。但是随着新教势力在法国的衰落和天主教势力的强大,特别是耶稣会的活跃,上述请愿书被束之高阁。17世纪一些慈善组织或献身于宗教的特殊团体都认为应给穷人一些教育。1681年"基督教学校兄弟会"成立,它所制定的《学校指南》第30条规定:"他们要对所有贫苦的学生一视同仁,要爱穷人事业更甚于爱富人事业,因为本会的目标就是教育穷人。"② 但基督

---

① 博伊德、金合:《西方教育史》,任宝祥、吴元训主译,人民教育出版社1986年版,第199页。

② 克伯雷选编:《西方教育经典文献》(上卷),任钟印译,人民教育出版社2016年版,第340页。

教学校兄弟会的实际贡献微不足道。

在荷兰地区,穷人教育也受到加尔文教派和世俗政权的高度重视。1567年,乌特列支市政当局为学校的板凳费拨款,几年后又为免费教育贫苦儿童拨款。1644年,乌特列支市通过了一个免费教育穷人的详细计划。1571年,荷兰新教(加尔文派)的教会领袖在厄姆登(Emden)举行第二次全国宗教会议(首次全国宗教会议于1559年3月在巴黎召开),要求各级教会在定期举行的会议上询问每个教会"是否关怀了穷人和学校"。1618至1619年的荷兰多特宗教会议十分关注教育问题,并提出穷人子女应免费受教育,使他们不致被摒弃于学校之外。

所谓教育民主化、普及教育、强迫义务教育,其重点和难点就是穷人及其子女的教育。如果贫穷人口受教育的问题得不到妥善解决,普及教育就是一句空话。非贫穷人口既有受教育的自觉和要求,也有受教育的可能性,只要为他们提供学校、教师、设备,在他们中间普及教育是没有困难的。至于贫穷人口,他们迫于生计,既无受教育的可能,甚至也缺乏受教育的迫切要求,如果没有特殊的帮助,很难在他们中普及教育。

在近代早期西方教育史上,解决贫穷人口教育问题的经验可概括为以下五点:(1)在指导思想上,明确认识贫穷人口是普及教育的重点、难点,需要特别重视,投入特别的力量。(2)权力部门从财力上应给予穷人教育以特殊支持。(3)贫穷学生教育免费,必要时给予食物和用品上的资助,以保证其完成学业。(4)教会行政部门、社会团体、热心教育事业的个人共同努力,以推动穷人教育事业。(5)在督促和检查教育工作时,应特别提出贫穷人口中的教育问题,以引起全社会的重视。在西方教育管理中这一方面的经验,具有重大的借鉴意义。

(四)为教育强制征税的渊源

最早为教育而强制征税的先例是英国的《济贫法》。在资本主义原始积累过程中,由于"羊吃人"的圈地运动,英国大批被迫失去土地的农民流落城市，生活没有依靠。政府在使用驱逐、鞭挞、屠杀等残酷镇压手段之外，也采取了一些"济贫"的慈善措施。首先，限制贫民不得在指定的范围以外行乞。其次，规定一些小镇、教区和村庄必须用慈善救济金维持贫民的生活，以使贫民不再公开行乞，并在星期天为他们募捐。再次，在一个特定星期天的礼拜之后，募捐人要登记各住户在第二年每周认捐的数字。如果户主拒绝捐款，在经过牧师、主教反复劝说以后，仍顽固拒交者就处以罚金。实际上，自愿的济贫捐献蜕变成了强制性的济贫纳税。这一先例导致了英国 1601 年《济贫法》的产生，后来也延伸到为教育强制征税。这个法令的主要内容是建立一个贫民监督理事会，授予它强行征税的权力，授权它接受某些儿童当学徒；它还可以强迫富裕教区援助贫穷教区。美国教育史家克伯雷指出，《济贫法》"有趣地说明了为贫民的照顾和教育而强制征税这一观念的逐步发展。我们美国早期的教育立法就是以这个先例为基础的"①。他还说英国《济贫法》含有后来学校征税中所体现的本质特点。

17 世纪时，苏格兰也是为教育强制征税的先行者。1646 年的《苏格兰学校法》规定，要在没有学校和教师的教区创办学校，任命教师。为达此目的，他们应对教区内每个人的农具、家畜和土地进行登记，按照其价值规定一定数额的税金，以维持学校和支持教师薪俸。

由上可知，教育强制征税的传统逐渐形成。但在 19 世纪的美国，征收教育税问题曾引发一场广泛的大辩论。一些富人反对教育征税，他们认为不应该由自己为穷人的孩子支付学费。后来，经过贺拉斯·曼（Horace Mann）富有说服力的宣传、解释、辩论，最后才取得认识上的一致，确立了为教育征税的政策。

（五）教育调查方法的产生

教育调查是教育宏观管理的有效手段之一，现在它已成为普遍采用

---

① 克伯雷选编：《西方教育经典文献》（上卷），任钟印译，人民教育出版社 2016 年版，第 322 页。

的教育研究方法之一。教育调查所获得的资料是制定教育政策、进行宏观决策的客观依据，它使教育决策避免主观盲目性。最早的教育调查产生于16世纪宗教改革爆发以后的德国。1527年，德国萨克森公国的选帝侯要求新教改革家梅兰希顿带领一个三人小组进行全国教育调查，以便报告国家需要学校的情况。这次调查的结果导致1529年《考察报告书》的产生，并根据调查结果拟订了一份详尽的学校计划。

1641年，当三十年战争尚在进行时，萨克森—柯堡—哥达公国的统治者欧内斯特公爵任命了一个"学校调查团"，以了解学校和教会的情况。这次调查的结果是发表了一份《学校指南》，该文件对学校的性质，各级各类学校的课程、行为规范、教师、家长、考试制度等做了详尽规定，这是西方教育史上一个重要教育文献。1654年，公爵还出版了关于儿童上学、午餐时、在家里、在教堂、做游戏、晚餐、就寝、与陌生人交往、早起等行为准则的《简易读本》。这个读本不仅在每个乡村家喻户晓，而且公爵发布命令要求每所学校在考试日宣读。19世纪美国教育家亨利·巴纳德（Henry Barnard）对这次学校调查及据此制定的《学校指南》的价值进行了高度评价。他认为这是欧内斯特公爵许多重要改革中最主要的成就，"当生命和财产惨遭蹂躏，当无法无天的暴徒顽固地抵抗学校的建立的时候，这是注定要为德国的新大厦奠定基础的工作，因为A. H. 弗朗克（其父是公爵的顾问）后来在哈勒实施了指南的原理，并使它成了应用于一切学校的指南"[①]。

（六）教育视导制度的萌芽

教育视导（督学）制度是督促、检察教育政策、法规、制度实施情况，考察教师工作成效、教育质量、学生进步情况的有效手段。这项教育管理制度在17世纪的西欧即已出现。1618至1619年举行的荷兰多特宗教会议通过的学校条例中就有关于视导制度的规定。"为了对学生

---

① 克伯雷选编：《西方教育经典文献》（上卷），任钟印译，人民教育出版社2016年版，第307页。

的勤奋和青年的进步获得应有的了解,教会首脑的责任是会同一位长老,如有必要,还会同地方官员经常视察所有公、私立学校,以便激励教师们的认真勤勉,鼓励他们忠于教学的职守,并向他们提出建议,通过用友善可亲的态度向他们发问、谈话,以提供一个榜样,激起他们及早做到虔诚、勤奋和严谨。如果发现任何教师有怠忽或失检,牧师就要诚恳地告诫他们;必要时,由监督法院告诫他们,这是与他们能否继续任职有关系的。"① 17 世纪 40 年代,德国哥达公国的欧内斯特公爵建立了新的视学制度。基督教学校兄弟会于 1681 拟定、1720 年出版发行的《学校指南》包括关于督学的规定。《学校指南》第 58 条规定:"会员中的长老即是所在集镇所有学校的督学;当兄弟会的一个团体需要不止一个督学时,其他的督学则要一周两次向长老汇报每一位会员的操行、他所指导班级的状况及其学生的进度。"② 17 世纪以后,视导、督学制度在各国得到推广。

从学校教育管理工作来看,由于大批世俗性学校的问世,教会垄断教育的局面受到冲击,国家开始参与学校教育的管理,并以教育法令、学校指南等形式发挥作用。

二、学校教育制度

(一) 西方近代学制的渊源

西方近代学制不是古代罗马学校制度的直接继承。公元 476 年西罗马帝国灭亡后,蛮族成为西方社会生活的主人,古代学校制度几乎都消失了。除高卢和意大利尚有个别学校的孑遗外,整个西欧大陆陷入了愚昧、黑暗时期,有组织的教育的历史在欧洲暂时中断了。

西方近代学制是在欧洲中世纪文化教育废墟上重新发芽、生长的,

---

① 克伯雷选编:《西方教育经典文献》(上卷),任钟印译,人民教育出版社 2016 年版,第 331 页。

② 克伯雷选编:《西方教育经典文献》(上卷),任钟印译,人民教育出版社 2016 年版,第 341 页。

它大约产生于公元7世纪初。欧洲中世纪教育机构有两个源头：

第一个源头是公元529年本尼迪克在卡西诺山上建立的修道院。"对中世纪文化起源的任何研究，都必不可免地要给西方修道院制度的历史以重要地位，因为，在从古典文明的衰落到12世纪欧洲各大学的兴起这一长达700多年的整个时期内，修道院是贯穿于其中的最为典型的文化组织。"① 本尼迪克修道院的院规中有关于学习的规定，后来修道院又招收"院外生"。本尼迪克式的修道院很快遍布于欧洲各地。但修道院教育发展并不普遍，因为并不是所有修道院建立者都像本尼迪克一样重视教育，另一些修道院则并不具备这种条件，同时也有一些教会上层人物反对并限制修道院的教育工作。他们认为，为了信仰，应当使教士保持愚昧，即所谓"无知是信仰之母"。

第二个源头在英格兰，后来西方学校制度的形成主要是受英格兰学制的影响。在罗马占领时期（公元43—410），罗马人曾为英格兰上层社会家庭提供罗马式的学校教育。温斯顿·丘吉尔（Winston Churchill）在《英语国家史略》中曾多次提到这种学校和雄辩术教师。丘吉尔在回顾英格兰这段历史时赞不绝口，几乎把它描绘成英格兰历史上的黄金时代。公元407年罗马军团撤出英格兰，永远终结了对英格兰的占领。公元410年，罗马帝国终止对英格兰的保护，从此英格兰陷入一片混乱，原有的学校全部被毁，没有留下任何记载，也没有任何遗迹。当5世纪中叶盎格鲁—撒克逊人来到英格兰成为新主人时，发现罗马人的事业早已被毁无余，岛上一片破败荒芜，没有中央政府，许多小公国乱成一团。盎格鲁—萨克逊人定居以后，更是交通闭塞，王侯四起，群雄割据，武力当道，没有文字和文化教育。丘吉尔关于英格兰罗马式学校教育的记载只是合于逻辑的推想，而不是根据确凿的证据。这样的证据已无法找到，那一段历史只留下一片空白。

英格兰的学校在"荒漠"上重新产生应归功于基督教。公元597年

---

① 道森：《宗教与西方文化的兴起》，长川某译，四川人民出版社1989年版，第40页。

（或596年），教皇格里高利一世（Gregory Ⅰ，约公元540—604）派遣以圣奥古斯丁为首的包括40名教职人员的传教团到英格兰传播基督教，他们在肯特登陆。传教团到达后不久，就在坎特伯雷（Canterbury）建立教堂，这座教堂后来变成一个大教堂。为了传教的需要，该教堂还履行两种学校教育即文法学校和唱歌学校的职能。

文法学校实际上就是语文学校，它是教授拉丁语言和文字的学校，因为宗教仪式必须用拉丁文。当时盎格鲁－撒克逊人还没有成熟的文字，要在荒蛮粗野的盎格鲁－撒克逊人中传播基督教，首先必须教他们阅读，在他们中间传播文化。基督教徒为了驯化野蛮人，将他们引进文明人类的行列，进行了艰苦卓绝的工作。文法学校的教育属于普通教育性质。唱歌学校则属专业教育性质，它的任务是为教堂的唱诗班培养歌手和侍僧——牧师举行礼拜仪式时的助手。英格兰最初的文法学校和唱歌学校并没有分开，它只是在教堂中一个方便的地方，由教会人员集中一些年龄不等的人，教以文法和唱歌。"如同一对孪生兄弟的文法学校和唱歌学校常常被人们搅混，误认为是一所学校。"[①] 后来两种学校分开设立，但它们仍然既无专用的校舍，又无专职的教师队伍。再后来有了专门的校舍和教师队伍，但学校仍然附属于教堂，而不是独立的机构。

最早于公元7世纪初（公元600年前后）产生于坎特伯雷的文法学校，便是现代西方中等教育学校的起源。随着基督教在英格兰的广泛传播，坎特伯雷的学校制度传到英格兰各地和爱尔兰，以后又传入法兰克王国。后来法兰克王国分裂成法国和德国，所以法、德两国的学校制度都源于英格兰。

后来，盎格鲁－撒克逊人有了自己粗鄙的文字。随着时间的推移，文法学校逐渐要求学生在入学时用本族文字阅读，为满足这种要求便产生了阅读学校和写字学校。它们有时是唱歌学校或文法学校的预备

---

① 克伯雷选编：《西方教育经典文献》（上卷），任钟印译，人民教育出版社2016年版，第125页。

班,有时单独设立。唱歌学校曾普遍设立于各地,它存在的时间很长。到中世纪后期,唱歌学校渐渐消失,或者与阅读学校和写字学校一起融入蒙学堂(Pettie),这就是现代的初等学校或小学的起源。

早期学校都是其他机构的附属机构,学校或附属于大教堂,或附属于有牧师会组织的教会,或附属于修道院,或附属于歌祷堂,或附属于医院。大学产生以后,它们是大学中学院的附属机构。不属于任何其他机构而单独设立的学校产生于14世纪下半期。1382年温彻斯特的主教威廉创立圣·玛丽学院(Saint Marie College),这是一所单独设立的学校。教育史家李奇(Arthur F. Leach)写道:"由此,第一次出现了作为一个享有主权的独立机构。它自己存在,为自己而存在,以自我为中心,进行自我管理。"温彻斯特的学院是一所寄宿学校,有的英国教育史学者认为这就是英国公学的起源。

早期文法学校甚至公学并不是贵族和富豪的专利品,圣·玛丽学院为贫困学生保留70个免费名额,留给显贵子弟的只有10个名额,他们必须交纳学费和膳宿费。但这10名显贵子弟的名额未必满员,因为英国在中世纪的传统习惯是显贵家庭并不送孩子进学校,而是在家里雇用家庭教师。在中世纪的英格兰,文法学校是家庭财力有限的孩子们受教育的地方——小贵族、自耕农、零售商和工匠,偶尔还有佃农(villein)和农奴。几乎所有的文法学校都有贫穷学生免费的名额,还有奖学金。少数真正有才能的学生可以得到赞助和奖学金,并且能够一直读到大学。

现代高等学校是最早产生于12世纪的意大利博洛尼亚、法国巴黎和英国牛津,德国的大学产生于14世纪中叶以后。到1500年时,欧洲已有79所大学。

由以上的简略叙述,可以看出西方近代学制产生的几个要点:(1)西方近代学制产生于公元600年左右,这是根据奥古斯丁在肯特登陆的597年这个时间推定的。(2)从先后时序看,普通教育学校的产生先于高等学校。在普通教育学校中，中等学校先于初等学校。(3) 初期的学校是其他机构的附属机构，后来才出现独立的学校机构。(4) 早期中等学校的大门主要是向穷人开放，并没有被富人独占。(5) 早期学校无一例外是由基督教会创办和管理，教师都是教会人员；学校的宗旨是为教会服务，宗教在教育中占据重要地位。

（二）西方近代学制的形成

1528 年，梅兰希顿为萨克森邦所拟订的学制计划，被视为近代新学制的源泉。到 17 世纪时，西方教育的初、中、高三级学制已基本形成。

1. 初等学校

宗教改革时期，欧洲初等学校的管理权分为三种类型。德国的初等学校由世俗政权建立和管理，各公国先后颁布了众多学校条例，以规范初等学校的设立、年限和课程。英国实行"教育与国家无关的政策"（No Business of the State Policy），认为受教育是私人的事情，办学校不是国家的职责，国家将建立和管理初等学校的事情完全推诿给教会和私人慈善团体。法国的实践则属于两个极端之间，世俗政权颁布了一系列教育法令，但初等学校的实际管理权操纵在天主教会，特别是耶稣会手里。

现代初等学校虽然最早产生于英格兰，但到宗教改革时期德国是初等教育最发达的国家。德国的市立学校是与大学同时兴起的，到 15 世纪末，几乎每个城市都有一所学校，甚至在小城镇和乡村也不少见。同时出现了私立德语学校，这种德语学校起初不受重视，但它却是德国现代初等学校的先导。尽管到中世纪晚期初等学校已在德国城乡大量存在，但德国教育史家鲍尔生仍然将德国现代初等学校的诞生归功于宗教改革运动。他说："初等学校的诞生也应该归功于，至少是间接地归功于宗教改革运动。"[①]

---

① 鲍尔生：《德国教育史》，滕大春、滕大生译，人民教育出版社 1985 年版，第 50 页。

路德在 1524 年的致市长书中要求儿童每天上学 1—2 小时，在 1530 年的布道词中又提出"强迫人民送他们的孩子上学"①。宗教改革运动中的教育家约翰·布肯哈根致力于在德国北部城镇和乡村建立国民学校，1529 年的汉堡学校条例中有关于德语写字学校的规定②。1559 年首次发布的维滕堡学校章程规定：德语学校属于启蒙学校，实行男女分校，讲授德文的阅读和写作、宗教和音乐，教师免除杂役和教堂的服役；德语学校建立于每个乡村，并免费为群众办学。至此，德语学校得到正式承认。后来，维滕堡学校章程又于 1580 年被萨克森公国仿效，德语学校也得到了迅速发展。

初等学校的入学年龄并不统一。1537 年斯图谟接办的斯特拉斯堡文法学校规定 7 岁入学，1642 年萨克森—柯堡—哥达公国学校规定 5 岁入学，1717 年的普鲁士学校法令和 1763 年腓特烈三世的学校总法规都是规定 5 岁入学。

在德国土地上进行的三十年战争，给德国社会造成严重破坏。"昔日经常云集着欢乐和勤劳人群的地方，昔日大自然曾倾注它最美妙的祝福，和那曾是繁荣昌盛的地方，现在已是一片荒芜。……焚毁的宫殿、荒野的土地、烧成灰烬的村庄，触目皆是，一派家破人亡的景象。"③ 也有学者指出："三十年战争对德国的经济和社会是一场灾难，它可能是 20 世纪以前德国历史上最具破坏性的事件。人口的减少令人觉得可怕。大约有三分之一的城市居民和五分之二的农村居民死亡。德国全境人口锐减，有些死于战乱，有些则死于疾病——伤寒、痢疾……鼠疫以及在军中传播的梅毒，还有成千上万难民逃离家园。"④ 三十年战争使

---

① 克伯雷选编：《西方教育经典文献》（上卷），任钟印译，人民教育出版社 2016 年版，第 295 页。

② 克伯雷选编：《西方教育经典文献》（上卷），任钟印译，人民教育出版社 2016 年版，第 296 页。

③ 席勒：《三十年战争史》，沈国琴、丁建弘译，商务印书馆 2010 年版，第 324 页。

④ 巴克勒、希尔等：《西方社会史》（第二卷），霍文利、赵燕灵等译，广西师范大学出版社 2006 年版，第 191 页。

德国的人口由 2000 万减少到 1350 万，直到 1700 年又恢复到 2000 万[①]。由于人口锐减，学校事业也随之惨遭挫折，直到 18 世纪末、19 世纪上半期，德国教育才重现生机。

宗教改革以后，英国的初等学校发展缓慢。17 世纪末（1699 年）成立的"基督教知识促进会"和 18 世纪初（1701 年）成立的"海外福音宣传会"在普通民众中进行了大量以宗教教育为主的简单识字教育。法国的教育权控制在耶稣会手里，耶稣会注重的是中高等教育，以培养天主教的骨干神职人员和教师。但为了争夺信徒群众，巩固、恢复、扩大天主教的阵地，他们也重视初等学校。宗教斗争的需要推动了法国初等学校的发展。初等学校的课程包括教会史、祈祷、教义问答、读、写、算和教会音乐。

2. 中等学校

中等学校在中世纪欧洲已有很大发展。《中世纪欧洲的大学》的作者拉什达尔认为，至少在中世纪晚期，"除了那些非常遥远和人口稀少的地区以外，儿童不必离家很远就可以找到一所正规的文法中学"[②]。

宗教改革以后，德、英、法诸国的中等学校各有特色，对欧洲中等教育的发展有不同的奉献。德国教育史家鲍尔生根据所建立的中等学校机构，将宗教改革后德国中学的主要类型分为市立学校、邦立学校两种。市立学校是中世纪城市学校改革后的产物，有些是在宗教改革以后新建的。邦立学校是宗教改革后的新生事物，它是由地方行政当局建立、管理的。鲍尔生认为德国的邦立学校类似于英国的公学。他说："这些学校在德国教育上所占的重要地位，恰如英国的公学在英国教育中所占的地位。"[③] 同时，他认为德国的文科中学是在市立学校和邦立

[①] 杜兰：《世界文明史：路易十四时代》，幼狮文化公司译，东方出版社 1999 年版，第 587 页。

[②] 克伯雷选编：《西方教育经典文献》（上卷），任钟印译，人民教育出版社 2016 年版，第 288 页。

[③] 鲍尔生：《德国教育史》，滕大春、滕大生译，人民教育出版社 1985 年版，第 45 页。

学校的基础上创办的。

如果按修业年限区分，则可将 16、17 世纪的德国中学区分为拉丁中学和文科中学两种类型。拉丁中学是由梅兰希顿创建，修业 3 年，后来又扩充到 5—6 年、8—9 年，9 年制的拉丁中学改称为文科中学。1538 年，斯图谟在斯特拉斯堡创办的文科中学修业 10 年。到 16 世纪下半期，德国已开办大批中等学校。17 世纪上半期，德国有大学的城市都有文科中学，在其他城市则有修业 4—6 年的拉丁中学。

除以上两种类型外，按照 1559 年维滕堡公国的学校章程，还有初级修道院学校或文法学校，这是为教会培养服务人员的学校。学生上完 6 年制拉丁中学的前三年即可入学（12—14 岁），修业三年，其课程内容与拉丁中学的后三年大致相同，只是更重视神学。高级修道院学校是大学预科性质，15—16 岁入学，修业一年。18 世纪初，德国产生了实科中学。

17 世纪时，英国的中等学校有三种类型：文法学校、公学和文实中学。英国文法学校到 17 世纪时已有了 1000 年的历史，但当时英国本土及殖民地的四年制文法学校则是模仿德国宗教改革以后由梅兰希顿创办的拉丁中学。公学原来也是文法学校，它是在文法学校的基础上发展而成。到 17 世纪初，英国已形成了著名的九大公学。其中 14 和 15 世纪各建立 1 所，16 世纪建立 6 所，17 世纪初建立 1 所。

它们创建的年代如下：

1382 年　温彻斯特公学（Wynchester）

1446 年　伊顿公学（Eton）

1509 年　圣保罗公学（St. Paul）

1540 年　威斯特敏斯特公学（Westminster）

1552 年　什鲁兹伯里公学（Shrewbury）

1560 年　泰勒公学（Merchant Taylor）

1567 年　拉格比公学（Rugby）

1571 年　　哈罗公学（Harrow）

1611 年　　查特豪斯公学（Charterhouse）

公学最初并不拒绝有才能的穷人孩子入学，18 世纪以后公学才变成富人的专利品。

宗教改革以后，英国国教会加紧对不遵奉国教的教师的迫害。1580 年英国王室就提出要将不服从国教的教师开除并进行控告。1662 年《国教统一法令》颁布后，对不信奉国教的教师实行更严厉的惩罚，一些有才能的不信奉国教的教师被排挤出学校。于是这批被赶走的教师另起炉灶，按照弥尔顿的设想建立了一种新型中等学校——文实中学（academy）。这种学校将古典教学和实际生活需要的有用知识和技能结合起来，兼顾学生毕业后升学和就业两种选择，实现中等学校的双重职能和使命。文实中学和公学的古典主义气氛形成鲜明对照，为英国中等教育注入了新鲜空气。

宗教改革在法国成效有限，90%的地区仍然由天主教控制，法国的中等学校完全由教会特别是耶稣会控制。到 17 世纪末，耶稣会已有 612 所中学，在法国中等教育中占绝对优势。耶稣会的中等学校是当时欧洲有名的学校，1629 年圣乐会已有 50 所中学。

3. 大学

17 世纪欧洲的大学仍然继承中世纪的传统，分为神学、法学、医学三个专业学院和一个预科性质的文学院，大学中弥漫着古典主义气氛。15 世纪下半期开始的自然科学发展冲不开大学紧闭的校门，大学仍然游离于时代潮流的进程之外，与实际生活严重脱节，只有德国于 17 世纪末（1694 年）创办的哈勒大学略有新气象。

在上述三级学制形成的同时，属于中等教育阶段的师范学校也已产生。第一所师范学校是由德米亚神父（Father Dèmia）于 1672 年建于法国的里昂。第二所师范学校由拉萨尔神父于 1685 年建于法国的兰斯。第三所师范学校于 1696 年由弗兰克在德国的哈勒创办。到 1719 年拉萨尔去世时，基督教学校兄弟会已有1所综合师范学校、4所师范学校和3所实习学校。尽管这种师资培训是短期训练班性质的，但它却是世界师范教育的开端。

（三）学校内部管理体制的形成

学校内部管理体制形成的核心问题是将学生按程度划分班级（或年级），只有将学生分成班级，学校全部教学工作才能井然有序和便于管理。这项制度发端于荷兰，普及于新教地区，后来又被耶稣会模仿，最后由夸美纽斯加以总结，成为学校固定的制度。

1376年荷兰成立了平民生活兄弟会，亚历山大·赫吉亚斯在1465至1498年担任兄弟会创办的德文特学校校长时，将学生分成8个班级。伊拉斯谟曾是德文特学校的学生，熟悉这种分班制度。

1496年，兄弟会在列日（Liège）建立学校，仿照德文特学校的制度，也将学生分成8个班级，每个班级又分成10人小组（队），每组（队）由一个年龄较大的学生协助照管学生。斯图谟曾是列日学校的学生。

1529年，梅兰希顿在萨克森公国进行学校教育状况调查后，撰写了一份调查报告，提出"必须把儿童划分为不同的班级"[①]。

1534年，法国波尔多市政府自治机构根据新人文主义精神改组学校，并将新的文法学校分成10个班级。

1538年，斯图谟在斯特拉斯堡创办的文科中学模仿列日的制度分成9个年级，后增加到10个年级。每班又分成10人小组，一人任组长。

1538至1541年，加尔文在斯特拉斯堡文科中学任教，将斯图谟的分班制度带到日内瓦。

1541年，亨利八世改组坎特伯雷的学校，将学生分成6个年级。

---

① 克伯雷选编：《西方教育经典文献》（上卷），任钟印译，人民教育出版社2016年版，第299页。

1559年，加尔文办的日内瓦滨江学院模仿斯图谟的计划，将学生分成7个年级，每班也分成10人小组。日内瓦的学校法规影响到法国胡格诺派、荷兰新教加尔文派、英国清教徒和长老会。苏格兰新教领袖诺克斯在日内瓦住过，熟知加尔文的学制。

1559年，德国维滕堡公国颁布的学校章程规定拉丁语学校分成6个年级。

1581年，路德派的布利格学校条例规定了"班级的划分及划分的基础"，并规定了"组长和班长的职责"（10条）[①]。

耶稣会研究过当时最优秀的天主教学校和新教学校的经验，他们摒弃教派的门户之见，采用了路德派斯图谟的方法，也将学生分成班级，每班再分成10人小组。与学生分班、分组制度紧密相关的是循序渐进地安排各个年级的课程，以及学习成绩的考试、考查和升留级制度的建立。

考试制度在欧洲由来已久。公元789年，亚琛（Aachen）宗教会议遵照查理曼大帝的建议，规定司祭必须经过严格的考试，考试及格才可任职。大学产生以后，大学的特权之一就是对申请硕士、博士学位的人进行严格考试，考试由各学院的院长主持。到宗教改革时期，随着学生分班制的推广，考试制度也被普遍接受。1541年亨利八世改组坎特伯雷教会学校时，规定教师必须每周对全校学生考察二至三次，以测试学生的勤奋程度和学业、德行的进步情况，将不合格的学生劝退，而合格的、勤勉的学生每年至少有三次升入较高年级的机会。1642年萨克森－柯堡－哥达公国《学校指南》第十三章中规定："年度考试。学校的考试、教师的考试、牧师和督学对孩子的考试。"[②] 欧内斯特公爵于1654年发布的命令中规定每所学校应该有"考试日"。1581年路德派的

---

① 克伯雷选编：《西方教育经典文献》（上卷），任钟印译，人民教育出版社2016年版，第297~298页。

② 克伯雷选编：《西方教育经典文献》（上卷），任钟印译，人民教育出版社2016年版，第306页。

布利格学校条例也有"考试和升级"的规定①。此后，考试升级制度成为学校管理中一项固定的制度。

学校内部管理的另一个重要内容是教职员和学生行为规范的厘定。宗教改革以后，德国的学校章程最为完备，关于教学人员行为规范的规定也比较具体。如路德派于1581年制定的布利格《学校条例》第二部分，规定如下：

(1) 校长：职责和权限。

(2) 教授和助教的职责。

(3) 学生总的任务。

(4) 虔敬行为。

(5) 学生对教师的义务。

(6) 学生在校的义务。

(7) 关于学习、文体和背诵功课的训练（11条规则）。

(8) 放学（4条离校和回家的规则）。

(9) 在校外的举止行为（10条规则）。

(10) 在家中的行为和劳务（11条规则）。

(11) 对待陌生人的责任（10条规则）。

(12) 教师和助教的责任（13条规则）。

(13) 住读生的义务（12条规则）。

(14) 学校雇员（10条规则）。

(15) 葬礼（10条规则）。

(16) 惩罚（10条规则）。

(17) 组长和班长的职责（10条规则）。

(18) 辩论和演讲（10条规则）。

(19) 贫苦学生和领取生活津贴者（10条规则）。

---

① 克伯雷选编：《西方教育经典文献》（上卷），任钟印译，人民教育出版社2016年版，第297页。

（20）娱乐和消除疲劳（21条规则）。

结束语：告诫老师和学生遵守规则。①

以上条规对于学校的全部生活做了细致、周密的安排，使学生全部工作、活动都在明确的规范中运行。

1642年德国萨克森－柯堡－哥达公国公布的《学校指南》规定：

第九章　关于基督教徒的纪律和虔诚。好的纪律和惩罚是必要的。

第十章　学生的品行和义务。包括德行、到校的考勤情况、祷告、习惯、清洁、礼貌、脏话、偷窃行为、撒谎。

第十一章　教师及助手的责任。精力集中，和气、惩罚……

第十二章　父母及监护人的责任。父母有教育、关心并指导他们的孩子的义务；孩子不上学要对父母处以罚金；家庭中的良好纪律。②

同样，1586年创办的乌克兰里沃夫兄弟会学校也制定了一份著名的《学校章程》，对兄弟会学校的内部管理进行了详细说明。章程规定：兄弟会学校的校长和教师是由兄弟会全体大会选举产生；兄弟会的每个成员都有权访问学校，以便了解它的工作；父亲送儿童入学时应与校长签订合同，在合同中指出学校应当教给儿童什么，并且规定家长对学校的责任，如在学业结束前不得让儿童退学，不能妨碍儿童准时到校等；所有阶层的儿童不论其物质条件如何都可进入学校学习，孤儿上学的费用完全由兄弟会资助；儿童应当在早晨九点钟到校，不允许旷课和迟到，如果发现某个学生没有到校时，教师必须到学生家中查明原因；到校时学生应把在家完成的书面作业交给教师检查，并由教师进行口头提问；午间休息后教师指定家庭作业，星期六复习一周内学习的所有功课；斯拉夫语在兄弟会学校占有首要地位，其他课程包括希腊语、拉丁语、语法、修辞学、辩论术、算术、几何、天文学、音乐等。

---

① 克伯雷选编：《西方教育经典文献》（上卷），任钟印译，人民教育出版社2016年版，第297～298页。

② 克伯雷选编：《西方教育经典文献》（上卷），任钟印译，人民教育出版社2016年版，第306页。

该章程还详细规定了教师应具备的品质，他们应当以严格而又仁爱的态度对待儿童，是"笃信神祇、富于理性、温顺贤明、持身温恭、进退有节、不贪杯、不淫乱、不唯利是图、不暴躁善怒、不嫉妒他人、不滑稽取笑、不口齿下流、不蛊惑迷人、不谈无稽的话、不助长异教的人"①。乌克兰兄弟会学校在当时是先进的，其中许多特点如民主性质、分班上课制度、考察儿童出勤率和学业成绩的方法等，后来为乌克兰和白俄罗斯的其他兄弟会学校所效仿，并且反映在夸美纽斯的《大教学论》，尤其是在他"组织良好的学校的准则"之中。

在北美殖民地，1684年位于纽黑文的霍普金斯文法学校制定的《学校管理章程和条例》规定：只有在以前学习过字母拼音并已开始阅读，但需要进一步完善其正确的拼音、阅读、写字、计算的学生，才能进入本校学习；凡是年龄太小、未学过字母拼音的学生不得进入本校学习；另外，女孩和未经理事会许可的其他居民点的男孩也不得进入本校学习。学生在任何时候都要尊敬教师，同学之间要保持庄重和文静，不得打斗、争吵或互骂，不得亵渎神灵的名字，或有其他污秽的脏话。如有违反，教师要及时纠正。如屡教不改，将开除学籍。如果发现学生在安息日的集会上或其他公共礼拜场所玩耍、睡觉，举止粗暴无礼、不守秩序，教师应根据他们犯过失的程度及时纠正，而且所采取的措施要恰如其分。所有学习拉丁文的男孩，未经教师许可不得以任何托词（生病或不能学习者除外）缺课或逃学；如果没有父母或亲友的证明书，教师不得准假。该章程对于教师的职责也提出了以下严格要求：教师和学生都应准时到校上课；教师应制定一份学生名册，每天在固定时间点名，并记下迟到和缺课的学生；每天早上教师要把学生召集起来先进行简短的祈祷，然后开始一天的功课；教师要根据学生的学习进度安排座位，学生如果没有教师的允许不得离开教室；每周最后一天下午，教师要抓

---

① 康斯坦丁诺夫、米定斯基、沙巴也娃：《教育史》，李子卓、于卓等译，人民教育出版社1958年版，第202页。

住机会和有能力的学生进行教义问答,以对他们加以引导①。

总之,以上各种学校管理条例对于各年级的课程设置都有明细规定,使师生有章可循。耶稣会学院对学生的品德、行为有更严格的规定和监督措施。到17世纪时,学校内部管理的各项章程已相当完备,德国和耶稣会派在这方面的贡献尤为显著。夸美纽斯的学校管理思想就是上述实践经验的系统总结。有的学者指出:"动荡混乱是这一时期欧洲的社会特点,规范化则是这一时期欧洲学校管理所追求的目标之一。"②

第二节 近代教育制度的发展趋势

在16、17世纪,已经初具雏形的西方近代教育制度的发展趋势是世俗化、民族化、民主化、实际化、劳动化、科学化及法制化,下面分别对这些趋势做进一步阐述。

一、世俗化

世俗化即非宗教化,教育的世俗化意味着教育与宗教分离。教育世俗化是西方教育近代化过程中的一个特殊问题,这个问题不存在于中国教育近代化的过程中。

在古代西方,教育本来是世俗的。当时还没有任何一种宗教社团在社会生活中取得至高无上的支配地位,更没有任何一种宗教社团取得对教育的垄断权。学校是世俗政权或世俗个人创办的,教育的职能是为现实的社会需要培养人才,教育的内容与实际生活密切联系。在课程中,没有读经、祈祷、忏悔等宗教活动的地位,道德教育的内容是社会生活中实际的伦理规范,教师虽然可能有各自的宗教信仰,但不必是某个特

---

① 克伯雷选编:《西方教育经典文献》(上卷),任钟印译,人民教育出版社2016年版,第356~357页。

② 陈孝彬主编:《外国教育管理史》,人民教育出版社2002年版,第62页。

定宗教社团的成员，在教学过程中充满自由讨论、独立思考、争辩的活跃气氛。总的说来，当时的教育生动活泼，接近生活，有益于现世人生，有益于社会进步，但这种情况在基督教会垄断学校事业以后发生了变化。

基督教在公元 1 世纪中期产生以后，到罗马帝国末期它在社会生活中的影响日益扩大，终至成为罗马帝国的国教。教会与国家政权的结盟，提高了基督教会的地位。进入中世纪以后，基督教会逐渐发展成为经济上、政治上、意识形态上的支配势力，教育也随之落入教会的掌控之中。教育与基督教会的紧密结合，在西欧当时的社会条件下是历史的必然，是对社会进步有益的。基督教会当初也曾为西欧教育的发展做过许多有益的工作，有过历史贡献。早在罗马帝国末期，一些基督教徒就深入野蛮人的部落，在对野蛮人传布基督教教义的同时，也把文明带给了野蛮人。基督教徒教野蛮人识字，用文明社会的行为准则和道德规范驯化他们，帮助他们逐渐脱离原始荒蛮的状态，提升到文明人类的行列。基督教徒的这些活动扩大了文化传播范围，推动了人类文明的进步，为西方社会后来的发展播下了稀疏的种子。这是基督教会对西方教育的一大贡献。

在中世纪初期，原来缺乏文化的野蛮人成了社会生活的主人，造成了一段时期之内文明的普遍低落。艺术品遭受破坏，文化遭受摧残，公元 529 年以后学校几乎从西欧社会生活中消失了。正如恩格斯所说，中世纪完全是从原始状态中发展出来的。它消灭了古代文明、古代哲学、政治和法律，它使一切都从头开始。中世纪从死去的古代世界接收过来的，是基督教和几座半毁的、失去了它们过去全部文明的城市。其结果便是基督教教士取得了对知识教育的垄断权，使得教育本身大部分带有神学色彩。在中世纪的文化荒漠里，得到迅速发展的基督教修道院是当时西欧社会唯一藏书、抄书、读书的地方，它在西欧早期封建社会的漫漫黑夜中放射出丝丝微弱的文明之光，使西方文明绵延不绝，许多古代的珍贵文化典籍得以保存下来（例如亚里士多德、昆体良等人的著作手稿）。这是基督教会在西方教育史上的第二个贡献。

公元8世纪以后，在查理曼大帝的提倡和基督教会的操作下，开始重新在欧洲大陆建立学校，恢复久已消失的学校教育。随着学校教育的发展，神学、哲学、医学、法学、史学、文学、艺术、自然科学也在基督教义的阴影笼罩下、在教会团体的严密监控下得到艰难、缓慢的发展。西欧社会在早期中世纪的黑暗之后，重见了文明的曙光，成为以后西方文化教育发展的前奏曲。这是基督教会在西方教育史上的第三个贡献。

宗教改革以后，随着众多教派的出现，各个教派为扩大本教派的影响，争取更多群众成为本教派的信徒，纷纷开办初等、中等乃至高等学校，特别是初等学校以空前的规模和速度发展，扩大了受教育的群众面，推动了文化知识的普及，为以后的普及教育做了许多前期工作。这是基督教会在西方教育史上的第四大贡献。

在历史转换的新时期，许多新哲学观点的提出，自然科学的新发现、社会改革、宗教改革及教育改革新方案的拟定，新的教育内容、教育组织、教育方法的阐述都是由受到时代洗礼的、具有革新精神的真诚的基督教徒完成。16、17世纪著名的哲学家、科学家、教育家、社会改革家都无例外地是虔诚的基督教信徒乃至神学家。这是基督教会在西方教育史上的第五个贡献。

从以上诸端可以看出，充分肯定基督教在西方教育史上的地位是有根据的。如果说没有古希腊罗马的奴隶制就没有近代欧洲的文明，那么同样可以说，没有基督教也就没有近代欧洲的文明，没有基督教就没有近代西方教育制度。

然而，毋庸讳言，基督教会对学校事业的垄断，神学对教育的统治，也具有许多先天的弊端。这些弊端严重地妨碍了启蒙群众的教育事业的发展。基督教会垄断办学权，扼杀了热心教育事业的社会团体和社会人士的办学积极性，不利于教育普及。神学在教育中至高无上的地位，造成了文化教育、学术领域中万马齐喑、一家独鸣的冷清场面，排斥了对自然、社会中许多迫切的实际问题和理论问题的研究，阻碍了社会科学和自然科学的发展，窒息了人们的独立思考，摧残了任何一点新思想的萌芽，从而压制了一切革新、创造，堵塞了文化、教育、学术、科学的前进道路。在教育内容中，教会用神学迷信、宗教教条代替智育，用禁欲主义残害人的身体发展，用读经、祈祷、忏悔、灌输宗教信条代替道德教育。在教育教学方法上，盛行武断、盲目服从、强迫纪律、体罚、机械背诵、崇拜权威，压抑个性的发展。许多充任教师的神职人员不学无术，道德败坏，愚蠢迂腐，误人子弟。

在13世纪发展到顶峰的经院哲学，更是以其教条主义、形式主义、神秘荒诞、脱离现实、迂阔烦琐，严重阻碍文化教育和学术的发展，成为文明进步的绊脚石。16世纪的宗教改革消除了基督教教义和教会中的一些弊端，但宗教改革中的各个教派不是削弱了而是重新加强了宗教对教育的束缚。各个宗教派别都牢牢地把教育控制在自己手里。正如马克思（Karl Heinrich Marx）的分析，路德战胜了信神的奴役制，只是因为他用信仰的奴役制代替它。他破除了对权威的信仰，却恢复了信仰的权威。他把僧侣变成了俗人，但又把俗人变成了僧侣。他把人从外在宗教解放出来，但又把宗教变成了人的内心世界。他把肉体从锁链中解放出来，但又给俗人的心灵套上了锁链。基督教在西欧社会一千多年中形成的无所不在的影响，仍然根深蒂固地束缚着教育制度的进一步发展。

事物在变化，时代在前进，历史在发展。许多在旧时代具有合理性的东西，在新世纪的光辉面前渐渐失去了它的合理性。到17世纪，随着生产的发展、科技的进步、新世界观的传播、群众对文化知识需求的增长，基督教会对学校事业的垄断和神学在教育中的统治地位渐渐成为不合时宜的累赘。新时代需要新人，更需要新教育造就新人。于是打破教会对学校事业的垄断，淡化宗教对教育的影响，争取教育向世俗化方向发展，便成了历史的必然趋向。

教育世俗化的趋势是缓慢形成的。世俗政权在与罗马教廷争夺最高领导权的斗争中节节胜利，教会权威日益低落，这是教育世俗化趋势发展的大环境。工商业发展对教育的促进，这是教育世俗化趋势发展的动力。自然科学的发展是教育世俗化趋势发展的条件。最先打破教会对学校的垄断的是大学。早在12世纪，意大利北部一些热心教育和学术的学者和市民，开始不经教会批准，独立创办大学。大学本身形成自治组织，对教会保持独立。基督教会随之创办巴黎大学，以与自治大学相对抗。12世纪以后，初等教育中出现了非教会的行会学校，他们由手工业者行会和商人行会①创办，后来发展成为由市政机关经营的城市学校（市立学校）。基督教会对新学校的师生进行疯狂迫害，以维护自己对学校的垄断权。但教育世俗化是客观的历史趋势，教会的阻挡是徒劳的。到15世纪时，所有西欧的较大城市都有了市立初等学校。教会再也无法垄断对学校的开办权和管理权。1530年成立的法兰西科学院已是独立于教会的机构。到17、18世纪，西欧社会中学校的开办权已经由基督教会转入国家之手。德国的许多公国颁布了教育法令。法国大学中教会的影响日益削弱，国家的影响逐渐加强，教授由政府任命而不是由教会委派。

在教育内容上，最早出现的市立初等学校开始将课程重心从背诵《圣经》和《教义问答》转向具有世俗价值的文法和算术。一些市立学校开始不再用基督教会的官方语言（拉丁语）进行教学，而是以本民族的语言作为教学语言。文艺复兴时期，人文主义者提倡打破神学在课程中一统天下的局面，扩大学科范围，增加世俗生活需要的自然科学、社会科学、现代语言。文艺复兴以后，古典语言（希腊文、拉丁文）、文学与自然科学逐渐成为课程的中心，以代替神学为中心的课程，笼罩在

---

① 商人行会是一个典型的中世纪机构，它既是一个为特定城镇的商人提供经济利益保护的群体，也是一个提供所有宴请、交际和娱乐的兄弟会。

课程中的宗教阴影逐渐淡化。

基督教会视人的肉体为灵魂的监狱，提倡摧残人的肉体以拯救灵魂。古代西方活跃的体育活动被教会禁止。为了打破禁欲主义的禁锢，维多里诺已经在他的新学校中提倡骑马、角力、击剑、游泳等游戏和体育活动，在体育被排斥于正式教育之外一千多年以后，西欧学校首先恢复了体育。拉伯雷也极力主张开展各种体育运动，以发展人的身体。这种趋势在以后得到进一步发展。

文艺复兴以后非宗教道德的观念逐步发展。17世纪中期德国的骑士学院率先将伦理学从神学中独立出来，以伦理学与神学并列。这是学校中的道德教育从宗教教育中解放出来的先声。但直到19世纪，学校中的宗教教育才最终完全被世俗的公民道德教育所取代。

在教育目的上，人文主义思想家伊拉斯谟进行了很好的概括。他认为对于教育而言，"首要而基本的功能是，使脆弱的灵魂在虔信的土壤中得到养分；其次，能够全身心地热爱和学习人文主义作品；第三，能够了解与生活职责相关的知识；第四，从童年起就养成礼貌的行为方式"①。这种新的教育目的既是古希腊罗马时期自由教育理想的复活，也是对基督教教育目的的继承，还保留了世俗的骑士教育理想。文艺复兴时期，一些人文主义教育家还在论著中阐述了廷臣的培养，如卡斯底格朗的《宫廷人物》和埃利奥特的《行政官之书》。廷臣需要知道如何打仗、游戏、跳舞和谈爱，而且要通晓古典作品、诗歌和演说；他们还要具备法律知识，因为他们负有管理国家事务的职责。"实际上，廷臣是古老的封建贵族制度与新兴的商业阶级融合的产物。"② 16、17世纪维夫斯、拉伯雷、弥尔顿等都赞同人文主义教育目的，并且通过注入现实主义元素，进一步加强了人文主义力量。蒙田则寻求更具现实主义的教育目的，他不仅力求避免空洞的语言文字形式，而且将旅行和社会考

---

① 布鲁巴克：《教育问题史》，单中惠、王强译，山东教育出版社2012年版，第8页。
② 布鲁巴克：《教育问题史》，单中惠、王强译，山东教育出版社2012年版，第8页。

察作为教育目标。他认为,广泛接触世界有助于对人性的判断,可以做到洞若观火。"这个大千世界,有人还把它看做是恒河一沙,是一面镜子,我们必须对镜自照,从正确角度认识自己。总之我希望把世界作为我的学生的教科书。"①

到17、18世纪,拉丁语学校开始增加学业年限,文科中学的任务是培养各公国所需要的官吏,并为那些有志于从事学术性职业——法官、医生——的人做好上大学的准备。这种"新人"应该具有强健的体魄、文雅礼貌的举止、处理各种事务的能力。他们不仅可以理解和欣赏过去的伟大历史,而且能创造和享受现实的幸福生活,特别是有能力从事城市工商业的管理。这种"新人"理论是人文主义对中世纪传统教育目标的一次重大变革。另外,国家作用的加强削弱了教会的影响,改变了中等教育的培养目标,推动了教育的世俗化进程。在教学方法与教师的选择上,教会和宗教的影响也逐渐淡化,培养牧师已成为次要任务。

夸美纽斯是社会改革家、宗教改革家和教育改革家,他给了教育的世俗化进程以强有力的推动。在夸美纽斯的理念中,教育的主体和对象——人不再是神的卑贱的奴隶,而是最崇高、最完美、最美好的创造物。上帝创造了人的祖先,但人是由教育形成的。人永生的目的只是虚晃一枪,其立脚点在于今生的幸福。人必须皈依上帝,但不是靠读经、祈祷、禁欲,而是靠认识自己,认识万物,用道德规范约束自己。对于人的培养来说,虔信是必需的,但重点在于学问和道德。从《世界图解》看,在教育内容中,认识自己、认识社会、认识自然,知道宇宙万物已处于压倒一切的首要地位,宗教教育成了落日余晖、夕阳残照。这一特点也明显反映在夸美纽斯对初、中、高等学校的课程设置中。在《大教学论》中,夸美纽斯已摒弃了禁欲主义,立专章论述健康教育。道德教育已从宗教教育中独立出来,取得与宗教教育平等的地位。到

---

① 蒙田:《论儿童教育》,马振骋译,上海人民出版社2016年版,第16页。

17世纪末，在洛克的教育理论中，教育的世俗化更前进了一大步。但是基督教会的力量仍然很强大，要使全部教育实现完全的世俗化，还要走很长的历史道路。

二、民族化

宗教改革并非仅仅是宗教纠纷，在很多国家它不仅吸引了众多的平民百姓，而且受到君主王侯、贵族和世俗政权（国家机构）的保护与支持。因此，从政治意义上来说，它反映了近代民族精神的形成。"宗教改革标志着君主政体同超然的罗马教廷和天主教会的分裂，以及作为原始民族主义意识形态的新教主义的到来。"① 由于这一特点，宗教改革时期出现的学校，特别是新教学校，具有明显的民族特性。这一时期的教育发展也带有民族化趋势。在宗教改革时期，民族国家兴起的必然结果之一，就是民族意识的增强和民族区别的加强。"不断的战争、本国语越来越多地使用以及认为每个民族和其他民族都不同（而且好于其他民族）的想法不断增长，这些都导致了民族重要性情绪和爱国主义情绪的产生。在构建民族主义精神的过程中，学校和教育起到了很大的作用。"②

教育民族化倾向的主要表现，首先是强调国家与教育的关系。宗教改革兴起后不久的1524年，马丁·路德就写了著名的《告德国各市长和地方长官书》，强烈要求他们创办学校。他说："尊敬的统治者们，如果我们认为有必要每年在大炮、公路、桥梁、堤坝等成千种诸如此类的设施上花费大笔开支，以便维持秩序、和平与安宁，难道我们不应该出钱拯救正在苦难中的青年，至少花点钱为他们请一两个老师吗？……因为现在在我们之中，有许多既在语言方面，又在文学艺术方面知识丰富

---

① 格林：《教育、全球化与民族国家》，朱旭东等译，教育科学出版社2004年版，第143页。
② 伯茨：《西方教育文化史》，王凤玉译，山东教育出版社2013年版，第206页。

的、卓越的、有才华的青年,如果我们让他们去完成教授年幼的儿童的任务,他们会做出很大的贡献。"① 路德认为,创办学校是市政官员应尽的职责,也是青年们非常渴望的。没有学校,无论是俗界还是天堂,其后果都是不堪设想的。1530年路德又写了《论强迫义务教育》,再次呼吁王公贵族和世俗统治者开办学校,甚至提出国家有权强迫儿童入学。"我认为,当权者要求其臣民送他们的孩子上学念书,是义不容辞的;毫无疑问,确保上述官职和地位后继有人,使布道者、法官、副牧师、抄写员、医生、学校教师等,不至于从我们之中断绝,这是当权者的责任;因为,我们不能没有这些人。"② 路德要求家长送子女入学,是为了孩子自身的利益和公众福利。由此看出,对后世欧美教育发展影响重大的两条原则——国家管理教育和由国家推行普及义务(强迫)教育,就是这一时期出现的。尽管这两条原则在当时并未真正实现,但它们的提出是教育管理体制的重大变革,也是近代早期西方教育发展史上的巨大进步。

教育民族化的第二个表现,是强调教育服务于民族和国家的功能,即通过学校教育培养有用的国家公民。路德在《论强迫义务教育》中指出,办学施教不仅是为了教会的利益,也是为了培养可靠的臣民。他说:"假如你引导你的儿子关心国家事务,并送他上学的话,那么……他也能成为这样一个有用的人。……你的儿子将成为帝国的使者、皇帝的传道者、世俗和平的基石,上帝正注视着他所做的一切!"③ 同样,加尔文要求教会、国家和家庭都应高度重视教育,把教育年轻一代当作一项非常重要的事业。他明确提出由国家负责实施对全体公民进行强迫教育的主张,认为国家和政府的重要责任是促进宗教信仰,君主和当权

---

① 克伯雷选编:《西方教育经典文献》(上卷),任钟印译,人民教育出版社2016年版,第291页。
② 克伯雷选编:《西方教育经典文献》(上卷),任钟印译,人民教育出版社2016年版,第295页。
③ 任钟印主编:《世界教育名著通览》,湖北教育出版社1994年版,第159页。

者都应保护好教会。因此，政府应努力使全体公民受到良好的教育。加尔文提出了普及和免费的教育主张，认为所有儿童不分性别和贫富贵贱都应当接受教育，以学习基督教教义和日常生活所必需的知识。实施普及和免费教育，不仅是为了促进宗教信仰，也是为了世俗国家的利益。它有利于国家的意志、法律和政令的执行，有利于社会秩序的稳定和道德的进步。

以上新教思想家所追求的教育民族化特点强化了教育服务于民族国家的功能，随后教育民族化与世俗化趋势相得益彰，推动欧洲教育从中世纪走向近代化。从此以后，教育不再是教会垄断的专利，而是成为涉及国家和民族前途，并与普通民众生活直接相关的事业。近代欧洲的国家教育管理制度正是奠基于这一时期。

三、民主化

教育民主化意味着将正式教育的权利和义务扩大到广大劳动群众，这是历史发展到一定阶段的客观要求。

在史前社会，受教育是氏族全体成员的权利和义务。在西欧进入奴隶制社会的过程中，随着文字的产生、知识的积累，产生了学校。随之也产生了少数人对知识的垄断，广大劳动群众被排斥在学校之外，被剥夺了享受正式教育的权利。这是与阶级的产生、社会最大的一次分工——脑力劳动和体力劳动之间的分工——的出现相适应的。在当时的历史条件下，劳心与劳力分离，劳心者治人，劳力者治于人，是"天下之通义"，是历史的必然。它是社会进步的结果，也是社会存在和继续发展的必要条件。正如恩格斯指出：当人的劳动生产率还非常低，除了必需的生活资料只能提供微少的剩余时，生产力的提高、交换的扩大、国家和法律的发展、艺术和科学的创立，都只有通过更大的分工才有可能。这种分工的基础是，从事单纯体力劳动的群众同管理劳动、经营商业和掌握国事，以及后来从事艺术和科学的少数特权分子之间的大分工。这种分工最简单的完全自发的形式正是奴隶制,而奴隶制在当时是既为人所公认,同时又为人所必需的社会制度。

在西方古代奴隶制社会中,也有个别奴隶主在自己家里为奴隶开办学校,教奴隶学习识字和计算,教师由奴隶主本人担任,或由被释奴隶甚至识字的奴隶担任,以提高奴隶记账和管理家务的能力,也是因为识字的奴隶可以在奴隶市场上以极高的价格出售。也有少数奴隶在陪伴小主人上学的过程中学会了识字,通过自学成为有文化的人。在古代罗马的奴隶制度下,上层社会的人不屑于担任初等学校教师,所以初等学校教师大多是由被释奴隶担任。昆体良的老师帕利门(Remius Palaemon)原是奴隶出身,他通过自学成为有学识的人,是罗马著名的中等学校教师,并编写了文法教科书。此外,奴隶的重要来源之一是战俘。一些有文化的甚至造诣很深的学者也可能在战争中被俘,成为奴隶。所以,奴隶中也曾有过著名的哲学家。

柏拉图首次提出了"强迫教育"的观点。他说:"儿童们不允许根据他们父亲的一个念头上学或不上学。只要有可能,'每个人'(如同谚语所说的那样)必须强迫接受教育,因为他们首先属于国家,其次才属于他们的父母。我必须强调指出,我的这项法律同样适用于男孩和女孩。"① 但柏拉图的强迫教育只限于公民的子女,占人口大多数的奴隶的子女被排斥在外。所以,柏拉图的强迫教育与普及义务教育无缘。

以上这些少有的例外,都不能改变奴隶制社会中劳心者与劳力者分离的历史事实。在西欧中世纪,处于社会等级最上层的是基督教的教士阶层,他们垄断了知识,也垄断了学校教育。在禁欲主义盛行的条件下,基督教教士实行独身制,教士本身不能繁衍后代。但为了后继有人,他们必须从修道院以外甚至俗人中吸收新的成员,以补充自己的队伍。于是修道院逐渐吸收外来的子弟,从中培养教士阶层的接班人。受教育权的这种有限的延伸,不是出于教会的仁慈或民主愿望,而是为了

---

① 柏拉图:《法律篇》,张智仁、何勤华译,商务印书馆 2016 年版,第 221 页。

教会本身的生存和延续。

市立初等学校的出现,无疑有利于教育的普及。在文艺复兴初期,维多里诺在自己的学校中不仅接收贵族子弟,也免费接收贫民中的天才儿童入学。

将上述点滴历史进步概括成一个教育上的理论原则,就是普及义务初等教育的提出,这是教育民主化趋势的真正开端。

在16世纪,最早提出普及义务初等教育思想的是早期空想社会主义者托马斯·莫尔和宗教改革家路德。在17世纪,是意大利的空想社会主义者康帕内拉,德国空想社会主义者、路德派牧师安德里亚,捷克教育改革家夸美纽斯和英国贵格会社会改革家约翰·贝勒斯(John Bellers,1654—1725)。莫尔在1516年出版的《乌托邦》中率先提出要让所有儿童受初等教育,男女教育平等,全体公民都要成为精通一切学问的人。8年以后,即1524年(宗教改革爆发后的第7年),路德在告市长书中,号召市长为全市居民建立市立学校,令所有儿童6岁入学。他认为世俗当局有责任督促、强迫人们送子女上学,政府应有专门的机构给他们以支持。

在康帕内拉构思的理想社会《太阳城》中,所有儿童从两三岁起就交给专门负责幼儿教育的人,从事游戏和各种体育锻炼;7岁以后开始学习各种自然科学和劳动。教育是免费普及于全体儿童的。在安德里亚构思的理想社会《基督城》中,儿童6岁以前在家庭受教育,7岁以后就送到公共的教育机构受教育,而且所有儿童都要学习和劳动。夸美纽斯在《大教学论》中建议每个村庄设立国语学校(初等学校,用本民族语言教学),要将全部男女少年儿童都送到公立学校上学。夸美纽斯甚至认为拉丁语学校(中等学校)也不应该只招收富人、贵族和官吏的子女,而应该向所有人开放。约翰·贝勒斯主张消灭贫困和失业,实行全民免费教育和免费健康服务,男女儿童从四五岁就开始一边读书、一边参加简单劳动。

上述教育家的言论阐述了以下几个基本观点：(1) 学校教育应普及到每一个社会成员，不论他们的社会地位、财产状况、宗教信仰如何。(2) 送子女上学不仅是一种权利，也是对社会和国家的义务。因此，义务教育不仅是个人的自愿，也具有强迫性质。(3) 女童具有和男童同等的入学权。(4) 政权机关应有专门机构实施强迫教育，并对家境贫寒、无力送子女上学的家长给予经济上的资助。(5) 普及义务教育应是免费的。

由于工商业发展的需要、世俗政权影响力的增强和先进思想家的提倡，许多城市做出了推进教育民主化的努力。1530 年，德国斯特拉斯堡市参议会决议创办 6 所男童小学，此外还有 4 所女童小学。到 16 世纪下半期，维滕堡有德语学校 156 所，其中有许多设在农村。到 16 世纪末，德国境内已有拉丁语学校 343 所，达到每万人中有一所。在 16 世纪至 17 世纪，俄国兄弟会学校章程要求在教师与家长、教育者与学生中间建立民主的关系。教师应以仁慈的、关心的态度对待儿童，在处罚他们的时候不要像暴君一样，不要过分，而要适当；不要狂暴，而要温和。章程规定："教师还必须教导并热爱所有儿童，不论是富家子弟和贫苦孤儿，还是那些街头行乞的丐童，都应一视同仁。教导儿童应该视其才力之所能及，不得对某些学生努力教导，而对另一些学生教导不力。"①

将普及义务教育纳入法制的轨道，以法律强制实施普及义务教育，这是教育民主化趋势发展的一个新阶段。这种趋势首先出现于德国的各公国。萨克森于 1557 年、1580 年，维滕堡于 1559 年，魏玛于 1619 年先后颁布学校法令，强制父母送儿童入学，规定"世俗政权强迫履行这个不变的义务"。1642 年萨克森—柯堡—哥达公国颁布法令，规定孩子从 5 岁开始接受义务教育，违者处以罚金。1649 年维滕堡颁布义务教

---

① 康斯坦丁诺夫、米定斯基、沙巴也娃：《教育史》，邱爽秋、李子卓、毛礼锐等译，人民教育出版社 1955 年版，第 202 页。

育法。1717年普鲁士学校法规定5—12岁的儿童受强迫义务教育。1763年德国皇帝腓特烈二世颁行学校总法规，规定对5—13岁儿童实施强制义务教育，违者处以罚金。到18世纪末，德国已有学校2000多所，学校普及于乡村和女童。

法国从16世纪下半期开始实施强迫初等义务教育的法令。1566年、1567年、1598年都有这样的法令颁行。1606年、1626年、1685年的法令更将强迫义务教育的年龄延长到14岁。到18世纪（1704年、1724年）法国又颁布了强迫义务教育的法令。在英语国家，最先颁布普及教育法令的是北美马萨诸塞殖民地于1642年、1647年颁布的教育法令。在普及教育方面最为滞后的是英国，它从伊丽莎白时代（1558—1603）起就奉行一项政策，认为办教育不是国家的职责，而是教会和私人的事情，直到19世纪下半期（1870年）英国才颁布普及初等义务教育的法律。

但颁布法律是一回事，实施法律却是另一回事。当社会条件尚不具备、社会还不能为普及义务教育提供物质保证（如校舍、设备、教材、师资等）、广大劳动群众还不能摆脱贫困的时候，实施强迫教育的任何惩罚条款都是无济于事的。例如，北美马萨诸塞殖民地曾经将违法市镇的罚金从5磅提高到10磅、20磅，仍然无法实施普及教育，因为雇用一名教师的年薪远远高于罚金的数额。西欧社会花了将近400年的艰苦努力，才在19世纪末基本实现初等义务教育的普及。到20世纪，普及教育才延伸到中等教育。

四、实际化

教育实际化是指教育与生活联系，教育为现实服务。这一趋势是对教育脱离生活、脱离实际等积弊的矫正，是近代教育制度的一个重要特征。

在古代西方，教育原本是与实际结合和为现实生活服务的，教育中充满了生活气息，但教育中这一积极、健康的特征后来消失了。到16、17世纪时，教育脱离生活、脱离实际的积习主要表现在两方面：一是宗教神学的神秘主义，二是古典主义。

宗教神学的神秘主义由来已久。自从基督教会垄断学校事业以后，它一直是挥之不去的幽灵。基督教鼓吹永生的幸福，宣扬来世，轻视、贬抑现世生活。基督教从不考虑如何改善人们的现世生活，它劝说人们忍受今生苦难，等待来世升天堂。教会禁止研究社会和自然中的实际问题，认为这是干涉神的事业，是对神的冒犯。教育教学的全部内容主要是读经、祈祷、忏悔、禁欲，它把人们引入神秘、虚幻、怪诞的妄想之中，与现实完全脱节。教会所造就的是一批只知背诵、引述《圣经》，对现实生活一无所知的愚昧、迂腐之徒。经院哲学使这种脱离现实的教育发展到极端。文艺复兴以后，经院主义便成了一切进步教育家嘲笑、抨击的对象。

西方教育中的古典主义、形式主义出现于文艺复兴时期，形成于15世纪末，盛行于16世纪下半期。文艺复兴的主要特征是托古改制。厌倦了经院哲学和禁欲主义的人文主义者对古代希腊、罗马生动活泼的世俗文化产生了浓厚兴趣。古代人热爱生活、珍视人生、以人为本、探究自然的奥秘、独立思考、自由辩论、百家争鸣。人文主义者渴望从古代文化中汲取有益的营养，以适应时代的新变化，形成新的世界观。于是学习古代语文（希腊文、原始纯正而不是后来被基督教会污损了的拉丁文），阅读古代希腊罗马作家的作品，一时成为时尚。这种风气在开始时具有积极向上的特征。但在同时，一种不健康的为古典而古典的形式主义倾向也出现苗头。这种倾向认为，学习拉丁文学作品的目的不在于从中汲取智慧和精神力量，使之有益于现实生活。他们认为古典文学教育的目的就在于古典文学本身。会写拉丁韵文，就是受过教育的人的重要标志之一。学习的重点不在于文学作品的思想内容，而在于语法规则和韵律规则。他们过高地评价西塞罗的文体，认为它是唯一正确的作文范例，因而模仿西塞罗的文体成为时尚。这种形式主义倾向的代表人物便是意大利人文主义者格里诺。到15世纪末，出现了一个更为极端的西塞罗学派，他们主张在西塞罗作品中没有出现过的词汇和习惯语便不可使用，主张在学术上只考虑文体，不考虑内容。这种消极倾向发展的结果，便是古代研究变成了枯燥乏味的形式主义。它引导人们向后看，厚古薄今，脱离现实。到17世纪，学校中盛行的古典主义成了教育进一步发展的严重阻碍。

教育实际化趋势推动了课程设置和教学方法的改革，也促进了新型学校的创建。现实生活的需要是教育实际化趋势发展的基础，人文主义者的先进思想给予了这一趋势以有力的推动。维多里诺已经在自己主持的学校中教授绘画、测量面积和体积等实际知识。拉伯雷提倡实物教学、观察自然、观测星星、研究植物、参观商店和多种工场、研究工业发明，从而学习实际生活中有用的知识。维夫斯主张学习应以事物为主，而非以文字为主；要注重应用科学，研究自然科学、历史和数学。莫尔也主张学习实用的知识。

17世纪，在德国新出现的高级小学中，课程除4R（读、写、算、宗教）外，开始有几何、自然、地理、物理。有的学校还开设商品学、簿记、测地学。在德国虔敬派开办的初等学校中，课程内容列入了木工、玻璃制造、装订。夸美纽斯的教育思想对于虔敬派学校的教学方法产生了重要影响，简明性、直观性和主动性是虔敬派学校的教授法则。宗教教育在虔敬派学校虽然占据主导地位，但虔敬派的教育活动尤其是教育方法在当时是进步的。弗兰克的学校甚至设立了自然科学及历史博物馆、物理实验室，并且经常带领学生去观察自然。

商业学校在16世纪最早产生于意大利，17世纪时出现于德国的一些城市。汉堡青年商人养成所的课程有宗教、历史、商业地理、法文、德文、意大利文、英文、簿记、商品学。德国骑士学院从16世纪末期起，就在课程中列入了现代语、数学、物理、天文、筑城、建筑学、机械学。以上新气象反映了工商业发展对教育提出的新要求,教育的实际化与生活化已势不可挡。

斯图谟于1538年创办的文科中学以教授拉丁语和雄辩术为主,学生不学数学。学生从文科中学学习十年毕业后毫无数学知识,甚至不会翻书的页码,其脱离实际竟至如此。在教育实际化潮流的冲击下,文科中学不得不从16世纪60年代末开始教授数学、地理、历史。后来,文科中学又废止了要求师生说拉丁语的传统。三十年战争以后,文科中学不仅为毕业生升大学做准备,也训练走向生活、进入上流社会的贵族青年,为他们开设德语、法语、英语、几何、天文、系谱学、纹章学、军事学、建筑学。

教育实际化的趋势也影响到高等学校。德国于1694年创办的哈勒大学以德语取代拉丁语,增加了地理、应用数学、物理、历史、政治、法律等与实际生活联系的新学科。

教育实际化趋势推动了新型学校的产生,除上述高等小学、商业学校、骑士学院外,对后世产生重大影响的当推弥尔顿所倡议(1644)的学园(academy)和18世纪初产生于德国的实科中学(realschule)。弥尔顿倡议的学园在17世纪60年代以后在英国得到发展,18世纪中叶富兰克林将这种学校移植到美国,并在19世纪得到大量发展,成为美国中等学校的主要类型。实科中学在开始时其地位低于文科中学,但在实科中学的冲击下,到18世纪下半期文科中学也不得不增设实科班。

夸美纽斯是教育实际化思想的杰出代表,他提出对事物的学习重于对文字的学习,不学无用的学科。以后,洛克、赫伯特·斯宾塞(Herbert Spencer)、约翰·杜威(John Dewey)将教育实际化、教育与生活联系推进到了新的水平。但实际生活永远不会停止前进的步伐,和实际生活相比,教育的发展滞后,这是不可避免的常规。因此,不断进行教育改革,不断加强教育与生活的联系,将是一个永恒的课题,这个过程没有终点。教育实际化的一个重要内容是教育劳动化。教育劳动化又是教育民主化进程发展的必然结果。

五、劳动化

正式教育与体力劳动和体力劳动者分离已延续了数千年，要突破这个悠久的历史传统必须具备两个前提：一是出现了体力劳动者接受正式教育的可能和必要；二是某些新兴行业中的体力劳动本身增加了知识和科学技术的含量，完全没有文化知识的劳动者已不能适应新的生产发展要求。这两个前提的成熟是资本主义生产发展的产物。

资本主义生产最早萌芽于14世纪地中海沿岸各国。随着资本主义生产的发展，教育民主化的趋势不断加强，正式教育不再是体力劳动者及其子女的禁地。生产的发展推动了科学技术的进步，新的自然规律和生产技术不断被发现。反之，新科学技术在生产过程中的应用又促进了前所未有的新材料、新工艺、新产品、新市场的出现。例如，印刷术、生产玻璃、钟表、望远镜、显微镜、各种数学仪器、科学仪器、天文仪器、枪炮制造等。商业，特别是海外贸易的发展，新的地理发现，更提高了文化知识、科学技术在商品的生产、贮存、流通过程中的意义。现在，除了生产管理者以外，体力劳动者也必须掌握一定的文化知识。他们所需要掌握的文化知识，已不再是背诵《圣经》和《教义问答》，或背诵、模仿西塞罗的范文，劳动者必须掌握与生产劳动直接相关的各种实际知识，这是生产继续发展的必要条件。于是，教育实际化进一步向教育劳动化发展便成了客观需要，将生产劳动知识和技能引进正式教育，这是历史的趋势。

然而，劳动教育思想的兴起还有更复杂的社会原因。在16、17世纪，资产阶级是新兴的社会力量，他们代表先进的生产力和生产关系，在当时是积极向上、奋发有为、朝气蓬勃、披荆斩棘、开拓创新的社会群体。他们提倡勤劳、节俭、敢于冒险，他们对教士阶层和世俗贵族的懒惰腐朽、游手好闲、饱食终日、无所用心的寄生虫生活嗤之以鼻。新兴资产阶级也希望通过劳动教育和适当参加一些体力劳动，使本阶级未来的接班人养成勤劳节俭的习惯，体验创业的艰难，培养奋发有为的精神和纯正高尚的道德。因此，资产阶级思想家洛克也认为未来绅士的教育应该包括劳动教育。

英国资本主义原始积累的历史是用剑与火的文字写成的。在16世纪英国"羊吃人"的圈地运动中，大批农民被驱赶离开自己的家园。他们流落到城市，而数量有限的工场手工业远远不能吸纳愈来愈多失去土地的农民，这些无依无靠、衣食无着、被剥夺劳动权的游民，被迫沦为乞丐、小偷、盗匪。托马斯·莫尔在《乌托邦》中生动地描述了他们的悲惨境遇。英国政府用监禁、成批处死、驱赶对付这些游民。但游民斩不尽，杀不绝，有增无减。于是英国议会在1601年通过了《济贫法》（*Poor Law*），提出组织贫民及其子女学习手艺，帮助他们寻找工作。在这一法律精神推动下，出现了多种多样对劳动者及其子女进行识字教育与劳动教育相结合的建议。他们提出建立贫民习艺所（workhouse）或工读学校，对劳动者及其子女进行劳动技能教育和简单的文化教育。当权者及其代言人希望通过贫民习艺所或工读学校，增加贫民就业的机会，以减轻政府和教会的济贫负担，减少无业游民和违法犯罪、道德堕落，以维护法制，保持社会的安定和秩序。经济学家将贫民习艺所视为增加生产的途径，人道主义者、慈善家、社会改革家则视教育与生产劳动结合为改善穷人境遇，实现社会公平和谐的手段。因此，在16、17世纪，劳动教育思想的代表人物出现在社会问题最严重的英国，也就不足为奇。

宗教改革推动了劳动教育思想的发展。宗教改革的实质是将适应中世纪社会需要的基督教，改造成为适应资本主义发展要求的基督教。宗教改革既是资本主义发展的产物，又是资本主义发展的推动力之一。基督教的这种与时俱进的品格是基督教得以长盛不衰的一个重要原因。

早期基督教有重视劳动的传统。使徒保罗有过"不劳动者不得食"①的教诫。早期基督教的社团、修道院都实行有劳动能力者人人劳动,他们把俭朴、勤劳看作禁欲和拯救灵魂、接近上帝的途径。例如,本尼迪克修道院教规规定:"关于每天的体力劳动。懒惰是灵魂的敌人。所以,教友们要在固定时间从事体力劳动。此外,还要在固定时间读圣书。……从复活节直到十月初一,他们要早出去,从事4个小时必要的体力劳动。此外,从4点到6点左右,他们要空下来从事阅读。"② 基督教在政治、经济、意识形态上取得支配地位后,重视劳动的优良传统渐被遗忘。托马斯·阿奎纳更认为保罗的名言不适用于无须以劳动为生的人,因为修道生活的最高成就不是通过劳动而是用祈祷和圣歌来充实圣体。这无疑为教士阶层逃避劳动、脱离生产、游手好闲、不劳而食提供了理论上的依据,使保罗的遗训成为空谈。

宗教改革后,新教各派的神学家适应新时代的需要,恢复并弘扬了保罗的教诫。"同天主教的态度相比,宗教改革本身的后果只是有组织的从事一项职业的世俗劳动受到越来越高的道德重视、越来越多的教会许可。"③ 宗教改革后的新教各派都一致认为,上帝应许的唯一生存方式,不是要人们以苦修的禁欲主义超越世俗道德,而是要人完成个人在现世里所处地位赋予他的责任和义务,这是他的天职④。路德认为修道士的生活放弃现世的义务是自私行为,而履行职业的劳动是博爱的外在表现。加尔文派认为,尘世中基督徒的社会生活完全是为了增加上帝的荣耀,为尘世生活服务的职业中的劳动也是如此。清教徒认为,期望自己一贫如洗,不啻是希望自己病入膏肓,是为贬损上帝的荣耀;特别不

---

① 《圣经》的译文是:"若有人不肯工作,就不可吃饭。"
② 克伯雷选编:《西方教育经典文献》(上卷),任钟印译,人民教育出版社2016年版,第73页。
③ 韦伯:《新教伦理与资本主义精神》,于晓、陈维刚等译,生活·读书·新知三联书店1992年版,第61页。
④ 韦伯:《新教伦理与资本主义精神》,于晓、陈维刚等译,生活·读书·新知三联书店1992年版,第59页。

能容忍有工作能力却靠乞讨为生的行径，这是犯了懒惰罪，亵渎了使徒们所说的博爱义务。"这种对世俗活动的道德辩护是宗教改革最重要的后果之一。"①

清教神学家巴克斯特（Baxter，1615—1691，长老会派）认为，唯有劳作而非悠闲享乐方可增益上帝荣耀，虚掷光阴是万恶之首。人须恒常不懈地践行艰苦的体力或智力劳动，这是他主要的工作。劳动是历来所推崇的禁欲途径，把劳动本身作为人生目的，这是上帝的圣训。巴克斯特认为保罗的名言"不劳动者不得食"适用于每一个人，任何人不能例外。富人也不可不劳而食，即使他不需靠劳动挣得生活必需品，他们也必须和穷人一样服从上帝的圣训。上帝为人安排了各事其业，辛勤劳作，这显然是对托马斯·阿奎纳的批驳。巴克斯特认为上帝已严格命令人人从事劳动，即使有财富的人也必须和最穷苦者一样劳动。虔敬派认为人生堕落后不能从事某种职业，尽忠职守有助于消除人的自私欲念。勤劳于职业乃是爱邻人的表征，感激神恩的义务。摩拉维亚兄弟会主张：过一种积极的基督徒生活在于传教，以及从事一种职业劳动。摩拉维亚兄弟会的神学家亲岑道夫（Zinzendorf，1700—1760）认为"劳动非为生存，生存却为劳动"。摩门教的信条中说，懒鬼闲汉不能成为基督徒并获救。

新教神学家借上帝和使徒之口传达了时代的真理，他们为劳动教育提供了神学上的依据。而在16、17世纪，所有热情宣传劳动教育的思想家无一不是基督徒，而且在宗教改革以后无一不是新教徒。

在近代西方，最早提出教育与生产劳动联系的是托马斯·莫尔。他在《乌托邦》中构思了一幅理想的图画：（1）所有儿童都要学习，同时所有儿童不分男女从小就学习劳动、参加劳动。（2）所有的人都学习农业。（3）每个人学会一门或两门手工艺，将农业劳动和手工业劳动结合

---

① 韦伯：《新教伦理与资本主义精神》，于晓、陈维刚等译，生活·读书·新知三联书店1992年版，第60页。

起来。(4)学习农业劳动包括在学校中学习理论和在劳动实践中学会实际操作,将理论与实际结合。(5)每个人每天劳动6小时,大多数人都在劳动之余的空闲时间从事学习和科学研究,使学习和研究成为终身的任务。(6)极少数从小聪慧而且愿意致力于有用学问研究的人,经过审议特许可免除体力劳动,专门从事科学研究。如果他们辜负了寄托于他们的期望,没有在科学研究上取得成就,就重新派他们去从事体力劳动。(7)在专门从事体力劳动和专门从事科学研究的人之间,并没有不可逾越的鸿沟。一个体力劳动者倘若在闲暇时热心做学问,勇猛精进,成绩卓著,就可脱离自己的手艺,去专门做学问。

在康帕内拉所构思的理想社会《太阳城》中,也描绘了一幅教育与生产劳动联系的图景。每个儿童不分男女从7岁开始学习各种自然科学,同时把他们送到一些作坊去学做鞋匠、面包师、铁匠、木匠和画师等,以从中了解每个人将来的志向。8岁以后,就派他们到田野和畜牧场去观察和学习农业和畜牧业。凡是精通技艺和手艺的人就会受人重视和尊敬。《太阳城》的公民每天只劳动4小时,其余的空闲时间用来从事学习和科学研究。

托马斯·莫尔和康帕内拉所描绘的社会主义图画,在19世纪空想社会主义者的著作和试验中得到了进一步具体化,更增添了色彩。

1648年配第还在牛津大学求学时,就提出了一个实行教育与生产劳动结合的建议。这时配第还没有成为"轻浮的、掠夺成性的,毫无气节的冒险家",也还没有成为"政治经济学之父""统计学的创始人"①。配第建议创办一种工读学堂(literary－work houses),儿童在这里既可受到干活、做事以维持生计的教育,又可受到读和写的教育。所有年满7岁的儿童都要接受这种教育,任何人不得借口贫穷或父母缺乏能力而被排除在外。配第还提出,所有儿童即使是出身名门,在少年时代也要学习一些高尚的制造业,诸如车工、制作数学和天文仪器、钟表、在玻

---

① 以上均为马克思的评语。

璃上绘画、雕刻、蚀刻（etching）、宝石工艺、光学仪器、乐器、造船、化学工艺、食品制作、解剖标本、航海仪器、园艺等。配第认为这种与学习生产劳动技艺相结合的教育有助于培养勤劳的习惯，树立完成卓越工作的雄心壮志，促进工艺的进步、增加社会的繁荣。配第的观点显然是与新教伦理观及教育观相吻合的。

弥尔顿应哈特利布之约撰写的教育方案的宗旨是培养绅士。弥尔顿认为，未来绅士在学习自然和数学方面的一切学科时，"在必要时都可以取得猎人、捕禽者、渔夫、牧羊人、园丁、药剂师的有益经验，而在其他科学中取得建筑师、工程师、海员、解剖师的有益经验"[①]。劳动教育对未来的绅士也是不可缺少的。

英国贵格会教徒、社会改革家约翰·贝勒斯熟知伦敦贫民的悲惨境遇，认为对贫民进行与生产劳动相结合的教育，是使贫民改善生活状况的有效途径。贝勒斯在1695年提出了建立劳动学院的计划——《关于创办一所一切有用的手工业和农业的劳动学院的建议》，他的建议有三个目的：富人获利，穷人过富裕生活，青少年受到良好教育。贝勒斯将保罗的那句名言"不劳动者不得食"写在这份计划的卷首："箴言：劳动带来富裕。懒汉衣衫褴褛。不劳动者不得食。"[②] 贝勒斯认为，劳动是生命力的源泉，"劳动为生命之灯加油，而思考则把灯点亮"，"劳动使人强壮"。在贝勒斯所设计的劳动学院里，男女儿童从四五岁开始，就一边读书，一边学习编织、纺纱等。年龄大一点的孩子就学习车工等技术。通过参加劳动，可以使人运用理智，变得更加聪明、善良，更易于服从上帝的意志。劳动学院里有各种各样的行业和工具，可供每一个年龄和不同能力的人使用。在这里，可以学习各种语言和学问，因为有许多国家的手艺人把他们的母语教给学院的青年人。劳动学院还有一个图书馆、一个认识药草的药物园和一个制备药品的实验室。"总之，因

---

① 任钟印主编：《世界教育名著通览》，湖北教育出版社1994年版，第359页。
② 任钟印主编：《世界教育名著通览》，湖北教育出版社1994年版，第409页。

为学院集合了一切有用的手工业，可以成为世界的缩影；它可以提供一个人所需要的基督教徒所使用的一切便利和使生活舒适的事物。"①

贝勒斯是劳动教育的创始人之一，他的劳动学院计划反映了宗教改革后新教各派崇尚劳动的宗教观、伦理观及教育观。他的建议后来受到罗伯特·欧文（Robert Owen）和马克思的高度评价。1817年7月25日，欧文在致《泰晤士报》的信中，否认他的建立"新和谐村"原则的首创性。他说："我相信，这些原则中没有一个能自称有首创性：很久以前，就为有才智之士反复倡议过。我甚至无权自称首先把这些原则形成理论；就我所知，这首先属于约翰·贝勒斯，他发表了这些原则，1696年他显示出极大的才干，建议把这些原则付诸实施。"②马克思在《资本论》中称贝勒斯"早在17世纪末就非常清楚地懂得，必须结束现行的教育和分工，因为这种教育和分工在社会对立的两极造成一端肥胖，一端枯瘦"③。

16、17世纪的劳动教育观点开启了西方劳动教育思想的先河。当时的思想家、教育家和神学家们几乎已触及劳动教育问题的一切方面。关于劳动教育的意义，他们已提到：（1）劳动教育是生产和科学技术发展的结果，又是促进生产发展、推动工艺进步的途径。（2）穷人接受劳动教育，可以学会谋生的技能，扩大就业的机会，摆脱贫困的处境，实现社会的公平、和谐，也可以减轻社会济贫的负担，有利于社会的稳定、治安；富人接受劳动教育，可以使他们知道稼穑之艰难，养成节俭、勤劳的习惯和高尚的道德。（3）劳动教育可以促进人们运用理智，变得聪明；可以使人身体强壮，可以使人变得善良。（4）参加劳动是服从上帝的圣训，克尽人的天职，增添上帝的荣耀。关于劳动教育的实施，16、17世纪的思想家已提到：（1）文化科学的学习与生产劳动相

---

① 任钟印主编：《世界教育名著通览》，湖北教育出版社1994年版，第416页。
② 任钟印主编：《世界教育名著通览》，湖北教育出版社1994年版，第408页。
③ 任钟印主编：《世界教育名著通览》，湖北教育出版社1994年版，第408页。

结合。(2) 农业劳动和手工业劳动相结合。(3) 学习劳动的理论知识与生产劳动的实践相结合。(4) 教育与生产劳动结合普及于一切儿童和成人、穷人和富人。(5) 改革学校制度，建立实施教育与生产劳动相结合的新型学校，以打破读书学校一统天下的局面。

教育与生产劳动相结合的思想，后来经过卢梭、雷佩尔提（Lepelletier）、裴斯泰洛齐、查尔斯·傅立叶（Charles Fourier）、罗伯特·欧文、马克思、恩格斯、列宁（Lenin）、克鲁普斯卡娅、约翰·杜威、凯兴斯泰纳（Georg Kerschensteiner）等人得到进一步的发扬，并且从教育与生产劳动相结合的思想中衍生出职业技术教育的思想，促进了教育体制、学校类型、课程设置、教学设备、师资培训向多样化方向发展，使教育的含义更加丰富多彩。但在普通教育中如何实施教育与生产劳动相结合，过去有过多种设想和计划，有过实验，但始终左摇右摆，迄未找到恰当途径。

六、科学化

教育科学化是推动西方近代学制发展的强大动力，它包含三个方面的内容：(1) 教育内容的科学化。具有实用价值的自然科学和社会科学逐渐扩大了在课程中的地位和影响，它们排挤不切实际的神学和古典文学，并日益取得主导地位。(2) 教学方法的科学化。将自然科学研究中的某些新方法、新工具引进学校的教学活动，以取代旧时机械背诵、强迫记忆、盲目服从权威的教育教学方法。随着自然科学的发展，在教学方法上打破了口耳相传的旧传统。实物教学、直观教学、模型、标本、图表、参观、实验、实习、制作，使教学活动更加生动活泼，丰富多彩，有助于提高学习兴趣，增强教学效果，培养创造能力。(3) 教育理论的科学化。教育教学理论的研究由单纯的经验集结，进展到探索存在于教育教学活动背后的客观规律，使教育经验上升为教育理论，使感性认识上升为理性认识，这是自然科学发展影响的结果。在教育科学化的推动下,西方的学校教育制度发生了前所未有的革命性变化,大踏步地从中世纪走向近代。恩格斯曾经指出:"现代自然科学和整个近代史一样,是从这样一个伟人的时代算起……这是从15世纪下半叶开始的时代。"①恩格斯又说:"如果说,在中世纪的黑夜之后,科学以意想不到的力量一下子重新兴起,并且以神奇的速度发展起来,那么,我们要再次把这个奇迹归功于生产。"②

生产力发展推动了科学和技术的新发明、新发现。1302年出现了改良罗盘针,1436年发明印刷术,1500年发明钟表,1530年发明纺车,1543年哥白尼发表了太阳系学说,1590年伽利略发现了物体下坠的原理,1590年发明显微镜,1600年发明望远镜。同时,温度计、气压计、抽气机、各种航海仪器也都在这一时期被发明出来。

自然科学的发展促进了学科的分化,出现了许多新的独立的学科,从而丰富了课程的内容。力学、光学、热学、磁学、电学、气象学、地质学、解剖学、医学、生理学、显微生理学、药学,都在16、17世纪得到长足发展。

各种科学社团的产生是自然科学勃兴的重要标志。1657年西芒托学院在佛罗伦萨成立,1662年英国皇家学会成立,1666年法兰西科学院成立,1700年柏林学院成立。这些学术机构成了推动自然科学发展的动力。

16、17世纪是科学大师群星灿烂的时代。哥白尼、伽利略、开普勒、牛顿、帕腊塞耳苏斯、威廉·哈维、迈克尔·塞尔维特、笛卡尔等人奠定了现代自然科学的基础。

早在文艺复兴时代,自然科学就开始冲击陈旧的课程。拉伯雷借高康大之口表达了探究大自然奥秘的强烈愿望。"至于自然界的事物,我

---

① 马克思、恩格斯:《马克思恩格斯选集》(第三卷),中共中央马克思恩格斯列宁斯大林著作编译局编译,人民出版社2012年版,第444页。

② 马克思、恩格斯:《马克思恩格斯选集》(第三卷),中共中央马克思恩格斯列宁斯大林著作编译局编译,人民出版社2012年版,第523页。

亦希望你抱着好奇心去探索，务使没有一处江河湖海你不认得它的渔产；举凡空中的飞鸟，森林里的大小树木和荆棘，地上的青草，山腹和海底的矿藏，东方和南国的宝石，没有一种你不闻其名而知其实。"①在教育中盛行经院主义的当时，这不啻是打开一扇天窗注入新鲜空气，给沉闷的教育增添活力。

培根的"所罗门宫"是一个乌托邦社会中的规模宏大的科学院。它反映了培根对发展自然科学充满激情，对自然科学造福人类持有深刻信念，对未来科学发展充满幻想。培根不是教育家，但是他对经院主义的抨击，对科学的崇尚，特别是他在科学研究方法上的建树对于17世纪的教育理论有着强烈影响。

安德里亚的"基督城"无异于一所文理兼备的综合大学，其中有化学实验室、物理实验室、数学实验室、解剖室、数学工具室、图书馆、档案馆。这些理想后来都在学校中变成了现实，进而改变了学校的面貌。

夸美纽斯在《世界图解》中为幼儿拟定的课程共150课，其中只有第一课和最后一课是关于宗教信仰，而与认识自然和各种工艺有关的课文占60%以上。其余是有关社会和人自身的知识，关于各种宗教的课目也是作为社会知识介绍的。在《大教学论》中，夸美纽斯为母育学校拟定的课程是以认识自然的知识为主导。

在弥尔顿建议的学园中，自然科学取得了与古典课程同样重要的地位。尽管弥尔顿是一位过渡性的人物，但他关注现代胜于古代，熟悉古代胜于现代。他面向现代，背靠古代，提倡学习古代罗马人在自然科学方面的著作，为现代服务。自然科学对课程的冲击打破了传统的学制框架，导致了新型学校的产生。按照弥尔顿建议创办的学园以及完全排除古典课程的实科中学，对以后西方的学制产生了深远影响。

在16世纪初，德国的大学没有实验室、陈列室，医学教学没有解

---

① 任钟印主编：《世界教育名著通览》，湖北教育出版社1994年版，第203页。

剖室，解剖学只凭口头讲授。16世纪中叶后，几所大学才偶有实验室。在德国虔敬派代表弗兰克所办的学校，建立了自然科学及历史博物馆、物理实验室。以后，实验室、陈列馆逐渐普及于大中学校，完全改变了教学环境和条件，这都是自然科学之赐。

对自然现象背后规律的探索和发现，启发了人们去揭示人性和教育在人的形成中的作用。洛克发展了柏拉图和亚里士多德的白板说；莱布尼茨修正了洛克的白板说，提出人性如一块大理石，它的纹路预先决定了它最后的雕刻形式，教育不是万能的；培根提出了人性如一面魔镜的观点；夸美纽斯提出了人性如一粒种子的观点，但他认为人要成长为人还须通过教育。这些理论和观点都是对加尔文派预定论的否定，它是教育理论从神学中解放出来的重要一步，也是教育理论科学化的前奏。

在17世纪，自然规律的发现对文学、法学等众多学科产生了影响，自然主义成为时尚。在教育理论中，提倡自然适应性、向自然学习、模仿自然等，反映了人们探索教育教学客观规律的愿望。虽然夸美纽斯的论证方法过于简单、原始和肤浅，但它反映了教育理论从经验搜集上升到理性认识的第一步。夸美纽斯的《大教学论》在外形框架上已具备了教育学作为一门独立学科的大致轮廓。

自然科学推动了唯物主义认识论的发展，它们合起来又为直观教学、实物教学提供了理论依据。在中世纪久已被人遗忘的亚里士多德的命题"凡是感觉中未曾有过的东西，就不存在于理智中"又受到人们的重视，成为改革教学法的指导思想。在自然科学的冲击下，学校中的宗教阴影更加暗淡，进而推动了学校的世俗化。

自然科学的发展冲开了传统影响根深蒂固的剑桥大学校门。在1707年为剑桥大学拟订的学习计划中，包括了地理学、欧几里得几何原理、算术、代数、实验哲学和矿物化学、植物学、动物学、解剖学、光学、屈光学、二次曲线的断面和曲线的性质、机械哲学、静力学、流体静力学、万有引力、微积分、无穷级数、无穷数算术、天文学、对数和三角学等①。尽管完全实施这个计划还需要时间。

总之,教育科学化是一个漫长的历史过程,直到 19 世纪斯宾塞和赫胥黎才对课程的科学化给予了强有力的推动。

七、法制化

将教育纳入法制轨道,是人类对年青一代教育重要性的认识提高了的结果。以教育立法规范教育行为,可以防止教育工作的任意性和不作为,积极的教育立法可以推动教育的发展,消极的立法则阻碍教育的发展。从教育史上看,教育立法始于近代,它是伴随着国家或世俗政府对教育的干预而出现的。教育立法是政府干预教育的重要手段。

古代没有现代这种完备的立法程序,法律或者由最高统治者制定,或由统治集团(如元老院)制定,或由地方的统治者制定。最高统治者的命令、敕令、诏书等也具有法律的效力。基督教会在社会生活中取得支配地位以后,教皇、主教、宗教会议所制定的法规、指令、特许状、训令都具有法律的效力,是强制性的,它们都属于教育立法的范畴。

西方的教育立法有着悠久的历史,最早可以追溯到公元前 9 世纪斯巴达的统治者莱库古(Lycurgus,又译吕库古,公元前 700—前 630)。据普鲁塔克的追记,莱库古立法中关于年青一代的教育问题受到高度重视,并有详细的规定。这是我们所能知道的希腊最古老的教育立法。

公元前 4 世纪,柏拉图(公元前 427—前 347)的晚期巨著《法律篇》标志着从《理想国》中的圣王(哲学家)治国到以法治国的转变。从人治到法治,是柏拉图多次受挫的经验总结。在《法律篇》中,柏拉图对教育进行了比《理想国》更详细的阐述,也对《理想国》中某些不切实际的内容进行了修正。柏拉图认为,"教育"是儿童对美德的最初

---

① 克伯雷选编:《西方教育经典文献》(下卷),任钟印译,人民教育出版社 2016 年版,第 430~431 页。

获得，"一个儿童最早的感觉是快乐和痛苦，这是美德和邪恶首次进入灵魂的路径"①。一种"正确的"教育必须在每个方面都显示出力量，使我们的身心尽可能美好。"教育已被证明是一个吸引的过程，即引导儿童们接受正确的原则的过程。这些原则为法律所阐明，并作为完全正确的东西得到具有高度道德水平和年纪大、经历丰富的人们所赞同。不要让儿童的灵魂变得习惯于感觉那些不为法律所允许的快乐和痛苦，并成为信从这种苦乐观的人。"②柏拉图主张用法律形式对孤儿的监护做出规定，这是古代西方最早的教育法案建议。他说："任何作为男孩或女孩的监护人，任何监护并受命规制监护人的法律维护者，必须向不幸失去父母的孩子表示出对自己孩子的同样的爱心。"③如果孤儿长大后认为被监护人虐待了，他可以控诉后者犯了不胜任监护的罪。如果监护人被判定有罪，法庭就要推定他应受何种处罚或赔偿多少。亚里士多德（公元前384—前322）则明确提出了"教育应该订有规程（法制）以及教育应该由城邦办理"的思想④。他说："大家当一致同意，少年的教育为立法家最应关心的事业。……邦国如果忽视教育，其政制必将毁损。"⑤但亚里士多德的主张是太过于超前的预言，"阳春白雪，和者盖寡"，它在古希腊人中没有引起共鸣，更没有付诸实施。

古罗马人以立法著称于世，但教育问题在他们的立法中受到忽视。公元前5世纪的十二铜表法中没有关于教育的条文。在以后长达一千年中，值得一提的只有公元前92年罗马检察官关于禁止开办雄辩术学校的法令，公元161年罗马元老院关于排斥希腊哲学家和雄辩家的法令，公元333年君士坦丁皇帝奥古斯都关于授予医生和教师豁免权的诏书和戴克里先（Diocletianus, 244—312）皇帝涉及教师工资标准的几道敕令。

---

① 柏拉图：《法律篇》，张智仁、何勤华译，商务印书馆2016年版，第41页。
② 柏拉图：《法律篇》，张智仁、何勤华译，商务印书馆2016年版，第50~51页。
③ 柏拉图：《法律篇》，张智仁、何勤华译，商务印书馆2016年版，第365页。
④ 亚里斯多德：《政治学》，吴寿彭译，商务印书馆1997年版，第407页。
⑤ 亚里斯多德：《政治学》，吴寿彭译，商务印书馆1997年版，第406页。

总之，在古希腊罗马，教育立法尚处于酝酿、萌芽的阶段，它还没有形成普遍的现实，也没有形成制度。

在西欧社会进入中世纪以后，粗野无文的蛮人成了社会生活的主人，他们不知学校为何物，不知文化为何事，一切学习都降到低谷。西欧的学校教育几近消亡，只有高卢和意大利北部尚有极少数学校的孑遗；英格兰在公元 7 世纪初才由基督教会在坎特伯雷建立学校，但后来也被丹麦人的入侵扫荡无遗。从公元 476 年西罗马帝国灭亡到公元 8 世纪查理曼大帝登位的 300 多年中，西欧大陆处于文化上的黑暗时期，没有正式教育，更谈不上教育立法。在这段教育立法的历史空白时期，只有本尼迪克修道院的院规留下了关于教育的若干记载，这是漫漫长夜中一丝幽暗的文明之光。

将法兰克王国查理曼大帝公元 787 年和 789 年关于提倡学习和建立学校的公告说成是"文化复兴"，虽然它的意义被夸大了，但它毕竟标志着西欧历史上黑暗时期的终结。查理曼大帝的兴学公告产生了两方面的结果：一是在西欧大陆重新建立了已消失数百年的学校，并逐渐得到发展。随着学校的发展，各种学术也缓慢发展；二是学校教育不再具有古代的世俗性质，它完全落入基督教会的严密控制之下。学校由教会开办，教师由教会委派教士担任，神学在学校中处于至高无上的地位，全部教育浸透着宗教神秘主义。在教会垄断教育的情况下，教育立法权也被教会垄断。准确地说，在西欧中世纪的早、中期，根本就没有什么严格意义上的教育立法，只有宗教会议或教皇的几项有关教育问题的规定和指令，如 1210 年巴黎宗教会议关于禁止阅读亚里士多德著作的规定；1231 年教皇格里高利九世关于禁止阅读自然哲学著作的指令，关于授予巴黎大学罢教权及其教授教学执照的训令；1292 年教皇尼古拉四世（Nicholas Ⅳ，1227—1292 年，1288—1292 年在位）发布了授予巴黎大学的硕士和博士教学执照权力的训令[①]。在中世纪中期，西欧发生了世

---

① 克伯雷选编：《西方教育经典文献》（上卷），任钟印译，人民教育出版社 2016 年版，第 200~203 页。

俗政权与罗马教廷争夺最高领导权的曲折斗争。世俗政权也发布过几道与教育有关的指示，如 1158 年腓特烈·巴巴罗斯（Frederich Barbarossa，1122—1190，1155—1190 年在位）大帝发布授予留学生特权的指令，1200 年间菲利普·奥古斯都（Philippe Auguste，1165—1223，1180—1223 年在位）授予巴黎学生特权的指令，1314 年菲利普四世（Philip Ⅳ，1268—1314，1285—1314 年在位）颁发了巴黎大学师生免税的特许状，1386 年德国地方政府颁布给海德堡大学的特许状等①。

在西欧中世纪末期向近代社会转变的过程中，随着教育事业的勃兴，教育立法也发展起来。宗教改革的最大结果是"在西欧相当大的区域内为社会各阶层创立了一系列的学校，实现了教育权力由教会到国家的转移"②。但这种转变不是一蹴而就，而是缓慢演变的。在宗教改革初期，"当时所发生的变化只涉及一种教会统治形式对另一种教会统治形式的取代"③。在神权和世俗政权合而为一的国家、城市、地区，教育权究竟是属于国家还是属于教会，很难区分清楚。事实上，直到 17、18 世纪，办学权才由教会手里转到国家手里，教育的完全世俗化则是更晚的事。

教育权的这种新旧交替的过渡性质，正是 16、17 世纪教育立法的特征。无论如何，这一时期的教育立法是与学校事业本身成正比发展的。路德的教育主张对德国学校法规的制订有着明显影响。

在 16、17 世纪的西欧和北美，教育立法在不同国家和地区有不同的特色。在德国、法国和北美殖民地的新英格兰地区，教育立法是积极的、建设性的，它们在客观上推动了教育事业向前发展；在英国本土，教育立法是消极的、防范性的、限制性和禁止性的，它们严重地阻滞和

---

① 克伯雷选编：《西方教育经典文献》（上卷），任钟印译，人民教育出版社 2016 年版，第 191~198 页。

② 博伊德、金合：《西方教育史》，任宝祥、吴元训主译，人民教育出版社 1986 年版，第 182 页。

③ 博伊德、金合：《西方教育史》，任宝祥、吴元训主译，人民教育出版社 1986 年版，第 182 页。

破坏了英国教育事业的发展，并有长远的后遗症。

就教育法规的形式而言，16、17世纪的教育立法以针对一些具体问题的单项法规居多，同时也有综合性的涉及各级各类学校的全面性教育法规。就教育法规的内容而言，16、17世纪的教育立法大致可概括成四个方面：

一是涉及各级各类学校的全面的教育立法。德国是世界上最早通过立法推动教育发展的国家，可以说德国近代教育能够领先于英法等老牌资本主义国家，在很大程度上得益于教育立法。最典型的是德国维滕堡公国于1559年发布、1565年得到国会承认的学校章程，它标志着德国学校制度的真正开端，成了全德国学校制度的典范。该章程规定了德语学校、拉丁语学校、初级修道院学校或文法学校、高级修道院学校、国立图宾根大学等各级各类学校的入学年龄、年级划分，以及各年级的课程设置、教材、教学法等，还规定了德语学校为免费教育、教师享有豁免权等。这个章程奠定了德国学制的基础，并一直沿用到19世纪①。"维滕堡公国的学校章程在德国首次建立了一个完整的学校制度。这个学校制度也是西方第一个完整的学校制度。"② 由于路德普及义务教育思想的传播，德国各公国纷纷效仿这一学校制度。随着大批学校的建立，德国成了当时教育最发达的国家。

德国萨克森－柯堡－哥达公国于1642年颁布，后来经过修改又于1648年、1653年、1662年、1672年重新公布的学校指南，也是一项综合性的教育法规。它详细规定了有关学校、教师、学校管理及领导、父母和儿童与学校的关系等诸多方面。其主要内容如下：第一章，学校的性质、上学的义务；第二章，低年级的教育；第三章，中年级的教育；第四章，高年级的教育；第五章，课程安排；第六章，有效地教授教义

---

① 克伯雷选编：《西方教育经典文献》（上卷），任钟印译，人民教育出版社2016年版，第302～304页。

② 李其龙：《世界教育大系·德国教育》，吉林教育出版社2000年版，第6页。

问答的方法;第七章,对讲道的记忆和考查的方法;第八章,如何教授自然科学和应用科学;第九章,关于基督教徒的纪律和虔诚;第十章,学生的品行和义务;第十一章,教师及助手的责任;第十二章,父母及监护人的责任;第十三章,年度考试①。

在宗教改革以后,为统一教会和学校的改革,德国产生了上百个教育"条例",汉堡于1529年通过的"教会条例"包括49项,其中有关教育的有10项,它们是:"(1)学校条例;(2)关于教师精选学生的规定;(3)关于保持学校的永恒性条例;(4)公开讲学条例;(5)图书馆;(6)德文的写字学校;(7)女子学校;(8)学生;(11)教师和讲道者的挑选;(17)讲授教义问答的专门时间。"②

与英国和法国相比,德国是一个后进的国家,但它却是西方各国教育立法较早的国家之一。早在宗教改革后不久,德意志境内各邦就先后颁布了普及义务教育法令。在16世纪下半期和17世纪初期,综合性的、全面的、比较完善的教育法规都产生于德国,各公国都颁布了许多学校法令,强制父母把儿童送入学校。德国是当时西欧教育的先进国家,但三十年战争几乎使德国变成废墟。在以后的两百年中,德国成为西欧默默无闻的国家,直到19世纪上半期才逐渐恢复元气。

二是关于普及初等义务教育的立法。除前述德国各公国和法国普及初等义务教育的立法外,在北美殖民地出现了新英格兰地区马萨诸塞殖民地1642年、1645年、1647年、1648年的学校法,康涅狄克殖民地1650年、1690年学校法,中部殖民地宾夕法尼亚1683年的教育法等。虽然新英格兰和宾夕法尼亚都由政教合一的权力机构进行管理,他们实行两块牌子,一套人马,但美国人还是将北部、中部殖民地的教育法规视为美国公立教育制度的开端。17世纪北美殖民地的教育法规分为三

---

① 克伯雷选编:《西方教育经典文献》(上卷),任钟印译,人民教育出版社2016年版,第305~306页。

② 克伯雷选编:《西方教育经典文献》(上卷),任钟印译,人民教育出版社2016年版,第296页。

类:(1)英国王室关于北美殖民地教育的一些敕令、批文和指示,其主旨是宗教教育,尤其是在印第安人中传播基督教,以"驯化"那些"野蛮人"和"不信教者";(2)新英格兰地区和宾夕法尼亚的教育法规,其特点是在移民儿童中实行普及教育;(3)以弗吉尼亚为代表的南部各殖民地的教育法规,其目的在于解决穷人孩子和孤儿的职业教育与宗教教育,使他们既能自食其力,又能成为忠顺的臣民。可见北美殖民地三类教育法规的主旨十分明确。"在17世纪,所有与教育相关的法规都是建立在英国济贫法基础之上,如前所述,包括贫困儿童的强迫性学徒制、行业培训和要求公共部门必须提供这种类型的教育机会,以及利用当地和殖民地的基金达此目的。"①

三是对教育事业进行干预、限制、禁止、阻挠的消极的教育立法。这一类教育立法主要产生于英国本土。英国的宗教改革是一场有名无实、换汤不换药的闹剧。亨利八世利用宗教改革之机脱离罗马教廷,自立为英国教会最高首脑之后,并未履行其"将教会中所有沿袭至今的弊病、异端、恶行及陈规消除殆尽"的许诺;相反,为了巩固自己的权力,他加强了宗教迫害,强迫教师宣誓效忠,残酷打击不信奉国教的教师。伊丽莎白女王和查理二世仍变本加厉地坚持这项逆历史潮流而动的政策。1558年伊丽莎白女王上任伊始,就规定不准给不信国教者授予大学学位,这一法令一直沿用到1871年才废止,危害三百多年。1573年艾利莎姆免费学校一位教师因不严格遵奉国教会的宗教仪式被革职,1580年王室枢密院指示大主教对不信奉国教的教师予以免职并进行控告。1662年英王查理二世颁布英国《国教统一法令》,规定驱赶一切不信奉英国国教的牧师。此项法律又被推广到学校,"每一所学院、讲堂、学堂或育婴堂的一切校长和其他负责人、研究员牧师和导师,每一个知名的教授和大学以及任何其他学院的讲师……每一个办理任何公、私立学校的校长,每一个以家庭教师或学校教师身份在任何学堂或私人家中

---

① Ellwood P. Cubberley: *The History of Education*,1920年英文版,第372页。

教育任何青少年的人"①都必须进行宗教宣誓，遵奉国教会的礼拜仪式，取得主教的特许状并缴纳捐款，才能从事教育工作，违者处以监禁或罚款。1665年查理二世又颁布"五英里法令"，规定在市区五英里以内禁止分离派（dissenters）的教师任教，违者处以监禁并罚款。

美国教育史家克伯雷认为，《国教统一法令》是英国最后一个、也是最严厉的一个宗教统一法令，它在两个世纪中"压垮了英国的中等学校"②。"其结果是中等学校影响下降了，在两个世纪中它实际上从国民生活中消失了。孟特莫仁西说：'如果只允许政治上的和宗教上的伪君子们当教师，人们是不愿意当教师的。'"③

四是关于初级职业教育的立法，如英国1563年的学徒法，1601年的济贫法和学徒法。英国的济贫法一直沿用到19世纪，并经过修改于1834年颁布了新济贫法。在北美殖民地，以弗吉尼亚为中心的南部殖民地是美国国教会的势力范围。殖民者将英国国教会的教育政策带到殖民地，他们认为孩子的教育是私人的事情，殖民地当局对普通人民的教育毫无兴趣。但为了减少无业游民，维持社会治安和稳定，他们按照英国本土济贫法的精神，先后颁布了关于贫民子弟初级职业培训的教育立法，如1643年弗吉尼亚学徒法，1646年弗吉尼亚为贫穷儿童开办贫民习艺所法，1668年授权弗吉尼亚县议会建立贫民习艺所的立法，1715年北卡罗来纳殖民地关于孤儿院的立法等。根据这些法令，殖民当局强迫将孤儿或父母无力照管的男女儿童，以契约方式交给某一工匠师傅当学徒，工匠必须供给他们生活必需品，教给他们一门手艺，并负责教他们识字，直到他们成年或结婚；最后还必须送给他们一套生产工具和生

---

① 克伯雷选编：《西方教育经典文献》（上卷），任钟印译，人民教育出版社2016年版，第310页。

② 克伯雷选编：《西方教育经典文献》（上卷），任钟印译，人民教育出版社2016年版，第310页。

③ 克伯雷选编：《西方教育经典文献》（上卷），任钟印译，人民教育出版社2016年版，第312页。

活必需品，使他们能自立谋生。弗吉尼亚殖民当局和新英格兰地区对待国民教育的态度，反差十分明显。新英格兰地区一直是美国教育发展的先锋和楷模。

近代早期，西方教育制度是从中世纪的蒙昧主义、神学至尊、原罪论、预定论、禁欲主义、经院哲学、权威主义、棍棒纪律和最后的古典主义阴影中走出，进而迈向世俗化、民族化、民主化、实际化、劳动化、科学化、法制化的现代教育制度的大道，这是一个伟大的历史转折。这个历史转折艰难而缓慢，但它预示了以后西方教育制度的发展方向。西方教育制度近代化的过程，就是这些趋势发展的结果。西方教育制度近代化的经验，就是促进这些新趋势的发展、壮大。历史是人创造的。西方教育制度近代化萌芽的最终原动力是社会生活的需要，但先进思想家的见微知著、领先呐喊、鸣锣开道却有着不可磨灭的历史功绩。没有敢想、敢说的先知先觉者的探索、引路，教育制度的任何创新和实验都是不可能的。

杜威简论①

对于杜威，历来褒贬不一。正确评价杜威的前提是要着眼于杜威教育思想的全貌，摸准杜威教育思想的核心。

一、社会需要

任何一种教育理论的产生和传播，无不根源于社会的需要。能适应社会生活的变革、满足社会需要者，始能有生命力。杜威教育思想产生的历史背景，很多论者都作了分析，毋庸赘述。我要补充的一点是，在分析杜威教育思想产生的历史背景时，人们往往忽略了一个重要方面，这就是学校本身的发展。

第一次技术革命用机器代替人手劳动，它使劳动技术变得更简单了。劳动技术的简单化使得利用没有文化的童工和女工以代替成年男工成为可能。但是第一次技术革命的初期并未对直接参加生产劳动的工人提出文化要求。19世纪末，当工业革命继续发展，生产技术的复杂化对工人提出了文化要求时，初等教育的普及才受到先进国家的重视。19世纪50年代初开始，由马萨诸塞州带头，美国各州相继颁布了实施初等义务教育的法律。南北战争以后，随着美国技术革命向纵深发展，初等教育的普及进展迅速。当杜威的教育思想尚在襁褓中的时候，第二次

---

① 本文原载《华中师范大学学报》（哲学社会科学版），1986年第6期。

技术革命的态势已咄咄逼人，美国初等教育的普及已近尾声了。初等教育的普及向学校提出了新的课题。

中、高等学校是培养文化人的学校，进这类学校只是极少数幸运儿的骄傲。学校的产品是律师、记者、医生、政客、神父、牧师、教师乃至经理、工程师、科学家。在这种学校里，旧的传统还是可以容忍的。现在，初等教育普及了，但是初等学校肄业或毕业的学生中只有为数极少的一部分能够升学成为文化人。据杜威所提供的19世纪90年代的数字，"全国学生中受高等教育的不足1％，进中学的只占5％，半数以上的学生在读完小学五年级①或在此以前，就离开了学校。……大量的学生，一经获得初步的知识，获得足够的在生活上实际应用的读、写、算的符号，就离开了学校"②。这些占学生总数95％以上的初等学校毕业或肄业的学生，是杜威断定没有"天生的强烈的理智兴趣"的人，是注定了要从事"做"或"制造"的人。要使学校教育"投合于那些其主要兴趣是要做和制造的人"，学校中的旧传统就变得不可容忍了。普及引起了改革的需要，普及迫使学校必须改革，普及是改革的催化剂。

从前，学校寥若晨星，广大劳动群众被抛掷于愚昧无知的境地，这是昏庸的资产阶级顺利进行统治的方便条件。初等教育普及以后，劳动者获得的知识即使是简单的、零星的，但文化水平毕竟有所提高。有文化的工人会变得不那么安分。他们有自己的思考和判断，他们会异想天开地试图跳出原有的生活环境，改变自己的地位，甚至幻想挤进文化人的行列，乃至改变旧的社会秩序。资产阶级从初等教育的普及中收获到的，既有丰厚的利润，又有深切的危机感。怎样能使利润和安全感齐头并进、相得益彰而又保护华盛顿、杰弗逊留下的民主帷幕完整无损？初等教育普及以后，这是摆在学校面前，也是摆在杜威面前的一个急待解决的问题。普及伴随着危机，危机促进着改革。

---

① 当时美国初等学校大多是八年制。
② 杜威：《杜威教育论著选》，赵祥麟、王承绪编译，华东师范大学出版社1981年版，第27页。

杜威敏锐地注意到，"我们的社会生活正在经历着一个彻底的和根本的变化。如果我们的教育对于生活必须具有任何意义的话，那么它就必须经历一个相应的完全的变革"①。在社会生活急剧变化洪流的而前，墨守成规，以不变应万变的学校即使有幸不失去存在的权利，也会成为社会的累赘。教育改革刻不容缓，而初等教育的普及更增加了它的迫切性。

如果说19世纪最后几十年的美国社会条件是孕育杜威教育思想的母体，那么初等教育的普及便是这个应运而生的婴儿的助产婆。忽视这一点，会妨碍我们正确认识杜威。对社会生活的敏锐洞察力、自觉的历史责任感，使杜威为自己在教育史上建造了一座赫然高耸的里程碑。

二、思想渊源

一定的教育理论产生于一定的社会经济条件。经济条件对理论的最后支配作用不是在于"重新创造出任何东西，而是它决定着现有思想资料的改变和进一步发展的方式"②。任何一个时代的教育理论家在制定适合当时当地需要的教育理论时，总是以先驱者留下的思想资料作为出发点。否则，就没有教育的历史继承性，教育史的研究就会成为多余。杜威的教育思想产生于社会需要，但它是以前人提供的思想资料作为出发点。杜威不能凭空创造出一个教育理论体系。

对杜威教育思想的历史渊源，许多论者都追述了卢梭以后重视受教育者、重视对儿童心理的研究、强调教育要适应儿童的能力和兴趣以及发展儿童的自动性、积极性这个优良传统。卢梭、裴斯塔洛齐、赫尔巴特、福禄贝尔、蒙台梭利以及后来的实验心理学、实验教育学都各自在

---

① 杜威：《杜威教育论著选》，赵祥麟、王承绪编译，华东师范大学出版社1981年版，第28页。
② 马克思、恩格斯：《马克思恩格斯选集》（第四卷），中共中央马克思恩格斯列宁斯大林著作编译局编译，人民出版社1972年版，第485~486页。

某一方面或某几个方面作出过有益贡献，而杜威则是这根链条上的重要一环。从这种历史的追溯去认识杜威，是完全必要的，但远远不是全面的。

文艺复兴以后，欧洲有现实感的教育改革家一直在摸索教育与生活联系的路径。他们力图使教育从古典主义、宗教教条、经院哲学和形式主义中解放出来，使教育有益于现实的人生，有益于社会的进步。中等学校中实科中学的出现，现代自然科学破门冲进封闭的高等学校，劳动教育思想的提倡和实践，斯宾塞关于知识的比较价值的真知灼见，手工劳动课出现于欧美的初等以至中等学校，技术学校的产生，等等，在近代欧洲教育史上划出了另一条触目的主线。1876年庆祝美国建国一百周年时在费城举办的万国博览会上，俄国技术学校的实习制度的展览在美国教育界引起了震动（这是第一次震动，第二次是1957年）。虽然当时杜威只有17岁，但这次震动的余波，它所引起的一系列议论，教育改革的主张、方案以及惊醒了的美国人以新的眼光重新去检讨本国教育得失的潮流，无疑也对杜威产生了间接影响。所有这一切历史经验都以其有益的营养培育了杜威的教育思想。这是杜威教育思想的第二个渊源。

杜威的历史眼光并没有局限于文艺复兴以后。他上溯柏拉图，对全部西方教育发展史作了居高临下的鸟瞰和细致入微的剖析。杜威对时代有代表性的教育思潮的褒贬始终围绕着一个问题，即个人与社会、人的发展的内部因素与外部因素、正式教育和非正式教育之间如何协调的问题。前此的教育家都强调一个方面而忽视另一个方面，而杜威所企求的恰恰是二者的统一。他吸取前人思想中的有益部分，纠正他们的片面性，他力图站在前人的肩上，攀登到前人所不可企及的新高度。这是杜威教育思想的第三个渊源。

这三个渊源可以归结为欧洲教育史上的渊源。除此之外，还应特别重视美国本土的教育思想的渊源。

美国建国以后，一些开明的有远见的政治家和社会活动家都十分重视教育问题。他们都认为，在政治革命实现之后，必须有一个思想、教育上的革命与之相适应。民主制度建立了，如果全体公民没有民主习惯、民主素养，民主制度还是不巩固的。建国初期的美国政治家们与其说重视教育与经济发展之间的关系，不如说更重视教育与政治之间的关系。

杰弗逊在1816年写道："如果一个民族指望在文明的状态下既保持愚昧，又享有自由，它就是在期待过去从来没有过、以后也永远不会发生的事。……就政府的职能而言，没有人民自己，安全就没有保证，如果人民没有知识，安全还是没有保证。"① 美国第四任总统麦迪逊认为："如果民众没有知识或获得知识的手段，民众的政府不过是一场滑稽剧或悲剧的序幕，或两者兼而有之。"②

上面这些远见卓识的言论，是那些鼠目寸光的政治庸人和急功近利的资产者所一时无法理解，也难以接受的。美国建国初期的经济条件也使这些主张不能立即实现。但是先驱者的遗言却留下了一个优良传统，即要充分估计教育对于巩固政治制度的重大意义，教育必须在巩固政治制度中发挥自己最大的作用。这一传统的忠实继承者，在尔后的美国教育思想家中只有杜威当之无愧。杜威深知此中奥义，他以《民主与教育》（即《民本主义与教育》）名其巨著，有其深刻的含意。细读此书，杜威之用心良苦，彰彰易见。杜威和杰弗逊等人不同的是，杰弗逊等是有教育眼光的政治家，而杜威则是有政治眼光的教育家。

社会需要向杜威提出了任务，前人的遗产为杜威提供了素材，博学多识，深谋远虑使杜威萌生了独特的教育见解，芝加哥的实验学校检验了杜威的设想的可行性。于是，《民本主义与教育》问世的一切条件都

---

① Ellwood P. Cubberley：*The History of Education*，1920年英文版，第525～526页。
② Ellwood P. Cubberley：*The History of Education*，1920年英文版，第525～526页。

已经具备了。杜威登高一呼，天下翕然风从，进步教育运动席卷了美国各州。这是历史的必然，不是偶然的巧合，更不是少数几个帝国主义分子的主观意志的产物。

三、两个任务

19世纪末美国社会的需要向初等学校提出的任务实际上只有两个：一是训练伶俐的工人，一是造就驯服的奴仆。伶俐的工人能适应技术发展的新水平，创造更多剩余价值，驯服的奴仆不致因为有了一点粗浅的文化就扰乱主人的安宁。这就是前面所说的利润和安全感齐头并进。

在德国，克尔兴斯坦[①]几乎与杜威同时意识到了这两个任务。克尔兴斯坦的劳动学校是为了解决第一个任务，他的公民教育是为了解决第二个任务。这两个任务的完满解决，恰恰也是杜威所追求的目标。但是，克尔兴斯坦只是个事务主义者，他在抛弃其本国古典哲学家的浓厚的思辨色彩的同时，也丧失了他们在理论上的深刻性。而杜威则是深明实际事务的高明的理论家。就其思维的全面性、深刻性而言，克尔兴斯坦不可望其项背。

克尔兴斯坦的公民教育带有鲜明的德国印记。他直言不讳地声称要"操纵青年公民"，征服他们的心灵，"掌握对他们的领导权"，认为这是比大炮机关枪更有效的武器。杜威的思想产生于以民主自炫的美国，他打着民主的招牌，以尊重儿童的姿态出现，反对"外打进"的办法。他说，正如你可以把马牵到河边，但不能强迫它饮水，只有利用特设环境的刺激，才能影响到人的根根纤维，收潜移默化之效。杜威力求以"民主"的方法，养成"民主"的习惯、修养、思维方式和生活方式，以达到巩固"民主"的最终目的。

克尔兴斯坦强调劳动学校进行职业教育，而杜威不赞成直接的职业

---

① 现通译为，凯兴斯坦纳。——编者注

教育，主张间接的职业教育。杜威反对过早的专门的职业教育本身而着眼于人的多种能力的发展，着眼于生活态度、交往方式、责任心、共同的心理和兴趣、合作精神等的养成。虽然克尔兴斯坦也提倡职业伦理化，但杜威却把敬业乐群的职业道德的培养看得比职业技术更重要。

克尔兴斯坦的公民教育和劳动教育仍然是两个平行的过程，而在杜威的理论中，这两者是完全融合的，是合二而一，是"你中有我，我中有你"。两者统一的基础就是符合儿童的本能和兴趣的自主活动，就是经过过滤而后移植到学校中的社会生活。在杜威的理论中，没有一个单一的德育过程，也没有一个单一的教学过程，它只有一个过程，即生活的过程，它是德育过程和智育过程的高度的、完全的统一。这两者的完全吻合，是杜威区别于前人的一个重要特色。进步教育运动中一些浅薄的追随者没有领会到杜威思想的这一精髓，他们热衷于教学方法上的花样翻新，只是丢了西瓜，捡了芝麻。在他们手里，有血有肉的杜威思想只剩下一堆干皮枯骨。杜威在晚年对进步教育运动流露出懊丧之情，不为无因。

克尔兴斯坦在理论上的贫乏使得他只是就事论事。他提出的问题是中肯的，但缺乏理论上的论证，没有理论高度。而杜威，将经济学、政治学、哲学、社会学、伦理学、心理学、逻辑学融为一体，提出了一个博大精深的理论体系。克尔兴斯坦的思想只是德国的，而杜威的思想是世界的。区别也许来源于此。

同时代的两个人，同时接触到了初等学校的两个根本问题，同时得出了基本精神近似的答案。但由于国情不同，个人的学识、阅历、思维方式、理论眼界不同，两人的成就有高下之分、粗细之分、文野之分。比较一下，为我们认识杜威提供了一把钥匙。

四、两个层次，两个支柱

杜威的教育思想归根结底是资产阶级意识的反映，是资产阶级的物质利益在观念上的表现。但是，初等学校的两个任务是讳莫如深，只能心领神会的。杜威必须赋予自己的主张以普遍性形式，为它提供理论上的论证，以便把它描绘成唯一合理的、有普遍意义的思想。为此，杜威必须寻找理论基础、理论支柱。

杜威教育思想的理论基础可以分为两个层次。第一个层次是，在整体上，杜威依据经济学、政治学和达尔文的渐变的发展观，获得了观察事物的方法。他承认了社会的政治经济形势正以不可阻挡之势在变革、发展，从而认识到教育必须适应这种变革而脱胎换骨的必要性和迫切性，并着手探索改革教育的新设想。第二个层次是杜威提出的教育改革方案的理论支柱。这一层次的理论支柱有两个：一是心理学，一是哲学上的认识论。心理学体现于生长论，认识论体现于经验论。

生长论说明的是，一切教育、教学都要成为儿童自身的本能、兴趣、能力的生长过程，离开了儿童自身生长的过程，一切教育目的、课程、道德教训都是外加的、武断的、呆滞的。儿童是在自己的活动过程、生活过程中生长的，单纯外来的灌输不是真正的教育。这是卢梭以后的教育和教学过程心理学化的思潮的发展。杜威以前的教学过程心理学化只是方法上的改变，不是教育概念和学校概念的改革。儿童的社会生活没有在心理学化中占据应有地位。赫尔巴特也主张教学法以心理学为基础，但他的教学过程仍然是外加的、武断的、呆滞的。赫尔巴特把人的心理看作受动的容器，而生长论把人的心理看作在活动中生长的过程。

经验论说明的是，一切认识、知识、观点都来自儿童亲自参与活动所获得的直接经验，只有直接经验才是亲切的、真实的，教学和道德教育的过程就是在学校的社会生活中积累直接经验的过程。一切教育和教学的凭借、媒介不是学科、书本，不是知识的传授，而是儿童亲身的直接经验，新的经验增加到旧的经验上去，引起旧经验的改组或改造，增加对未来经验的指导能力。教育过程就是经验不断改组或改造的过程。离开了直接经验，教育都是灌输的、被动的、外打进的、没有生气的。

本文不拟对杜威的生长论和经验论本身进行评价，这是需要另有专文去讨论的问题。这里要说明的只是，一种适应19世纪末和20世纪上半期美国社会生活条件的具体需要的具体教育主张，在生长论和经验论的心理学、哲学术语的基础上获得了"普遍性的形式"，被"描绘成唯一合理的、有普遍意义的思想"，从而使杜威的教育思想增加了魅力。

生长论和经验论之对于杜威教育思想，犹鸟之两翼，失去其一，杜威就不是杜威了。这两个理论支柱中哪一个是杜威教育思想的核心？任何一个都不是。"白马非马，坚石非石"，经验论之不是杜威教育思想的核心亦犹生长论不是杜威教育思想的核心一样。克雷明既指出杜威的经验论是理解生长论的关键，同时又指出，正是生长论才把杜威关于个人的学说和整个进步主义连接起来[①]。即令综合生长论与经验论而言，也不是杜威教育思想的核心，因为它们并不是教育思想本身，而只是教育思想的理论支柱，而且只是第二个层次的理论支柱。杜威的教育思想是一个庞杂的体系，它是各种思想、理论的综合，其中任何一个构成因素都不是杜威教育思想的核心。前述社会的需要、初等学校的两个任务、四个历史渊源、理论基础的两个层次和第二层次中的两个支柱，在杜威手里汇成一个结合点。只有这个结合点才是杜威教育思想的核心。这个结合点就是：教育即生活，学校即社会。

将杜威与卢梭作一简单比较，有助于我们正确理解杜威。卢梭认为教育有三个来源，即自然的教育、人为的教育和事物的教育。杜威的生长论是卢梭的自然教育的发展，杜威的经验论是卢梭的事物教育的发展。但是杜威没有停留于卢梭的水平。

卢梭使人为的教育和事物的教育服从于自然教育，而杜威使自然教育和事物的教育共同成为人为教育的基础。卢梭认为事物教育只有一部

---

① Lawrence A. Cremin: *The Transformation of the School*，1961年英文版，第122～123页。

分能被我们所控制，它在一定程度上具有或然性；杜威则要求将事物的教育纳入周密的计划，使之成为自觉设计的由人完全控制的过程，它是在精心特设的环境即学校中进行的。卢梭打开樊笼，让爱弥儿出去自由活动，杜威则将儿童重新关进精致的樊笼，让他们自由自在地失去卢梭所珍惜的自由，成为快活的笼中之鸟。卢梭要求排除一切传统的文明、习惯、道德原则对爱弥儿的影响，以保护爱弥儿的善良的天性；杜威则主张年青一代要"把成熟的成员的兴趣、目的、知识、技能和习惯接受下来"[①]，使之成为他们的"天性"。卢梭是理想主义者，杜威是现实主义者；卢梭面向未来，而杜威立足于现在。

将杜威教育思想归结为儿童中心主义的人没有看到杜威与卢梭的区别；相反，将杜威教育思想归结为经验论的人又没有看到杜威的生长论和卢梭的自然教育的联系。所以生长论和经验论都不是杜威教育思想的核心。核心只有一个：教育即生活，学校即社会。

五、教育即生活，学校即社会

杜威认为，正式教育的出现是社会进步的结果，这个好传统必须保持。但是正式教育舍弃了非正式教育的许多生动活泼的东西，使学校丧失了生气。只有将非正式教育中生动活泼的积极特征重新引进到正式教育中去，将儿童在家庭、社会中的实际生活经过过滤以后重新引进到学校中去，才能充分发挥教育的作用，恢复学校的生气。这是改造旧教育的全部关键。

杜威说，教育不是生活的预备，教育本身就应该是生活。前一句话的意思并非说教育不要为生活作预备，并非说要在教育和生活之间掘出一道鸿沟。恰恰相反，杜威正是要填平教育与生活之间的鸿沟。教育即

[①] 杜威：《杜威教育论著选》，赵祥麟、王承绪编译，华东师范大学出版社1981年版，第143页。

生活，才是教育为生活作预备的最有效的途径。只有使教育过程成为生活过程，人们在结束教育走向实际生活时才不致张皇失措，才能使教育过程既是儿童生活的过程，又是经验改造的过程，才能完成初等学校的使命。

教育过程就是儿童社会生活的过程，学校就是儿童社会生活的场所。但是学校中的社会生活不是社会中的社会生活的简单再版。社会上的社会生活在移植到学校以前要先经过简化、净化。这就有赖于教育者精心的筛选、设计，把学校布置成一个特殊的环境，使学生在这种人为的特设的环境中生活、活动、做事、制作、交往、互助，在这个特设环境的种种刺激中发展能力，获得简单知识和做事的经验，不知不觉地受到"民主制度"的精神熏陶。只有这种特设的环境，才能起同化作用，即消除人与人间、集团与集团间和阶级与阶级间的隔膜、对立。通过社会生活的简化、净化以达到同化的目的，这就是杜威为学校规定的三个任务。这三个任务的政治意义重于经济意义，它是资产阶级获得安全感的保障。

传统教育之所以脱离生活，主要在两个方面。一是，学校只传授书本知识。对于美国当时占学生总数95%的不能升学的初等学校毕业或肄业的学生来说，学校教育对他们是学非所用，用非所学。他们需要的不是古典语，不是系统知识，而是做事的能力，这是初等学校所不能给予的。二是，传统学校的道德教育靠灌输，靠背诵道德教条，甚至传统的道德教育也不能针对美国社会的现实需要。19世纪末美国社会中的阶级矛盾，民族和种族矛盾，教派矛盾，移民间的传统、习俗、语言、利益的冲突，南北的差异，经济集团之间的争斗，党派的角逐等等对于形成一个统一的民族是严重的障碍，特别是马克思主义的广泛传播和国际工人运动的发展，成了美国"民主制度"的隐忧。杜威一再惊呼民主制度处于危险中。他认为教育是唯一可靠的救生船，它比警察、消防队更有效，办法就是通过教育培养合作精神，增强内聚力。由于这两种情况，学校必须改造。只有实行教育即生活，学校即社会，才能使学校适应生活的需要。

六、评说功过

资产阶级教育理论的发展历史如果从夸美纽斯算起，已经有三百多年了。三百多年来，名家辈出，力作纷呈。每一代都有人放射光芒，作出重要贡献，留下珍贵遗产。但是和杜威比较起来，其余的人都只看到教育问题的一个或几个局部，而杜威看到了整体；有的人只摸着教育的纤枝细叶，而杜威拥有一片茂密的森林；别人只触及教育的皮毛，而杜威深入骨髓。总之，在杜威这个巨人面前，其余的人都是侏儒。三百多年来，在资产阶级教育家营垒中，真正配称为教育哲学家者，杜威一人而已。真正配称为系统的教育哲学著作者，《民本主义与教育》一书而已。在杜威以前的两百年间，欧美教育发展史上有一个奇特现象。17、18世纪的自然科学取得长足进步，而大学长期重门紧锁，闭目塞听，吟咏悠游于亚里士多德、西塞罗和阿奎那之间以怡然自乐。实科中学破土而出了，却始终不能争得正统的地位。教义问答长期是初等学校的必修课。所谓正规教育，长期存在于社会之中，却超然于社会之外。正规教育对时代的脉搏麻木不仁，对生活中新的需要熟视无睹。它们对社会生活是冷漠的、疏远的、格格不入的。倒是那些正规学制以外的讲习所、讲习会、演讲会、夜校、技术学校、陈列馆等机构，能密切注视生活的变化，紧跟时代的步伐，在技术职业教育上作出了重要贡献，对生产发展和社会进步起了推动作用。正规教育制度的这种惰性的屏障屡经冲击而依然故我。杜威一出，旧教育的屏障崩溃了，教育概念改变了，探索代替了因循守旧，创造代替了故步自封。即使杜威有点矫枉过正，然而只有他才凿通了教育与生活之间的隧道，架设了学校与社会之间的桥梁。杜威给予了教育以新的刺激，新的活力。他在美国教育史上开拓了一个新时代,这个时代并没有因为进步教育运动的解体而结束。杜威之后,力图纠杜威之偏、救杜威之失的美国教育家们也许不无道理,但就他们理论上的成就而言,谁也没有达到杜威的高度。

在教育研究的方法上,杜威树立了一个永远值得学习的榜样。他把历史遗产的总结,教育调查,教育实验,理论思维和社会宣传综合起来。《明日之学校》就是一部有事实、有分析的教育调查报告。当杜威在芝加哥进行教育实验时,他把自己的设想、实验的成果向社会作宣传,和家长共同讨论教育改革。他使教育研究越出了大学的讲座和学者的书斋,他唤起社会来共同从事改革。古往今来的教育家中,能使这几个方面完全结合者,能有几人?仅就这种研究方法而言,它也是教育史上的稀有财富。

在教育理论上,杜威的功与过都集中在教育即生活、学校即社会这个凝聚点上。他将生活注入教育中去,既使僵死的教育获得了新的活力,又冲淡了教育所固有的特殊职能。他将社会移植到学校,既改变了学校的沉闷气氛,又削弱了学校的专门任务。应当指出的是,杜威的着眼点在于初等学校。他所要解决的主要是19世纪美国因初等教育的普及所面临的新问题。他将动手能力的培养和思想熏陶放在同等重要的地位,置于同一个社会生活过程的基础之上,主要是为了使初等学校投合那些将要从事"做"或"制造"的人的需要。如果有人将"通过做事学习"(即"做中学")这一套机械地搬用到中、高等学校,轻视系统知识的掌握,那不是杜威的过错。中等学校漫无边际的选修制,杜威以前就已出现,后来选修制的滥用所造成的中学生知识水平低落,应归因于进步教育运动内外的一些人对杜威的误解。美国人因苏联人造地球卫星上天受到第二次震动以后,反顾自己的教育历史和现实时,如果把一切过错都推给杜威,这是不公正的。正如子贡所说:"纣之不善,不如是之甚也。是以君子恶居下流,天下之恶皆归焉。"[1]

---

[1] 《论语·子张》。

我国在 20 世纪 50 年代曾对杜威大张挞伐之师。然而，烽烟未息，我们就在全国范围内，在各级各类学校中，不仅重犯而且发展了杜威的错误。在十年浩劫中更走到极端，比杜威更杜威。原因是复杂的。原因之一就是我们在痛骂杜威时，并不真正认识杜威，并未找到杜威的真实意图，并未查清杜威是在何处失足的。杜威的失足处就在于轻视教育与生活、学校与社会之间的区别。而恰恰在这里，我们打着"实践—认识—再实践"的革命旗号重蹈杜威的覆辙。杜威的着眼点在于初等教育，而我们却将错误发展到各级各类学校。批判的声势吓人，界限并未划清，这是深刻的教训。

第三编 中外教育史比较研究

关于人类最早的学校产生于何时何地的一点思考[①]

人类最早的学校产生于何时何地？在各种教育史教科书或专著中，大都略而不论，或语焉不详，这个问题的更令人满意的解决有待于考古学、历史学、古文献学等领域提供更充足的材料。目前我们还只能根据有限的材料作一些考察或追寻一点线索。

一

米定斯基在《世界教育史》一书中写道："最初关于学校的记载是在纪元前2500年以前的埃及'古王国'的史料中看到的。这是一种专为王国官吏的子弟设立的宫廷学校。"[②] 苏联教育史界曾据此认为这就是人类最早的学校。

米定斯基在这里提到的纪元前2500年前埃及古王国史料中记载的古代埃及的宫廷学校，只是"最初关于学校的记载"，米定斯基并未断定古代埃及的宫廷学校产生于纪元前2500年左右，更未断定这就是人类最早的学校，因为"最初的记载"并不等于"最早的学校"。

---

① 本文原载《教育研究与实验》，1984年第4期。
② 米定斯基：《世界教育史》，叶文雄译，生活·读书·新知三联书店1950年版，第11页。

对这个问题的最明确、肯定的表述亦见于近著《外国古代教育史》①。该书在第18页上写道："……但是埃及古王国时期的宫廷学校，约建于公元前2500年左右，倒是有史可稽的。所以说，埃及的学校可算是人类最古的学校。"

古代埃及的宫廷学校是不是人类最古的学校？

教育史家们一致认为，学校的产生与文字的产生有着直接的密切联系。米定斯基认为："……学校的发生是和文化渐趋复杂、文字的出现及科学的诞生有关系的。"②《外国古代教育史》的编者也支持这一看法。该书在论述了学习文字的必要性以后紧接着说："古代的学校就是在这样条件下建立的。"③ 新近出版的一本《外国教育史》教材更明确指出："学校是在文字产生的基础上出现的"，"文字的产生和学校出现是直接联系的"④。

如果文字的产生与学校的产生有着直接的联系，甚至前者是后者的前提之一，那么我们在探究"人类最古的学校"时就不能不同时探究"人类最古的文字"。要回答古代埃及的学校是不是人类最古学校，就必须同时回答古代埃及的文字是不是人类最早的文字。

古代埃及的文字产生于何时，众说纷纭，不尽一致，甚至埃及本国学者的看法也有差别。穆斯塔法·埃尔－埃米尔认为：埃及在公元前3000年已经创造了文字⑤。艾哈默得·费克里认为：公元前3200年的埃及……他们已经有了文字⑥。埃及古代文献《亡灵书》的英译者认为："大约在纪元前3500年，当这些最初的章节被记录者写定

---

① 曹孚、滕大春、吴式颖等编：《外国古代教育史》，人民教育出版社1981年版。——编者注

② 米定斯基：《世界教育史》，叶文雄译，生活·读书·新知三联书店1950年版，第11页。

③ 曹孚、滕大春、吴式颖等编：《外国古代教育史》，人民教育出版社1981年版，第14页。

④ 王天一、夏芝莲、朱美玉：《外国教育史》（上册），北京师范大学出版社1985年版，第16~17页。

⑤ 《古代埃及人的文学》，载《译文》，1957年1月号。

⑥ 埃及教育部文化局主编：《埃及简史》，方边译，生活·读书·新知三联书店1972年版。

时……"① 据此，埃及古文字的产生最晚也在公元前 3500 年，甚至更早。《亡灵书》的中译者则断言：古埃及文字大约发生在公元前 4000 年②。

尽管各说分歧很大，时间相差竟长达 1000 年，但是这并不妨碍我们就古埃及文字的产生和古代其他地区，首先是巴比伦的文字的产生进行比较。

著名考古学权威、捷克学者赫罗兹尼是精通各种古代文字的专家，他曾成功地译读了古代赫梯文并得到世界各国学者的承认，他还译读了部分古代印度文和古代克里特文。在比较研究了各种古代文字的基础上，赫罗兹尼得出结论说："世界史中最古的文字是巴比伦尼亚文字。埃及的象形文字大约产生于第一王朝成立之初，或以前不久，在公元前 3000 年左右。"③ 巴比伦尼亚的文字是苏美尔人创造的，约产生于公元前 3200 年。赫罗兹尼不仅证明了古代巴比伦尼亚文字的产生早于埃及文字，而且断定，古代埃及的文字是在巴比伦尼亚文字的影响、促进下产生的。他写道："考虑到当时近东与埃及之间有较为密切的关系，我们就不能忽视巴比伦尼亚文字对于埃及象形文字是有影响可能的。"④ 又说："苏美尔的图画文字可能促使埃及图画文字的形成"⑤，"埃及在第一王朝时代即受到苏美尔——亚得克文化的巨大影响"⑥。

古代巴比伦文字对埃及文字的影响还可以从另一个侧面得到证明。在埃及文字产生以后，埃及学校的学习科目中有一门外国文，指的就是

---

① 《古代埃及人的文学》，载《译文》，1957 年 1 月号。
② 《古代埃及人的文学》，载《译文》，1957 年 1 月号。
③ 赫罗兹尼：《西亚细亚、印度和克里特上古史》，谢秉凤译，生活·读书·新知三联书店 1958 年版，第 48 页。
④ 赫罗兹尼：《西亚细亚、印度和克里特上古史》，谢秉凤译，生活·读书·新知三联书店 1958 年版，第 48 页。
⑤ 赫罗兹尼：《西亚细亚、印度和克里特上古史》，谢秉凤译，生活·读书·新知三联书店 1958 年版，第 58 页。
⑥ 赫罗兹尼：《西亚细亚、印度和克里特上古史》，谢秉凤译，生活·读书·新知三联书店 1958 年版，第 60 页。

巴比伦文。

既然古代巴比伦文字的产生早于埃及文字,按照文字的产生与学校的出现直接相关的通例,古代巴比伦的学校的产生也应当早于埃及。这个推断是否有根据呢?

幸运的是,20世纪30年代的考古发掘所获得的地下文物为这一推断提供了有力的佐证。50年代,苏联教育史学者沙巴耶娃在《论教育的起源和学校的产生》一文中利用了这一考古发掘的新成果。据沙巴耶娃所述,在离巴比伦不远的幼发拉底河岸上发掘出了久被埋没的马利城。该城是公元前3500年由苏美尔人建立的。在马利城的遗址中找到了大量楔形文字的公文档案,在这所宫殿中有138个房间,其中"有两个厅,就一切迹象来看可说是作宫廷学校的房间,在一间大的厅中,发现了六排估计可坐1—2人以至4人的长凳。在这里还发现了黏土墨水瓶和上有楔形文字的黏土板,在临近的好几间较大的房间中,发现了三排长凳"。沙巴耶娃据此断定:"马利城中教授楔形文字的学校显然是比埃及的学校更古的机构。"[①]

值得一提的是,马利城的考古发现和沙巴耶娃的论文在我国教育界并未引起足够的重视,这种冷淡的态度是令人费解的。赫罗兹尼从古文字学的角度论证了巴比伦文字早于埃及文字而产生,沙巴耶娃根据马利城的地下发掘文物论证了巴比伦的学校的产生早于埃及的学校,而古代埃及学校重视巴比伦文的学习又从另一个侧面证明了巴比伦文字、文化对埃及的影响,所以,我们可以有理由认为:古代埃及的宫廷学校并不是人类最早的学校。因为巴比伦的学校产生更早。

二

但是,古代巴比伦尼亚的文字,就是如同赫罗兹尼所说的世界史上

[①] 教育系外国教育史教研室编:《外国教育史教学参考资料》,华东师范大学出版社1985年版,第48~49页。

最早的文字吗？

人们对上古史特别是史前史的认识在一定程度上具有相对性，考古发掘的每一个有意义的新发现，既可能印证已有的论断，也可能修正乃至推翻久已成为定论的见解，即使是权威性的见解也不例外。赫罗兹尼关于古代巴比伦尼亚的文字早于埃及文字并影响、促进了埃及文字产生的观点是很有见地的，但是，他认为古代巴比伦尼亚文字就是世界上最早的文字，这个论断受到了考古学最新成就的挑战。

20世纪60—70年代，在我国西安半坡村发现了新石器时代的遗址、半坡文化属仰韶文化，它比龙山文化更早。半坡遗址的彩陶上有一些刻画符号。郭沫若认为，半坡彩陶上的刻画符号就是汉字最早的起源。郭沫若认为半坡文化时代"是应该有象形文字的"①，半坡彩陶上的符号"可以肯定地说就是中国文字的起源，或者中国原始文字的孑遗"②。郭沫若还断定，汉字发展的历史，"可以以西安半坡村遗址距今的年代为指标"③。通过现代科学方法的测定，半坡遗址的文化属公元前4000年的文化，即距今6000年。尔后在半坡又发现了比这更早的文物。所以，从半坡发现可以肯定，中国的文字产生于距今6000多年乃至7000年的时代。这比古代巴比伦由苏美尔人创造的文字要早1000多年。中国的古代文字是迄今新知的世界史上最早的文字。赫罗兹尼关于巴比伦尼亚文字是世界史上最早的文字论断，显然已经陈旧过时了。

现在，我们应当回到人类最早的学校这个问题上来了。中国文字是人类最早产生的文字，在文字发展的基础上也完全有可能产生世界上最早的学校。虽然这只是尚待地下文物证明的假设或推断，但是西安半坡的古代中国文字的发现和学者们关于我国文字产生的年代的断案却使我国古籍中关于最早学校的记载增添了意义。

---

① 郭沫若：《奴隶制时代》，人民教育出版社1973年版，第247页。
② 郭沫若：《奴隶制时代》，人民教育出版社1973年版，第246页。
③ 郭沫若：《奴隶制时代》，人民教育出版社1973年版，第244页。

《礼记·王制》云："有虞氏养国老于上庠，养庶老于下庠。"上庠、下庠都是学校。唐兰认为中国文字当发生于虞夏之际，甚至还要早一些①。半坡的发现证明中国文字产生更早，在有虞氏时代，中国已有了文字并且已经过了很长时间的发展，这是无疑的。文字的发展为学校的产生提供了一个重要前提，所以有虞氏时代已经有学校，这是可信的。至于史籍所记的有虞氏以前的"成均"，也未始不是后人追忆的前代的史影。

在人类社会的早期阶段，当文字没有出现或者虽已出现却被极少数人所垄断的时候，口头传说曾经是主要的甚至是唯一的传递文化知识、历史经验和传统的手段，后人根据这些口头传说追记遥远的过去的历史时，虽不免掺杂一些附会、讹传、臆断添枝加叶甚至神秘色彩，但是如果那些根据世世代代的口头传说对遥远过去的追忆被后来的考古学、历史学、人类学、人种学等等的研究成果所证实，传说便成了信史了。荷马的史诗《奥德赛》和《伊利亚特》成书于公元前约800年，但它们所追忆的史影却是属于公元前1200年的。现在我们看到，荷马根据世代的口头传说追记的历史事实，剥去其神秘主义的附会之后，有许多记述是符合历史实际的。古人对于遥远过去的史影的追记在没有被证实以前，往往被人轻率地看作无稽之谈。《礼记·礼运》中所述的大同世界，过去人们至多只看作是对未来理想社会的憧憬，而并不看作是对远古历史的追忆。但是，现代科学能证明：《礼运》所记述的"公天为公……不独亲其亲，不独子其子……货恶其弃于地也，不必藏于己……"等内容，都是远离孔子数千年以前的原始社会的实际情况。《吕览》所谓古者"民知其母，不知其父"，在道学家看来，简直是无父无君，近于禽兽。然而现代科学证明了它是母系氏族社会及前氏族社会真实历史的追记。同样，我国古籍中关于夏、殷以前的学校的记载，人们对它的可靠性往往持谨慎的态度，但是，半坡文字遗迹的发现，大大提高了这些记

---

① 孟宪承等编：《中国古代教育史资料》，人民教育出版社1961年版，第5页。

载的可信程度。

人类从原始社会发展到奴隶制社会，是一个悠久的、缓慢的过程。就我国而言，半坡遗址已有奴隶制的痕迹，到殷代奴隶制才臻于成熟，这一过渡时期经历了2000多年，甚至更长。在这过程中，在文字产生的基础上逐渐产生学校，这不仅是可能的，而且也为许多其他民族的发展史所证明。虽然我们还不知道中国最早的学校产生的确切年代，但是，根据文字产生和学校产生的密切联系，我们有理由认为，人类最早的学校产生于中国。

世界文化的总库是世界各地区民族的人民共同建造的，在这个总库中储存着各个民族的智慧结晶，每一个民族，不管今天是否仍然存在，都对世界文化的发展作出了珍贵的贡献。但是，如果要追根探源，我们可以自豪地对赫罗兹尼的一句名言①作补充："光明来自中国。"

---

① 赫罗兹尼在《西亚细亚、印度和克里特上古史》一书的末尾以一句名言结束："光明来自东方。"

中西最早教育文献的比较分析①

教育思想的历史至少和教育的历史一样长久。追溯教育思想发展的最早形态，有助于我们认识以后的教育理论。

一、教育思想发展的五个阶段

教育思想的发展经历了五个阶段，每个阶段各有其显著的标志。

第一阶段是没有文字记载的教育思想。在漫长的原始社会中，已经逐渐形成了内容丰富的教育思想。当时还没有文字，教育思想还没有用文字记载下来。但是我们从原始人的教育行为、教育事实、教育习惯、传统、制度，仍然可以窥知那些行为、事实、习惯、传统和制度中透露出来的教育观。此外，进入阶级社会不久的人们对往古的传说的追忆、已进入阶级社会的人对周边地区尚处于原始社会阶段的居民状况的记述，也有助于窥知原始社会教育思想的点滴。原始社会的教育思想已经发展到可观的水平，它奠定了后来阶级社会中教育思想发展的基础。

第二阶段是有文字记载的教育思想的出现。这种记载最早出现在古代东方的中国、巴比伦、埃及和西方的希腊。这些教育史料都是记录个人对个人的教育，如父亲对儿子的教育、兄长对弟弟的教育、臣子对国君的教育。这些文字的记录都不是讨论一般人的教育或教育理论问题。

---

① 本文原载《教育史研究》，2004 年第 3 期。

第三阶段是出现了讨论一般教育问题或教育理论问题的作品。这类作品最早的代表作是中国古代《荀子》一书中的《劝学篇》《性恶篇》《礼记篇》等篇和《礼记》中的《大学》《学记》等篇。西方最早的代表作是柏拉图的《理想国》。这时，各种学问还没有分化成独立的学科，教育著作也还没有从其他学问中分离出来成为独立的学科。

第四阶段是教育作为一门独立的学科从其他学问中分离出来。最早的专门的教育理论著作当数17世纪捷克教育家夸美纽斯的《大教学论》。

第五阶段是教育科学的各分支学科的出现。这时，教育科学已经枝繁叶茂、硕果丰盈了。

教育思想发展的这五个阶段线索清楚，阶段分明，每一阶段都为后继阶段奠定基础。本文所说的"最早教育文献"，是指教育思想发展第二阶段的有文字记载的教育思想。

二、中国最早的教育文献

甲骨文字中有数片涉及教育的文字，但它们还不能说明一个完整的教育观点，从中难以看出教育思想的脉络，中国古代最早教育文献记录了完整的教育观的当推《尚书》中的《说命》《无逸》诸篇。前者约出现于公元前12世纪，是傅说①对殷高宗的教育的记载，后者约出现于公元前11世纪，是周公对成王进行教育的记载。有人怀疑今存《说命》是后人的伪作。但《说命》中的观点和文字多处被先秦或汉初的人所引用，所以应当承认《说命》真实记载了傅说对殷高宗进行教育的情况。《说命》记载贤相傅说教育殷高宗说：

　　王啊，一个人要求多听，这是想要建立事业，只有学习古

---

① 傅说，古虞国（今山西平陆）人，生卒不详，殷商时期著名贤臣，先秦史传为商王武丁（约公元前1250—前1192年在位）丞相，为"三公"之一。——编者注

人的教导才会有收获。做事情不向古人学习，而国家能够长治久安，我傅说没有听说过。要学习使自己的心志谦虚，务必时时努力，品德的完善就自然会实现。相信并且记住这一点，道就会在身上积累下来。教是学的一半。自始至终念念不忘学习，道德会不知不觉地逐步完善。①

傅说这一段言论阐述了如下的教育思想：(1) 学习态度上的谦虚、持之以恒。(2) 学习历史经验、先贤遗训的意义。(3) 道德的完善是学的根本，道德完善的最终目的是致国家于长治久安。(4) "教学半"应解作教和学各占一半。意思是教学、教育，不能靠教育者的单方面灌输，教者的教和学者的学同样重要，没有学习者的自觉、自动、自主的刻苦学习，再好的教育教学也不会收到良好的效果。上述教育观在以后中国教育思想发展史上演进成为十分重要的理论。

第一点说明受教育者虚心向学、坚持不懈的重要性。后人将这一点概括成为"立志"。从《尚书》中《周官》篇的"功崇惟志，业广惟勤"（功高在于立志，业广在于勤勉）到墨子的"志不强者智不达"②，再到宋儒的"居敬持志"，这种观点一脉相承。一个人要在学习、事业上取得成就，前提是要有远大的理想、崇高的奋斗目标和孜孜以求的毅力。

第二点，重视历史经验，更是古代中国教育思想中牢不可破的传统。从《周官》的"学古入官"到周公旦对成王的教训，再到孔子的"述而不作，信而好古"，都是遵循这条路线。直到战国时期，才受到法家厚今薄古思想的挑战。以道德的完善作为教育的最高目标，是中国古代教育思想的核心，没有任何一个教育家偏离过这一核心。

在教育、教学中，不仅重视教师的教，更重视学生的学，将学生的自觉性、主观能动性提到突出地位，这是中国古代教学理论的独特之

---

① 译文根据江灏译注：《〈今古文尚书〉全译》，贵州人民出版社1995年版，第184页。
② 《墨子·修身》。

处。西方的教学理论是"怎样教"的理论，中国古代的教学理论是"怎样学"的理论。这是中国古代教育理论的特殊贡献。《无逸》篇的主旨是周公旦教育幼主成王要力戒好逸恶劳，首先就要"知稼穑之艰难"。教育的方法和材料就是《说命》中所说的"学于古训乃有获。事不师古，以克永世，匪说攸闻"。周公旦历陈殷王中宗、高宗、祖甲、周太王、王季、周文王勤政爱民的业绩以及"不知稼穑之艰难，乃逸乃谚"的反面教材，教育成王不要贪图安逸享乐，要以殷纣王酗酒乱德失政为戒，虚心接受老百姓的批评，敬德克己，心怀宽广，不要乱杀无辜，这样才能享国长久。这是以历史为教材、以崇德修身敬业爱民为目标的循循善诱的教育的典型事例。

三、西方最早的有文字记载的教育思想

西方最早的有文字记载的教育思想产生于古代希腊。学者们公认的希腊最早的书籍是《伊利亚特》和《奥德赛》两部史诗。史诗所描述的故事发生在公元前 12—13 世纪，经历代民间说唱艺人口头传颂流传下来，至公元前 8 世纪才由荷马串编成为完整的故事。但仍然只由口头流传，直到公元前 6 世纪中叶，才用文字记录下来。两部史诗在文学艺术上的成就及史料价值早有定评，被认为是不朽之作。史诗中有些记载与教育思想有关：(1) 关于体育竞赛项目的记载。(2) 关于福尼克斯是阿克琢斯的雄辩术教师的记载①。奥德修斯关于智慧的重要性的论述："智慧才是真正强大的力量。正是智慧和聪明，教会水手穿过惊涛骇浪，教会人类驯服野兽、雄狮和猛豹，并使牛马为人类服务。因此，无论在危难时，还是在会议上，一个有智谋的人总是比有体力的蠢人更有价值。"② (3)《奥德赛》的作者在史诗中共有 313 次用 63 种称号赞颂奥德

---

① 荷马：《伊利亚特》，罗念生、王焕生译，人民文学出版社 2008 年版，第 230 页。
② 施瓦布：《希腊神话故事》，刘瑞等译，哈尔滨出版社 2010 年版，第 403 页。

修斯,其中,"足智多谋""精心谋略""心智聪颖"一类称号93次;"卓著的""神样的""高贵的"一类称号98次;"历经磨难的""坚忍不拔的"一类称号38次,这些称号反映了史诗作者心目中的英雄的本色,这是当时人们心目中的理想人格的朴素表述,是他们的"完人"的标准。史诗作者实际上表述了一种人的理想、教育的理想,这是时代的、大众的教育思想。按照这种教育思想,智慧、道德、意志、体力,是完人的必要条件。

《伊利亚特》和《奥德赛》中有关教育思想的记载,如果把他们看作没有文字记载的口头传说的教育思想,它属于公元前12—13世纪的教育思想,当时希腊社会正处在原始社会转向奴隶制社会的过渡时期。如果将它们看作有文字记载的教育思想,则它们属于公元前6世纪,是对远古教育思想的追忆,而不是对公元前6世纪希腊教育思想的记载。真正最早记载希腊奴隶制社会的教育思想的史籍,是赫西俄德(Hesiod)的《工作与时日》。

《伊利亚特》和《奥德赛》是许多世代中众多说唱艺人的集体创作,荷马只是整编者。古希腊第一位个人作家是赫西俄德,属于赫西俄德个人创作的作品是《工作与时日》和《神谱》。

关于赫西俄德生活的年代,史籍上有不同记载。希罗多德估算赫西俄德生活于公元前9世纪,而亚里士多德则认为赫西俄德不能早于公元前7世纪。摩尔根认为《伊利亚特》和《奥德赛》成书于公元前850年左右,赫西俄德约晚一个世纪,则当在公元前8世纪中叶①。近代以来的学者倾向于认为赫西俄德生活创作于公元前8世纪上叶②。但这个断案仍然是值得怀疑的。因为希腊人在公元前8世纪才从腓尼基商人学会字母,开始创立希腊文字母。在希腊人刚刚创立字母,甚至在创立字母

---

① 摩尔根:《古代社会》(下册),杨东莼、马雍、马巨译,商务印书馆1971年版,第216页。

② 参阅赫西俄德:《工作与时日·神谱》,张竹明、蒋平译,商务印书馆1991年版,译序。以下引此书不一一注明。

以前就写出了赫西俄德那样系统、完整的著作,这是不可想象的。因此,赫西俄德的生活年代应当如亚里士多德的估计,不能早于公元前7世纪,甚至晚于公元前7世纪。《工作与时日》的中心内容就是作者对他的兄弟的谆谆教诲并以之劝谕世人,包括当时的"斗筲之人"。赫西俄德出身于农民家庭。他的父亲垦荒种地、放牧牲畜,农闲时也出海经商,因而勤劳致富,略有家产。老人死后,赫西俄德和兄弟佩尔塞斯分割财产,佩尔塞斯勾结官府,取得较大的一部分,但很快挥霍殆尽,于是再次向赫西俄德求助并企图挑起诉讼。赫西俄德因此写了长诗《工作与时日》,教诲他的兄弟。赫西俄德反复教育他的兄弟要勤劳工作:"无论如何,你得努力工作……因为饥饿总是懒汉的亲密伴侣。活着而无所事事的人,神和人都会痛之恨之,因为其秉性有如无刺的雄蜂,只吃不做,白白浪费工蜂的劳动。""人类只有通过劳动才能增加羊群和财富,而且也只有从事劳动才能备受永生神灵的眷爱。劳动不是耻辱,耻辱是懒惰。""如果你心里想要财富,你就如此去做,并且劳动、劳动、再劳动。"

赫西俄德给予他的兄弟许多道德上的教诲:"你要倾听正义,不要希求暴力","害人者害己,被设计出的不幸,最受伤害的是设计者本人","人家爱你,你也要爱他","给予是善,夺取是恶","有一个好邻居就如拥有一件财宝","交朋友……应待人以诚","人类最宝贵的财富是一条慎言的舌头,最大的快乐是它的有分寸的活动"。赫西俄德还以很多生产技术教诲其兄弟,教育他知道多种节令、气候变化,以不误农时。《工作与时日》在西方历史上第一次提出了一种明确的历史观、人性观。

赫西俄德认为,人类各部落原本生活在没有罪恶、没有劳累、没有疾病的大地上,不知灾难为何物。自从宙斯命令赫淮斯托斯创造了一个美女,众神把欲望、欺诈的天性、谎言、狡黠的心灵放进她的胸膛以后,这位美女——潘多拉一打开瓶盖,一切悲苦和不幸就降临人间,遍布大地,从此人类就饱受苦难。

赫西俄德又第一次提到了人类发展的五个阶段的传说。诸神最先创造了黄金种族,他们像神一样生活,没有悲伤、劳累和忧愁,和平轻松地生活在富饶的土地上,长生不老。后来这个种族被大地埋葬,于是诸神又创造了第二代的白银种族,他们在肉体和灵魂上都不如黄金种族。他们被埋进泥土后,诸神又创造了第三代青铜种族,他们强悍、喜欢制造哀伤和暴力,体粗力大、心如铁石,他们自己毁了自己。诸神又创造了第四代种族,这是半神半人的英雄种族。诸神还创造了第五代的黑铁种族,他们的劳累、烦恼没完没了,善和恶搅在一起,婴儿白发,亲子不和,主客不能待之以礼,朋友不亲善,不知畏惧神灵,以力量为正义,以虔诚非美德,欺骗、忌妒、作恶。宙斯也将毁灭这一种族。

赫西俄德所说的不同时期的五个种族,实际是同时生活于同一个社会的五种人。这一观点后来为柏拉图所借鉴,提出了黄金种、白银种、铜铁种三类和谐共存的理想国。

四、中西最早有文字记载的教育思想的比较

《说命》《无逸》是中国最早有文字记载的教育思想的代表,《工作与时日》是西方最早的有文字记载的教育思想的作品。将这两种文献加以比较,不是无益的。

第一,时间不同。《说命》大约写于公元前12世纪,《无逸》成篇于公元前11世纪,而《工作与时日》的成篇时间,不早于、甚至可能晚于公元前7世纪。

第二,性质不同。中国古代"学在官府""不官则无所授书"。知识、学问、史籍都被官府垄断。中国在春秋以前无私家著述,所以文献都是"官书"。既是"官书",就有权威,成为后来的学人必须顶礼膜拜的经典,稍有偏离,就是离经叛道,罪莫大焉。这个"重官"的传统在

中国历史上牢不可破。西方最早的有关教育思想的记载是私家著述，来自民间，它不代表官方的意志。它的社会影响、效果，不是依靠政治权力、权威、自上而下的规范，而是靠真理的力量，让不合时宜的东西自然淘汰。古代希腊人享有比较充分的思想自由、言论自由、写作自由，这是西方学术史上的一个优良传统。亚里士多德说："吾爱吾师，吾尤爱真理。"这种求真精神何等珍贵。

第三，对象不同。《说命》的教育对象是殷高宗，《无逸》的教育对象是周成王，而《工作与时日》的教育对象是农家子弟，一介平民。这反映了中西古代教育性质的差异：重官重民，判若泾渭。孔子的"有教无类"也未必将教育对象扩大到以耕牧为生的农夫樵子。西方的平民教育的传统由来已久，这是中国所缺少的。

第四，教育内容的同异。中西最早教育文献的共同之处是重视道德教育，都将培养高尚道德放在中心地位。以修身为做人之本。不论为官为民，"自天子以至于庶人，一是皆以修身为本"。这是古今中外教育的共同规律。然而，不同是显著的。对天子的教育重在治人之术，保民也是为了治民。而农家子弟的教育重在治事，也就是"勤力"。

第五，教材不同。傅说教育殷高宗、周公旦教育周成王，所用的教材是历史掌故、古圣先贤的嘉言懿行、历代帝王成败得失的经验教训，使受教育者"以史为镜"，束身自勉。赫西俄德教育自己的兄弟虽然也引述历史故事，但都是神话传说，而不是真实的历史。神话虽也给人以教益，但其中不免有荒唐无稽的成分，将人引入虚幻飘缈的世界。在西方学术思想史上，神、天国、来世、灵界，具有重要地位，未始不是后来基督教垄断文化、思想的历史根源之一。在中国学术思想史上，历史、现实、人、今世处于中心地位。经过孔子、荀子的努力，更加强了这一传统。公元1世纪佛教传入中国以后，始终未能在中国的文化、学术、思想领域中夺取排他性的独占地位，而只能与传统儒学互相撞击、互相渗透、互相补益、互相融合，共同发展。中国文化、教育史上从来没有过西方那种神学至上,这与中国历史传统上的点滴积累是分不开的。佛学的中国化实即佛学的儒学化。佛学儒学化和儒学佛学化是同时进行的,并行不悖。佛学的儒学化增强了佛学的现实精神,但儒学的佛学化并未增强儒学的神秘主义。

每个民族的文化传统,都是在历史长河中一点一滴积累而成,是世世代代无数先人共同创造的成果。在发展的源头上,各种不同的文化传统的因素只是涓涓细流。不同的涓涓细流在曲折的历史环境中流淌,最终就成为滔滔江河。

古代东方是世界文化教育的发源地[①]

一、光明来自东方

人类文明史经历了三个大的发展阶段。第一阶段始于攀树的猿群从树上来到地上生活，前肢解放出来成为双手。第二阶段始于第一把粗笨的石刀被制造出来。第三阶段始于文字的产生。

在第一阶段，来到地上的猿群由于前肢活动的经常化和复杂化，从而把前肢解放出来成为双手，由原来靠四肢俯身行走变为靠后肢直立行走，于是完成了从猿到人转变的第一步。直立有助于脑的发展和视野的扩大，这一阶段的猿群已经能利用天然工具——木棒和未经加工的石块——从事简单的劳动。在长期的劳动过程中，手的灵活性增加，个体之间的联系、协作更加密切，因而发展了社会性。手和脑的发展相互促进，简单劳动的经验积累，相互之间接触的频繁，促进了脑和发音器官的发展，于是产生了分音节的语言。语言的产生为交流思想、传递信息提供了有力的手段，推动着社会性的发展。由于语言的产生，对于下一

---

① 本文选自张瑞璠、王承绪主编：《中外教育比较史纲》（古代卷），山东教育出版社1997年版，收入本书时有改动。

代的教育才成为可能。处在第一阶段的这种既不是原来的猿、又尚未完全形成人的"过渡时期的生物",被称为"正在形成中的人",又被称为"人类的童年"。这是人类形成的预备阶段。语言的产生是这一阶段的重要成就。

第一把石刀被制造出来,是"正在形成中的人"发展成为"完全形成的人"的转捩点,是人类社会正式形成的标志。工具的制造和使用,使简单的劳动发展成为真正意义上的人类的劳动,提高了人类征服自然的能力。手的劳动活动推动了感觉器官和思维器官的发展,通过长期实践,人类不仅开始认识自然的特性,而且开始认识自身行为的后果,并且根据这种认识调节自己的行为,以限制不利于共同生存和发展的行为,鼓励有利于共同生存和发展的行为。于是人们初步学会了有意识地规范自己的行为,以提高生产的质量——包括物质资料的生产和人类自身的生产。于是产生了最初的伦理规范和道德观念。最早产生的伦理规范是对两性行为的限制。当人类刚刚脱离动物界时,在原始人群中,两性关系和动物界一样没有任何限制。一旦人类开始禁止有血缘关系的两代人之间的性行为,人就远离了动物一大步。后来进一步发展到禁止同胞兄弟姊妹之间的性行为,人又远离了动物一大步。氏族就是在这种条件下产生的。在氏族制度下,一个氏族的男人和另一个氏族的女人互为夫妻关系。从这种群婚制发展到文明社会黎明时期的一夫一妻制家庭,人又远离了动物一大步。人在自己的发展过程中不断规范自己的行为,使个人的、眼前的需要的满足与社会的共存共荣相协调,与人类共同的、长远的利益相协调。这种自觉性愈高,人离动物就愈远,人的人性、社会性和道德水平也就愈高。这种自觉性愈低,人就愈接近动物,沦为衣冠禽兽。

在人类发展的第二阶段中,积累了生产知识和技能技巧,增加了对自然现象的了解,积累了行为规范、各种禁忌、习俗、传统、英雄的光荣业绩、祖先的遗训,产生了宗教观念和原始的音乐、舞蹈、绘画,为了使年青一代成为能适应社会生活、履行其社会义务的合格的社会成员,教育的内容复杂化了。于是出现了教育制度的萌芽——成丁礼,也出现了专门的教育场所——青年之家。成丁礼的意义不限于人们所习惯地认为的是对未成人的检验,以考核他们是否已具备正式社会成员的资格。成丁礼是一种有目的、有计划的系统教育。成丁礼的时间持续数年,有的甚至长达9年,成丁礼开始的时间有的部落甚至定在9岁。成丁礼期间有确定的训练内容(尽管各地原始居民的训练内容不尽相同),这决不限于简单的考核,而是系统的教育。

古代东方是世界文化教育的发源地

文字的产生是人类社会发展史上一次突破性的飞跃,它揭开了人类文明史的第一页。有了文字,信息的传递,思想、情感、经验的交流才突破了口耳相传或直接耳闻目睹的局限,突破了时间和空间的障碍。有了文字,人类的经验和智慧才得以记录下来,传给后人。文字使人类的世世代代连接起来,使后代人从前代人的经验和智慧中获得启迪,吸取力量。文字加快人类文明程度提高的速度,推动着社会进步。文字也为教育提供了强有力的手段。确切地说,人类真正的教育是从文字的产生才开始的。那些最早产生了文字的民族,便是最早给人类带来曙光的民族。那些最早产生了文字的地方,便是文明社会智慧之光的光源。最早产生文字的时间,便是人类文明史的开端。根据考古学家、历史学家和古文字学家的研究成果,我们现在已经可以确信,在世界各民族中,在公元前2000年以前便产生了文字的民族是古代两河流域的苏美尔人、古代尼罗河流域的埃及人、古代黄河流域的中华民族和古代印度河流域的印度人。这些民族都居住在世界的东方。所以,古代东方是世界文明的发祥地,是世界文化、教育的摇篮。当古代希腊人和整个西方世界还沉睡在原始荒蛮状态时,古代东方的文化教育早已高度发达,光芒四射,成为人类文明的灯塔。是古代东方人把人类领进文明的世纪。如果没有东方人的智慧和贡献，人类不知道还要在黑暗中摸索多少世纪才能找到光明。捷克古文字学家赫罗兹尼在研究了地下文物和古代各种文字后，在他的著作《西亚细亚、印度和克里特上古史》①中，以一个明确的结论作为全书的终结："光明来自东方。"这是一个颠扑不破的真理。

二、世界最早的文字产生于古代东方

（一）古代苏美尔文字

公元前4500年左右，苏美尔人来到两河流域——幼发拉底河和底格里斯河（今伊拉克地区）。公元前3500年前，苏美尔人已经有了图画文字。最早的符号有1600到2000个，后来减少到500至600个。苏美尔的文字是楔形文字，后来成为阿卡德文、巴比伦文、赫梯文、亚述文、埃兰文的始祖。经过学者的研究，现在已经能够释读古代苏美尔文和赫梯文。1985年，美国宾夕法尼亚大学宣称不久将出版多卷本《苏美尔文大字典》②。捷克学者赫罗兹尼释读古赫梯文成功，已得到各国学者的公认。这两种文字的释读成功，为研究古代西南亚各国的历史提供了钥匙。

（二）古代埃及文字

公元前4000年左右，埃及人已经由石器时代进入铜器时代。埃及最早的图形文字产生于公元前3500年，大体与苏美尔文字的产生同时，

---

① 赫罗兹尼：《西亚细亚、印度和克里特上古史》，谢秉凤译，生活·读书·新知三联书店1958年版。
② 郭圣铭：《世界文明史纲》（古代部分），上海译文出版社1989年版，第59页。另据报道，《苏美尔大文字典》从1976年开始编写，历时8年完成了第1卷，共248页，全书共17卷，要用50年才能完成。

一说略晚于苏美尔文。赫罗兹尼认为古代埃及图形文字的形成可能受到了苏美尔文字的影响。他说："考虑到当时近东与埃及之间有较为密切的关系，我们就不能完全忽视巴比伦尼亚文字对于埃及象形文字是有影响可能的。"又说，苏美尔的图画文字可能促使了埃及图画文字的形成①。

苏美尔文不是字母文字，埃及的图形文字则逐渐演变成字母。大约在公元前18世纪中叶，埃及人用象形符号制定24个只有辅音没有元音的字母，这种世界上最早产生的字母，是埃及人的独特贡献。这是后来西方字母文字的远祖。古埃及的字母是在西奈半岛的神庙里被发现的，所以称为"西奈字母"。1822年，法国人商博良成功地破译了古埃及图形文字，于1832年刊布古埃及图形文字的文法和字典，开创了《埃及学》的研究，推动了对古代其他东方文字的研究和释读工作。

（三）古代汉字的产生

殷代后期的殷墟甲骨文是已经高度发展的成熟的汉字。汉字的产生应是更为遥远的事。由于古代社会发展进程的缓慢，从汉字的产生到殷墟甲骨文，中间一定经过了漫长的岁月。目前已发掘出的地下文物还不足以为这个漫长的过程勾勒出清晰的令人信服的线索。最早的汉字究竟产生于何时，学者们的意见并不一致，迄无定论。李亚农认为汉字产生于殷代前期的王亥时代②。有人认为汉字产生于夏代。唐兰认为汉字产生于虞夏之际③。郭沫若根据20世纪中期在西安半坡村遗址出土的公元前4000年的陶器上的刻划符号，断定那便是最早的汉字。郭说，这些刻划符号"可以肯定地说就是中国文字的起源，或者中国原始文字的

---

① 赫罗兹尼：《西亚细亚、印度和克里特上古史》，谢秉凤译，生活·读书·新知三联书店1958年版，第48、60页。
② 李亚农：《殷代社会生活》，上海人民出版社1955年版，第90页。
③ 转引自孟宪承等编：《中国古代教育史资料》，人民教育出版社1961年版，第5页。

子遗"①。又说,"汉字究竟起源于何时呢？我认为,这可以从西安半坡村遗址距今的年代为指标"②。又说,西安半坡村出土的"彩陶和黑陶上的刻划符号应该就是汉字的原始阶段"③。于省吾也认为半坡陶器上的刻划符号是文字。另一些人则认为它们还不是文字④。裘锡奎在分析了关于汉字起源时间的各种见解后,做出了一个谨慎的推测,认为"汉字形成过程开始的时间可能在公元前第三千年的中期"⑤,即开始于公元前2800—前2500年的山东大汶口文化的晚期,而汉字形成完整的文字体系,则在公元前17世纪的夏商之际⑥。如果将来地下文物能更充分地说明半坡符号与夏代文字、殷代前期文字、殷墟甲骨文和殷周铜器上的铭文、族徽之间的联系和演变过程,则最早的汉字可以追溯到距今6000多年以前。有的人甚至认为汉字产生于1万年以前,这就打破了文字产生于原始社会末期的世界各民族的通例。总之,目前的任何一种论断都还只是推测,而不是结论。

(四) 古代印度的文字

古代印度的土著居民达罗毗荼人在公元前3000年建立了国家,在公元前2500—前1750年间,达罗毗荼人创造了"哈拉巴文化",他们创造了象形文字。在出土的陶器、铜器和"图章"上刻有象形文的铭文。公元前1750年,哈拉巴文化由于现在还不能确切知道的原因而突然中断。公元前1500—前1200年中,雅利安人入侵印度,征服了达罗

---

① 郭沫若:《奴隶制时代》,人民出版社1973年版,第246页。
② 郭沫若:《奴隶制时代》,人民出版社1973年版,第224页。
③ 郭沫若:《奴隶制时代》,人民出版社1973年版,第248页。
④ 裘锡奎:《汉字的起源和演变》,见阴法鲁、许树安主编:《中国古代文化史》(I),北京大学出版社1989年版,第130页。
⑤ 裘锡奎:《汉字的起源和演变》,见阴法鲁、许树安主编:《中国古代文化史》(I),北京大学出版社1989年版,第149页。
⑥ 裘锡奎:《汉字的起源和演变》,见阴法鲁、许树安主编:《中国古代文化史》(I),北京大学出版社1989年版,第150页。

毗荼人。公元前 6—5 世纪，雅利安人创造了自己的文字——梵文。赫罗兹尼认为，雅利安人的文字与古代叙利亚文、埃及文、腓尼基文、克里特文和两河流域的楔形文字都可能有某种联系并受它们一定影响。雅利安人用梵文写成《吠陀经》，这是印度最古的典籍①。

（五）古代腓尼基文字及其西传

古代腓尼基人于公元前 3500 年转移到地中海东岸今黎巴嫩、叙利亚一带，形成许多小城邦。腓尼基人的海上贸易活跃，公元前 12 世纪，腓尼基人掌握了地中海的商业霸权。公元前 14 世纪，腓尼基人用两种字母记录自己的语言，即西奈字母和叙利亚人根据巴比伦的楔形文字创立的字母。公元前 9 世纪，腓尼基人已经在使用自己的 22 个字母。公元前 8 世纪，在希腊定居的腓尼基人将腓尼基字母传给了希腊人。于是希腊人以腓尼基字母为范本，略加补充，制定了希腊字母，从此，希腊人进入文明民族的行列。关于腓尼基人将文字传给希腊人的具体情形，公元前 5 世纪被称为"史学之父"的希腊历史学家希罗多德在其名著《历史》中有详细记载："盖披拉人所属的、这些和卡得莫司一道来的腓尼基人定居在这个地方，他们把许多知识带给了希腊人，特别是我认为希腊人一直不知道的一套字母。但是久而久之，字母的声音和形状就都改变了。这时住在他们周边的希腊人大多数是伊奥尼亚人。伊奥尼亚人从腓尼基人学会了字母，但他们在使用字母时却少许地改变了它们的形状，而在他们使用这些字母时，他们把这些字母称为波依尼凯亚；这是十分正确的，因为这些字母正是腓尼基人给带到希腊来的。"②

腓尼基字母、希腊字母和拉丁文字母对照表：

---

① 赫罗兹尼：《西亚细亚、印度和克里特上古史》，谢秉凤译，生活·读书·新知三联书店 1958 年版，第 257 页。

② 希罗多德：《历史》（下册），王以铸译，商务印书馆 1985 年版，第 369～370 页。

字母的演化

腓尼基字母	希腊字母	拉丁字母
∀ ዓ	A B Γ Δ E [Y] Z	A B G D E F Z
⨉ ⨅ ⊗ ⌿ ⩘ ⩗ ⨆ ⨁ ⩙ ⨊ ⨉ ⋎ ⋏ ⟊ ⊙ ⟊ ⨂ ⚆ ⚇ ⨯	H Θ I K Λ M N Ξ O Π P Σ T Y X Φ Ω	H I [K] L M N O P Q R S T U V X

直接影响希腊文字产生的是腓尼基文字。但是从前面的叙述中我们知道，腓尼基字母是在西奈字母和巴比伦楔形文字的影响下产生的，而埃及人的西奈字母也可能受到苏美尔文的影响，因此，古代希腊文字虽是腓尼基文字的直接产物，但间接地也是古代东方各种文字的综合产物。

从古代希腊文字衍生出拉丁文，从希腊文和拉丁文衍生出欧洲各国的文字：英文、德文、法文、意大利文、西班牙文、葡萄牙文，等等。在16—17世纪西方的殖民主义运动中，殖民主义者又把这些文字带到世界各大洲众多地区，这些文字成了南北美洲、大洋洲、非洲以及亚洲一些国家的通用文字。斯拉夫文字也是直接源于希腊文。

在亚洲方面，腓尼基人的拼音字母被居住在叙利亚一带的阿拉美安人用来拼写他们的阿拉美安语。……后来又从阿拉美安的字母中衍化出希伯来文、阿拉伯文、印度文，乃至维吾尔文的字母。所以，世界上各种拼音文字的字母，都可以上溯到腓尼基人的拼音字母。①

---

① 郭圣铭：《世界文明史纲》（古代部分），上海译文出版社1989年版，第74页。

(六) 一个疑团

前面提到，郭沫若认为西安半坡村出土的陶器上的刻划符号就是最早的汉字的起源，有的学者也同意半坡陶器上的刻划符号就是文字。如果这个论点能成立或作为讨论的可能出发点，那么，汉字就产生于距今6000多年以前①。它比古代苏美尔文字、古代埃及文字都早得多，比腓尼基文字更早，汉字就是世界上最早产生的文字。

这种原始的汉字——半坡陶器上的刻划符号——与西亚最早的文字之间，是否有存在着某种联系的可能？目前这似乎是一个不着边际的联想，但却是一个值得思考的问题。从现象上看，西安出土的半坡陶器上刻划符号和殷周青铜器上族徽刻划符号有一部分与古代腓尼基字母是雷同或近似的。试列表如下②：

------

① 根据考古发掘，后来又在半坡发现了比郭沫若所说距今60000年更早的文物。
② 这里所列原始汉字刻划符号仅限于采自郭沫若《古代文字之辩证的发展》，见郭沫若：《奴隶制时代》，人民出版社1973年版，第246页，及裘锡圭《汉字的起源和演变》，见阴法鲁、许树安主编：《中国古代文化史》(I) 第4章，北京大学出版社1989年版，第130页。

原始汉字符号的排列顺序不是原来的顺序,而是为了便于对比,按腓尼基字母的顺序排列在相应的位置。A类是半坡陶器上的刻划符号,B类是郭文所列举的殷周青铜器铭文中的族徽符号。

这种雷同或近似,只是偶然的巧合,还是有某种内在联系的可能?这便是令人感兴趣的问题。急于对这个问题作出肯定或否定性的结论,都为时尚早。怀疑和假设往往是科学发现的契机和起点。

从大的文化背景说,早在新石器时代,中国的文化与西亚文化便有了密切联系。考古学家、古文字学家赫罗兹尼说:

> 两河流域金石并用时期的特色是彩陶,它是广阔的欧亚地区的一部分,其范围从波希米亚和摩拉维亚、狄萨利和西西里扩展到中国的甘肃省和满洲东南部……我们似乎应当把他们作为一个起源于一地的巨大有机体来研究。①

这个"巨大有机体"的起源地为什么就不可能是仰韶文化的发生地?

赫罗兹尼又说:

> 中国仰韶文化的新石器时代的多色彩陶和基辅之南黎里波哲的彩陶,土耳基斯坦的安诺的彩陶,甚至巴比伦尼亚、亚述和埃兰的彩陶,都有同样的题材。②

> 巴比伦尼亚、亚述和埃兰彩陶题材与中国仰韶彩陶的题材相似。③

由此可知,在新石器时代,中国文化的发展并不是孤立的、与世隔绝的,它与西亚、南亚甚至欧洲都有某种联系。当赫罗兹尼写作上述著作时,半坡遗址的文物还没有被发现,他作出苏美尔人是古代东方最早

---

① 赫罗兹尼:《西亚细亚、印度和克里特上古史》,谢秉丰译,生活·读书·新知三联书店1958年版,第31页。

② 赫罗兹尼:《西亚细亚、印度和克里特上古史》,谢秉丰译,生活·读书·新知三联书店1958年版,第31页。

③ 赫罗兹尼:《西亚细亚、印度和克里特上古史》,谢秉丰译,生活·读书·新知三联书店1958年版,第40页。

文明的创造者、世界最古的文字是巴比伦尼亚文字的结论,这是可以理解的。半坡遗址发现以后,就有理由对赫罗兹尼的结论重新看待了。

据此就不能断然排除一种可能性:从中国产生的最早的文字符号后来沿着两个迥然不同的方向发展,它传入西亚后演变成字母文字,它在中国本土演变成方块汉字。这两种不同的文字体系有着共同的源泉,这个源泉就是以半坡符号为代表的原始汉字。

20世纪上半期,西安半坡和河姆渡等处早期遗址还没有发现,西方的一些考古学家根据殷代晚期的文物和其他一些有限的考古资料,妄加臆断,或者说中国文字与埃及文字同源,或者说中国文字与巴比伦文字类似①,并由此而编造了"中华民族西来说"的种种天方夜谭。例如,有人说,中国人种发源于埃及;有人说,中国人种发源于巴比伦,由"黄帝"率领进入中国;有的人说中国人种来源于苏美尔人;还有人说中国人来自缅甸②。在此以前,更有中国人来自美洲的怪论③。

西安半坡等处遗址的发掘,对西方某些人杜撰的"中华民族西来说"的臆断做出了有力的驳斥。

总之,古代东方是最早产生文字的地方。古代希腊文字的产生晚于腓尼基文字100年,晚于埃及文字和苏美尔文字约2700年,晚于印度古代文字约1700年,晚于中国大汶口文字约2000年,晚于半坡的文字近4000年。西方世界是被东方人带入文明时代的,是古代东方人把文字教给了希腊人。

三、世界最早的学校产生于古代东方

文字的产生与学校的产生有着内在联系。人类所积累的各种知识,

---

① 参见吕振羽:《中国原始社会史》,耕耘出版社1942年版,第3页。
② 参见吕振羽:《中国原始社会史》,耕耘出版社1942年版,第178~179页。
③ 参见吕振羽:《中国原始社会史》,耕耘出版社1942年版,第181页注引。

有了文字作为载体,更易于传递。年青一代的教育,由此而获得了强有力的手段。要掌握这个工具,首先必须经过艰苦的努力,以学习认字、写字,教育的内容因此而变得更加丰富、更加复杂了。文献资料和地下文物证明,世界上最早产生文字的地方,也就是最早产生学校的地方。这些地方都在古代世界的东方。

(一)古代两河流域的学校

20世纪30年代,考古学家在幼发拉底河岸发掘出了建于公元前3500年的马里城,找到了现在已知的世界上最早的学校的遗迹。

> 它包括一条通道和两间房屋,大间房屋长44呎,宽25呎,小间面积为大间的三分之一,大间排列着四排石凳,每条可坐1人、2人或4人,共容45人;小房排着三排石凳,共可容23人,很似学校课室。……放着许多学生的作业泥板。墙壁四周的底部安放着盛有泥土的浅浅水槽,好似准备制作书写用的泥板的,附近摆着一个椭圆形的陶盆,可能是储放清水以便和泥制作泥板的,或者是放置书写用具的。地面上装点有许多亮壳,好似教授计算的教具。①

学者们根据考古资料,还证明在公元前18世纪中叶的巴比伦王汉穆拉比时期,学校已盛行于巴比伦王国全境。在古代两河流域的学校中,教师已经有了专业分工,出现了"教授苏美尔文的教师""教授计算的教师""教授测量的教师""教授图画的教师"②。这大概是指公元前2500年阿卡德人征服苏美尔人以后苏美尔文和阿卡德文并用时期的情形。

---

① 滕大春:《关于两河流域古代学校的考古发掘》,载《河北大学学报》(哲学社会科学版),1984年第4期。

② 滕大春:《关于两河流域古代学校的考古发掘》,载《河北大学学报》(哲学社会科学版),1984年第4期。

(二) 古代埃及的学校

米定斯基指出:"最初关于学校的记载是在纪元前 2500 年以前的埃及古王国的史料中看到的,这是一种专为王国官吏的子弟设立的宫廷学校。"① 鉴于埃及的文字产生的时代要早得多,可以认为古王国时代的宫廷学校并不是埃及最早的学校。

在古代埃及的学校里,学习写字是基本的课业,也是费力的工作。司徒卢威写道:

> 流传到现代的古埃及的许多手稿里有着修改和改正的痕迹。这些改正都是别人用更为熟练的笔[手]写的,并且,毫无疑问,是另外一只更有经验的手写的。在这些手稿的空白处时常重新誊录了许多最复杂的符号,要学会美观地、正确地书写这些符号是极端困难的。……这是一些学校的手稿。一些年轻的、尚无经验的书吏把它们写下来,老师作了改正。要想成为一个有经验、有教养的书吏,埃及的学童必须多多地学习。②

这段记载饶有趣味。它使人联想到中国殷代学生在甲骨上学习刻写的情形。

郭沫若在殷墟甲骨文中发现了一片特殊的骨片。骨片上刻有五行文字,其中有一行字细而精美整齐,是教师刻写的范本,其他各行字迹歪斜不合规范,是学刻者的练习。这具体生动地说明了与古代埃及学生学习写字的情况极相类似的情况。如下图:

---

① 米定斯基:《世界教育史》,叶文雄译,生活·读书·新知三联书店 1950 年版,第 11 页。

② 司徒卢威:《古代的东方》,陈文林等译,人民教育出版社 1955 年版,《孩子的耳朵是长在背上的》篇。

第一四六八片

此由二片复合,与前片雷同是一骨,内容乃将甲子至癸酉之十日,刻而又刻者,中第四行字细而精美整齐,盖先生刻之以为范本,其馀歪斜刺劣者盖学刻者所为,此与今世儿童习字之法无殊,足征三千年前之教育状况尚有意味。又学刻者诸行中,亦间有精美之字,与范本无殊者,盖示先生以旁轶刀为之,如次行之庚午申,三行之卯巳,辛诸字是也。

郭沫若对这片甲骨有一段精彩的分析,其言曰:

  读者请试展阅第一四六八片焉。该片原物当为牛胛骨,破碎仅存二段,而文字幸能衔接。所刻乃自甲子至癸酉之十个干支,刻而又刻者数行,中仅一行精美整齐,余则歪刺几不能成字。然于此歪刺者中,却间有二三字与精美整齐者之一行相同,盖精美整齐者乃善书善刻者之范本,而歪刺不能成字者乃学书学刻者之摹仿也。刻鹄不成,为之师范者从旁捉刀助之,故间有二三字合乎规矩。师弟二人蔼然相对之态,恍如目前,此实为饶有趣味之发现。且有此为证,足知存世契文,实一代法书,而书之契之者,乃殷世之钟、王、颜、柳也。①

我们知道,古代埃及的文字是写在纸草上,较之在龟甲兽骨上用刀刻写,其困难要小得多,由此可以想见我们的先人学习写字之艰难。他们以不畏艰辛的毅力,为我们留下了丰富的古代文化资料。

---

  ① 郭沫若:《殷契粹编考释》,科学出版社2002年版,第2页。

(三)最早的中国学校

关于中国古代学校的文字记载,最早见于《孟子·滕文公上》:"设为庠、序、学、校以教之。庠者,养也;校者,教也;序者,射也。夏曰校,殷曰序,周曰庠,学则三代共之,皆所以明人伦也。"这说明中国在距今 4000 年前便有了学校,但这未必就是最早的学校。如前所述,如果距今 6000 多年的西安半坡陶器上的刻划符号可以看作最早的汉字,则从汉字的产生到学校的出现经过了 2000 年,这个过程太长了。从文字与学校相关的通例,最早的学校应在夏代以前,不过目前还没有地下物证明。

(四)古代希腊学校是模仿古代东方学校的产物

古代希腊学校产生于公元前 7 世纪,它晚于苏美尔学校 2900 年,晚于埃及学校至少 1900 年,晚于中国学校至少 1600 年。古希腊学校的来源,博伊德、金合著的《西方教育史》认为有可能是以古代巴比伦的学校为样板。

四、最早的书籍产生于古代东方

书籍的产生是文字产生的必然结果,但书的出现滞后于文字的产生。文字是有形的,它必须附丽在一定的材料上,使人见形而会其意,才能发挥文字的记事、交流思想的功能,也才能突破时间、空间的障碍。最初附丽文字的材料不一定就是书,例如,最初划写在陶器上的文字,它不是给人读的,还不能称为陶书。最初刻在山崖上的文字,是不能携带的,也还不能称为崖书。最初刻在龟甲牛骨上的文字只是记录卜筮的结果,刻在青铜器上的文字只是记录物主或物主的座右铭,不是以传递知识为目的,还不能称为甲书、骨书或金书。它们只是正式的书出现以前或同时的准备阶段。

（一）古代两河流域的泥板书

古代苏美尔人的文字是写在黏土泥板上的，称为泥板书，这与两河流域黏土容易得到是相关联的。学校用的教材是泥板书，学生做练习、作业是泥板，学校称为"泥板书舍"。图书馆收藏的也是泥板书。古代亚述王阿寿奔泥波（公元前7世纪）在亚述都城尼尼微建立的图书馆藏有3万块泥板书。太罗城的图书馆藏有4万块泥板书，尼波尔城的图书馆藏有2万块泥板书①。古代两河流域的历史面貌、科学知识、教育情况，都靠这些泥板书记录下来，现代人才得以知道湮没已久的古代文明。最早的泥板书出现于距今5000多年以前。

（二）古代埃及的纸草书

古代埃及人的文字是写在纸草上的。纸草是盛产于尼罗河两岸的一种植物。埃及人从这种植物上取下长短相同的茎，剥下一层一层的薄片，然后将薄片粘接起来，使之成为一张一张的正方形的纸草，然后将另一层纸草按纤维的垂直方向铺在第一层纸草上，用木槌槌打纸草，使之粘合更坚固并变得更薄，压平，晒干，就成了写字的纸。埃及人称这种纸草为 Paperus，后世英文中的 paper，法文和德文中的 papier，便是由此而来。如果要写的内容很多，一张纸草容纳不了，便将许多张纸草粘接成长短不一的条幅。现在保存的最长的纸草长达40.5公尺。为了便于存放，把长的纸草卷成卷（Volume），这便是后来书籍分"卷"的由来。由于纸草制作费事，价格昂贵，埃及学生初学写字时并不直接写在纸草上。他们先在陶片、石片或木片上练习。只有掌握了熟练的书写技巧以后，才能在纸草上书写。正式的文书或书籍则是由专职的书吏

---

① 滕大春：《关于两河流域古代学校的考古发掘》，载《河北大学学报》（哲学社会科学版），1984年第4期。

执笔。

古代埃及的文字资料赖这种纸草书才得以保存下来。

（三）中国的竹帛书

如果中国古代刻写在陶器、甲骨、青铜器上的文字资料还不是正式的书籍，那么中国最早的正式书籍当推刻写在竹简上的竹书。最早的竹书至少出现于殷代（约公元前16—前11世纪），这是史有明文记载的。《尚书·周书·多士》："唯殷先人有册有典，殷革夏命。"册和典都是竹书。"册"字就是一串竹简的象形：册，用一根绳子把许多竹片串连起来，一串就是一册。如果是特别重要、特别珍贵的书籍，就把它放在一个高高的台子上，以示尊重，犹如"文化大革命"期间盛行的"宝书台"，像其形的便是后来的典字。在竹简上写字之前，要先把竹片表面的一层青皮刮去，以便使字迹能牢固地长久保持，这种刮去青皮的工作叫杀青，后代人便将书籍的出版称为杀青。为了使竹简的串联牢固，古人用牛皮条子做绳子。相传孔子读《易经》，"韦编三绝"，他把串联竹简的经过鞣制的牛皮绳子翻断了三次，其刻苦可以想见。直到孟子时代，《尚书》还是写在竹简上。《孟子·尽心下》："尽信书，则不如无书。吾于《武成》，取二三策而已矣。"二三策即二三片竹简，这说明孟子对《书经》的真伪，持审慎态度，他对《周书·武成》，只取其二三策。竹书在中国历史上使用了1000多年。

竹书是很笨重的，携带十分不便，随着生产技术的进步、纺织品的改进，于是便出现了更加轻便、便于携带的帛书，这是书籍的一大进步。

帛书是把文字写在丝织品上，最早的帛书大约出现于春秋时代。《墨子》中有"书于竹帛、镂于金石"的记载，可见在墨子以前已经有了帛书，进入了竹帛并用的时期，这个时期一直延续到汉代。白色的绢子可以按需要而裁剪成长短不一的帛片。写好的绢子卷成卷，也和埃及的纸草书一样。西方人后来称为 Volume，汉字称为"卷"，这是书籍分卷的由来。

除了竹书（包括木板书）和帛书外，还有一种特殊的书——刻在石块上的石书。古代埃及人和印第安人都有过石刻。已知中国最早的石刻始于公元前 3 世纪的秦代，但那时的碑刻还不是真正的"书"。真正的石刻书始于东汉熹平四年，即公元 175 年。汉灵帝命令蔡邕把儒家经典刻在石头上，立于洛阳的鸿都门，这就是著名的汉石经。把如此多的经书全文刻在石板上，这是各国历史上所仅见，是中国文化教育史上的一个奇迹。

（四）西方最早的书

西方世界最早出现的用文字写成的书是古代希腊的长篇史诗《伊利亚特》和《奥德赛》。它们是公元前 6 世纪用文字写成的。这两部史诗叙述的历史故事是发生在公元前 13 世纪的特洛伊战争以及奥德修斯返回希腊途中的遭遇。故事在民间艺人中流传已久。公元前 9 世纪的盲诗人荷马将这些口头传说编集成两部史诗。公元前 8 世纪，希腊人根据腓尼基字母制定了希腊字母以后，到公元前 6 世纪中期，才把荷马编集的史诗用文字记录下来，这是古代希腊乃至整个西方世界最早的书籍。直到公元前 5 世纪，希腊学生所能得到的唯一的书籍便是这两部史诗。由于当时制作书写材料的困难，这种书远不是普遍使用的，更不是需要阅读的人都能得到的，在很大程度上，它还是靠口头的授受。由此可知，西方最早出现的书籍晚于两河流域的泥板书和古埃及的纸草书近 3000 年，中国最早的书即使只从殷末的《殷书·盘庚》算起，也早于西方约 700 年。到公元前 6 世纪，中国的"六经"——《诗》《书》《礼》《乐》《易》《春秋》，便已全部写成，为教育提供了完备的教材系统。

五、最早的大教育家产生于古代东方

文字的产生、学校和书籍的出现，是教育发展史上划时代的大事。

有了文字、学校和书籍,教育的水平才得以大为提高。文字使教育活动突破了口耳相传的局限性,学校促成了教育的制度化,书籍为教育内容提供了稳定的保证。随着教育的发展,出现了以从事年青一代的教育为职志的教师,从这些教师中,产生了成就卓著、遗产丰富、影响深远、功德昭于后世、千古称颂的大教育家。世界上最早的大教育家产生于公元前6世纪的古代东方,这就是古代印度的乔达摩·悉达多和古代中国的孔子。

(一)乔达摩·悉达多

乔达摩·悉达多的生卒年月诸说不一,大约出生于公元前558年(中国周灵王十四年),早于孔子出生7年,早于苏格拉底出生89年。卒于公元前478年,终年80岁。比孔子晚逝世一年。

乔达摩·悉达多是古代印度迦毗罗卫国净饭王的太子,母亲叫摩耶。乔达摩·悉达多属释迦族,后人尊他为圣人,圣人在梵文中为牟尼,所以又称他为释迦牟尼,意即释迦族的圣人。释迦牟尼悟彻人生的真谛以后,人们称他为"觉者"。觉者的梵文为"佛陀",所以人们又称他为佛陀,简称为"佛"。按照佛经,他有十个称号:如来、应供、正徧知、名行足、善逝世间解、无上士、调御丈夫、天人师、佛、世尊①。释迦牟尼佛也可称作释迦牟尼如来、释迦牟尼天人师等,都是一样。

乔达摩·悉达多的学说原本是以人生哲理为核心的哲学思想,而不是宗教学说。乔达摩·悉达多去世以后,特别是随着大乘佛学兴起并广泛传播以后,佛学才逐渐演变成为宗教。后来民间的愚夫愚妇所崇拜的佛教,与乔达摩·悉达多的学理已相去十万八千里,面目全非。乔达摩·悉达多本人的一生行事是传授人生哲学的诲人不倦的教育家,而不是宗教的传教士。佛学演变成宗教以后,人们心目中的佛的形象已远非

---

① 《无量寿经》等佛教经典中"正遍知"译作"等正觉"。

乔达摩·悉达多这个活生生的现实人物的本来面目。

乔达摩·悉达多自幼受过良好教育。他从婆罗门大学者跋陀罗尼学习过当时已形成的五明之学——声明、工巧明、医方明、因明和内明，也就是音韵学、工艺学（包括天文、数学等）、医药学、逻辑学和哲学。后来又从著名学者毗奢密多罗钻研婆罗门教的经典《吠陀经》，从而精通了当时已有的多种高深学问。此外，乔达摩·悉达多还精于武术，是文武全才。

乔达摩·悉达多身居龙楼凤阁，锦衣玉食，侍婢如云，又有娇妻相伴，幼子绕膝。但是他视人世的荣华富贵如轻烟薄雾、过眼浮云。他目睹人世生老病死之苦，思考人生究竟，探索解脱之道。他研习过的各种婆罗门教的学问，无助于他的疑难的解答。于是他毅然抛弃王位的继承权，丢下娇妻幼子，悄然逃离王宫。在历经各种磨难，经过艰苦的沉思后，终于悟彻人生究竟，得道成为"觉者"。

"觉者"——佛陀包括三层含义，就是正觉、等觉、圆觉。正觉是自己觉悟，等觉是觉他，也就是"以先知觉后知，以先觉觉后觉"（伊尹语）。圆觉就是正觉和等觉都达到功德圆满的境界。这和《大学》中的"明明德、亲（新）民、止于至善"的过程是相通的，尽管目的和内容相去悬殊。

乔达摩·悉达多自己觉道后，便开始"觉他"。大约在35岁时，他开始了长达40多年的教育工作，传授他所悟出的人生哲理。

乔达摩·悉达多"初转法轮"（开始施教）时的第一批弟子是净饭王派去护卫他的五个人：憍陈如、摩男俱利、阿奢婆誓、十力迦叶和摩诃跋提。由于他的哲理深得人心，影响扩大，服膺而归于门下者日众。拜火教的三个头目优楼频罗迦叶、那提迦叶和伽耶迦叶三兄弟闻佛陀微言大义，深为折服，率弟子千人投归佛陀门下。婆罗门教享誉一方的大学者舍利弗和目犍连，闻佛陀哲理，尽弃所学，率弟子200余人，皈依佛陀门下。后来，乔达摩·悉达多的姨妈（乳母，也是净饭王的第二个王后）摩诃波阇波提、妻子耶输陀罗、儿子罗睺罗也都归于门下。佛经中常说佛陀弟子"千二百五十人俱"，这是指乔达摩·悉达多的常住的门生。如《无量寿经》等所称的"万二千人俱"，如果不是夸大，便是包括临时参加听讲的不稳定的听众在内。

佛陀初转法轮即开始施教的时候，无固定住处，只是在波罗奈斯国鹿野苑缚罗迦河畔，率最初五位弟子到处行化。后来，摩揭陀国的频婆娑罗王在国都王舍城郊的迦兰陀竹林修建宏大的房舍，作为佛陀师弟栖身讲学之处，称为竹林精舍。后来，拘萨罗国的太子祇陀和巨富须达多又联合在国都舍卫城为佛陀及门弟子修建祇桓精舍（祇树给孤独园）。乔达摩·悉达多在这里讲学达25年之久。晚年，佛陀和弟子们又修建了摩提叶尼精舍。

释迦牟尼学说的理论基础是缘起论，有八句偈是缘起论的真谛：

若此有则彼有，若此生则彼生；
若此无则彼无，若此灭则彼灭。

诸法因缘生，缘谢法还灭。
吾师大沙门，常作如是说。

释迦牟尼否认有创造宇宙万物的造物主（无作者），也否认有主宰人间吉凶祸福的至上神。他认为世间万物（诸法）都是因缘和合而生，而因和缘都是性无常住、刹那生灭的，因此世界并无常住不灭的本体，人自身也没有一个常住不灭的主体。正如人不能两次涉足同一河流，世间万物，包括人自己，都是如露如电，如梦幻泡影，常变不息，生灭不止。我们所见的事物的相状，其实都不是相状。"凡有所相，皆是虚妄"，"若见诸相非相，即见如来"[①]。若能破除我相、人相、众生相、寿者相，便能立地成佛。

孔子从入世的立场出发，致力于改造现存的社会，向往一种合理的

---

① 出自《金刚经》。

社会秩序。释迦牟尼则相反，他从出世的立场出发，并不企求改变现存的社会秩序。他认为人世间的苦难不是来自社会上的经济、政治制度，而是来自人自身的心性，为善为恶，是福是祸，只在一念之差。解脱苦难之道，在于心中除恶扬善。释迦牟尼教人在自己心中构建一个美妙尽善的天堂。这种鸵鸟式的理论不仅释迦牟尼有，古今许多思想家都有类似的理想。他们目睹社会的不公平、邪恶、黑暗，深恶痛绝，但又自感无力改变现实，于是追求从"世界迷宫"遁入"心的天堂"①，作自我宽慰，自我陶醉。

在认识论上，释迦牟尼承认感觉器官与外物相接，才产生意识。眼、耳、鼻、舌、身、意这"六根"是人具有的感官，色、声、香、味、触、法这"六尘"（境），是外在事物，两者相接，便产生眼识、耳识、鼻识、舌识、身识、意识这六种心理活动，佛学共称十八界。这种理论看似具有唯物主义感觉论的色彩，但是，既然六根和六尘也都是缘生缘灭、性无常住的，人们能否认识外在事物、获得客观真理，也就大成问题。"六识"也是刹那生灭的，于是一切便都陷入"空"。

释迦牟尼的人生哲学的基本理论是"四谛"——苦、集、灭、道，"八正道"——正见、正思维、正语、正业、正命、正精进、正念和正定。如果把四谛、八正道看作解脱人世苦难的灵丹，这无异于水底捞月，镜里摘花。但如果从道德修养的角度看，八正道中确有许多值得吸取的东西，它和儒家的学说颇多相通之处。实际上，八正道的要求在儒家经典中也都有过，只是出发点和目标不同而已。

释迦牟尼是教育改革家。

当时印度社会划分为四个等级森严的种姓：最高的种姓是婆罗门，是掌握祭祀大权和知识的僧侣；第二种姓是刹帝利，这是王公贵族和武

---

① 作者这里借用的"世界迷宫"与"心的天堂"原为夸美纽斯17世纪的两部作品名称。前者反映现实的罪恶、黑暗以及作者身处其中的迷茫，后者反映的是作者向往中的理想世界。——编者注

士，乔达摩·悉达多即出身于这一种姓；第三种姓是吠舍，包括商人、手工业者和自由民；第四种姓是首陀罗，包括雇工、奴隶和极贫苦的贱民。种姓是世袭的，不可改变的，种姓之间不得互相通婚。

在四个种姓中，婆罗门垄断了文化和教育的特权。古印度的《法经》中记载："婆罗门的本分的职业是：研究、教育、自己和他人的祭祀、分发和接受布施、获得遗产和征收田地的收成。"其他种姓都不得从事教育活动。受教育权只给予前三个"再生"的种姓。《法经》规定："一切再生的人都应学习、为自己祭祀并分发布施。"首陀罗被剥夺了受教育的权利。这些规定后来又正式载入《摩奴法典》。

乔达摩·悉达多在自己的教育活动中，从理论上和实践上打破了种姓制度，以平等主义取消种姓特权，将教育权和受教育权普及于四个种姓，在印度历史上，首陀罗第一次取得了与婆罗门平等的受教育权和教育权。

在理论上，乔达摩·悉达多宣传"一切众生，皆有佛性"。人人在佛性上是平等的，并无等级区别。因此，人人都可学习，人人都可成佛。这和儒家"人皆可以为尧舜""涂之人可以为禹"的观点一致。它不仅肯定了教育上的平等权利，也说明对人的发展的可能性充满信心：人是可以由教育造就成的。当然，人皆可以为尧舜，未必人人果能成为尧舜，涂之人可以为禹，未必人人终能成禹，同样，人人皆可成佛，未必人人必能成佛。其间的差别，除了社会条件的制约，就决定于个人的主观努力。儒家和佛家都极为重视个人的主观努力，佛家似更为重视。儒家说："为仁由己，而由人乎哉"，"我欲仁，斯仁至矣"。佛家说："心能作天堂，心能作地狱；心能作佛，心能作众生。是故心正成佛，心邪成魔。"只要断绝迷顽，诸恶莫做，众善奉行，就可立地成佛。

基于众生皆可成佛的理论，在实践上，乔达摩·悉达多实行名副其实的"有教无类"。在他的门生中，有原来的婆罗门、刹帝利，也有首陀罗。一旦进入佛门，他们就没有社会身份的差别，只有学习修养功夫深浅的不同。精舍是将四个种姓出身的人融为一体的大熔炉。出身于刹帝利、吠舍和首陀罗的人，只要在修习功夫上有深厚造诣，也就有弘法、说教的权利和义务。教育权不再是婆罗门的专利品。

当时印度女子没有受教育权。乔达摩·悉达多打破这个限制，在他的门下吸收了女弟子，这在当时的印度是石破天惊的创举。他实现了男女教育权的平等，虽然歧视女性的习惯势力仍然有影响。例如，男子受具足戒成为比丘，要遵守250条戒律；女子受具足戒成为比丘尼，则必须遵守348条戒律，条件更为苛刻。

乔达摩·悉达多对婆罗门教的学问有所批判、舍弃，也有所继承、吸取。例如，婆罗门教的五明之学便被接受过来，成为佛学的内容之一，只是对"内明"的内容按照佛学理论加以改造。所以五明也是乔达摩·悉达多施教的内容。

悉达多的教育方法多种多样，常见的有以下几种：

讲述法。由悉达多向听讲者系统讲解他的学说，听众静听，默而志之。

问答法。据佛经所记，悉达多在讲学中经常与弟子问答讨论。或者由弟子先提出问题，由悉达多予以解答；或者由悉达多先提问，以启发听众思考，然后根据弟子的回答，予以补充讲明。

暗示法。这是无言之教。如相传悉达多在灵山会上说法时，手拈鲜花，正襟危坐，一语不发。听众皆面面相觑，莫名所以。唯有摩诃迦叶心领神会，发出会心微笑。于是悉达多向摩诃迦叶传授了"不立文字、教外别传、直指人心、见性成佛"的理论，这便是后世禅宗的由来。

精思法。佛家提倡精思、静思，就是所谓禅那（meditation）。听讲以后，对所学的道理，通过静思，虚心涵咏，深究其底蕴，务求彻悟究竟，有所发明。后世称为参禅，此为必修功课。

履践法。儒家重视学、思、行结合，佛家也重视实行。佛家的"六波罗密"中的"布施波罗密""持戒波罗密"等便都是履践功夫。布施包含三项内容。一是财施，即以钱财帮助他人，相当于儒家的博施于民而能济众，周急不继富。二是法施，就是向人宣讲佛家的道理，相当于儒家的以先觉觉后觉。三是无畏布施，就是救人于危难之际，相当于我们今天应大力提倡的见义勇为、助人为乐。持戒就是恪守规定的道德戒律、行为规范。有五戒、十戒、具足戒、菩萨戒四种不同程度的要求。

讽诵法。悉达多讲学时，他的学理还没有用文字写下来，全靠口耳相传，弟子们要把老师讲的内容准确无误地记下来，是相当困难的事。为了便于弟子们对讲学的内容记得准，记得牢，悉达多采取了两个办法。一是把讲学内容中的重要部分用诗歌的形式加以概括，称为"偈"（或颂），偈一般四句，每句长短视内容需要而定。二是将所讲内容归结成为一定数量的条条，如四大、五蕴、四谛、八正道、六根、六尘、六识、六波罗密、六道轮回、十二因缘等，这些偈和条条便于门弟子的讽诵、记忆。释迦牟尼去世后，他的弟子能通过回忆把老师的教导结集起来，以后又用文字记录下来，讽诵法是起了一定作用的。

作为一代导师，乔达摩·悉达多不但以其博大精深的人生哲理服人，更以其伟大的人格力量感人、化人。耶稣的门徒中出了一个叛徒犹大，以暴死告终。乔达摩·悉达多的门徒中也出了一个内奸摩男俱利，几次图谋加害于乔达摩·悉达多，但在导师伟大人格的感召下，这个内奸终于痛改前非，放下屠刀，立地成佛。悉达多的门生中有国王、大臣、异教头目、剃头匠，也有迷途知返的失足者、罪犯。只要佛心未泯，一经春风化雨，便能弃旧图新，同登彼岸。

作为伟大的教育家，乔达摩·悉达多的影响是难以估量的。他的教导广被四海。佛经是人类文化宝藏中的珍宝，它启发了人类的智慧。2600年来，信奉其教导的人不可胜数。公元1世纪60年代佛教传入中国后，中国有些帝王、大臣、鸿儒、哲人也为之倾倒。佛学与儒学取长补短，相互吸取，相互渗透，相互融合，相互促进，佛学逐步中国化，成为中华民族文化和教育的重要组成部分。不了解中国的佛学，也就不

古代东方是世界文化教育的发源地

391

可能真正了解中国文化和教育的历史。

佛学传入中国后，一方面，它没有足够的力量夺取儒学早已根深蒂固、枝繁叶茂、硕果丰盈的阵地，取得意识形态上的垄断权；另一方面，儒学也无力完全无视佛学凌厉的冲击力。这两种博大精深的学术体系相互撞击，给中国的文化、学术带来了新的繁荣和生气。佛学和儒学的宽容，反映了这两种学术体系的自信、自尊。一种根基深厚的学术思想体系是不惧怕"异端"挑战的。儒学有这种海量，所以才有佛学对中国的哲学、伦理学、教育学、声韵学、逻辑学、诗歌、绘画、音乐、建筑等领域的贡献。不同学术的撞击，必然发出火花、发出巨响。撞击是突破的能源和酵母。

儒家的目标是改良社会状况，以改善现实的人生。佛家的目标是改善人性，使人进一步远离动物，达到心灵的净化。儒家的格物、致知、诚意、正心、修身，是为了齐家、治国、平天下，而佛家止于诚意、正心、修身，以此为最终鹄的。所以，佛学在本质上是一种伦理学。以佛学的伦理学补充儒学的社会政治学，是不矛盾的。这是两种学术能并行不悖、相得益彰的根本原因。

（二）孔子

笔者有另文从比较角度论述孔子和苏格拉底的教育思想，故此处不拟详述孔子的教育活动和教育思想，只简述孔子在世界教育史上的地位。

孔子和乔达摩·悉达多同时开展教育活动。在公元前第一个千年中，孔子和乔达摩·悉达多属于前500年的人物，西方的圣人苏格拉底属于后500年的人物。黑格尔称苏格拉底、柏拉图、亚里士多德为"人类的导师"。由于黑格尔的知识的局限性，他对古代东方的学问只有道听途说、一鳞半爪的了解，又由于这种局限性所带来的"西方中心论"的偏见，他并不了解，最早的人类导师是古代东方的乔达摩·悉达多和孔子。早在苏格拉底出生以前,东方的两位圣人早已各据一方,设坛施教,弟子弥众,信徒盈天下。东方的两位圣人都是以济世的宏愿,艰苦卓绝,不畏万难,力图给迷航的人类指出前进的方向。乔达摩·悉达多的及门弟子中就有王侯。孔子的学生中不但有"可使南面"的王者之才,更有人成为"王者师"。东方的两位圣人都谆谆教导人类:人必须理智地对待自己和他人,克制自己的贪欲,加强道德修养,提高道德水平,以己度人,达己达人,不可为满足自己的求生欲而剥夺他人求生的权利,只有这样,人才能从"畜生、地狱、饿鬼"上升成为真正的人。否则,人类将侵夺不息,自相残害,永无宁日。佛说三毒,贪欲为首;孔说克己,意在制贪。贪欲去尽,乃可以立地成佛,求仁得仁。明乎人兽之辨,是为真智慧。佛就是圣人,小人就是"畜生、地狱、饿鬼"。儒佛一致而异虑,殊途而同归。

人类的教育久已误入歧途。当人们呕心沥血于早期智力开发的时候,人们已经忘记,没有道德的提高,智力既可造福于人类,也可造祸于人类。智力也能给强盗、杀人犯提供武器。医治人类教育的痼疾,儒、佛的理论仍然是有效的处方。

乔达摩·悉达多的理论也有自己的弱点。当时的佛门弟子不事生产,靠托钵乞食为生。如果真的人人学佛,谁来施舍斋饭?势必统统饿死,同归寂灭,实有违于佛陀普救众生之旨。孔子则主张富民,后世儒者孟荀更提倡发展生产,这是现实主义的主张,是合乎情理的。佛家是消极、遁世的,儒家是积极、乐观、进取、向上的。佛家教人容忍现实的苦难,儒家则力求实际地减少现实的苦难。佛家寄希望于死后,儒家着眼于今生,认为"未知生,焉知死"。在教育上,孔子整理了六经,使之成为长期使用的教科书,为教育内容提供了稳定的保证。乔达摩·悉达多没有教材,他的学理在他逝世数百年后才记录成书。数百年的辗转传颂,难免有错讹附会,因而失真。孔子在教育、教学方法上的贡献远远超过乔达摩·悉达多。孔子的思想毕竟是在中国固有文化的基础上产生的，他的概念、语言、思维逻辑是中国人容易理解的。加上儒学在中国教育中牢固的正统地位，使得孔子的教导普及而深入人心，甚至孔子言论中的大量词汇、成语成了中国语言文字的重要组成部分，丰富了中国的语言。即使目不识丁的人，往往也能在言谈中运用孔子的成语，这说明孔子影响的深远。佛经的翻译质量虽属上乘，为文人学士所称道，但由于佛经中有大量为佛学所特有的专门概念、术语，又由于佛经中有大量梵文音译，使佛经不易为一般读者所读懂，使得佛经的传播局限于寺院和少数高层次的文人，因而阻碍了佛学理论的广泛传播。至于民间所传的佛教，已远非佛学的学理。所以，就贡献和影响而言，孔子实超过乔达摩·悉达多远甚。我们完全可以说，世界上最早的伟大教育家，当推孔子第一。

六、东学西渐

每一种文化都是在特定的土壤里产生的，土壤的特性决定着这种土壤所产生的文化的特性。西方文化是在西方的土壤里产生的，它不是外来文化的移植。但是，无可否认，当西方世界开始步入文明世纪时，已经高度发达的东方文化对西方产生了强有力的推动。

在远古时代，通过军事行动和海上贸易，古代希腊与东方各国就有了频繁的接触，人员的往来不断，于是东方文化逐渐传入希腊，促进了希腊的文明化。

前面已说到，古希腊的字母是模仿腓尼基的字母制定的。从此开始了希腊有文字的时代，文明的前进步伐加快了。

希腊的科学、宗教、神话都是从东方传入的。在这方面，古代历史学家希罗多德留下了许多翔实的记载。下面之所以要较多地引述希罗多德提供的证据，是因为有些对"西方中心论"津津乐道的傲慢的西方人数典忘祖，对古代人的原始记载讳莫如深。

希罗多德的《历史》写于公元前5世纪。书中所说的事实，有听来的，有目睹的，有作过实地调查的。希罗多德本人游历过埃及、腓尼基等东方国家。根据该书的记载：

埃及才第一次有了测地法，而希腊人从那里学到了它。不过波洛斯（日钟）、格诺门（日晷）以及一日之分成12部分，这却是希腊人从巴比伦人那里学来的。①

埃及人在全人类当中第一个想出了用太阳年来计时的办法……他们计年的办法要比希腊人的办法高明。②

可见，几何学、天文学是从巴比伦、埃及传入希腊的，这是西方自然科学的源头。

希腊神话历来脍炙人口，是古希腊文化中重要的组成部分。从希罗多德的记载中我们知道，那些人们所熟知的希腊诸神如宙斯、阿波罗、雅典娜、狄奥尼索斯等等，它们的名字、形象、职责、祭祀仪式等，原来都是从埃及传入希腊的。希罗多德说：

埃及人最初使用了12位神的名字，这些名字后来曾被希腊人借用了去。③

可以说，几乎所有神的名字都是从埃及传入希腊的。④

赫西俄德与荷马时代比之我的时代不会早过400年；是他们把诸神的家世教给希腊人，把他们的一些名字、尊荣和技艺教给所有的人，并且说出了他们的外形。⑤

海拉克列斯这个名字不是埃及人从希腊人那里得来的而勿宁说是希腊人……从埃及人那里取得了这个名字。⑥

美拉姆波司就是把狄奥尼索斯的名字、他的崇拜仪式以及

---

① 希罗多德：《历史》（上册），王以铸译，商务印书馆1985年版，第155页。
② 希罗多德：《历史》（上册），王以铸译，商务印书馆1985年版，第110～111页。
③ 希罗多德：《历史》（上册），王以铸译，商务印书馆1985年版，第111页。
④ 希罗多德：《历史》（上册），王以铸译，商务印书馆1985年版，第133页。
⑤ 希罗多德：《历史》（上册），王以铸译，商务印书馆1985年版，第135页。
⑥ 希罗多德：《历史》（上册），王以铸译，商务印书馆1985年版，第129页。

带着男性生殖器的行列介绍给希腊人的。①

埃及的风俗习惯也传入希腊。"这些风俗习惯以及我就要介绍的其他风俗习惯,都是希腊人从埃及人那里学来的。"②

神托所、预言,都是从埃及传入希腊的。

希腊人关于灵魂不朽、灵魂可以和肉体分离的哲学——宗教思想,最初是从埃及传入的。

> 在埃及,人们相信地下世界的统治者是戴米特尔和狄奥尼索斯。此外,埃及人还第一个教给人们说,人类的灵魂是不朽的,而在肉体死去的时候,人的灵魂便进到当时正在生下来的其他生物里面去。……早先和后来的一些希腊人也采用过这个说法,就好像是他们自己想出来的一样。③

希罗多德还说,他知道这些希腊人的名字,但他没有列举出来。我们知道,这些希腊人中一定有毕达哥拉斯。毕达哥拉斯的观点被柏拉图纳入自己的哲学,而柏拉图的哲学为后来的基督教神学提供了理论凭借。

希腊最早的民间文学创作是荷马史诗,但荷马史诗中的故事并非产生于希腊本土,而是地中海东岸的小亚细亚一带流传进入希腊的。

古代希腊最早的哲学家大都游历过东方各国,广泛吸取东方的科学、哲学、神学。泰勒斯访问过埃及,赫拉克里特访问过埃及、波斯,阿那克萨曼德斯、阿那克萨米尼斯都游历过东方,毕达哥拉斯接受泰勒斯的劝告,访问了埃及、巴比伦、波斯,德谟克利特访问过埃及、埃塞俄比亚、波斯、印度。

由此可知,古代希腊的文字、科学、哲学、宗教、文学、风俗习惯,都受惠于古代东方的灿烂文化。

---

① 希罗多德:《历史》(上册),王以铸译,商务印书馆1985年版,第132页。
② 希罗多德:《历史》(上册),王以铸译,商务印书馆1985年版,第133页。
③ 希罗多德:《历史》(上册),王以铸译,商务印书馆1985年版,第165页。

在教育上也是如此。

前面说过，雅典的学校制度可能是从巴比伦学去的。公元前5世纪时，希腊教育家把几何学、天文学、数学列入课程，这些学科都来自东方。柏拉图在《法律篇》中详细介绍了埃及人的音乐和"寓学习于游戏"的经验，它对后世西方教育产生了深远影响。

古代印度的数字（即所谓阿拉伯数字，实源于印度）、代数学，后来中国的造纸术、活字印刷，都是推动西方文化和教育发展的强劲动力。

恩格斯曾说，没有古代希腊文化，就没有罗马，没有希腊罗马，就没有现代欧洲。我们还可以补充说，没有古代东方的文化，也就没有古代希腊的文明。

古代东方是世界文化教育的发源地

孔子和苏格拉底教育思想比较[①]

孔子（公元前551—前479）是中国教育史上最早的大教育家，苏格拉底（公元前469—前399）是西方教育史上最早的大教育家，两人分别在东、西方两大教育体系的历史发展中留下了长远、广泛而深刻的影响。在绝对年代上，孔子死后十年苏格拉底才出生。孔子早于苏格拉底整整一个时代，所以，孔子也是全世界最早的大教育家。

一方面，孔子和苏格拉底遭际的社会环境、文化传统各不相同，个人的生活经历也不尽一致，这就决定了他们的思想各具特色，互有短长，这些不同的特点不能不在以后的教育发展史中打上烙印，甚至在2000多年以后，还可以隐约看到它们的影子。另一方面，人类的社会生活又是异中有同，有其共同的规律；人类的思维发展也有其共同的规律，不同文化背景下的人仍然可以，也必然在许多问题上达到相同或相近的结论，甚至有许多惊人的相似。在东、西方两大教育体系的早期阶段溯源流、辨同异、论臧否、较短长，颇非易事。但是，要真正做好东西文化、东西教育的比较研究，这项穷本溯源的工作又是必不可少的。走出第一步，即使走错了，也比默坐冥思、虚构臆断为好。

[①] 选自张瑞璠、王承绪主编：《中外教育比较史纲》（古代卷），山东教育出版社1997年版。

一、不同的起点

孔子生活于乱世,苏格拉底则生活于社会极盛将衰的转变期。两人遭际不同,而憧憬于社会的长治久安则一。

周自平王东迁以后,王权倾颓,诸侯势盛。礼乐征伐不自天子出,政逮于大夫,陪臣执国命。诸侯与天子竞雄,诸侯与诸侯争霸。诸侯与大夫间、大夫与大夫间、大夫与家臣间,攻城略地,争杀不已,春秋无义战。甚至为了抢夺政权或美女,臣弑君,子弑父,父子相残,兄弟互戮。到了孔子时代的春秋末期,正如仪封人所说:"天下之无道也久矣。"纲纪反常,社会失序,于斯为甚。表现在社会风气上,则是礼坏乐崩,道德沦丧,僭越成风。鲁昭公违礼娶同姓女为妻①,天子的乐舞八佾舞于季氏之庭,三家者以雍彻,季氏旅于泰山,禘自既灌而往,管仲以大夫的身份僭越邦君之礼而树塞门、有反坫,子贡欲去告朔之饩羊②,礼乐流于徒具"玉帛、钟鼓"的形式,都表明传统的礼仪制度开始遭到破坏。在教育上,表现为官学废弛,"天子失官,学在四夷","礼失而求诸野"。如《左传·昭公十八年》载原伯鲁之不悦学,《左传·襄公三十一年》载然明之欲毁乡校,都是学校教育衰败的象征。孔子抱老安少怀之志,匡世济民之心,他指望通过正名、尊王、从周、复礼、德化的路径,恢复社会的正常秩序,实现庶、富、教的理想。他一面四处奔走,向列国诸侯宣传自己的主张,一面删《诗》《书》,订《礼》《乐》,赞《周易》,作《春秋》,育人才,希望培养一批实现他的理想的骨干。因此,整理古代文化典籍,兴办教育,就成了他一生的主要事业。

苏格拉底出生的时候,正是他的母邦雅典城邦如日东升的时候。在

---

① 《论语·八佾》。
② 《论语·述而》。

苏格拉底的青少年时代，雅典的繁荣达到顶点。从公元前478年提洛同盟的建立到公元前431年伯罗奔尼撒战争开始，将近50年是雅典城邦的鼎盛时期。其中，公元前461年至前429年伯里克利成为政治上的中心人物的所谓"伯里克利时代"，则是希腊内部的极盛时期。到苏格拉底的青、中年时代，雅典经济发达、政治生活活跃、国势强盛，成为希腊各城邦的盟主。在文化、艺术、教育上，群星灿烂，异彩纷呈，达到繁荣的峰巅，雅典成了希腊世界的名副其实的"学府"。当雅典人如痴如醉地沉浸在自信、自豪、自满的气氛中的时候，众人皆醉，一人独醒。只有一个人见微知著，深谋远虑，在表面的繁荣景象背后，觉察到一股危险的潜流正在暗暗地侵蚀着雅典城邦。这位先天下之忧而忧的先知先觉者就是苏格拉底。

雅典的民主制度激发了公民的热情，在经济、政治、军事、文化上增强了雅典的实力。但是，由于文化教育不普及，公民的素质不高，法制不健全，又缺乏正确理论的指导，雅典的民主制度演变到极端民主，竟至用抽签的办法选举官吏和陪审团成员，把城邦交给偶然中签的无论是什么样的人来管理，中签者良莠不齐，贤能者不能掌握城邦的命运。苏格拉底对于用抽签选举官吏深感忧虑。他还看到，守法精神在消失，个人为所欲为的风气在弥漫；军事体育锻炼被忽视，文弱之风在滋长；道德在沉沦，人们竞相追求物质生活的享受；传统的宗教信仰在动摇，而当时活跃于雅典的一批"智者"则向青年宣传足以导致无原则、无是非、无道德的相对主义、个人主义的观点："人是万物的尺度。"为了消除雅典的隐患，苏格拉底以"马虻"自命。他要以自己的芒刺，刺醒雅典这匹沉睡的马，使沉睡中的雅典公民觉醒。从中年以后，他无偿地担负起社会教育的使命，自己一贫如洗，过着俭朴的生活，数十年如一日，诲人不倦。

孔子是在沧海横流的乱世，欲砥柱中流，挽狂澜于既倒；苏格拉底是在歌舞升平的治世，欲防微杜渐，扶大厦于将倾。两般境遇，一种情怀。东西两大圣人又不约而同地选择了相同的方法：教育。

孔子和苏格拉底是在不同文化传统的背景下开始教育活动的。

中国是文明古国。在孔子以前，中国文明的发展走过了漫长道路。中国最早的文字起源应追溯到公元前4000多年的西安半坡文化时代，有的人则认为更早或较晚。根据地下文物，中国文字（汉字）的产生至少早于孔子2000多年。在孔子以前，中国已积累了丰富的文化遗产和典籍，形成了相对稳定的文化传统。这些遗产和传统，是前人智慧和经验的结晶，是宝贵的财富，为以后中国文化的发展准备了大量思想资料，充实了世界文化宝库，为华夏民族争得了世界文化史上的光荣地位。对于孔子的教育活动来说，也无疑提供了较好的条件。他在施教时，有了既成的教材，可以突破口耳相传的局限，学生有书可读，有典可依，有史可考，更可以进行自学，独立研究，为提高教育水平提供了可靠保证。

相对稳定的文化传统一经形成，又是一种历史负担。

中国在春秋以前无私家著述，既有的学术文化典籍，除《诗经》有一部分（《风》）采自民间外，都是官府之学，它们是官府即统治集团的利益、意志、情绪、观念、言行的记录。春秋时代虽然学术下移，但散落在民间的仍然是官府之学。《论语·子张》载：

> 卫公孙朝问于子贡曰："仲尼焉学？"子贡曰："文武之道，未坠于地，在人。贤者识其大者，不贤者识其小者，莫不有文武之道焉。夫子焉不学？而亦何常师之有？"

这一方面说明孔子在自学过程中学无常师，向一切有学问的人求教；另一方面又说明，孔子所摄取的也无非是文武之道的碎片。这个上承尧舜禹汤，下及文、武、周公的既成道统，是只能遵循，不能超越的。超越了就是"邪说""淫词"，应当口诛笔伐，鸣鼓而攻之。这个既成道统，形成一个固定的、神圣的、僵硬的框架，规范着人们的思想和言行。孔子自幼就受到这个传统的熏陶。"孔子为儿嬉戏，常陈俎豆，设礼容。"① 成年以后，孔子以"述而不作，信而好古"作为自己的信条。虽然他并未完全兑现自己的信条，但终究以"思不出其位"自勉勉人，并贯彻于他的教育活动中。在孔子以后的2000多年中，自汉武帝实施董仲舒建议的"独尊儒术"的政策以后，这个道统几乎成了中国文化的中轴，也是中国知识分子思维活动的界标，以致韩愈忧心忡忡，唯恐这个道统中断，毅然矢志赓续孔子、孟轲的事业。

孔子办学的有利条件，正是苏格拉底施教的不利条件。反之，孔子办学的不利条件，正是苏格拉底施教的有利条件。历史造就人，历史又是由人造就的。

西方文明起步较晚，文明史远较中国为短。希腊在公元前700年左右才以古腓尼基字母为蓝本创立希腊字母，开始进入有文字时代，是在苏格拉底以前200多年。希腊最早的史诗荷马的《伊利亚特》和《奥德赛》在公元前6世纪才用文字记录下来，希腊开始有书，不过早于苏格拉底百年左右。公元前6世纪末，希腊才出现第一批哲学家，下距苏格拉底不过数十年。当苏格拉底开始从事教育活动的时候，希腊成文的典籍很少，他只能靠演讲、交谈、对话来传授知识而没有既成的教材，这就不能不限制他的教育效果和教育水平，因为口耳相传毕竟不能完全准确无误地把所教的内容长期保留在记忆里。而苏格拉底也没有历史负担。他既没有既成的、公认的文化道统可资遵循，也没有权威的古圣先贤规范他的思路。无论是荷马的史诗或赫西俄德的作品，还是先辈哲学家的著述，都不是官府之学，而是私人著述、一家之言，对后人只有启示、教益，而没有约束力。苏格拉底无所"祖述"，无所"宪章"，亦无所"宗师"。他对各种一家之言可以参照，也可以置之不理，甚至予以否定。他拥有思想自由和另立新说的自由。于是就开启了一个不同于孔子时代的传统：思想活跃，独立思考，畅所欲言，不迷信权威，不用某一个人的脑袋窒息千万人的脑袋。后来柏拉图对苏格拉底，亚里士多德

---

① 《史记·孔子世家》。

对柏拉图和苏格拉底，都不是"述而不作"，而是敢于超越自己的恩师，唯真理是从，不以师道害真理，敢于独辟蹊径、另立新论，以至亚里士多德有"吾爱吾师，吾尤爱真理"的千古名言。这个优良传统，无疑有利于促进人类思维和学术、文化、科学的发展。可惜，这个好传统后来被基督教会斩断。人们不得不以人身自由和生命为代价，重新争取思想自由，争取理智的权利。

二、自学成才的文化巨人

孔子和苏格拉底都出身微贱，自学成才。

孔子的远祖是宋湣公。如果以宋湣公为一世祖，弗父何为二世祖，孔子是第12代后裔，上距宋湣公已数百年。因家道中衰，孔子的七世祖始迁鲁。孔子三岁丧父，靠母亲劳动维持生计。司马迁说"孔子贫且贱"①，孔子也自称"吾少也贱"。鲁国是礼仪之乡，早在闵公时代，齐仲孙就说鲁国"犹秉周礼"，"鲁不弃周礼，未可动也"②。100多年后，晋韩宣子使鲁，仍盛赞"周礼尽在鲁矣"③。孔子耳濡目染，潜移默化，连儿时做游戏也是练习礼仪，故鲁大夫孟厘子有"孔子少好礼"之誉。孔子15岁而"志于学"。长大以后，他勤奋好学。当时学校教育已经凋落，孔子就拜能者为师，向各种人学习。上文曾提到孔子学无常师，相传他曾就教于郯子、师襄、苌弘、老聃。又《战国策·秦策》载"项橐生七岁而为孔子师"，《楚策》记"老莱子教孔子事君"。这些记载的可靠性如何，姑置勿论，孔子确实自称"三人行，必有我师焉，择其善者而从之，其不善者而改之"④，虚心多问，是孔子学习的特点。"子入太

---

① 《史记·孔子世家》。
② 《左传·闵公元年》。
③ 《左传·昭公二年》。
④ 《论语·述而》。

庙，每事问。"① 他随时把书带在身上，有空就学。即使成年以后，孔子仍好学不息。到齐国时，"与齐太师语乐，闻韶音，学之，三月不知肉味"②。正是这种刻苦自学、虚心好问而又持之以恒，成就了孔子的博学多能。孔子为人十分谦逊，他从不承认自己达到了"圣与仁"的境界，也不承认自己"有知"，甚至也不承认自己具备了三种"君子之道"③。但是对于自己的好学不厌，则经常津津乐道，用以教育他的学生。《论语》等书，累有此类记载：

吾十有五而志于学。（《论语·为政》）

我非生而知之者，好古，敏以求之者也。（《论语·述而》）

十室之邑，必有忠信如丘者焉，不如丘之好学也。（《论语·公冶长》）

发愤忘食。（《论语·述而》）

默而识之，学而不厌，诲人不倦。（《论语·述而》）

若圣与仁，则吾岂敢，抑为之不厌，诲人不倦，则可谓云尔已矣。（《论语·述而》）

圣则吾不能，我学不厌而教不倦也。（《孟子·公孙丑上》）

由于孔子善于"就有道而正"（《论语·学而》），"见贤思齐"（《论语·里仁》），他不但精通古代典籍和历史掌故，而且对政治、军事、体育、文学、音乐等都有精深造诣，诚如有若所言："圣人之于民，亦类也。出于其类，拔乎其萃，自生民以来，未有盛于孔子也。"④

苏格拉底出身寒微，父亲是石匠和雕刻匠，与提洛同盟的组织者、著名的民主派政治家阿里斯特伊德斯过从甚密。苏格拉底的母亲是接生

---

① 《论语·八佾》。
② 《史记·孔子世家》。
③ 《论语·宪问》。
④ 《孟子·公孙丑上》。

婆。苏格拉底年轻时曾学过雕刻手艺，少年好学，熟读荷马的史诗和赫西俄德的作品。当时雅典的初等学校十分简陋，没有以学习文化科学知识为主的中、高等学校，苏格拉底就向社会学习，向各种人学习。文德尔班说："他热情追求知识，吸收了家乡街头传闻的各种新理论。"① 苏格拉底曾倾听智者普罗狄克斯的街头演讲，与智者安提丰辩论，曾见过著名哲学家巴门尼德斯，向这位老人学到不少东西②。苏格拉底还曾受到"第一个把哲学带给雅典人"的阿那克萨戈拉斯③的影响。苏格拉底还接近劳动人民，从他们那里学得了丰富的实际知识。蒙田说：苏格拉底"整日价挂在嘴边的就是赶车夫、细木工、补鞋匠和泥瓦匠人。他的诱导和比喻是从人们最普通而又家喻户晓的举动中得出的，人人都理解他"④。苏格拉底对于他所听到的各种观点，不是"默而识之""述而不作"，而是持审查、批判态度。他反驳阿那克萨戈拉斯关于太阳是火的观点，特别对智者们的说教不满。"他敏锐的思想识透了他们的矛盾，他的道德上的真挚为这些经常追求文化的肤浅和轻浮所触怒，认为自己的职责是启发自己和同胞去认识这种虚假知识的空虚，追求真理。"⑤

由于勤奋好学，苏格拉底博学多闻，掌握了当时已有的各种学问，具有丰富的理论和实际知识。又由于他慎思、明辨，他终于扬人之长，避人之短，述而且作，自成一家之言，开辟了西方哲学史上的新局面，是一位自学成才的大哲学家、大教育家。

孔子和苏格拉底都是自学成才，但孔子的态度是承袭的、宣教的，苏格拉底的态度是批判的、探索的。这两种不同的风格都在教育活动中

---

① 文德尔班：《哲学史教程》（上卷），罗达仁译，商务印书馆1987年版，第101页。
② 罗素：《西方哲学史》（上册），何兆武、李约瑟译，商务印书馆1982年版，第78页。
③ 阿那克萨戈拉斯（Anaxagoras），约生活于公元前500年前后，居留雅典30年，即从公元前462—前432年，为伯里克利密友，后被伯里克利的政敌以渎神罪投入监狱，被伯里克利救出，逃离雅典。
④ 蒙田：《人生随笔》，陈晓燕选译，浙江人民出版社1987年版，第93页。
⑤ 文德尔班：《哲学史教程》（上卷），罗达仁译，商务印书馆1987年版，第99页。

表现出来，并影响于后世。

蒙田说得好："真正有学问的人就像麦穗一样，当它们还是空的，它们就茁长挺立，昂首睨视；但当他们臻于成熟，饱含鼓胀的麦粒时，便开始低垂下来，不露锋芒。"① 孔子和苏格拉底这两位饱学的大师，都谦逊地承认自己"无知"，而称颂求知不已的进取精神。

孔子说：

> 我非生而知之者。（《论语·述而》）

> 吾有知乎哉？无知也。有鄙夫问于我，空空如也，我叩其两端而竭焉。（《论语·子罕》）

对于自己所不知道的东西，要如实地承认自己不知道，不可强不知以为知。孔子说：

> 盖有不知而作之者，我无是也。（《论语·述而》）

> 君子于其所不知，盖阙如也。（《论语·子路》）

> 知之为知之，不知为不知，是知也。（《论语·为政》）

苏格拉底以承认自己无知作为修己、为学、教人的绝对准则。他的名言是："我既不知道，也不自以为知道。"② 苏格拉底对当时雅典许多无知而自以为有知、愚蠢而自以为聪明的浅薄之徒深恶痛绝，即使是声名显赫的人物，也当面指出他们无自知之明。他以承认自己无知作为求知的起点，而将强不知以为知的人视为"疯狂"。色诺芬回忆说，苏格拉底认为一个人如果不认识自己，把自己所不知道的事倒以为而且相信自己知道，就是很接近于疯狂了③。

刻苦的精神、谦虚的态度，成就了东西两大哲人的学识和道德。他们在自学成才的道路上，每天从零开始，孜孜以求，日进不已，终成大器，为后人树立了永远值得效法的榜样。

---

① 蒙田：《人生随笔》，陈晓燕选译，浙江人民出版社1987年版，第124页。
② 柏拉图：《申辩篇》。
③ 色诺芬：《回忆苏格拉底》，吴永泉译，商务印书馆1986年版。

三、天人之际，人事为本

教育的对象是人，教育的主体也是人。教育理论首先必须界定人的意义、价值、地位、作用和使命。在古代，涉及这方面的重要问题之一是神人关系。在这个问题上，孔子和苏格拉底的观点判若泾渭，大异其趣。

在古代中国，夏人尊命，殷人事鬼敬神。殷人迷信之风甚炽，凡国之大事祀与戎，皆占卜以测凶吉，并以占卜预测农业收成的丰歉，或祈求上天降雨。统治者更以鬼神降灾降福的谎言恐吓老百姓，作为推行其政策的权威棒。但是，驯服的老百姓却并未因顺从统治者而得到鬼神的庇护。善人不得福，恶人不遭灾，贫富贵贱的划分依然如故。从长期的切身体验中，人们逐渐意识到鬼神不可靠，怀疑产生了，信仰动摇了。从周初到春秋时代，统治集团中的一些先知先觉的有识之士，已认识到人是自己的主人，人间的吉凶祸福，大半是人自己造成的，神鬼不能操纵人类的命运，人应当掌握自己的命运，自求多福。人如果自己不做坏事，神鬼也无所施其技。"妖由人兴也。人无衅焉，妖不自作。人弃常则妖兴，故有妖。"① 统治者如果不倾听老百姓的意见而听信鬼神，便是国家衰亡的征兆。"国将兴，听于民；将亡，听于神。"② 这些灼见都说明了神鬼权威的衰颓。孔子继承并发展了这一重人事、轻鬼神、张人权、抑神权的现实主义态度，强调人类应掌握自己的命运，打掉对神鬼的恐惧感、依赖感。孔子的门人和时人向孔子问政、问为邦、问事君使臣使民、问修德、问讲学、问历史掌故等等，孔子都是从政治、社会、伦理、历史的角度作答，从不以神鬼权威吓人。"子不语：怪、力、乱、

---

① 《左传·庄公十四年》。
② 《左传·庄公三十二年》。

神。"① 孔子否定灵魂不灭，否定来世说，不谈人死后的事情。"季路问事鬼神。子曰：'未能事人，焉能事鬼？''敢问死。'曰：'未知生，焉知死？'"② 他主张只祭自己的祖先，而不祭别人的祖先："非其鬼而祭之，谄也。"③ 祭自己的祖先，不是为了祈福免灾，而是为了尽"生事之以礼、死葬之以礼、祭之以礼"④ 的孝道，是为了教育活着的人。如曾子所说："慎终追远，民德归厚矣。"⑤ 总之，敬鬼神而不迷信鬼神，才是明智的态度。"敬鬼神而远之，可谓知矣。"⑥

孔子剥夺了神鬼的权威，从神权下解放了人，提高了人的使命，使人从神鬼的奴隶变成了自裁的主人。无论从哲学、政治、伦理的观点，还是从教育的观点看，这都是思想史上的一次飞跃。这次飞跃的出现，比西欧早2000年。西欧直到文艺复兴时期才发出人对神的抗争。孔子对人的尊崇，为以后中国2000多年中文化、教育的人间性、现世性、入世性奠定了理论根基。神学始终没有在中国文化、教育史上取得垄断地位。一部中国教育史，从总体上说，是一部俗世教育史。教育是为现实的人、现实的社会服务的。教育学并不劝导人们为了来世的幸福而放弃今生的追求、使命和努力，忍受今世的苦难。中国教育史上的这一特点，在很大程度上应归功于孔子。

苏格拉底的睿智和他对鬼神的笃信入迷，形成不可思议的反差。

公元前5世纪中叶以后，随着雅典社会生活的巨变和智者的到来，雅典传统的法制观念和宗教信仰发生了动摇。智者普罗塔哥拉的命题"人是万物的尺度"本身就具有反神学迷信的性质。既然万物以"人"为尺度，神就被冷落了，神的权威受到漠视。普罗塔哥拉甚至直接提到

---

① 《论语·述而》。
② 《论语·先进》。
③ 《论语·为政》。
④ 《论语·为政》。
⑤ 《论语·学而》。
⑥ 《论语·雍也》。

对神的怀疑。"关于神,究竟存在与否,我不能知道,因为许多东西——对象的朦胧和生命的短促——阻碍我们知道这事实。"——普罗塔哥拉说。智者普罗狄克斯(Prodicus)更发出了人创造神的惊人之鸣,他认为是人们从给他们带来福祉的东西中创造了神。这几乎已经天才地预告了2400年后费尔巴哈将神学还原为人本学的历史转折。克里提阿斯(Critias)说得更露骨,他认为对神的信仰只是精神上的政治手腕的捏造。

在疑神思想与传统信神观念的强烈撞击中,苏格拉底旗帜鲜明地站在信神论一边,维护神的权威。苏格拉底自称:

> 我服从神奇的感受。这种神奇的感受在我童年时代就产生了,我时常感到有一种声音在召唤我。①

罗素说:"历史上的苏格拉底的确宣称自己被神谕或者命运之神所引导。"② 文德尔班说,苏格拉底"在知识不足时,他信仰'神灵'的声音"③。与对神灵的笃信相关联的是,他坚信灵魂不朽,相信灵魂可以脱离肉体并永恒存在,他认为在灵魂和肉体结合的时候,灵魂受到肉体的污损和障碍而误入歧途,不能把握对象,认识本质的存在。净化灵魂的必要前提是灵魂与肉体脱离,"使灵魂习惯于和肉体脱离一切联系而只注意自己……摆脱肉体的束缚"。他甚至宣称:"真正的哲学家把追求死亡作为自己的职业。"④

对神的笃信,灵魂不灭,肉体是灵魂的障碍,灵魂与肉体分离而独立存在,这些观念为柏拉图所继承并进一步加以发挥,为800年以后基督教的教父学准备了理论基础。教父哲学正是援引柏拉图和新柏拉图主义使基督教的原始神话传说披上理论外衣,构建了一整套神学——哲学

---

① 柏拉图:《申辩篇》。
② 罗素:《西方哲学史》(上册),何兆武、李约瑟译,商务印书馆1982年版,第126页。
③ 文德尔班:《哲学史教程》(上卷),罗达仁译,商务印书馆1987年版,第136页。
④ 柏拉图:《苏格拉底的最后日子——柏拉图对话集》,余灵灵、罗林平译,上海三联书店1988年版,第130页。

的理论体系，使哲学沦为神学的奴仆。

然而，将苏格拉底关于灵魂与肉体关系的观点简单地看作一堆废话而予以抛弃，是没有充足理由的。灵魂与肉体分离说使人类对伦理和哲学的思考提升到一个新的水准，为以后伦理学和唯心主义哲学的发展奠定了基础。

任何一个时代的社会意识都是由该时代的社会存在所决定的。但是任何一个时代的社会意识又必然以先前的思想资料作为素材，是先辈留下的思想资料的继承、借鉴、改造和发展。公元1世纪以后，基督教逐渐在西方社会生活中取得至尊的权威，教育堕落成宗教和教会的附庸和工具，全部教育都渗透着宗教性，这种情况当然是复杂的历史原因造成的。无可否认的是，西方中世纪的基督教从苏格拉底和柏拉图的遗产中可以得到有力的理论支持。基督教关于肉体是灵魂的监狱、关于禁欲主义、关于轻视现世的人生、为来世而牺牲今世等抑人权、张神权的说教，都不能说与苏格拉底和柏拉图没有历史渊源关系。

如果说在一定程度上，孔子对鬼神的否定和对人的重视影响了中国2000多年教育的人间性、入世性，苏格拉底的神灵观影响了西方后世教育的宗教性、出世性，这是可以成立的。换句话说，中西两大教育体系中入世与出世这两种截然不同的特点，都可以从古代找到涓涓细流的源泉。这两种不同的涓涓细流，在适宜的历史环境中曲折流淌，终于形成滔滔江河。

在天人关系上，孔子和苏格拉底殊途同归。孔子的天道观是春秋以前从畏天到重人的历史发展的结果。苏格拉底则代表了古希腊从问天到问人的历史转折。两人都把注意力的重心从天上移到人间，都将社会、伦理问题提升到哲学的中心地位。人必须努力探讨社会、伦理等人世间的现实问题，为改进社会、改善人生作自我努力，而教育是这种自我努力的主要组成部分。这是孔子和苏格拉底毕生以教育为职志的思想基础。

中国殷代以天为具有至上权威、能主宰人间吉凶祸福的人格神。随着历史的发展，畏天观念与神鬼观念同时受到怀疑。孔子干脆把人格神的天推倒在地，把天还原为如同四时运行、万物生长的自然规律。"天何言哉？四时行焉，百物生焉，天何言哉？"① 这种自然规律是不以人的意志为转移的，是人不能无视、不能抗拒、不能逆转的必然性。除了自然运行的规律以外，人世间的事务也有人所不能驾驭的必然性和人所不能逆睹的偶然性。现代人称这种必然性和偶然性为异己力量，中国古代人则称之为"命"或"天命"。孔子不否认"命"的意义。"子罕言利，与命，与仁。"② 这句话历代解经家有不同注释。这里的两个"与"字都不是连接词而是动词，和"吾与点也"③、"吾与汝弗如也"④、"与其进也"⑤ 中的"与"字一样，都是"称道""赞许"的意思。它说明孔子不赞成非义之利，而肯定了"命"与"仁"。"命"是非人力所能主宰的，所以"不知命无以为君子"⑥。"仁"则是可以通过自我努力达到的，"仁远乎哉？我欲仁，斯仁至矣"⑦。伯夷、叔齐可以"求仁而得仁"，但不能确保自己长生不老、荣华富贵，因为"死生有命，富贵在天"。所以人一方面要努力行仁，另一方面又要接受异己力量的制约，这是一种实事求是的态度。

孔子既推倒作为人格神的天，也就蔑视祈祷。

　　子疾病。子路请祷。子曰："有诸？"子路对曰："有之。《诔》曰：'祷尔于上下神祇。'"子曰："丘之祷久矣。"⑧

这是委婉地批评子路。意思是说，我孔丘早就祈祷过了，那是没

---

① 《论语·阳货》。
② 《论语·子罕》。
③ 《论语·先进》。
④ 《论语·公冶长》。
⑤ 《论语·述而》。
⑥ 《论语·尧曰》。
⑦ 《论语·述而》。
⑧ 《论语·述而》。

有用的，你不必祈祷了。人的生死有客观规律，"死生有命"，祷亦何益？

孔子主张要"知命""畏天命"，但人又不应在命的面前束手无策，消极无为，而是应积极努力，尽其在我，"知其不可为而为之"，人不能自暴自弃，放弃主观努力。孔子这种积极进取的世界观、人生观，后来成了先秦除道家以外的各家各派，特别是儒、墨、法诸家的共同特征，成为中华民族的民族魂的主要内容之一。正是基于这种世界观、人生观，孔子从历史经验和现实情况出发，研究制定了一整套治国安邦的方略，而为政、为邦、事君、使臣、安民、安百姓始终是他关注的重点，伦理和教育是实现其政治抱负的主要手段。孔子的哲学思想、政治思想、伦理思想、教育思想中，极少不着边际的玄学思辨，而充满了人世间的现实精神。解决现实人生中的社会、政治、伦理、教育问题，是孔子整个思想的核心。

这个核心，也正是苏格拉底思想体系的核心。

公元前6世纪出现的早期希腊哲学家深受巴比伦、埃及等东方古国最初产生的原始形态的自然科学的影响，致力于宇宙本源的探索。他们对构成宇宙的本源、万物的始基作出各种多样的猜测。水、火、土、空气、数、爱和恨、原子等等，都被揣度为宇宙本源。这些猜测是人类试图揭开宇宙奥秘的最初尝试。其中有些猜测，如原子论，放射出天才的闪光。但是，不言而喻，这种朦胧的猜测距离科学认识还有很大一段路程，离这些科学认识在人类实际生活中的有效利用以便造福于人类，还有更远的距离。而在苏格拉底时代的雅典城邦，如前所述，在表面繁荣景象的背后，问题成堆，危机隐伏，只是人们被盲目乐观冲昏头脑，对问题视而不见。苏格拉底关心国运民瘼，他认为探讨那些玄而又玄的天上的事情，无补于现实社会中的实际问题的解决。哲学研究的对象应实现重心的转移，将主要注意力从问天转移到问人，将哲学从天上拉回到人间，探究人世间的现实问题。对于探究宇宙本源的希腊早期哲学家，苏格拉底问道：

> 是不是像那些学会了人们所运用的技艺的人们那样，他们（掌握了技艺的人——引者）希望为了他们自己，或是为了他们所愿意的人们而把他们所学会的技艺付诸实践，同样，那些研究天上事物的人，当他们发现万物是凭着什么规律实现的以后，也希望能够制造出风、雨、不同的节令以及他们自己可能指望的任何东西来，还是他们并没有这类的希望，而只是仅以知道这一类事物是怎样发生的为满足呢？①

苏格拉底的这种责难，反映了人类认识史早期的幼稚，他把研究自然与研究社会对立起来，而仅仅致力于社会问题的研究。正如色诺芬所说："至于说到他（苏格拉底——引者）本人，他时常就一些关于人类的问题作一些辩论。"古代希腊哲学从自然哲学转变为伦理哲学，是以苏格拉底为契机，即是说，苏格拉底开创了西方哲学史上的一个新阶段。苏格拉底所研究的人类问题，就是政治、伦理问题，苏格拉底的哲学，从根本上说就是伦理学。以伦理的标准改造人、提高人，从而改造社会的方法便是教育。

孔子和苏格拉底经过不同的历史路径，达到了同一个结论，在认识上实现了从天到人的转变。其一致之处就是将人的问题、社会问题、伦理问题提到中心地位。通过教育，培养道德、改善人性、确立正常的自我修养和人际关系，以达到社会的稳定、协调和改进。这是两人的共同理想。

孔子实现从天到人的转变是历史发展的结果，是历史经验的总结，是许多代人智慧的结晶，因而他的认识是理智的，有理论力量的，它在以后中国思想史上产生长期影响，就是它的理论力量的证明。然而，孔子对自然科学的忽视，也在中国文化教育史上留下消极后遗症。

苏格拉底实现从天到人的转变是半理性、半幼稚的。正视现实的社

---

① 色诺芬：《回忆苏格拉底》，吴永泉译，商务印书馆1986年版，第45页。

会问题、人生问题，是理性的；否定研究自然的必要性，是幼稚的，虽然苏格拉底本人是精通当时已有的几何、数学、天文学知识的行家。苏格拉底的及门弟子柏拉图进一步将几何、数学、天文学提到重要地位，列入正式课程计划。柏拉图的学生亚里士多德则不停留于认识上对自然科学的重视，而是身体力行，不畏艰辛地深入自然科学的众多领域，并取得辉煌成就，为以后西方自然科学的发展积累了大量资料，为它的发展奠定了基础，并影响到教育的发展。

四、"有教无类"的私学

中国从夏、商、西周到春秋，有各种学校，学校往往兼具其他社会职能。春秋时代官学废弛，学校的发展处于低谷，郑国赖子产之力而硕果仅存的"乡校"，也是人们"朝夕退而游焉，以议执政之善否"① 的公共活动场所。适应当时新兴阶级学习文化的需要，私学逐步兴起。孔子开办的私学，有供讲学的"堂"，有弟子寄宿的"内"，具有一定规模。孔子学无常师，多次出外游历，弟子们都追随他。后来孔子周游列国14年，行迹不定，此时他的私学不能有固定的校址、校舍及教学设施。聚集在孔子周围的一群学子只能跟着老师辗转游动，形成了仅有学校教育之实的游动式教育社团。孔子施教，因时因地因人制宜，故教无定所，教无定时，教无定规。或习礼于大树之下，或弦歌于杏坛之上，或习射于园圃之中，或述志于侍坐之际，或正谬于病榻之侧，或督促于庭院之内，或启发于愤悱之时，或释疑于问难之顷。这种灵活多变的教育、教学方式便于从实际出发，针对不同人的不同特点和不同问题，有的放矢。教育、教学活动的重心不在教师的系统讲授，而在于学生的学习。教师的功夫集中于启发、释疑、析难、点睛、规劝、督促、评估。整个教育教学活动生动活泼，充满生气。

---

① 《左传·襄公三十一年》。

古代希腊学校的产生，晚于中国至少1000多年，大约出现于公元前7世纪前后。古代希腊学校可能是模仿东方古国巴比伦的学校形成的。苏格拉底时代，初等学校是体操学校和音乐学校，内容简陋，质量低劣，文化知识的学习仅居于次要地位。初等学校以上是纯军事体育操练性质的体育馆，以学习文化知识为主的中、高等学校还没有出现。公元前5世纪中叶，一批智者从希腊各地来到政治活跃、经济繁荣、国势强盛、文化高涨的雅典城邦，给了雅典高等程度的教育以有力的推动，使雅典教育的发展进入一个新时期。智者们是第一批专业教师，他们为教育青年而收取学费并赖以为生。智者在教育活动中基本上已形成三种教学科目的雏形——文法、雄辩术、辩证法（逻辑学），但是没有教材、教科书，知识的载体只是智者们的头脑，传授知识的媒体只是智者的口舌。学习者无书可读，无典可依，只能通过聆听演讲、辩论以获取知识。智者们教无定所，教无定时，教无定规。街头、市场或室内，都可听到他们讲演或辩论的声音。就中、高等教育而言，也是有学校之实、无学校之形。有教育、教学、教师和学生，而没有校舍、课堂。就凭一个头脑一张嘴，智者们给雅典社会注入了新知识、新思想、新价值观。他们提高了雅典人的文化、智力水平和探究的兴趣，也促使雅典的传统信仰发生动摇。正是这种动摇使苏格拉底忧心如焚。为了巩固雅典城邦，他毅然挺身而出，俨然以"正人心、辟邪说、放淫词"的意志，投入社会教育事业。

苏格拉底是第一个从雅典人中出身的教师，苏格拉底也是智者，和外地来雅典的智者不同的是，苏格拉底的教育活动是不收报酬的，他从不收取学费。"对于那些渴望听他讲学的人，他自己也没有索取过金钱的报酬。"① 他粗茶淡饭，衣衫褴褛，无论冬夏都跣足而行，过着如同乞丐的清贫生活。智者安提丰认为苏格拉底的物质生活比奴隶还差。但是他却在雅典人中享有极高的声誉，他的直言不讳也招致了另一些雅典

---

① 色诺芬：《回忆苏格拉底》，吴永泉译，商务印书馆1986年版，第7页。

人的仇怨。

苏格拉底的教育活动也是教无定所、教无定时、教无定规。公共场所、市场、店铺、私宅、餐桌都是他进行教育活动的地点，或作公开演讲，或个别交谈，或进行辩论。色诺芬记述道：

> 苏格拉底经常出现在公共场所，他在早晨总往那里去散步并进行体育锻炼；当市场上人多起来的时候，总可以看到他在那里；他常作演讲，凡喜欢的人都可自由地听他。①

孔子和苏格拉底的教育实践说明，人类进入文明史以后，东、西方的教育都经历了一个不定型、非正式的阶段，从有教育无学校到以学校作为教育活动的主要场所，这是一个发展过程。雅典在公元前390年即苏格拉底死后9年，产生了伊索克拉底（公元前436—前338）创办的有固定校址和学习年限（4年）的以教授演讲词的写作为专业的学校，这是雅典城邦也是整个希腊世界和西方教育史上第一所高等教育性质的学校②。

在教育对象上，孔子和苏格拉底都实行"有教无类"。

孔子以前，学在官府，官师合一，政教合一，"不官则无所授书"，学习文化知识是官府及其子弟的特权，这是名副其实的贵族教育。当时还没有以从事教育工作为专业的教师。一小撮贵族对文化教育的垄断，禁锢着文化知识的传播，阻挠了整个民族文化素质的提高，这是统治阶级实行愚民政策所必需的。春秋时代，一是由于周平王东迁时许多文化典籍散失，流落民间；二是由于贵胄子弟的堕落，对文化知识失去兴趣（如前述原伯鲁不悦学）；三是由于战争兼并的结果，一批旧的贵族丧失贵族的地位和特权，下降为平民，这些流落四方的没落贵族将文化知识带到民间，以致出现子贡所说"文武之道，未坠于地，在人。贤者识其大者，不贤者识其小者"的情况，这就是"知识下移"，文化知识从少

---

① 色诺芬：《回忆苏格拉底》，吴永泉译，商务印书馆1986年版，第4页。
② 公元前404年，伊索克拉底曾创办过一所雄辩术学校，但存在的时间很短。

数贵族的垄断中脱缰而逸,这是历史发展的结果,它导致了一个以传授知识为生或以所学知识"干禄"、求仕的知识分子群体的出现。孔子本人出身寒微,他的学生来自各诸侯国,其中有富家子弟,但大多数为微贱之士,凡有求学之志者,只要"洁己以进",孔子就不拘一格,兼收并纳,社会地位和身份不再是入学的条件。这种"有教无类"的方针的实施,不仅扩大了文化知识的传播面,推动了文化的发展,为以后战国时代的诸子并起、百家争鸣准备了条件,而且使教育的社会功能发生了重大变化。这时,教育已具备两种新的社会功能:一是选择功能,通过教育,对人才进行筛选,区分出愚、智、贤、不肖,将真正的"贤才"举荐去参与国事管理,实行"学而优则仕",以改进国事管理人员的素质,这当然有利于社会进步。在贵族垄断文化教育的时代,贵族子弟即使愚而不肖,也天然地拥有管理国事的权力,这是社会腐败停滞的根源之一。教育的第二种新功能是促进社会变动的功能。一批出身寒微的有志之士,由于接受教育培养,得以跻身仕途,改变自己的社会地位。孔子的贫寒弟子出任各种官职的不乏其人。到战国时代,更有"布衣为卿相""茅屋出公卿"的现象,这有助于鼓励贤者、能者的培养成长。而在贵族垄断文化教育的时代,个人的社会地位是预定的、凝固的、僵化的,真正的人才得不到发展,亦无用武之地,这是社会守旧、停滞的又一根源。

所以,"有教无类"的历史意义,远远超出了教育本身。

苏格拉底在另一种历史背景下,也实行"有教无类"。

雅典城邦久有奴隶制民主的传统。公元前6世纪初,改革家梭伦修改宪法,将自由民按财产多少分成4个等级,第一、二等级可出任高级官吏,第三等级可出任低级官吏。伯里克利时代进一步扩大民主范围,官职向第四等级开放,第三、四等级的公民也可通过抽签当选为高级官吏。陪审团员也用抽签办法在成年男性公民中产生。有的手工业者得以当选为城邦领导人,甚至可以担任500人大会主席团的轮值主席。在这

孔子和苏格拉底教育思想比较

种民主制度下，谈不到少数贵族对文化知识的垄断，当时希腊也没有多少文化典籍可以垄断。苏格拉底的门徒中有雅典人，也有远道慕名而来的外邦人，有的人甚至不顾本国政府的禁令，冒着生命危险，化装成女人，偷偷来到雅典，倾听苏格拉底的教导。苏格拉底的门徒中，有奴隶制的拥护者如柏拉图，也有反对奴隶制度的人如阿里斯梯普；有富家豪门子弟，也有贫寒之士、手工业者；有民主派成员如开瑞丰，也有反民主派成员如克里提阿斯。苏格拉底施教的对象不分贫富，不拘一格，有教无类。他自称：

> 我愿同样回答富人和穷人提出的问题，任何人只要愿意和我谈话和回答我的问题，我都乐于奉陪。①

在苏格拉底的门徒中，犹泰鲁斯"不得不亲手劳动来维持自己的生活"②。画师帕拉西阿斯、雕塑匠克雷同、胸甲制造者皮斯提阿斯都曾就教于苏格拉底门下。据柏拉图记载，苏格拉底曾和一个目不识丁的奴隶讨论过几何学问题，通过问答法，苏格拉底引导这个奴隶自然而然地得出了一个几何学上的结论。这件事虽属个别特例，却富有深刻意义。

在教育活动中，苏格拉底不是像中国儒家那样"不扣不鸣"，消极被动地等待"来学"，而是像墨家那样"不扣必鸣"，主动积极地"往教"。尤苏戴莫斯害怕苏格拉底指出自己的弱点，回避与苏格拉底谈话。苏格拉底主动前往，巧施妙计，终于使他就范，老老实实地承认自己无知，并心甘情愿地接受苏格拉底的教诲。

虽然苏格拉底"从不自命为任何人的老师"③，但由于他高尚的人格、渊博的学识、丰富的经验和诲人不倦的精神，他成为一代宗师，桃李芬芳，弟子弥众。苏格拉底的及门弟子中，产生了影响深远的哲学

---

① 柏拉图：《苏格拉底的最后日子——柏拉图对话集》，余灵灵、罗林平译，上海三联书店1988年版，第66~67页。
② 色诺芬：《回忆苏格拉底》，吴永泉译，商务印书馆1986年版，第189页。
③ 柏拉图：《苏格拉底的最后日子——柏拉图对话集》，余灵灵、罗林平译，上海三联书店1988年版，第66页。

家、思想家柏拉图,著名的修辞学家、教育家伊索克拉底,杰出的历史学家色诺芬,墨加拉学派创始人欧几里得①,犬儒学派创始人安提西尼(约公元前440—前360),昔勒尼学派创始人、奴隶制度的反对者阿里斯提普(约公元前435—前350),另一个哲学小派别的创始人斐多。伊索克拉底创办了西方教育史上第一所高等学校,柏拉图创办的哲学学校存在了数百年。苏格拉底教育活动的成就,和孔子弟子三千、贤人七十二以及孔子死后"儒分为八"的景象一样,在东西教育史上相互辉映。

苏格拉底的追随者中,也出过两个败类,即克里提阿斯和阿尔基比阿德斯。前者为虎作伥,因篡国而身名俱灭,后者朝秦暮楚,因叛国而客死他乡,都是应当"小子鸣鼓而攻之"的人物。

孔子和苏格拉底实行"有教无类"的结果,都造就了一大批贤才、哲人、达士,为东、西方文化、学术、教育的发展做出了积极贡献。

人们往往挑剔孔子和苏格拉底实行的"有教无类"的局限性,责难他们不重视奴隶的教育。孔子的门徒中没有奴隶,苏格拉底与奴隶的谈话仅有一个特例,这都是事实。然而,责难他们,是脱离历史条件的苛求,不是历史唯物主义的科学分析态度。

奴隶制度代替原始氏族公社,是历史发展的必然,是生产力水平提高的结果。在奴隶制度下,生产和交换都进一步发展,文化、科学、艺术、教育都发展到新的高度。社会无疑是前进了,而不是倒退了。但是由于生产力水平仍很低下,体力劳动和脑力劳动之间的分工不仅是不可避免的、必然的,而且是社会存在和进一步发展所必需的。恩格斯指出:"当人的劳动的生产率还非常低,除了必需的生活资料只能提供微少的剩余的时候,生产力的提高、交换的扩大、国家和法律的发展、艺术和科学的创立,都只有通过更大的分工才有可能,这种分工的基础是,从事单纯体力劳动的群众同管理劳动、经营商业和掌管国事以及后

---

① 这里提到的欧几里得(约公元前450—前380),与几何学家欧几里得(约公元前325—前265)不是一人。

来从事艺术和科学的少数特权分子之间的大分工。这种分工的最简单的完全自发的形式，正是奴隶制。"① 恩格斯又指出："只有奴隶制才使农业和工业之间的更大规模的分工成为可能，从而为古代文化的繁荣，即为希腊文化创造了条件。没有奴隶制，就没有希腊国家，就没有希腊的艺术和科学；没有奴隶制，就没有罗马帝国。没有希腊文化和罗马帝国所奠定的基础，也就没有现代的欧洲。……我们的全部经济、政治和智慧的发展，是以奴隶制既为人所公认、同样又为人所必需这种状况为前提的。在这个意义上，我们有理由说：没有古代的奴隶制，就没有现代的社会主义。"②

恩格斯的论断为我们正确理解古代社会体力劳动和脑力劳动的分工提供了一把钥匙。我们没有任何理由要求生活在古代奴隶制度或农奴制度下的人实现全民入学或实现体力劳动和脑力劳动的结合。无论是孔子对樊迟学稼学圃的批评，还是孟轲所引述的劳心劳力分工的"天下之通义"，都是当时条件下"既为人所公认、同时又为人所必需"。孔子和苏格拉底的学生中没有奴隶或没有广收奴隶，这是很自然的，可以理解的，不应当受到指责。他们扩展受教育者的范围，扩大文化知识的传播面，培养人才，推动文化、学术和教育的发展，则是功在史册，千古称颂。

五、教育与人才

孔子和苏格拉底都深信人接受教育的可能性和必要性，深信教育在人的发展中的巨大作用。

孔子提出了"性相近也，习相远也"的命题。相近不是相同。孔子

---

① 马克思、恩格斯：《马克思恩格斯选集》（第三卷），中共中央马克思恩格斯列宁斯大林著作编译局编译，人民出版社1972年版，第221页。

② 马克思、恩格斯：《马克思恩格斯选集》（第三卷），中共中央马克思恩格斯列宁斯大林著作编译局编译，人民出版社1972年版，第220页。

承认人与人之间天性的差异,但这种差异不是不可逾越的鸿沟。"习"是指后天教育和环境的影响以及人的自我努力,"习"造成了人们的千差万别。在理论上,孔子肯定了"生而知之"的"上智",但在实际上,"生而知之"的人是不存在的。孔子称颂的古圣先贤、时人弟子,没有一个人被许以"生而知之"。孔子最得意的弟子颜渊虽能"闻一以知十",但孔子只是一再肯定他好学,而从未承认他是"生而知之",至于孔子自己,则如实地承认,"我非生而知之者,好古,敏以求之者也"①。侯外庐认为,孔子所说的"生而知之",只是理论上的"虚悬一格",这是惬当之论。有的人"学而知之",有的人"困而知之",这说明人是有差别的。但是尽管有这种差别,只要不自暴自弃,努力学习,尽其在我,都可以取得成就。如果"困而不学",放弃主观努力,缺乏自觉的学习愿望和坚强意志,理所当然地会成为不可救药、不可改移的"下愚"。按照孔子的思想,"性相近"是人的发展的前提,教育和环境的影响是人的发展的外部条件,要使前提和外部条件在人的发展中产生实际效果,关键在于人的主观努力,在于学习者的愿望和意志。孔子自称 15 岁开始"志于学",一直"发愤忘食""学而不厌",一再称颂颜渊好学,批评冉求裹足不前,斥责因循苟且的宰我"昼寝",都是弘扬奋发图强、积极进取的精神。孔子的这个论点在中国古代教育思想中进一步发展为"人皆可以为尧舜""涂之人可以为禹"的乐观主义教育观,为打破贵族特权提供了理论依据。《中庸》作者将这个论点发挥得淋漓尽致:"或生而知之,或学而知之,或困而知之,及其知之,一也。或安而行之,或利而行之,或勉强而行之,极其成功,一也。"《中庸》作者将人的主观能动性提到极高的地位:"人一能之,己百之。人十能之,己千之。果能此道矣,虽愚必明,虽柔必强。"在中国古代教育理论中,一方面高度评价教育和环境的作用,另一方面又高度赞扬作为教育主体的人的自觉能动性,从不把人看作被动接受的教育对象,不视人为消极

---

① 《论语·述而》。

的环境的奴隶。在这一积极教育思想的影响下,中国历代教育家都强调学习者的"立志",把立志看作为学、做人、成才成器的先决条件,将教育、教学活动的重点放在学习者自主的"学"上面。中国古代的教学理论,从总体上说,是"学"的理论,是"学习论",而不是"教"的理论,不是"教学论",这是中国古代教育观的一大特点,也是一大优点。这个特点还有待深入发掘和阐明。

苏格拉底赋予教育以重要意义,他承认人天生有区别,但是不管这种差别有多大,教育可以使所有的人都得到改进,人人都必须受教育。

> 我看在所有其他方面,人和人之间也都同样天生就有不同,而且也都可以通过勤奋努力而得到很多改进。因此很显然,无论是天资比较聪明的人,还是天资比较鲁钝的人,如果他们决心要得到值得称道的成就,就必须勤学苦练才行。①

苏格拉底认为,"越是禀赋好的人,越需要受教育"。禀赋优良、精力旺盛的人受过良好教育,就能成为最优良、最有用的人。天性狂傲激烈、禀性倔强的人受过良好的教育,也能成为优秀的人才,正如性烈而桀骜不驯的良种马,如果在小的时候加以驯服,就会成为最有用的千里马,如果不加驯服,只会是难以驾驭的驽材。

在古代罗马,昆体良继承并进一步发挥了古代希腊人高度重视教育作用的观点。自从基督教兴起以后,基督教会鼓吹原罪论。他们以悲观的宿命论扼杀了古代希腊、罗马人对教育力量的乐观估计,将人贬低为消极无为的上帝的奴仆,人性被神性吞噬。直到17世纪,当新兴资产阶级要冲破传统世界观的樊篱为自身发展开辟道路时,当人权、理性向神权、愚昧抗争的时候,先进的思想家从古代希腊、罗马人的遗产中获得了思想力量,在新的历史条件下重新阐发了对教育作用的深刻信念。夸美纽斯是这一新教育思潮的带头人。

孔子和中国古代教育家关于教育、环境和人的主观能动性的见解闪

---

① 色诺芬:《回忆苏格拉底》,吴永泉译,商务印书馆1986年版,第116页。

烁着辩证法的光辉,也铸造了华夏民族"自强不息"①的民族性格,这是中国思想家的卓越贡献。

孔子和苏格拉底都以培养治国人才作为教育目的。

考《论语》一书,内容十分丰富,但归结起来,论述最多的问题无非两大类。第一类是关于为学、修身的,涉及学习的内容、方法、态度和道德修养,其中包括对仁、礼乐、中庸、孝、交友等问题的阐述和对士、君子、成人、圣人的要求;第二类是关于治国安民的,涉及政治理想、为官之道、使民之方以及对政务活动家的要求等等。除这两大类之外,还有评论古圣、先贤、时人以及对历史掌故、天命鬼神的论述,大都与上述两大类的问题相关。两大类问题关系密切,不可分割。为学、修身的目的是造就贤能的治国人才,实现孔子的政治理想。

如前所述,在奴隶制社会,体力劳动和脑力劳动之间的分工是必然的,不可避免的,也是社会的存在和进一步发展所必需的。在当时条件下,受过教育的人,出路只有两条:或者做官,或者办教育。由于当时专职教师还没有成为普遍职业,做官便是主要的出路。孔子要实现自己的庶富教和老安少怀的政治理想,也需要一批受过良好教育的贤才去取代当时普遍存在于政界的"斗筲之人"②。孔子说,三年学,不至于谷,不易得也,明确宣布了学习的前程是做官。子夏所说"学而优则仕",如实反映了孔子的思想。至于孔子本人,时而把自己比作不能系而不食的"匏瓜",时而承认自己是待贾的"美玉"③,时而自我安慰"吾将仕矣"④,时而像发表竞选演说似的作出承诺"苟有用我者,期月而已可也,三年有成"⑤,时而怨天尤人,"凤鸟不至,河不出图,吾已矣乎",时而心灰意冷地要"乘桴浮于海"或"居九夷",时而自我解嘲"不在

---

① 《易》乾卦象词。
② 《论语·子路》。
③ 《论语·子罕》。
④ 《论语·阳货》。
⑤ 《论语·子路》。

其位，不谋其政"。求仕谋政之急切，溢于言表。孔子屈尊往见南子，引起子路不悦。甚至当公山弗扰以费叛、佛肸以中牟叛而欲召孔子时，孔子也顾不得"危邦不入，乱邦不居"的信条，按捺不住，跃跃欲试。事实上，孔子并不是谨守不在其位，不谋其政，而是虽不在位，亦谋其政。陈成子弑简公，孔子即时报告鲁哀公，请讨陈成子，又去报告季孙、仲孙、孟孙氏请讨，这就是不在其位而谋其政的例子。仅据《论语》所载，时人向孔子问政的有鲁定公、鲁哀公、齐景公、卫灵公、叶公、季康子6人11次，孔子的弟子向老师问政、问从政、问为邦的有子张、子贡、子路、仲弓、子夏、颜渊6人11次。孔子对弟子适合于做什么官，都有评估。如"政事：冉有，季路"①，"雍也可使南面"②，"由也果""赐也达""求也艺"③，都是从政的材料。子路不仅"片言可以折狱"，而且"千乘之国，可使治其赋"。冉求"千室之邑，百乘之家，可使为之宰"，公西华"束带立于朝，可使与宾客言"④。这简直就是官员养成所。孔子的学生都有自己的政治抱负。如子路自命"千乘之国，摄乎大国之间，加之以师旅，因之以饥馑；由也为之，比及三年，可使有勇，且知方也"。冉求自许"方六七十，如五六十，求也为之，比及三年，可使足民。如其礼乐，以俟君子"。公西华以"宗庙之事，如会同，端章甫，愿为小相焉"自期⑤。由于"斗筲之人"把持政柄，孔子的弟子也和老师一样，没有充分施展政治才能的机会，"举贤才"的善良愿望被淹没在冷酷的现实中。孔子的弟子只能担任一些地方小官，如子路、冉求、仲弓先后为季氏家臣，子羔为费宰，子游为武城宰，子夏为莒父宰，漆雕开也做了小官。至于孔子本人，虽然有过短暂的机会一展自己的抱负，但好景不长，终其身也没有盼到凤鸟至、河出

---

① 《论语·先进》。
② 《论语·雍也》。
③ 《论语·雍也》。
④ 《论语·公冶长》。
⑤ 《论语·先进》。

图的太平盛世。历史往往给理想高远的圣哲安排可悲的结局,让后世人扼腕兴叹。这不是历史不公正,而是因为历史发展的客观规律当时还隐藏在一团迷雾中,圣哲也避免不了盲人瞎马的下场。

学而优则仕,不仅是中国先秦时代的特产,也是苏格拉底育人的目的。

当智者安提丰问苏格拉底何以不从政时,苏格拉底答道:"是我一个人独自参与政事,还是我专心致志培养出尽可能多的人来参与政事,使我能够对政治起更大的作用呢?"① 这使人想起孔子对"子奚不为政?"的回答。在苏格拉底看来,教育也是政治,教人也是从政,教育的目的是培养更多的从政人才。罗素说,色诺芬"叙述过苏格拉底是怎样不断地在研究使有才能的人能够当权的问题"②。

苏格拉底是西方历史上最早的专家治国论者,他不满意雅典城邦的极端民主,特别是用抽签的办法选举官吏。苏格拉底指出:

> 君王和统治者并不是那些拥大权、持王笏的人,也不是那些由群众选举出来的人,也不是那些中了签的人,也不是那些用暴力或者凭欺骗手法取得政权的人,而是那些懂得怎样统治的人。③

他认为人们应为"有专门知识的人的意见所支配和左右"④,"应敬畏有专门知识的人更甚于敬畏其他所有人",在是非问题上,只能"站在专家一边,即站在能提出真理的权威一边"⑤。苏格拉底花费了大量时间和心血用于教育、培养懂得怎样统治的专门人才,虽然他的教育活动是非正规的。苏格拉底的专家治国论是柏拉图的哲学王治国论的思想渊源。

---

① 色诺芬:《回忆苏格拉底》,吴永泉译,商务印书馆1986年版,第38页。
② 罗素:《西方哲学史》(上册),何兆武、李约瑟译,商务印书馆1982年版,第118页。
③ 色诺芬:《回忆苏格拉底》,吴永泉译,商务印书馆1986年版,第118页。
④ 色诺芬:《回忆苏格拉底》,吴永泉译,商务印书馆1986年版,第92页。
⑤ 色诺芬:《回忆苏格拉底》,吴永泉译,商务印书馆1986年版,第92页。

苏格拉底和孔子一样,他们所致力的教育为政治服务,是为实现一个更完美、更高层次的政治理想服务,为改造社会的弊端服务。但是理想终于被现实粉碎,苏格拉底的结局比孔子更为不幸,他被他所倾心关注、呕心沥血冀图加以改善的城邦制度判处死刑。苏格拉底之死成了雅典衰亡的丧钟,宣布了教育救国论的破产。

六、"文"学与武学

韩非在《韩非子·五蠹》中说:"上古竞于道德,中世逐于智谋,当今争于气力。"这是颠倒了历史演进的顺序。从人类社会形成的总过程看,人从动物分化出来以后,在很长的历史时期中,人也和动物一样争于气力,体力是决定是非、曲直、成败的关键。后来随着文明的进步,随着文化积累的增加及其在社会生活中的作用的扩大,在争于气力之外,同时也逐于智谋、竞于道德。这个从重武到重文的演进过程,同中西教育史上从武学到"文"学的转变过程是契合的,或者说,从争于气力到逐于智谋的历史过程,必然导致从武学到"文"学的演变。

中国古代的教育也经历了从重武到重文的演变过程。顾颉刚曾论证中国最早的"士"都是武士,庠、序、射、学等学校名称都是指习武的地方。六艺之中,除书与数外,其余四艺都有习武的内容。杨宽甚至认为,西周的大学是以军事训练为主。余英时则认为西周的贵胄子弟教育是文武兼备。在"国之大事,在祀与戎"的时代,将武备教育作为培养青年的重点,这是由于客观需要。但是,单纯依靠武力,任何胜利都不可能巩固。春秋时代,五强争霸,上下侵夺,人们从历史经验中更认识到逐于智谋、竞于道德的重要性,将增强综合国力看作是克敌制胜的保证。《左传·僖公十九年》载:

> 宋人围曹,讨不服也。子鱼言于宋公曰:"文王闻崇德乱而伐之,军三旬而不降,退修教而复伐之,因垒而降。……今

君德无乃犹有所阙,而以伐人,若之何?盍姑内省德乎?无阙而后动。"

这是逐于智谋、竞于道德之一例。又《左传·僖公二十七年》:

> 晋侯始入而教其民,二年,欲用之。子犯曰:"民未知义,未安其居。"于是乎出定襄王,入务利民,民怀生矣,将用之。子犯曰:"民未知信,未宣其用。"于是乎伐原以示之信。民易资者不求丰焉,明征其辞。公曰:"可矣乎?"子犯曰:"民未知礼,未生其共。"于是乎大蒐以示之礼,作执秩以正其官,民听不惑而后用之。出穀戍,释宋围,一战而霸,文之教也。

这是"善人教民七年"的事例。不过这种"教民"不是对奴隶进行强制性军事训练,而是广义的提高综合国力,而通过教化提高全体国民的素质又是重要的一环。

逐于智谋、竞于道德与争于气力相结合的趋势,使得"文"教在教育中的地位越来越重要,知识下移为"文"教的发展提供了条件。到孔子办学时,"文"教已处于主导地位。子以四教:文、行、忠、信。孔子的弟子中,造就最深的是在德行、言语、政事、文学四个方面。《诗》《书》《礼》《乐》是孔子的主要教材,从政是主要的培养目标。孔子所培养的主要是文士而不是武士。

这个从重武到重文的转变过程是渐进的,孔子的教育活动中并没有排斥军事、体育,恰恰相反,孔子是注重军事、体育训练的。

后代人往往从破落寒酸的儒生的形象去想象孔子,把孔子想象为弱不禁风的白面书生。这是极大的误解。其实,孔子身体健壮,多才多艺,能歌善舞,文武兼备。平时与学生相处,也是活泼、诙谐,是一位精力旺盛、虎虎有生气的教育家。

《荀子·非相》:"仲尼长,子弓短。"《史记·孔子世家》:"孔子长九尺又六寸,人皆谓之'长人'而异之。"可见孔子身材高大魁梧。《非相》又云:"仲尼之状,面如蒙俱。"一说,蒙俱似蟹而较小,当是指脸色红里带黑,是健康色的象征。孔子是习射的能手。《礼记·射义》:孔子"射于矍相之圃,盖观者如堵墙"。孔子善执御,他带领弟子周游列国,往往亲自驾车。《论语·微子》:"'夫执舆者为谁?'子路曰:'为孔丘。'"孔子善于钓鱼、打猎。《论语·述而》:"子钓而不纲,弋不射宿。"孔子对音乐造诣尤深,曾与齐太师讨论音乐,学韶音,三月不知肉味。又曾与鲁太师讨论音乐,自云自卫返鲁而后乐正。孔子善于演奏多种乐器,尝学鼓琴于师襄,击磬于卫,又批评子路:"由之瑟,奚为于丘之门",指出他登堂犹未入室。《论语·述而》:"子与人歌而善,必使反之,而后和之。"其兴致盎然,跃然可见。孔子盛赞曾点的志趣:在春光明媚的季节,邀约一批风华正茂的同学少年,"浴乎沂,风乎舞雩,咏而归",这是何等潇洒自然!孔子对饮食卫生、生活习惯都非常讲究①。由于孔子在体育运动、文娱活动、饮食习惯上的多方面兴趣和自律,他身体健壮,能经受住饥饿、疲劳、困顿的考验。当孔子和众弟子在陈绝粮时,弟子们都已经病倒站不起来,而"孔子讲诵弦歌不衰",这是他的健康的明证。

孔子并不是文弱书生,而是文武兼备的全才。《论语·卫灵公》:

卫灵公问陈(阵)于孔子。孔子对曰:"俎豆之事,则尝闻之矣;军旅之事,未之学也。"

这则记载不是孔子不懂军事的证据。孔子历来主张"不可与言而与之言,失言"。大凡对于不屑与之言的人的请教,孔子都以"不知也"作答,这是委婉地拒绝回答对方的问题。《左传·哀公十一年》:"孔文子之将攻大叔也,访于仲尼。仲尼曰:'胡簋之事,则尝学之矣。甲兵之事,未之闻也。'"同年,"季康子欲以田赋,使冉有访诸仲尼。仲尼曰:'丘不识也。'"再问,还是"仲尼不对"。对于这一类言不及义的提问,孔子都不屑为之回答,否则就是失言。孔子认为卫灵公"无道",所以拒绝军旅之问,不予回答。

---

① 《论语·乡党》。

《论语》中多处反映了孔子在军事上的素养。"子之所慎：齐（斋）、战、疾。""以不教民战，是谓弃之。""善人教民七年，亦可以即戎矣。"子路认为孔子是能作三军统帅的将才。《论语·述而》："子路曰：'子行三军，则谁与？'"这不是脱离现实可能性的假设。孔子并没有否定子路的提问而是作了正面回答。

孔子的军事才能在夹谷之会和堕三都的事件中得到了充分的发挥。在夹谷之会的准备阶段，孔子就提出"有文事者，必有武备；有武事者，必有文备"的措施，做好了应付一切可能的突发事件的准备，这决不可能是书生之见。在设坛会盟时，面对着齐景公咄咄逼人的气势，孔子不畏霸权，理直气壮，大义凛然，终于迫使齐景公节节退让，归还其所侵占的鲁国的地盘，并承认自己的过失。由于孔子的文武全才，使鲁国从强齐手里收复了失地，维护了鲁君的尊严。孙子曰："不战而屈人之兵，善之善者也。"①孔子当之，不亦宜乎！

在堕三都时，叔孙辄率费人袭鲁，孔子冷静沉着，指挥若定，终于击溃费人，堕费都。如果没有军事才能，是不足以当此重任的。

孔子的学生中，有一些人被培养成为将才。《孔子世家》记楚令尹子西问昭王曰："'王之将率（帅）有如子路者乎？'曰：'无有。'"可见子路被认为是不可多得的将帅。《孔子世家》记载："冉有为季氏将师（冉有帅左师，管周父御，樊迟为右），与齐战于郎，克之。季康子曰：'子之于军旅，学之乎？性之乎？'冉有曰：'学之于孔子。'季康子曰：'孔子何如人哉？'对曰：'用之有名，播之百姓，质诸鬼神而无憾。求之至于此道，虽累千社，夫子不利也。'"这说明孔子的教育内容中确有军事一项，而且孔子还有一套不支持不义之战的军事理论。不仅西周的贵胄子弟教育是文武兼备，春秋末期孔子办的私学仍然是文武兼备。战国以后，文学与武学逐渐分离，儒、侠分道扬镳。从此中国教育进入重文轻武的阶段，法家以耕战为本的国策和教育政策并未普遍实施。在

---

① 《孙子兵法·谋攻》。

中国长期封建社会中，文人与文弱结了不解之缘。像苏东坡、陆游那样能驰骋射猎，像范仲淹、王阳明那样能治军旅者，只是极少数例外。到清末民初，由于国势陵夷，外敌压境，才又重新出现"军国民教育"的呼声。

古代希腊的教育也经历了由武学到"文"学的演变过程。

公元前5世纪中叶以前，雅典除初等学校的幼年儿童有一点简单的识字教育和音乐教育外，青少年阶段的教育是武士教育，体操训练和军事训练占主导地位，当时还没有以"学文为主"或文武兼备的中、高等教育的学校。公元前5世纪中叶以后，一批智者来到雅典，给雅典带来了新的知识、新的哲学、新的价值观，智慧生活空前活跃起来，随着雅典经济发达、物质生活水平提高、文化繁荣及政治斗争的激烈，"逐于智谋"逐渐上升到重要地位，在教育上也自然而然地出现了从武学到"文"学的转变，这就是智者们以教人政治为目标，以文法、雄辩术、逻辑为主要课程，以口耳相传为教育方法的教育活动。这种从武学到"文"学的转变，是教育进步的表现，是文明程度提高的结果，它标志着雅典的教育已发展到一个更高的阶段，使雅典成了希腊世界名副其实的"学府"。后代人叹为观止的希腊艺术、文学、哲学，主要是雅典城邦的贡献。

苏格拉底的教育活动也是以"文"学为主，文武结合。除政事、道德外，苏格拉底主张学一点有关天文、数学、几何的日用知识，但不宜过度深研。他认为一个未来的政治领导人应具备多方面的知识。

痛感雅典的年青一代竞相追逐物质上的享乐，以能言善辩、摇唇鼓舌为时尚，因而对体育锻炼和军事训练懈怠，形成了文弱之风，苏格拉底反复教导雅典人不要忽视体育锻炼。他教导说，每个人都应参加体育锻炼，养成健全的体魄，能经受住酷热严寒、饥渴疲劳的考验。他认为没有健全体魄的人，学习文化也不可能学好，更谈不到执干戈以卫社稷了。苏格拉底本人每天早上坚持体育锻炼，他体魄强健。即使在冰天雪地，他照样薄衣跣足，冬夏对苏格拉底是没有区别的。苏格拉底曾三次奉命参军作战，富有实战经验。在战场上，苏格拉底服从命令，作战英勇，几次冒着生命危险救出自己的同伴。因此，军事教育也是苏格拉底施教的一个重要内容。受过苏格拉底教诲的人中，有年轻的"将军"，有骑兵团长一类军官。举凡一个军事指挥员应具备的性格、品质和修养，部队的训练，后勤供应的保障等等，苏格拉底都详为解说，以便把他们造就成合格的军事指挥员。在苏格拉底看来，军事不仅是争于气力，也是逐于智谋，竞于道德。

在柏拉图的《理想国》中，体操锻炼和军事训练还在教育体系中居于极为重要的地位。之后，体育和军训就逐渐被排斥于正式教育之外。罗马时代，昆体良的《雄辩术原理》中已不再提到体育锻炼和军事训练。到西欧中世纪，基督教会视肉体为灵魂的监狱，以摧残身体拯救灵魂，使人沦为神的奴仆，体育锻炼被视为邪恶。教会主办的以读经、祈祷、禁欲为本的"文"学和世俗封建主的武士教育分属于两个不同的社会阶层，教育中的文武分途隔着鸿沟。直到文艺复兴时期，才重新发出了重视体育的召唤。至于军事教育，又重新进入"文"学校，以后就逐渐专门化，与普通教育分离了。

由此可见，中西教育都经历了重武轻文——文武结合——重文轻武——文武分途的发展过程。孔子和苏格拉底的教育活动是这个演进过程中的中间环节。孔子和苏格拉底本人，都是文武兼备的全才。

七、伦理本位

在孔子和苏格拉底的"文"学中，伦理问题都居于中心地位。

在孔子和苏格拉底的时代，伦理和道德还没有严格的划分。裴斯泰洛齐将人分为三种状态：动物状态、社会状态和道德状态。教育应帮助人脱离动物状态，进入社会状态，然后再进一步提升到道德状态。裴斯泰洛齐所理解的社会状态，就是伦理。黑格尔在《法哲学原理》中将伦理与道德作了明确划分。简单说来，人们的行为遵守社会所制定的法律、制度、行为规范、风俗习惯、舆论、传统、纪律……这些来自外部的约束，就是伦理；如果人们的行为不是由于避免法律的惩罚、纪律的制裁、舆论的谴责……也不是由于沽名钓誉、追求报偿或其他功利的目的，而是由于发自内心的正义的呼唤，自觉地趋善避恶，这就是道德。韩愈所谓"足乎己无待于外之谓德"者即是。如果用这个标准衡量，孔子的"礼"可以归入伦理，而"仁"则属于道德。就实际情况而言，大多数人都是按伦理规范行动，能上升到道德境界者只是少数特立独行者，这就是所谓"毫无自私自利之心"的人，"一个高尚的人，一个纯粹的人，一个有道德的人，一个脱离了低级趣味的人，一个有益于人民的人"。至于为了追求个人的自私自利的目的而不顾一切伦理规范的反社会的人，也只是人类中的少数，这是以人的智慧追求动物性的满足的衣冠禽兽。

本文在讨论孔子和苏格拉底的伦理教育思想时，为了方便起见，没有划分伦理与道德，而是将两者合称为伦理或道德。

伦理，是孔子和苏格拉底的教育内容的中心，也是他们的整个思想体系的核心。但是，他们重视伦理的出发点则不尽相同。

孔子提出了一个社会理想，这个理想就是"庶、富、教"和"老安少怀"，这不是复辟已经消逝的西周制度，而是要改良"无道"的现实社会，按照自己的理想重建一个"东周"。实现这个理想的途径不是靠刑政，而是靠德化。通过教育，教人道德，使人人都能按伦理、道德的要求规范自己的行为，自然达到天下大治。因此，孔子的伦理学可以称之为政治伦理学，伦理是达到社会政治目的的手段。苏格拉底的伦理学则可称之为哲学伦理学或伦理哲学。苏格拉底痛感当时智者们将"人是万物的尺度"的命题推到极端，鼓吹无原则、无是非的相对主义，否认客观真理，否认有普遍意义的道德准则，他借鉴前代自然哲学家探讨宇宙究竟的思路，转而探求普遍有效的道德原则，寻求道德的"一般"，寻求概念。于是，苏格拉底将前人零星的道德观念提升到理论的高度，推进了人类的思维，深化了对道德的认识，开辟了哲学、伦理学发展的新阶段。

苏格拉底的伦理道德思想的基本命题有三："知识即道德"、"守法即正义"和"自制是道德的基础"。

"知识即道德"或"智慧即德行"是说，人们之所以做错事，是因为无知，没有人会明知故犯。如果承认自己无知，求知不已，提高自己分辨是非、善恶、正误的能力，就会趋善避恶，臻于道德的境地。

"知识即道德"的认识十分深刻而又具有片面性。从道德的起源来看，道德观念的发生源于人类的认识能力的发展。从动物界分离出来的人在劳动和交往的过程中发展了思维器官和思维能力。一方面，人开始认识到个体和群体的关系，认识到群体的互助合作、团结是与自然作斗争的必要条件，群体的共存和发展是个体生存和发展的保障，个体的行为、利益必须与群体的行为和利益保持协调，危害群体的行为无异于个体的自戕。另一方面，由于思维能力的发展，人们从经验能认识到自己的行为的后果，能预见到哪一类行为对个体和群体产生好的结果，哪一类行为会产生不利的结果，因而坚持能对个体和群体产生有利结果的行为，避免或禁止可能对个体和群体产生不利结果的行为，于是自觉地规范、调整、约束自己的行为，最初出现的这类行为规范就是伦理，一旦这类行为规范变成习惯、传统、禁忌，它们便对人们产生强大的约束力，这种约束力因原始宗教的渲染而变得神圣不可侵犯。社会的经济条件能影响到道德的性质、内容和行为规范的特点，而人的智慧的发展是道德产生的最初原因。所以，智慧即德行的命题具有深刻的理论意义。从人的具体行为来看，无知的确产生了无穷的道德上的悲剧，这种情况在青少年中和低文化层次的人群中尤为显著，许多犯罪的行为都是愚昧的结果。许多教育家都把培养道德意识、提高道德判断能力作为道德教育的重要课题，就是基于道德行为与知识的密切关系。

但是，"知识即道德"的命题又是片面的。亚里士多德早就批评苏格拉底的这个说法不完善。知善和行善不能等同，知恶和去恶不能等同。明知故犯的人是不容否认的客观存在，利用智慧多行不义的人古今都有。卢梭在200多年前就发出了文明愈进步、道德愈堕落的愤世之言。从19世纪中叶到现在的150年中，文明的进步、知识的积累、智慧的发展、新技术的发明和应用、社会财富的扩大、物质生活质量的改善，已经使世界变得面目全非，但是人类道德面貌的进步却远远滞后于知识的增加和物质生活的改善。不妨引述荷拉斯·曼在1848年的言论作对照：

> 从一开始，邪恶就伴随着公正，如影之随形。当人际关系变得更加复杂、世间的事物变得更加扩展时，也就为恶行产生了新的机会和新的诱因。……紧跟着说真话的义务，产生了虚假和作伪证；紧跟着遵守神圣法律的义务，立即产生了违法行为。人与人之间亲密关系存在的同时，产生了欺诈；在国与国之间的公共关系存在的同时，产生了侵略、战争和奴役。因此，随着生活中的关系的数量增加，随着社会上的利益变得更多样化、多方面，可能的和实际的犯法行为的范围正在不断扩大。如同每有一种新事物出现，就有新的影子，每一种新法律产生时，也就可能出现新的犯法行为。所有曾被人们使用过的贵重金属，没有哪一种不被不诚实的人仿造过，没有哪一种法定的人造货币没有被流氓无赖伪造过。政府……禁止出售酒类，而无耻之徒却迎合腐化堕落者的嗜欲，大捞不义之财。本州……禁止彩票的不道德的交易，但是，……一些无赖之徒的掮客却利用禁令，攫取对出售彩票的垄断权，以肮脏钱塞饱私囊。政府给进口货物抽税，而走私者躲过法律，偷偷地把货物运进国内，或由作伪证者出具假发票，以逃避纳税。……科学配制了新药品……而犯罪行为在其中掺假，或配制外表相似的廉价有毒物品以代替它，……哪里有正义，哪

里就有恶行；哪里制定了法律以抑制恶行，哪里就会有人用诡计去逃避它或用暴力去制服它。……每一把锁制造出来，就会产生开锁的假钥匙；每一座伊甸园一建立起来，就会有一个撒旦去攀登它的围墙。……①

150 年前的情况，在 150 年后依然如故！可以预想，再过 150 年、300 年……上述情况不一定会有根本改变。人类的知识与道德的发展远不是同步的。当代教育的最大误区就是迷醉于早期智力开发而遗忘早期道德训练，以致智力愈发展，为非作歹的手法愈巧妙。这一定不是苏格拉底始料所及。

孔子也看到知识、智慧与道德的关系，他一再强调"未知，焉得仁"。孔子同时看到"知及之，仁不能守之，虽得之，必失之"。他认为知善未必就能行善，所以强调"行"，主张"听其言而观其行""讷于言而敏于行"。道德认识是道德行为的前提，但不是道德行为本身。

"守法即正义"是针对当时雅典人法制观念淡化而发的。苏格拉底教人将守法变成道德信念，变成自觉的行动，使伦理规范道德化，将来自外部的强制变成发自内部的动力，使法律和道德一体化，寓法律于道德之中，这是西方古代思想的一个特色。后来，柏拉图和亚里士多德都重视立法和法制教育，重视培养公民的守法精神，这对于形成西方人重法制的传统有重大影响。19 世纪上半期，德国教育家赫尔巴特提出的 5 个道德观念中，守法是其中之一。当人们受到法律制裁时，应相信制裁的公正，心甘情愿地接受法律的制裁。在赫尔巴特看来，这就是道德。

中国古代思想家的道德观念中包含伦理规范，但不包含法。孔子的基本立场是德高于法。"道之以政，齐之以刑，民免而无耻；道之以德，齐之以礼，有耻且格。"② "为政以德，譬如北辰，居其所而众星共

---

① 任钟印主编：《世界教育名著通览》，湖北教育出版社 1994 年版，第 783 页。
② 《论语·为政》。

（拱）之。"① 孔子认为，用刑罚是等而下之的不得已的下策，它至多只能达到民免而无耻。孔子的理想是通过德化、德治、改善人性，达到"无讼""胜残去杀"的境界，使法律刑政成为多余，这就是他所盛赞的尧舜的"无为而治""恭己正南面而已"。从理论上讲，孔子所憧憬的这种境界比苏格拉底的追求更富于理想主义色彩，属于更高的境界。

中国古代的法家则将法置于与道德绝对对立的地位，他们主张唯法至上，鄙弃道德。法家公然宣称，他们不要求人们有道德信念，自觉自愿地做好事，他们只要求人们因慑于刑罚的惩处而不敢做坏事。法家的这种主张是十分可怕的，实行这种主张，必将使"民免而无耻"成为普遍的现实，最终必然导致社会崩溃。

无论是苏格拉底的寓法于德、孔子的德高于法或法家的崇法弃德，在实践上都是行不通的，在理论上都是浅薄的，他们都脱离了人性的特点、仅凭主观愿望处理德与法的关系。人是从动物发展而来，在人身上还保留着动物性的痕迹。人性，半是天使，半是禽兽，随着文明的进步，天使的成分可能缓慢增加，禽兽的成分可能受到更多约束，但人身上的动物性永远也不会完全消失。是天使，就有接受教育、发展道德的可能和必要；是禽兽，就必须以强制力规范其行为。教育和强制都是必要的。荀子似乎综合了儒、法两家的观点，提出诛教并举的主张，"故不教而诛，则刑繁而邪不胜；教而不诛，则奸民不惩；诛而不赏，则勤励之民不劝"②。中国自汉代以后，历代统治者实行的都是荀子的主张。他们阳儒阴法，一方面在意识形态上独尊儒术，神化孔子；另一方面又同时实行严刑峻法，外部强制和内部开导双管齐下，软硬兼施，刚柔并济，宽猛互用。道德也和教育一样，具有重大的不可替代的作用，但又不是万能的。

苏格拉底的"自制"和孔子的"克己""修己"若合符节，这是伦

---

① 《论语·为政》。
② 《荀子·富国》。

理学上一个意义深远的命题。所谓"自制"或"克己",就是人自身以理性指导欲望和本能的功夫,也就是以人的社会性驾驭人自身的动物性的功夫。在中西 2000 多年的文化、教育史上,这个问题一直是哲学、伦理学、教育学和各种宗教的中心论题。在西方,苏格拉底的"自制"说为柏拉图、亚里士多德所继承,更为犬儒学派所发展。到西欧中世纪,基督教神学家将"自制"说与"原罪论"拼凑在一起,演变成"禁欲主义",号召教徒禁绝一切肉欲,以便灵魂飞升,达到与上帝同在。文艺复兴以后,人文主义者挑战"禁欲主义",追求人性解放,矫枉过正,同时也解开了人身上的动物性这匹野马的缰绳。到 17 世纪,洛克又从俗世的立场提出,道德的问题,根本之点是以理性指导欲望。他认为从幼年开始,就应养成以理性管束欲望的习惯,决不能使过分的欲望得到满足。一切不理智的迁就、纵容、任性、溺爱、娇惯都应杜绝,这就是培养"自制""克己"的能力,使理性成为自己的主宰,成为行为的向导,这就是道德。在中国,荀子的"化性起伪"实际上就是"自制""克己"的功夫。到宋代,孔子的"克己"论与佛学特别是其中的禅宗思想相结合,发展成为理学家的"存天理,灭人欲"。这是中国古代伦理学发展的高峰。

　　从人的幼年起,就培养"自制""克己"的能力和习惯,不仅在今天仍然是教育工作的刻不容缓的任务,而且永远是伦理学、教育学的根本命题。"自制""克己"的程度愈高,人的社会性、道德性就愈高,人就是真正的人、有益于社会的人。听任本性、欲望肆虐,人就沦为禽兽,成为对社会的破坏性力量。在人和禽兽之间,只隔着一层薄纸,而没有不可逾越的鸿沟。中国古代思想家都注重人兽之辨,这不是对人的尊严的侮辱,而是醒世的箴言。以文明武装起来的禽兽比无知无识的禽兽危害更烈。

　　如果说,苏格拉底的伦理思想的基本内容大体限于以上三个方面,那么,孔子的伦理思想就丰富得多、复杂得多。孔子构建了一套系统的伦理学的体系，其全面性、完整性、深刻性为古代中西各种伦理学说所不可企及。孔子伦理学中的基本概念是礼、仁、中庸、道、德、恕。下面分别简述其大要。

礼。相传周公制礼作乐，这是对鬼神的信仰发生动摇的产物。夏人尊命，殷人事鬼敬神，都是利用天命鬼神的权威以规范人们的行为。认识到鬼神不可靠，人间的事务必须靠人自己好自为之，这种从重鬼神到重人事的观念转变，是人的认识的一次飞跃，是人权对鬼权的胜利。到春秋时代，礼坏乐崩。孔子一方面痛感礼乐对人们失去约束力，感到"是可忍，孰不可忍"，力主"不学礼，无以立"，希望恢复礼乐的尊严，使人们的行为有所规范，以维护社会的正常秩序；另一方面，作为"圣之时者"，孔子又力图因应时代的变化，对旧有的礼乐制度有所损益，使它不致流为形式。

但是，礼对人们的行为的规定，无论它如何周全、细密、具体而微，它毕竟不能包罗无遗地统摄人们在一切场合的一切行为（法的效力也是如此），仅仅依靠礼，在礼所规定的范围之外，人就失去约束力，给人的动物性留下一个广阔的活动空间。其次，礼只是从外部规范人的行为，违反礼的行为只有当它被人知道的时候才会受到谴责或惩处，在没有他人知道的场合，人的行为就在礼的约束之外，所以，仅仅外部的约束是不够的，人必须自觉地规范自己的行为，自己管理自己，这就需要在人身上培养内在的道德力量和习惯，以补充礼的效力所达不到的地方。孔子的杰出贡献之一就是在礼之外，弘扬了更重要的概念：仁。

如果说，制礼作乐标志从重鬼神到以人为本的转变，那么，仁的概念的弘扬则标志着从他律到自律的转变，这是道德观念发展的又一次飞跃。他律不可少，自律更重要。他律的效力是有限的，自律的效力是无限的，他律靠别人监督，自律则是自己监督自己。

仁，并不是孔子第一次提出的。在孔子以前，已经有了"仁"字，孔子只是赋予了"仁"以新的内容和新的意义。由于孔子没有对"仁"

的本质作出定义,又由于孔子对弟子问仁的回答因人而异,因此对"仁"的内涵的阐释历来言人人殊、聚讼纷纭、莫衷一是。概括地说,不外四种意见:一说,仁就是克己复礼,而对克己复礼的阐释又有分歧;一说,仁就是爱人,而对爱人的阶级含义又各持异见;一说,仁就是忠恕;一说,仁是道德的总汇,是最高的道德,它统摄了一系列道德规范。以上各说都有一定理由和史料依据,可谓言之成理,持之有故。但笔者以为,四说都有未尽之处。克己复礼为仁,但不能反过来说仁就是克己复礼,二者是包容关系,不是同一个概念。否则,既不能克己(不俭)、又不知礼的管仲,孔子何以许以"如其仁,如其仁"(注:如,乃也)。更何况,"克己复礼,仁也"是"古也有志(誌)",而不是孔子的主张。樊迟三次问仁,孔子的回答因时因事而异,何以证明独有"爱人"的回答是挑明了仁的本质?忠恕是仁的内容之一,但不是仁的全体。孔子直接或间接肯定够称为"仁者"的古圣先贤共 13 人(不包括仅仅三月不违仁的颜渊),他们的嘉言懿行未必都是以忠恕突显。仁,诚然也包含许多道德概念。但是,如果"仁"没有一个中心思想去统摄各种道德概念,那么仁所包摄的各种道德概念就像偶然装在一个口袋里的杂物,彼此毫不相干,这实际上是否定了仁的价值。

仁的中心思想究竟是什么?笔者认为,仁就是人,就是人的自觉,就是认识到自己是人,认识到人的价值、力量、使命、尊严,作为一个人去对人、对事、对己。

《孟子》:"仁也者,人也。"

《礼记·表记》:"仁者,人也。"

《中庸》:"仁者,人也。"

《释名》:"人,仁也。"

这是最符合仁的本来意义的解释。

---

① 13人指尧、舜、禹、微子、箕子、比干、管仲、子产、泰伯、皋陶、伊尹、伯夷、叔齐。似乎还应包括周文王、周武王、周公。

人的自觉，析言之，包括三层意思。

第一，划清人与神（包括鬼）的界线，要相信人自己，不要相信神。人要努力把人自己的事情办好，不要依赖超人的力量。所以，"子不语，怪、力、乱、神"。子路问事鬼神，孔子说"不知其仁"。人的责任是把今生、现世的事办好，自求多福，不必考虑死后。

第二，划清人与禽兽的界线。人应有人的尊严，不可自溺于与禽兽为伍。《论语·微子》："夫子怃然，曰：鸟兽不可与同群。"人要超乎禽兽之上，除智力外，就要克己复礼。复礼，不是所谓恢复西周奴隶制度，而是恢复已被破坏的对人的行为的社会规范、伦理规范，使人的行为有所约束，使人按照人的准则行动。当然一切伦理规范都带有时代和阶级色彩，孔子所要恢复的礼不是没有缺陷的。但是，任何社会，一旦伦理规范被废止，就会天下大乱，人就会变为禽兽。克己，就是自我约束，以理智管束自己的欲望。孔子是很重视制欲的：

《论语·颜渊》："季康子患盗，问于孔子。孔子对曰：苟子之不欲，虽赏之不窃。"

《论语·公冶长》："子曰：吾未见刚者。或对曰：申枨。子曰：枨也慾，焉得刚。"

欲和慾，是一个意思。《论语·正义》注引孔曰"欲多情慾"，又曰"慾多情慾"，是慾愁同义。

《论语·雍也》："子曰：智者乐水，仁者乐山。智者动，仁者静。智者乐，仁者寿。"

"仁者静"句《论语·正义》注引孔安国曰："无欲故静。"《论语·正义》注"无欲故静"云："欲即声、色、味、臭、安佚之欲。仁者所不能无，而云无欲者，仁者善制其欲，克己复礼，凡视听言动，自能以礼制心，而不稍过乎欲，故曰无欲。无欲者，无非礼之欲也。……思不出位，故能无欲。"

《论语·宪问》："克、伐、怨、欲不行焉，可以为仁矣

(乎)。子曰：可以为难矣，仁，则吾不知也。"

这说明，仁者必能制欲，但仅能做到制欲，不必就是仁者，制欲只是仁的一个内容。

冯友兰说："克己，就是要战胜自己。"① 这是一个精辟的论断。战胜自己，人就成为人，否则就是"与鸟兽同群"。古往今来数不尽、读不完的哲学、伦理学、宗教著作，讨论的核心问题就是"战胜自己"。苏格拉底的"自制"就是"战胜自己"。柏拉图批评斯巴达以勇敢、英雄主义、战胜敌人作为最高道德，他认为更重要的是"战胜自己"。佛教、基督教的千言万语，无非就是"战胜自己"。战胜自己，就是战胜人身上的动物性。这就是人的自觉，就是人，就是仁。

第三，正确处理人己关系。一个战胜自己的人，一方面要以人的态度对待他人，另一方面要将他人当作人看待。对待他人，从事亲开始，所以孝弟是为仁之本，宰我要改三年之丧，孔子便批评他"不仁"。从父慈子孝、兄友弟恭扩而充之，是"与朋友交，言而有信"。再推广到政治关系上，是"君使臣以礼，臣事君以忠"。再推而广之及于众人，就是"泛爱众""爱人""己所不欲，勿施于人""己欲立而立人，己欲达而达人"……再进一步推广到与自己有仇怨的人，做到"不念旧恶""以直报怨"，最后达到"四海之内皆兄弟"的境界。孔子有这种能容纳宇宙的博大胸怀，故"梁父之大盗"颜涿聚亦能学于孔子门下②。

因此，孔子的仁学，其实质就是人学。

在孔门弟子中，连孔子一再称赞其好学的颜渊，也只能做到"三月不违仁"。此外，"不耻衣蔽""片言可以折狱"的子路、以多艺见长的冉求、"可使与宾客言"的公西华，孔子都说"不知其仁"。"可使南面"的仲弓，也是"不知其仁"。"昼寝"的宰我因为不孝而被批评为"不

---

① 《哲学研究》编辑部编：《孔子哲学讨论集》，中华书局1962年版，第287页。
② 《吕氏春秋·尊师》。

仁"。至于子张，子游说他"未仁"，曾参说他"难与并为仁"。孔子说樊迟要求学稼、学圃是"小人"，又说，"未有小人而仁者"，可见樊迟也是不仁者。在孔门之外，孔子说陈文子、令尹子文都是"未知，焉得仁"。又孔子曾批评臧文仲"其不仁者三，不知者三"①。在孔子的同代人中，没有一人被孔子称为"仁人"，可见，仁是很高的道德标准。另外，仁又不是高不可攀的，仁不难达到：

《论语·述而》："仁远乎哉？我欲仁，斯仁至矣。"

《论语·里仁》："有能一日用其力于仁矣乎？我未见力不足者。"

关键在于"志于仁""好仁""仁以为己任""依于仁""无终食之间违仁""亲仁""里仁""博学而笃志，切问而近思""能近取譬""当仁不让于师"。一言以蔽之，在于自觉的持续不懈的努力。

中庸，被孔子称为至德。与其说中庸是一个具体的道德概念，不如说是道德上的方法论。后人解释说，"不偏之谓中，不易之谓庸"。中就是"中行"，庸就是"守死善道"。孔子认为，凡事都要中道而行，无适无莫，遇事都要"叩其两端而竭"，避免"过"与"不及"。文胜质和质胜文都不是中道，"求也退""由也兼人"也不是中道。中道是正道，是恰如其分，而不是调和折中。言与行相符，是中道，言过其行，就离了中道。

孔子思想中一以贯之的"恕"是仁的内容之一。恕就是在人己关系中以己度人，凡事设身处地为他人着想，做到"躬自厚而薄责于人""己所不欲，勿施于人"，进而"修己以安人"，推己及人，立己立人，达己达人，"我不欲人之加诸我也，吾亦欲无加诸人"，对人以和为贵。这是一种尊重人、关心人的态度，人与人之间是一种平等、和谐的关系。建立了这种关系，自然能互谅互让，"无所争"，达到人类的共存共荣。

---

① 《左传·文公二年》。

《论语》中多处提到"道""天下有道""天下无道""邦有道""邦无道""夫子之道""道不行""守死善道""谋道""忧道"等。在60个道字中，作名词用的"道"，大多数场合是指"正道""正轨"，"上失其道"就是当权者偏离正轨，因而社会失序，出现混乱。孔子要求"志于道"，就是要求以不离正轨为志，达到社会的正常运转。

《论语·述而》："子曰，志于道，据于德，依于仁，游于艺。"德和道、仁相对而言，三者的意义不同。《集解》注云："德有成形，故可据。"又引包咸曰"德谓道德"。又韩愈："足乎己无待于外之谓德。""无待于外"应有两层含义：一是无待于外在的命令、指示、规定、强制。人们按照礼、仁、道的要求待人处事，是由于自动、自觉，是发自人的本心，故《乐记》云："德者，性之端也。"《淮南子·齐俗训》："得其天性谓之德。"按人的自觉去行动，已变成天性的一部分。按性善论的解释，就是按人的善性、按"良知良能"行事。唯物论者则认为是将社会的需要通过教育变成内在的意愿、动力。有无这种内在的意愿、动力，是人与禽兽的区别之一。二是不祈求外在的赞誉、奖励。人们做好事，不是为了换取或猎取精神和物质上的回报。"杀身以成仁"，唯义所在。非义之事，虽天下亦不取。泰伯三以天下让，故称"至德"。周文王"三分天下有其二，以服事殷"，是为"至德"。

以上所论，远不是孔子伦理思想的全体。

仅从上面的简要分析，已可看到孔子在伦理学上的贡献远非苏格拉底所能及。这是孔子所凭借的历史文化积累和个人的丰富阅历都不是苏格拉底所能比拟的缘故。孔子为中华民族的民族精神奠定了规模。

八、启发式教学法

教育内容是由教师通过一定的教育教学方法传授给学习者。孔子和苏格拉底都以启发式教学法著称于世。

苏格拉底在与人谈话时，不是把结论直接告知对方，而是向对方提出问题，再根据对方的回答不断提出问题，一直追问到对方无词以对，自陷矛盾，从而自然而然、心悦诚服地达到正确的结论，并从具体事物中通过归纳，达到认识事物的本质、"一般"，形成概念。这种方法被称为苏格拉底问答法。这种方法的优点，一是避免了填鸭式的硬性灌输，通过平等的讨论，启发对方的独立思考，使对方的思维处于积极的活跃状态；二是遵循了从具体到抽象、从个别到一般、从已知到未知的规律。苏格拉底的提问往往是从日常所见、尽人皆知的简单事物或浅显道理开始，然后引导认识逐步深入，最后达到结论。但是，这种方法只有在一定条件下才能应用：一是谈话的对方必须有探求真理、追求知识的愿望和热情；二是谈话对方必须已经积累了一定的知识和经验并有初步的推理能力。苏格拉底问答法的缺陷还在于：虽然在实际上他没有把共相和个体分离开来，但在理论上，他把思维看作是离感觉而独立的，真理是靠灵魂获得的，他主张切断思想与感官的联系。苏格拉底运用问答法，并不是引导人们去发现新的事实、新的真理，而只是要人接受已在他头脑中形成的既有结论。因此，苏格拉底方法不是万能的方法，不可滥用。苏格拉底问答法的历史意义多于现实意义，缺陷多于可借鉴之处。

孔子积累了丰富的教育、教学经验。

孔子认为知识来源于感觉，主张"多闻""多见""多识于鸟兽草木之名""多问""好学"。孔子自称："吾尝终日不食，终夜不寝，以思，无益，不如学也。"只有在"博学"的基础上，才能慎思。而学的过程也是思的过程，学习不是强记，主动的学习要能举一反三、闻一知十、"告诸往而知来者"，这就是要从已知到未知，在学习中有所发现，有所发展，运用"叩其两端而竭"的方法，穷尽事物的究竟，以独立地求得新的知识、真理。这种主动探讨真理的态度，其动力来自好学、乐学，"知之者不如好之者，好之者不如乐之者。"因此，激发学生的学习兴趣是重要的。

孔子激发学生学习兴趣的方法多种多样。一是说明学习的重要性，如对学礼、学诗的意义的解释；二是提问、讨论；三是善于"近取譬"，即善于用生动的比喻，以加强直观性；四是表扬好学的学生；五是学生有所领悟、有所发挥时，及时予以表扬；六是鼓励信心不足的学生；七是批评懈怠、自满或妄作臆断的学生；八是耐心回答学生的提问；九是自己作出好学的榜样，潜移默化；十是因材施教①。

凡是在学习中只接受现成知识而不能提出问题的学生，决不是善于学习的学生。提不出问题，就表明没有开动脑筋，思维处于懒散状态，学习没有深入。孔子鼓励学生提出问题。"不曰如之何、如之何者，吾末如之何也已矣。"这是引导学生开动思维机器，是积极学习的重要条件。一旦学生的头脑中出现了问题、有所感悟又还不很明朗的时候，便是进入了"心求通而未得，口欲言而未能"的"愤""悱"状态，这就是进行启发的最好火候。孔子善于掌握这个火候进行启发，所以他的启发是建立在学生的学习主动性的基础之上。它的前提是好学、乐学，只有好学、乐学者才能善学。

苏格拉底问答法的一个最大缺陷是千篇一律，机械呆板。他不问对象、时间、地点、场合，老是运用那一套刻板的问答，有时显得十分烦琐，对话者需要有极大的耐心。与此形成鲜明对照的是孔子的灵活机动的因材施教。

孔子的学生来自各诸侯国，其社会背景、原有基础、求学目的、志趣和能力各不相同，甚至年龄上也相差悬殊，父子同堂共学者亦非一例。孔子对他们的教育是因材施教，从不拘泥于刻板的公式。孔子的弟子问政、问为邦、问仁、问孝、问士、问君子、问崇德辨惑，孔子的回答都是因人、因时、因事而异，针对对方的特点作答。最典型的例子是孔子就"闻斯行诸"对子路、冉有的回答。《论语·先进》：

---

① 因限于篇幅，前九条不举例，第十条详后。

> 子路问："闻斯行诸？"子曰："有父兄在，如之何其闻斯行之？"冉有问："闻斯行诸？"子曰："闻斯行之。"公西华曰："由也问闻斯行诸，子曰，'有父兄在'；求也问闻斯行诸，子曰，'闻斯行之'。赤也惑，敢问。"子曰："求也退，故进之；由也兼人，故退之。"

对于逞强好胜的子路，孔子予以抑制。冉求自感"力不足"，缺乏自信心，孔子一方面教育他不要停止不前，另一方面又鼓励他大胆去做，以充分发挥他多"艺"的特长。

樊迟和子张都问崇德辨惑，孔子的回答各不相同。樊迟在不同时间三次问仁，孔子的回答也各不相同。

因材施教的前提是对教育的对象的个性、特点有深刻的了解。聚集在孔子门下的学生是一个相对稳定的社团，他们朝夕相处、甘苦与共，经常质疑问难。所以孔子对自己的学生了如指掌，他往往能用一两个字勾勒出某个学生的个性特点，或在某一方面的特长、弱点，如说"柴也愚""参也鲁""师也辟""由也果""由也喭""赐也达""求也艺""求也退""由也兼人""师也过，商也不及"等等。对于每个学生的能力，能担任什么官职，孔子都有深切的了解。在德行、政事、言语、文学四个方面，哪些学生较为优秀，孔子都了如指掌。对于学习态度，孔子独推颜渊好学。

赫尔巴特曾说："个性只能被发现，而不能由心理学推断出来。"[①] 孔子对学生个性的深刻了解，正是通过细致的观察"发现"的，观察学生，这是一个优秀教师的基本功。孔子在观察学生方面积累了许多有益的经验。

第一，"听其言而观其行"。《论语·公冶长》："……子曰：'始吾于人也，听其言而信其行；今吾于人也，听其言而观其行。于予与

[①] 赫尔巴特：《普通教育学》绪论，李其龙译，人民教育出版社2015年版，第6页。——编者注

改是。'"

《论语·先进》:"言语:宰我,子贡。"在言语方面,宰我的地位居于子贡之前,可见是个能说会道、夸夸其谈、言过其实的人,行动却跟不上。欲改三年之丧的是宰我,当哀公问社于宰我时,又是他强不知以为知,胡诌乱说。当孔子发现他大白天睡懒觉时,孔子就改变了以前对人的轻信,并得出了"君子不以言举人"的一般结论。由此可知孔子善于总结实践经验,提高自己的知人之明,改进教育的艺术。

第二,"省其私"。这就是观察学生在一人独处时的表现。颜渊在孔子面前"不违如愚",孔子"退"而"省其私",才发现颜渊"亦足以发,回也不愚"。孔子通过对行为表现的考察知道了宰我的弱点,又通过观察私下的表现,发现了颜渊的优点。西方历史上许多教育家认为,只有当学生自以为是在教师和同学的视线之外的时候,学生才会现出其本来面目。教师这时对学生的观察结果才是最真切的。这条经验,孔子已阐发于2600年前,是人类历史上最早的教育智慧。

第三,"视其所以,观其所由,察其所安"[①]。不仅观察一个人的所为,而且观察他为什么这样做,观察以什么为安心。这样将行为与动机结合观察,人的内心世界就无法隐藏了。

第四,谈心。孔子常和弟子平等地谈心、述志,自己也对学生交心抒怀。在这些活动中既了解学生的抱负、追求,也进行教育。

在公元前6世纪,世界上的大教育家只有乔达摩·悉达多和孔子二人。就教学法而言,乔达摩·悉达多远不能和孔子相比拟。在孔子以后的古希腊教育家中,在教学法方面,除苏格拉底问答法以外,再没有什么东西值得一提。西方世界只是在罗马时代,由公元1世纪的教育家昆体良对教学法做出了重要贡献。综观中外教育史,孔子是世界上最早的、在古代也是独一无二的伟大教学法学者。孔子的教学法在古代是最先进、水平最高的教学论。这是华夏民族对世界教育的珍贵贡献,也是

---

① 《论语·为政》。

中华民族的骄傲。

九、教育家的风范

蒙田曾说:"苏格拉底是众师之师。"孔子在中国历史上则被尊为"万世师表"。"众师之师"也就是"万世师表"。东西两位圣人、思想家、文化巨人,也是两位模范教师、教育家。

蒙田又说:"谁若问亚历山大他能做什么,他谅必回答:'征服世界。'若问苏格拉底,则他将会答道:'活得像一个人。'"

是的,苏格拉底像一个人那样活着。一个高尚的人,一个脱离了低级趣味的人,一个挚爱真理、孜孜追求真理、为真理而不计个人的毁誉、安危、不惧权势的人,一个关心国家命运的人,一个疾恶如仇的人,一个视个人的地位、物质享受和小家庭的安乐如草芥的人。苏格拉底一贫如洗,物质生活不如奴隶,不计报酬地从事社会教育,数十年如一日,他活得像一个人,一个大写的人。苏格拉底谦逊而又博学多识,谆谆教人而自律更严,热爱祖国而又直言不讳地批评弊端,关心他人胜于关心自己。他像一个人那样活着。苏格拉底被宵小之徒诬告陷害,在法庭上,他坚持真理,决不为苟全性命而低下高贵的头,他决不用阿谀、讨好或哀求取得陪审团的怜悯。他像一个人那样活着,也像一个人那样赴死,他心胸坦荡,视死如归。苏格拉底一生的行事做人,就是一本生动的道德教育的教科书,就是伦理学的百科全书。

作为"万世师表"的孔子,他虚心好问、学无常师、学而不厌、发愤忘食、诲人不倦、循循善诱、以身作则、言行一致、见得思义、不耻恶衣恶食、视不义的富贵如浮云。除短暂的仕宦生涯外,一生整理文化典籍,弘道育人。他心怀富国安民之志,针砭时弊,为天下木铎。孔子不仅以知识教人,而且以道德化人,以言行风范感人,与学生相处亲密无间。弟子对老师的感恩之情,足见其师道师恩之深厚,令弟子刻骨铭心。

《论语·子罕》:"颜渊喟然叹曰:'仰之弥高,钻之弥坚。瞻之在前,忽焉在后。夫子循循然善诱人,博我以文,约我以礼,欲罢不能。既竭吾才,如有所立卓尔,虽欲从之,末由也已。'"

《论语·子张》:"子贡曰:'譬之宫墙,赐之墙也及肩,窥见室家之好。夫子之墙数仞,不得其门而入,不见宗庙之美,百官之富。得其门者或寡矣,夫子之云,不亦宜乎!'"

《论语·子张》:"子贡曰:'……他人之贤者,丘陵也,犹可逾也;仲尼,日月也,无得而逾焉……'"

《论语·子张》:"子贡曰:'……夫子之不可及也,犹天之不可阶而升也。……其生也荣,其死也哀,如之何其可及也?'"

《孟子·公孙丑上》:"宰我曰:'以予观于夫子,贤于尧舜远矣。'"

《孟子·公孙丑上》:"有若曰:'……出于其类,拔乎其萃,自生民以来,未有盛于孔子也。'"

《孟子·公孙丑上》:"自有生民以来,未有孔子也。"

孔子死后,弟子服三年之丧,而子贡结庐冢旁,守墓六年。师生间这种深情厚谊,为中外教育史绝无仅有,这是教育家的伟大人格力量的证明。

苏格拉底和孔子是东西辉映的两支巨烛,他们照亮了别人,照亮了人类,但没有毁灭自己。他们永远是人类的教师,他们的名字将与人类一样永存。

荀况和柏拉图教育思想比较[①]

柏拉图出生晚于孔子124年，荀况出生又晚于柏拉图134年。荀况和柏拉图都生于乱世，长于乱世。目睹政治腐败、社会动荡、争夺不息、人欲横流，他们都满怀忧患意识，思索社会的出路。他们在头脑中构建了一个和谐、稳定、安宁的社会秩序蓝图。

一、乱世求治

荀况（约公元前313—前238）又名荀卿、孙卿，通称荀子，活动于战国末期，赵人。荀况的生卒年代不详。据清人汪中《荀卿子年表》，荀况主要活动时期约当在公元前293—前238年。荀况不仅是儒家学说的集大成者，也是先秦诸子的集大成者。荀况50岁游学于齐，曾听过宋钘、孟轲等人讲学。后来荀况在稷下学宫三为"祭酒"，"最为老师"。春申君曾以荀况为兰陵令，卒于兰陵。其宏图壮志，终身不遂。

荀况的时代是"争于气力"也"逐于智谋"的时代。周天子大权旁落，七雄争霸，杀伐不已，社会动荡不安，曾无宁日。《荀子·尧问》云：

[①] 选自张瑞璠、王承绪主编：《中外教育比较史纲》（古代卷），山东教育出版社1997年版。

> 孙卿迫于乱世，道于严刑，上无贤主，下遇暴秦，礼义不行，教化不成，仁者绌约，天下冥冥，行全刺之，诸侯大倾。当是时也，智者不得虑，能者不得治，贤者不得使，故君上蔽而无睹，贤人距而不受……①

从历史发展的眼光看，这个时代的"乱"，未始没有积极意义，它"乱"了奴隶制度，使一部分奴隶由于战功而获得解放，它促进了中国历史上第一个文化学术高潮——百家争鸣的出现，它为中国大一统的局面的形成做了准备。如果没有战国时代，中国古代史将是平淡的、沉寂的。但是，从春秋以来，中国乱得太久了。战乱使得当时的主要生产力——活劳动力大量被消灭，战乱破坏了生产，造成人们辛苦积累起来的物质文化财富的毁灭，战乱造成无谓的力量内耗。久乱之后求治，这是人心所向。荀况正是适应这种时代潮流，追求建立一个和谐、稳定、安宁的社会秩序，希望社会能在稳定中进步、发展。今存《荀子》32篇，便是荀况勾勒的这个稳定、和谐的社会秩序的略图。我们不妨说，求稳定、求和谐，也为不久出现的中国的大一统准备了思想基础。

乱世求治，也正是柏拉图的追求。

柏拉图（Plato，公元前427—前347）是出生于古代希腊雅典城邦的思想家，他对西方的文化、思想曾产生长远影响。柏拉图生活于雅典城邦从繁荣走向衰落的时期。雅典繁荣的顶峰是所谓"伯里克利时代"。公元前429年，伯里克利在一场可怕的瘟疫②中去世，一代强人去世以后，人亡政息，雅典开始出现混乱局面。柏拉图出生于伯里克利去世两年以后，在柏拉图成长的青少年时期，雅典内争频仍，外患危急，人疲财尽，内外交困。公元前413年，雅典远征西西里全军覆灭，从此降为二等强国。公元前411年，贵族派政变，推翻民主政体，但贵族派终归失败，恢复了民主政体。公元前404年，雅典在伯罗奔尼撒战争中被斯

---

① 《荀子·尧问》（以下凡文中引本书，只注篇名）。
② 修昔底德在《伯罗奔尼撒战争史》中详细记述了这场延续数年的瘟疫的可怕景象。

巴达彻底击溃，民主政体又被推翻，建立了三十僭主的暴戾统治。第二年又恢复民主政体。每一次政局变动之后，随之而来的是逮捕、审判、处死、放逐、没收财产。显赫一时的将军，一夜之间就可能成为阶下囚、刀下鬼。公元前399年，柏拉图的恩师，以博学和崇高道德久享盛誉的苏格拉底被小人陷害诬告，终于被判死刑，从而敲响了雅典的民主制度的丧钟。柏拉图在青年时代亲身经历了社会的混乱、多变、争斗、罪恶，使他萌生了探求一个稳定、和谐、正义、完善、不变的理想社会的宏愿，他的头脑中的理想社会在其名著《理想国》中论述綦详。

荀况和柏拉图都是乱世求治，他们实现自己的理想社会秩序的方法，一是寄希望于圣君明主，二是寄希望于教育，通过教育培养治国人才。荀况认为士、君子、圣人都不是天性所就，而是成于"注错习俗""积靡"，即通过后天的环境影响、教育和学习造成的。柏拉图则认为，教育和培养是当政者应注意的一件大事。理想国的建立和保持，端赖于教育。

二、不同而一与化多为一

荀况和柏拉图所理想的社会秩序的共同特点是，社会由不同的等级组成，各个等级各司其职，各安其分，各尽其责，各等级互不逾越，互不侵犯。各个等级又不是对立、隔离的。不同的等级互助协作，和谐共存，团结统一，用荀况的话表达，就是"群"而"分"，"不同而一"。他们认为这是达到社会长治久安的正确途径。

荀况认为，人之所以能征服自然，利用万物，最为天下贵，是因为能"群"——组成通力合作的社会，但是这种通力合作的社会应以等级制为基础，即所谓"分"。

《王制》："故人生不能无群，群而无分则争，争则乱，乱则离,离则弱,弱则不能胜物。"

《王制》:"分均则不偏,执齐则不壹,众齐则不使。有天有地而上下有差,……夫两贵之不能相事,两贱之不能相使,是天数也。"

《荣辱》:"故仁人在上,则农以力尽田,贾以察尽财,百工以巧尽械器,士大夫以上至于公侯,莫不以仁厚知能尽官职,夫是之谓至平!故或禄天下而不自以为多,或监门、御旅、抱关、击柝而不自以为寡。故曰:'斩而齐,枉而顺,不同而一,夫是之谓人伦。'"

荀况所谓"分""不同",是指贫富、贵贱、尊卑、上下的区分。在国家是君君、臣臣,在社会是士士、农农、工工、商商,在家庭是父父、子子、兄兄、弟弟。他认为这种划分是天数,他甚至极力赞赏《尚书》"维齐非齐"的怪论——不平等就是平等,平等就是不平等。

《仲尼》:"少事长,贱事贵,不肖事贤,是天下之通义也。有人也,执不在人上,而羞为人下,是奸人之心也。"

《君道》篇阐明了君臣父子兄弟夫妇各自应守的职分。《王霸》等篇阐述了朝廷、百官、商、贾、百工、县鄙、士大夫、百吏、农夫各自应守的职分。荀况认为,只有这种不同而一的社会,才"是之谓政令行,风俗美"。

柏拉图的理想社会中的公民(奴隶除外)分为三个等级。处于最高地位的是哲学家,这是生来含有黄金的人,他们是社会中最优秀的人物,他们的特点是爱智、有智慧,是国家的最高统治者。处于第二等级的是军人,这是生来含有白银的人,是次优的人物,他们具有勇敢的美德,他们的责任是辅佐统治者。这两个等级的人构成"护国者"。处于第三等级的是手工业者和农民,他们生来分别具有铜和铁,他们的美德是节制,他们的职责是从事劳动,以供养第一、二等级的人。这三个等级的人各安其分,各尽其责,互不干预其他等级的事务,这就是正义。

柏拉图说：

>正义就是只做自己的事而不兼做别人的事。①
>
>正义就是有自己的东西干自己的事情。②
>
>国家的正义在于三种人在国家里各做各的事。③

柏拉图认为，这三个职责各异的等级应彼此协调和谐，形成一个团结统一的集体。立法者要"运用说服或强制，使全体公民彼此协调和谐，使他们把各自能向集体提供的利益让大家分享。而它在城邦里造就这样的人，其目的就在于让他们不致各行其是，把他们团结成为一个不可分的城邦公民集体"④。在一个国家中，闹分裂，化一为多，是最大的恶事；讲团结，化多为一，则是最大的善事。

>当一个国家最最像一个人的时候，它是管理得最好的国家。……管理得最好的国家最像各部分痛痒相关的一个有机体⑤。

在这个不同而一、化多为一的理想国里，为了防止争夺，柏拉图提出在护卫者内部废除私有财产和一夫一妻制家庭，实行共产共妻。护卫者的食品按严格规定定量分配，对妇女也实行分配。柏拉图只是从消极方面防止争夺，《理想国》没有提到任何发展生产、增加物质财富，以满足人们的正常需要。柏拉图以为，只要实现了哲学家治国，化多为一，他的理想国就可以万无一失，垂之永远。他没有估计到群众的力量。

在这些问题上，荀况比柏拉图看得更远，也更实际。

荀况接受了孟轲"民贵君轻"的思想。《王制》引"传曰"："君者舟也，庶人者水也。水则（能）载舟，水则覆舟。"如果庶人生活不下去，就会起来推翻君主，甚至"诛暴国之君若诛独夫"⑥。所以，荀况

---

① 柏拉图：《理想国》，郭斌和、张竹明译，商务印书馆1986年版，第154页。
② 柏拉图：《理想国》，郭斌和、张竹明译，商务印书馆1986年版，第155页。
③ 柏拉图：《理想国》，郭斌和、张竹明译，商务印书馆1986年版，第169页。
④ 柏拉图：《理想国》，郭斌和、张竹明译，商务印书馆1986年版，第279页。
⑤ 柏拉图：《理想国》，郭斌和、张竹明译，商务印书馆1986年版，第197页。
⑥ 《荀子·正论》。

继承了儒家富民、保民的传统，提出了一套鼓励生产、裕民、养民的措施。《富国》曰：

> 轻田野之税，平关市之征，省商贾之数，罕兴力役，无夺农时，如是，则国富矣。夫是之谓以政裕民。

> 节其流，开其源。

> ……掩地表亩，刺中（草）殖谷，多粪肥田，……守时力民，进事长功，和齐百姓，使人不偷，……高者不旱，下者不水，寒暑和节而五谷以时熟，……岁虽凶败水旱，使百姓无冻馁（馁）之患，……

这也是孟轲"乐岁终身饱，凶年免于死亡"的理想。只有这样，水才能载舟，不同而一的社会秩序才能得以维持。

三、圣王和哲学王

荀况认为，人才培养的最高理想是圣人。圣人如果成为统治者，就是圣王。柏拉图认为人才培养的最高理想是哲学家，哲学家如果同时是政治家，掌握国家最高权力，就是哲学王。圣王和哲学王，是古代世界中西学人对政治领袖的共同理想。

《劝学》："学恶乎始？恶乎终？曰：其数则始乎诵经，终乎读礼；其义则始乎为士，终乎为圣人。"

《礼论》："故学者，固学为圣人也。"

士、君子、圣人，是学习成就上三个不同的档次。《修身》："好法而行，士也；笃志而体（履），君子也；齐明而不竭，圣人也。"可见圣人是知类通达、无所不知的人。《儒效》："彼学者，行之，士也；敦慕之，君子也；知之，圣人也。"《解蔽》："圣也者，尽伦者也。"（穷尽万物之理）尽伦而又尽制，就是圣王。荀况认为，仲尼、子弓是不得势的圣人，如果能上法舜、禹之制，下法仲尼、子弓之义，则"圣王之迹著矣"。其实，儒学传人早就把孔子看作超过尧、舜的圣王。据《孟子·公孙丑上》，子贡认为孔子"学不厌，智也；教不倦，仁也。仁且智，夫子既圣矣"。宰我说："观乎夫子，贤于尧舜远矣。"子贡又说："自生民以来，未有夫子也。"有若说："自生民以来，未有盛于孔子也。"孟子自己也认为孔子是自古以来第一圣人："自有生民以来，未有孔子也。"墨家弟子中也有人认为孔子是圣王。据《墨子·公孟》，公孟子认为应使"孔子当圣王"。荀况的弟子则认为荀况应成为圣王。《尧问》："孙卿不遇时也。德若尧禹，世少知之；方术不用，为人所疑；其知至明，循道正行，足以为纪纲。呜呼！贤哉！宜为帝王。"

荀况又将儒者分为俗儒、雅儒和大儒（俗人和贱儒在外），大儒也就是圣人，仲尼、子弓就是这样的大儒和圣人。大儒和圣人的"齐明而不竭""尽伦"，并不是他们能遍知他人之所知，而是因为他们掌握了"道"的枢要，将它扩而充之，类而推之，举统类以应万事万物，故能"以浅持博，以古持今，以一持万"，能持险"应变曲当，与时迁徙，与世偃仰，千变万变，其道一也"。也就是说，大儒和圣人掌握了道的枢要，不论遇到多么复杂的情况、突发的事故、新的变化，他们都胸有成竹，能应付自如，无往而不周洽，若合符节，这是由于他们对"道"融会贯通，能明智地、创造性地运用于实际。荀况的所谓"道"，要言之，礼、法而已。有这种大儒或圣人处于群而分、不同而一的社会的顶端，就是"王者之政"。

柏拉图目睹雅典城邦的纷扰争夺、纲纪荡然、人欲肆虐，他在寻思拯救雅典的出路时，提出了一个大胆的构想：

> 除非哲学家成为我们这些国家的国王，或者我们目前称之为国王和统治者的那些人物，能严肃认真地追求智慧，使政治权力和聪明才智合而为一；那些得此失彼、不能兼有的庸庸碌碌之徒，必须排除出去，否则的话……对国家甚至我想对全人类都将祸害无穷，永无宁日。[①]

[①] 柏拉图：《理想国》，郭斌和、张竹明译，商务印书馆1986年版，第214~215页。

柏拉图间接批评了当时的统治者都是缺乏聪明才智的庸碌之辈，而具有聪明才智的哲学家却不居其位，面对社会的腐败束手无策。

柏拉图心目中的哲学家是"智慧的爱好者"①，"眼睛盯着真理的人"②，"能把握永恒不变的事物的人"③，"追求完整和完全的人"④，"敏于学习、强于记忆，勇敢、大度，是哲学家的天赋"⑤。此外，哲学家还具有机智、灵敏、进取心、豁达大度、爱国心和天性稳定的品格，他们是"最完善的护卫者"。总之，哲学家是聪明才智的化身、智慧的化身、人类一切优秀品质的化身、真理的化身，是完美无缺的人，理想的人。这种哲学家简直就是荀况心目中的大儒、圣人、圣王。哲学王就是圣王。荀况和柏拉图不谋而合。圣王和哲学王成为教育的最高目的，反映了苦于社会混乱的人们人心思定、人心思安、人心思贤的普遍愿望。在客观上，荀况和柏拉图都表达了广大群众的心声。这也说明，身处乱世而求安求贤，这是人类的共同心态。古今中外，其致一也。

圣王和哲学王都是具有最高智慧的人。但若深究这种智慧的内容，则大相径庭。

圣王之所以智慧过人，是由于掌握了道的枢要，故能以一知万。这个道，如前所述，就是礼法。哲学王之所以是智慧的化身，是因为他认识了最高的理念——善的理念。

在孔子以前，礼是治国安邦教人的最高准则。《左传·隐公十一年》："礼，经国家、定社稷、序民人、利后嗣者也。"国家能尊礼不怠，被认为是社会稳定、国运强固的标志。《左传·闵公元年》："鲁不弃周礼，未可动也。"孔子既对礼有所损益，又提出仁以辅礼的局限性。墨翟倡兼爱节用而诋毁礼乐。孟轲虽不排斥礼，却把仁与义提高到凸显地

---

① 柏拉图：《理想国》，郭斌和、张竹明译，商务印书馆1986年版，第217页。
② 柏拉图：《理想国》，郭斌和、张竹明译，商务印书馆1986年版，第218页。
③ 柏拉图：《理想国》，郭斌和、张竹明译，商务印书馆1986年版，第228页。
④ 柏拉图：《理想国》，郭斌和、张竹明译，商务印书馆1986年版，第231页。
⑤ 柏拉图：《理想国》，郭斌和、张竹明译，商务印书馆1986年版，第244页。

位。荀况重新提高礼的重要性，并对礼的意义作了新的阐释。荀况的新阐释一是突出礼的等级制的性质，"礼以定分，乐以道和"；二是强调"礼者，养也"的新内容。荀况对墨家、法家都有所吸取。荀况是从儒家到法家转变的中间阶段。他以法补充礼所不能及的空隙。《富国》："由士以上则必以礼乐节之，众庶百姓则必以法数制之。"这是对刑不上大夫、礼不下庶人的弥补。《致士》："刑政平而百姓归之，礼义备而君子归之。"这是礼与法的应用范围的明确区分。但是，在荀况看来，礼的意义高于法。《天论》："君人者，隆礼尊贤而王，重法爱民而霸。"荀况充分肯定秦国实行法治的成绩，又批评秦国"无儒"，去"王者之功名"甚远，认为秦国应"节威反文，案用夫端诚信全之君子治天下"。以法辅礼，以礼御法，礼法结合，这就是圣王所掌握的道的枢要。圣王之异于人、高于人者以此。

哲学王所认识的最高理念——善，表面看来抽象蒙眬，不可捉摸，实际上它是具体的，这个最高的善理念，就是在可见世界并不存在，而只存在于可知世界、只存在于柏拉图的头脑中、思维中的理想社会的构想——理想国。认识最高的善理念，就是认识理想国的图景。所谓灵魂转向，就是使目光离开感觉的、现实的世界，转向那个存在于思维中、头脑中的世界。柏拉图认为当时存在于希腊的各国政治制度没有一种是理想的、正义的。他认为从现实世界中找不到真理，找不到出路，真理和社会的出路只存在于思维中、头脑中。柏拉图把这种本来很实际的认识概括成为一种抽象的哲学理论。这种哲学认为，感觉世界是变动不居、不完善、暂时的，从感觉世界不可能认识真理。在感觉世界之外，还存在一个理念世界，理念世界才是完善、可靠、永恒不变的，只有从理念世界才能认识真理。理念世界中有很多理念，其中最高的理念就是善的理念。——这就是被称为客观唯心主义的柏拉图的哲学理论，而柏拉图也因此被认为是西方哲学史上客观唯心主义体系的奠基人。

哲学家是认识了真理、认识了善理念的人，哲学王就是能按照善理念判断是非、曲直、善恶,确定行动方向的人,一句话,他能按照理想国的蓝图治国,实现理想国的理想,使社会走出纷扰争夺的困境,达到社会的长治久安。

由此可见,圣王和哲学王提出的社会背景近似,他们的历史使命相同,他们所掌握的真理——道的枢要和善的理念也有许多惊人的相似之处:不同而一与化多为一。但是,荀况更注重实际,他没有将自己的理论概括、升华成为一种哲学体系。所以两人后来的历史影响各不相同。荀况的治国理论在 2000 年中国历史上为历代统治者所利用,所以有人说中国 2000 年之学都是荀学。只是由于荀况的性恶论被误解,才让孔子据有了至圣先师的宝座。而柏拉图对后世的影响最主要的不是他的治国经,而是他的抽象的哲学思维。

四、人性论

教育是育人的事业。育人必先知人。知人就是认识人性。荀况的人性论是古代世界最全面、最有价值的理论,柏拉图也在人性论上提出了若干有益的见解。本文将讨论荀况和柏拉图的人性论。

荀况认为,人性就是人生而具有未经加工的素材。

《正名》:"生之所以然者谓之性。……不事而自然谓之性。"

《礼论》:"性者,本始材朴也。"

《性恶》:"凡性者,天之就也。"

《正名》:"性者,天之就也。"

这种生而具有的自然之性,圣人与众人是一样的,尧、舜、禹和桀、纣、跖是一样的,他们之间的区别不是由于人性的区别。

《性恶》:"故圣人之所以同于众其不异于众者,性也。"

《性恶》:"凡人之性者,尧、舜之与桀、跖,其性一也;

君子之与小人，其性一也。"

这种圣人与众人同，尧、舜与桀、跖同，君子与小人同的本始材朴的具体内容是什么呢？荀况认为有两个方面，一是欲——欲望，二是知——认识能力。兹先讨论前者。

《荣辱》："凡人有所一同：饥而欲食，寒而欲暖，劳而欲息，好利而恶害，是人之所生而有也，是无待而然者也，是禹桀之所同也。"

《非相》："饥而欲食，寒而欲暖，劳而欲息，好利而恶害，是人之所生而有也，是禹桀之所同也。"

《性恶》："今人之性，饥而欲饱，寒而欲暖，劳而欲休，此人之情性也。"

《性恶》："若夫目好色，耳好声，口好味，心好利，骨体肤理好愉佚，是皆生于人之情性者也；感而自然，不待事而后生之者也。"

饥欲饱、寒欲暖、劳欲息，这是人的本能，不但人人都有，而且是人和动物所共有的。至于"好利恶害"和"心好利"，则是人的求生的本能，避害自保的本能，这也是人和动物所共有的。中外许多思想家都肯定人的这种"自我保存"的本能。

其实在荀况以前，告子就曾把人的本能和欲望概括成为食、色二字。

《孟子·告子上》："告子曰：食、色，性也。"

告子的这个观点，后来被儒家所接受。

《礼记·礼运》："饮食、男女，人之大欲存焉。"

荀况所说的人的欲望，其核心内容无非也就是食、色二端，即饮食、男女。

荀况认为，人生而具有的这种欲望有两个特点，一是不能去，二是不能尽。不能去，故必予以满足，以养其欲。不能尽，故必以礼义节之，以免因纵欲而生争夺。满足而又规范，这恰恰是礼的两种功能。

《正名》："故虽为守门，欲不可去，性之具也。虽为天子，欲不可尽。欲虽不可尽，可以近尽也；欲虽不可去，求可节也。所欲虽不可尽，求者犹近尽；欲虽不可去，所求不得，虑者欲节求也。道者，进则近尽，退则节求，天下莫之若也。"

"近尽"和"节求"四字道尽了人性论的真谛，是古今中外人性论的精华。2000多年来，中外历史上的哲学家、伦理学家、教育家、宗教家议论人性者众矣，很少有人像荀况的理论这样透辟、实在、合乎情理。大体言之，苏格拉底、柏拉图、基督教神学家、佛学家一派人只重节求，忽视近尽；文艺复兴以后的另一些人则过分夸大近尽，忽视节求，结果流于放纵。这两类人都不得其要。

所谓欲不可去，是说人的欲望是不能消灭、不能抑制的，消灭欲望是绝对行不通的，消灭欲望无异于消灭人。圣王治国，不是要消灭、抑制欲望，而是要努力满足人的欲望。

《礼论》："礼起于何也？曰：人生而有欲，欲而不得，则不能无求，求而无度量分界，则不能不争；争则乱，乱则穷。先王恶其乱也，故制礼义以分之，以养人之欲，给人之求。使欲必不穷乎物，物必不屈于欲，两者相持而长，是礼之所起也。"

荀况把礼义的起源与人性联系起来，这是极深刻的见识。礼首先是为了养人之欲，给人之求，故曰："礼者，养也。"荀况提出许多刺激生产以富民、裕民、养民的措施，这是荀况对礼的内容的更新和补充。"男女之合，夫妇之分，婚姻娉内（纳）送逆"也是为了养人之欲，给人之求。中国封建社会中把"内无怨女、外无旷夫"看作天下承平的表征之一，是深得荀况养欲之旨。这个问题解决不好，也是社会不安定的因素。

所谓欲不可尽，是说它是个永远不能完全满足的无底洞。如果听任无限制的贪求，就成了纵欲。

《富国》："行私而无祸，纵欲而不穷，则民心奋而不可说也。"

"无君以制臣，无上以制下，天下害生纵欲。欲恶同物，欲多而物寡，寡则必争矣。"

婚姻娉内如不合礼，"则人有失合之忧，而有争色之祸矣"。

所以荀况把养民和教民看作是将人性纳入正轨的重要途径。

《大略》："不富无以养民情，不教无以理民性。故家五亩宅，百亩田，务其业而勿夺其时，所以富之也。立太学，设庠序，修六礼，明七教，所以道之也。《诗》曰：'饮之食之，教之诲之'，王事具矣。"这不过是孔子富而后教的思想和孟轲的仁政观的复述，但荀况是把它和人性联系起来的，荀况为儒家的传统思想进一步提供了人性论的理论依据。

荀况认为，按人的本性，人都是小人。《荣辱》："人之生（性）固小人，无师、无法，则唯利之见耳。"如果对人性不加以引导、节制、规范，人性就会趋恶，因纵欲而争，因争而乱。养欲以近尽，使之尽可能得到合理满足，节求以防纵欲，皆所以防乱。礼、法、师、教都是为了既养欲，又节求。这些后天的努力，荀况认为是伪（人为），故曰："人之性恶，其善者伪也。"以礼义制度化性起伪，则"性伪合而天下治"①。

人性问题，也是柏拉图理想国中的重要问题。柏拉图认为，正确认识人性、正确处理人性问题，不只是伦理、教育问题，也是关系到社会安定的政治问题。

柏拉图认为，正如理想国的公民分成三个等级，每个人的灵魂也包括三个部分：理智、激情和欲望。其中，理智和欲望是主要的，激情是理智的盟友。柏拉图又将灵魂中的理智部分称为人性部分，而将欲望部

---

① 《荀子·礼论》。

分称为兽性部分。欲望有一些是不可避免的，另一些非必然的欲望则可以通过幼年的教育和习惯加以戒除。可怕的、强烈的欲望在一些道貌岸然的人的身上也有。社会必须由"爱智者"领导，人的灵魂也必须由理智领导。理智和激情如果受到教育，就会领导欲望。使人的灵魂中的兽性部分受制于人性部分，按照理性的指示决定行动，才是至善之道，才是正义。如果人的灵魂中的那个"多头怪兽"太多自由，就会离开正义，应受到谴责。柏拉图发展了苏格拉底关于"自制"的思想，认为节制就是对快乐和欲望的控制，使人成为自己的主人，即是说，不要让兽性成为自己的主宰。柏拉图认为应防止放纵，将爱与纵情区别开来。

柏拉图既然把人的欲望看作是兽性部分，意味着他也和荀况一样，把欲望看作是"恶"。不同的是，荀况认为人性只有恶，一切善都是来自外部的"伪"，他否定从人的内部可以发展一种制衡的力量。柏拉图则承认人的内部可以发展一种制衡的力量以节制、领导欲望，这是承认善根也存在于人的内部，只是有待于教育和训练的发展。用中国古代性善恶之争的公式来衡量，柏拉图的人性论似乎与扬雄的"善恶混"说接近。但是，由于柏拉图的下述两个论点，他又不与"善恶混"论相同。

首先，虽然人性中有理智和欲望两大部分，但柏拉图认为这两部分所占的比重是不同的。理智只是灵魂中较小的部分，欲望则是灵魂中较大的部分，这就意味着人性中善小恶大，善少恶多，这就使柏拉图向荀况靠近了。

其次，虽然理智应成为欲望的领导者，但柏拉图又认为，"靠理智和正确信念帮助，由人的思考指导着的简单而有分寸的欲望，则只能在少数人中见到，只能在那些天分最好且又受过最好教育的人中间见到。"① 柏拉图认为，"各种各样的欲望、快乐和苦恼都是在小孩、女

---

① 柏拉图：《理想国》，郭斌和、张竹明译，商务印书馆1986年版，第151页。

人、奴隶和那些名义上叫做自由人的下等人身上出现的"[1]。他还认为，从事手工技艺的人，他的灵魂中的最善部分天生虚弱，不能管理控制好内部的"许多野兽"。由此可知，以理性领导欲望，只有少数哲学家才能做到，大多数人是不能管束自己的欲望的。对于这大多数人，只有强制服从。柏拉图说："对于一般人来讲，最重要的自我克制是服从统治者；对于统治者来讲，最重要的自我克制是控制饮食等肉体上快乐的欲望。"[2] 于是，他又否定了大多数人灵魂中的"善"根。

柏拉图也和苏格拉底一样，重视"自制""节制"，他们对荀况提出的养人之欲、给人之求的主张缺乏认识。苏格拉底和柏拉图的制欲说经过犬儒学派，后来发展成为基督教的摧残人性的禁欲主义。

从荀况和柏拉图的人性论，我们可以得出几点基本认识：

第一，欲望是人性所固有，它是消灭不了的。人的基本的欲望得不到满足，则必争夺，争必乱。当政者必须注意发展生产，努力养民、裕民、富民，以养人之欲，给人之求，才能维持社会的安定。

第二，欲望永远不能完全满足，如不加以节制，亦必争，争必乱。故必须以礼义教化、培养人的自制能力，以理智领导欲望，这是教育的根本问题，尤其是道德教育的根本问题。

第三，教育不是万能的，对于不能接受教育、不能以理智领导兽性的人，则必须以强制手段加以管理。荀况说："不教而诛，则刑繁而邪不胜；教而不诛，则奸民不惩……"[3]

第四，人不同于动物，是因为人有认识能力，发展这种认识能力，使人逐渐减少动物性，提高人性，是可能的。

第五，宗教家贬抑人的欲望的合理性，是违反人性的。他们用吓唬、哄骗的手段要人禁欲，这是无济于事的。

---

[1] 柏拉图：《理想国》，郭斌和、张竹明译，商务印书馆1986年版，第151页。
[2] 柏拉图：《理想国》，郭斌和、张竹明译，商务印书馆1986年版，第89页。
[3] 《荀子·富国》。

荀况认为人性的另一个内容是人生而具有的感知觉能力、认识外界事物的能力。

《性恶》："今人之性，目可以见，耳可以听。夫可以见之明不离目，可以听之聪不离耳。目明而耳聪，不可学明矣。"人的感知觉能力不限于耳聪目明二端。

《荣辱》："……目辨白黑美恶，耳辨声音清浊，口辨酸咸甘苦，鼻辨芬芳腥臊，骨体肤理辨寒暑疾养（痒），是又人之所常生而有也，是无待而然者也。"

这种包括眼、耳、鼻、舌、身的五种感官是人生而具有，其感知能力也是生而具有。但是仅仅有这五种感觉器官——天官，还不足以认识外界事物，还必须"心有征知"，即由思维器官对感觉所得的印象加以分类、辨别、取舍，"心居中虚，以治五官，夫是之谓天君"。有了天君才能裁其非类以养其类，使自然界为人类服务。

仅凭人的主观的认识能力不可能认识外界事物，只有当认识能力与客观存在的外在事物接触时，才可以认识外界事物。

《解蔽》："凡以（可）知，人之性也；可以知，物之理也。以可以知人之性，求可以知物之理，而无所疑止之，则没世穷年不能遍也。"

宋儒所谓人心之灵，莫不有知，天下之物，莫不有理，唯于理有未穷，故其知有不尽，即是此义。以人心之灵，知万物之理，在于"有所合"。

《正名》："所以知之在人者谓之知（认识能力），知有所合谓之智（知识）。智所以能之在人者谓之能（本能），能有所合谓之能（才能）。"

这种"合"，也就是墨翟"知，接也"中的"接"。荀况又将"合"说成"簿"。《正名》："……然而征知必将待天官之当簿其类然后可也。"

知识来源于人的认识能力与外在事物的接触。但人的感觉、认识能力在认识活动中的作用并不相同。荀况认为视觉所得的印象比听觉所得的印象更为可靠、可信。

《儒效》："闻之不若见之。"

荀况已认识到，思维、理解，是认识的更高阶段。只有理解了，才能更好地感觉："见之不若知之。故闻之而不见，虽博必谬；见之而不知，虽识必妄。"感觉并不是在一切场合都可靠，理性认识比感性认识更深刻、更可靠。所以，超越感觉的局限性，在于知"类"，"举统类"，即认识事物的共性、一般性，形成概念，以达到"其言有类"，可以举一反三，闻一知百，以浅持博、以古持今、以一持万，举统类以应万物，莫不晻（奄）然若合符节。荀况认为，能做到这一步，就是大儒、圣人。

如果说，荀况的知识论比较平实、合理，那么，柏拉图则使自己的知识论蒙上了神秘主义的色彩。柏拉图的"知识即回忆"的理论，使他的知识论中的合理内核失去光泽。

柏拉图青年时期学习过赫拉克里特的哲学，他从赫拉克里特的万物皆流、物无常在的思想中，抛弃了辩证法的实质，得出了感性事物不可靠的唯心主义结论。柏拉图将感性世界与理念世界对立起来，割断了二者之间的联系，使理念世界成了无源之水、无本之木，是悬浮在云端的虚幻世界。柏拉图认为感性世界不完善、变动不居、转瞬即逝。从感性世界不可能得到真知识，不可能认识真理。认识的任务是超离感性世界，追求事物的本质、共相、真理，认识"一般"。苏格拉底针对智者宣扬的相对主义和无原则、无是非的诡辩，提出要追求普遍有效的真理，追求"一般"。柏拉图的追求"共相"是苏格拉底的思想的进一步发挥。不满足于现象，要求认识事物的本质，形成概念，这本来是一个深刻的见解，是认识论发展史上的一个飞跃。但是由于柏拉图使理念脱离感觉，理性认识脱离感性认识，共相脱离殊相，一般脱离特殊，他的

"共相"只是纯粹的思维的产物。理念、共相自何而来？柏拉图用荒唐的回忆说作解释。据他说，人在出生以前，就已获得了各种知识，但是当人出生时，即灵魂附着于肉体时，那些生前即已掌握的知识被遗忘了。认识就是通过回忆重新记起生前已有的知识，而不是获得新知识。所以，认识就是回忆，学习就是回忆。

不难看出，荀况和柏拉图都重视理性认识，荀况的知"类""举统类"，也就是苏格拉底的普遍有效的真理、柏拉图的"共相"。但荀况的统类是建立在知与物"合"（接、簿）的感性认识的基础之上，而柏拉图的"共相"被他说成是幻想的产物。

由于五官的感知能力是"不可学不可事而在人者"，是"凡人有所同一"的"本始材朴"，是"生之所以然者"，所以，它也和"欲"一样，是舜禹与桀跖相同，君子与小人相同。荀况由此得出智力平等的结论。人人可以为尧舜，可以为桀跖，可以为工匠，可以为农贾，可以为君子，可以为小人，差别不是来自人性，而是来自"在埶（势）注错习俗之所积"。涂（途）之人可以为禹，是因为人人"皆有可以知仁义法正之质，皆有可以能仁义法正之具"①。

柏拉图使人的认识能力神秘化，他认为认识真理只是少数人的能事，是生来具有黄金的哲学家的专利。

五、人才与教育

在荀况的"不同而一"的社会中，个人属于社会中的哪一个梯级，不是由人性注定的，而是由环境的影响、习俗的熏染、教育的作用、特别是个人的主观努力造成的，教育在人才的培养中起着重要作用。柏拉图的"化多为一"的理想国中，三个等级的人是天性注定、不可以更改的。教育虽也有培养的功能，但它的主要功能毋宁说是筛选、选拔，从

---

① 《荀子·性恶》。

公民中挑选、鉴定谁生来含有金子，谁生来含有银子，谁生来只含有铜或铁。荀况把人的不同归因于教育和人的主观努力，柏拉图把人的不同归因于命定。

荀况反对孟轲关于仁义礼智皆我固有、非为外铄的唯心主义观点，认为礼义都不是生而具有，而是可学而能、可事而成的。

《性恶》："礼义者，圣人之所生也，人之所学而能，所事而成者也。"

《性恶》："凡礼义者，是生于圣人之伪，非故生于人之性也。"

因此，荀况强调"注错习俗""积伪"。

《儒效》："注错习俗，所以化性也，并一而不二，所以成积也。习俗移志，安久移质。并一而不二，则通于神明，参于天地矣。"

《儒效》："涂之人百姓，积善而全尽谓之圣人。……故圣人也者，人之所积也。"

关于"教"的作用，其言曰：

《劝学》："干越、夷貉之子，生而同声，长而异俗，教使之然也。"

关于"学"的作用，其言曰：

《劝学》："吾尝终日而思矣，不如须臾之所学也。"

《儒效》："我欲贱而贵，愚而智，贫而富，可乎？曰：其唯学乎！"

圣人可积而成，但未必人人果能成圣。涂之人百姓可以为禹，但未必人人果能为禹。其间的差别只是为不为的差别，不是可不可的差别。荀况把人的主观能动性提到很高的地位。

《性恶》："圣可积而致，然而皆不可积，何也？曰：'可以而不可使（强迫）也。故小人可以为君子而不肯为君子，君子可以为小人而不肯为小人。小人君子者，未尝不可以相为也；然而不相为者，可以而不可使也。……用此观之，然则可以为，未必能也；虽不能，无害可以为。然则能不能之与可不可，其不同远矣，其不可以相为明矣。'"

人才的培养靠教育，在同样的教育条件下，人能不能真正成才，则在于人有无成才的愿望、决心、毅力和坚强的意志。中国历代教育家都把"立志"放在重要地位。《墨子·修身》："志不强者智不达。"孟轲教人防止自暴自弃，朱熹强调"居敬持志"，都是鼓励自强精神，而这种自强精神又是可以通过环境的影响和教育形成的。

柏拉图既然认为人天生就分为三等，则人的主观努力必然成为徒劳无功。理想国中的教育制度的主要功能在于选拔人才。柏拉图提出了一套识别人才的措施。要言之，其法有三：

一是平时观察，通过活动、游戏观察。

二是考试。柏拉图是历史上最早提出通过考试选拔人才的教育家。

三是任之以事，在实际工作中考察其业绩，教育始终与实际锻炼结合。

荀况和柏拉图的人才观有一点惊人的相似之处，他们都认为人的智愚、贤不肖与人的家庭出身无关，人才的选拔不应以家庭出身为依据。

荀况反对"以世举贤"。

《君子》："先祖当（倘）贤，后子孙必显，行虽如桀纣，列从必尊，此以世举贤也。以族论罪，以世举贤，虽欲无乱，得乎哉？"

荀况主张"谲德而定次，量能而授官"①，"无德不贵，无能不官，无功不赏，无罪不罚。朝无幸位，民无幸生。尚贤使能……"②。为了

---

① 《荀子·儒效》。
② 《荀子·王制》。

做到"德以叙位，能以授官"①，他主张把那些无德无才的王公大人的子孙不客气地归之庶人。

《王制》："虽王公士大夫之子孙也，不能属于礼义，则归之庶人。虽庶人之子孙也，积文学，正身行，能属于礼义，则归之卿相士大夫。"

荀况的这个观点是对墨翟思想的继承和发挥。墨翟极力主张打破在举贤才上的贵族世袭制度，谴责无德无才、行如桀纣的小人仅仅依恃"王公大人骨肉之亲"的背景或"面目姣好"而"无故富贵"。《墨子·尚贤》："上举不避贫贱"，"虽在农与工肆之人，有能则举之，高予之爵，重予之禄，任之以事"，以实现"官无常贵，民无终贱"的理想。这种以任人唯贤反对任人唯亲的思想，是中国先秦思想遗产中的精华之一，也是中华民族文化传统和民族精神最可珍贵的东西，今天仍然值得加以弘扬。

柏拉图虽然认为人生而分成三等，但是他不是血统论者。他认为金父不一定生金子，铁父不一定生铁子。有时不免金父生银子，银父生金子，铁父也可能生金子、银子。那些生来含有黄金的人，"如果他们的孩子心灵里混入了一些废铜烂铁，对他们决不能稍存姑息，应当把他们放到恰如其分的位置上去，安置于农民工人之间；如果农民工人的后辈中间发现其天赋中有金有银者，他们就要重视他，把他提升到护卫者或辅助者中间去"②。柏拉图又说："如果护卫者的后裔变低劣了，应把他降入其他阶级，如果低等阶级的子孙天赋优秀，应把他提升为护卫者。"③ 墨翟、荀况和柏拉图在不同的历史条件、不同的文化背景下，在举贤问题上竟达到如此近似的认识，这只能说是人同此心，心同此理。

---

① 《荀子·致士》。
② 柏拉图：《理想国》，郭斌和、张竹明译，商务印书馆1986年版，第128～129页。
③ 柏拉图：《理想国》，郭斌和、张竹明译，商务印书馆1986年版，第138页。

六、戡天、敬神与自然科学

荀况的戡天思想和柏拉图的敬神观念形成鲜明的反差。

从殷人的事鬼敬神逐渐演变为怨天、疑天而将重点转移到尽人事、自求多福,再发展到把主宰人间吉凶祸福的人格神的天解释为自然运行的规律,最后发展到荀况的戡天、制天命而用之,这是一个长期的发展过程,中国古代的天人观至荀况发展到最高峰。这个演变过程是人从神权下获得解放的过程,是人从天和神的仆役变成天和神的主人的过程。天和神的无上权威被摧毁,人成了自己的主宰。儒家的轻鬼神、重人事,轻来世、重今世的现实主义传统,因荀况的戡天论而获得了有力的精神力量的支持。儒家传统的现实主义、入世精神已发展得如此强大而深入人心,使它顶住了董仲舒使儒学神学化的企图,更顶住了如潮水般涌来的佛家的出世说,以致在中国的意识形态领域,没有出现后来西欧中世纪那种神权笼罩一切的荒唐局面。荀况的历史功绩是不可磨灭的。

荀况认为,天并不神秘,它不过是"列星随旋,日月递昭,四时代御,阴阳大化,风雨博施"这样一些自然界的现象。天并不可怕,因为人世间的事与天无涉。人间的灾祸,是由人妖造成。人自己能强本节用,养备动时,修道不贰,天也不致降祸于人。"从天而颂之,孰与制天命而用之。"①

西周以来的疑天、轻天思想,只是少数"先觉者"的洞见,广大群众仍然是敬天、畏天的。荀况竟提出要驾驭那个受人敬畏的天,要戡天、制天、用天,这是一个大胆的认识上的突破。人定胜天,这是对人的尊严、价值、智慧、力量、使命的确认和笃信,是一种进取的精神,自强不息的精神,勇于开拓的精神。这是我们的民族精神的重要内容。

中国先秦思想家揭穿了统治者利用迷信愚弄群众,掩饰政治上的过

---

① 《荀子·天论》。

失的伎俩。墨翟非命,他认为"命者,暴王所作,而穷人述之",明确指出"命"是暴王编造出来骗人的。孟轲也揭破统治阶级"罪岁"的鬼把戏,这些统治者把因横征暴敛而民有饥色、野有饿莩的现象归罪于年成不好,用自然灾害掩饰苛政。荀况也指出,天旱而求雨,日月食而救之,卜筮然后决大事,并不是因为它们真正灵验,而只是一种掩饰——"文"。"故君子以为文,而百姓以为神。"看穿这种鬼把戏,不相信这种掩饰,努力尽其在我,就是"吉"。迷信这些掩饰失政的伎俩,以为它真的灵验,放弃人的主观努力,这就必然导致"凶"的结果。

荀况的思想闪烁着无神论的光辉,而柏拉图却把无神论看作是道德上有害的三种邪说之一。泰勒认为,柏拉图是"哲学有神论的创始人"[①]。

苏格拉底死后,柏拉图漫游多国达12年。在意大利南部的希腊殖民地塔林顿,柏拉图访问了毕达哥拉斯学派。这是一个奇特的学者团体,它将自然科学研究与宗教活动结合在一起;这是一个有着严格的教规和纪律的封闭式的社团,有点近似于墨者的社团。柏拉图在这里既受到自然科学的熏陶,研究了数学,又深受毕达哥拉斯学派的宗教观念的影响,年老时影响愈甚。柏拉图接受了毕达哥拉斯关于灵魂不死、轮回转世、因果报应的思想。毕达哥拉斯认为,根据人生前行为的或善或恶,人在死后转世时或投生为人,或投生为禽兽,或投生为草木。人只有净化自己的灵魂,才能超脱轮回转世之苦,永远与上天的神灵同在。柏拉图接受了这种与佛教十分近似的观念。柏拉图也承认灵魂不死,人在今生的际遇是由人前生所见真理的多少决定的。根据认识真理的多少,人死后灵魂转世时,将投生附着在九种不同的种子上。这九种种子是:

第一流:爱智慧者,爱美者,或是诗神和爱神的顶礼者;

---

① 泰勒:《柏拉图——生平及其著作》,谢随知等译,山东人民出版社1991年版,第697页。

第二流：守法的君主、战士或是长于发号施令者；

第三流：政治家，至少是经济家、财政家；

第四流：爱好体育或以治疗身体为业的；

第五流：预言家或掌宗教典礼的；

第六流：诗人或其他摹仿的艺术家；

第七流：工人、农民；

第八流：诡辩家或煽惑群众者；

第九流：专制君主。①

柏拉图的宗教观和他的哲学观是糅合在一起的。有些论述简直难以分辨它是宗教观还是哲学观，或者说既是宗教观，又是哲学观，又是伦理观。

柏拉图认为神是世间善事的原因，而不是一切事物的原因。敬神明、孝父母、重友谊，都是道德要求。柏拉图认为应使教育和宗教成为健全道德的同盟军。

笃信神明，灵魂不死，灵魂可脱离肉体而飞升，善恶报应，这些宗教观念和节制的理论一起，使基督教的神话传说得到了哲学的支持，产生了基督教神学的理论体系——教父学。从此，哲学成为神学的奴婢，哲学被消融在神学中。后来，人们不得不以自由和生命为代价，争取哲学从神学中重新解放出来。基督教利用了柏拉图哲学，正是由于他的哲学与宗教相通，有可以被利用之处。

由于历史现象的复杂，人们不可能用一个简单的公式推导去认识历史。无神论者荀况主张戡天、制天命而用之，然而在荀况的著作中，自然科学没有地位，没有成为教育内容。笃信神灵的有神论者柏拉图却重视自然科学，不仅将数学、几何、天文列入学习科目，而且他所创办的学园在很长时期内成为数学和自然科学的研究、教学中心，培养了大批

---

① 柏拉图：《斐得若篇》，见柏拉图：《柏拉图文艺对话集》，朱光潜译，上海文艺联合出版社 1954 年版，第 175 页。

科学人才，推动了科学事业的发展，以至使当时的数学大师欧多克苏（Eudoxus）和他的学生一起从居兹格斯（Cyzicus）搬迁到雅典，与柏拉图的学园联合起来①。

其实在荀况时代，中国在农学、医学、水利学、天文学方面都取得可观的成就，墨翟尤其对光学、几何学、力学、机械学等方面研究有得。但是当时的自然科学知识或者包含于儒家的经典中，如《尚书》中的农学知识、《诗经》中的植物学知识，或者由于长期形成的儒家经典不可动摇的优势地位，使得儒家经典以外的学问无法登大雅之堂，取得正宗地位。由此形成了自然科学在中国古代学校教育中不被重视的积习。科举制度只考儒家典籍，无疑加固了这种积习。

有神论者柏拉图重视自然科学，不可否认有毕达哥拉斯学派的影响，但更直接的影响恐怕还是来自埃及在数学、几何学、天文学方面的成就。柏拉图曾游历埃及，考察其教育、科学、立法、习俗乃至宗教秘仪（mystery）。此外，希腊早期自然哲学家的传统的影响也不可忽视，而那些早期自然哲学家大都访问过埃及、巴比伦等东方国家。走出国门，进行国际间的文化学术交流，足以打破思维定势，冲击凝固的传统观念，扩大眼界，促进观念更新。柏拉图无疑是此中的受益者。

七、音乐教育和师道

在荀况和柏拉图的政治观和教育观中，音乐都被赋予十分重要的意义。音乐不仅是培养人的重要学科之一，也是实现他们的社会政治理想的不可或缺的工具。

《乐论》："乐合同，礼别异。"六个字精辟地点出了礼乐在实现群而分、不同而一的社会理想中的特殊地位。礼规定了社会的上下尊卑的差异，通过音乐，又把不同等级的人导向团结统一，和谐共存。"故乐者，

---

① 泰勒：《柏拉图——生平及其著作》，谢随知等译，山东人民出版社1991年版，第15页。

天下之大齐也，中和之纪也。"

荀况认为，音乐"可以善民心。其感人深，其移风易俗［俗易］"。又说，音乐"其入人也深，其化人也易"，"故乐者，所以道（导）乐也，金石丝竹，所以道（导）德也"。所以，音乐是道德教育的重要手段。

音乐之所以感人深、化人易，能移风易俗，是因为音乐具有怡情的作用。"夫乐者，乐也，人情之所必不免也，故人不能无乐。"这是音乐功能的人性论的依据。

对音乐本身，也必须加以引导，使音乐"其声足以乐而不流"，不与"邪污之气"相接。否则，"乐姚冶以险，则民流僈鄙贱矣。流僈则乱，鄙贱则争。乱争则兵弱城犯，敌国危之"①。所以要去邪音、禁淫声，使夷俗邪音不敢乱雅。先秦儒家的音乐理论富有现实意义。

柏拉图理想国中的护卫者的教育是从音乐和体操开始，而音乐又先于体操。所以，乐教是人生教育开宗明义第一课。柏拉图十分重视早期教育。《理想国》中说："在幼小柔嫩的阶段，最容易接受陶冶，你要把它塑成什么形式，就能塑成什么形式。"② 又说："先入为主，早年接受的见解总是根深蒂固不易更改。"③ 而音乐具有"陶冶心灵"的作用，尽早通过音乐在幼年人心灵中培养高尚的情操，就给人生教育打好了基础。柏拉图认为，对音乐的歌词、韵律和节奏都要加以净化。歌词里不应有哀婉和悲伤的字句，曲调中不要有挽歌式的调子，要除去"靡靡之音"。曲调应"适当地模仿勇敢的人，模仿他们沉着应战，奋不顾身，经风雨，冒万难，履险如夷，视死如归"。或者模仿另一种人的"从善如流，毫不骄傲，谦虚谨慎，顺受其正"。这两种一刚一柔的曲调，能恰当地模仿人们成功与失败、节制与勇敢的声音。

---

① 《荀子·乐论》。
② 柏拉图：《理想国》，郭斌和、张竹明译，商务印书馆1986年版，第71页。
③ 柏拉图：《理想国》，郭斌和、张竹明译，商务印书馆1986年版，第73页。

古代希腊的音乐是与演说史诗故事相结合的，柏拉图要求对故事的内容进行严格审查，凡是故事中说到天神明争暗斗、互相残杀、上下篡夺及淫乱等内容，一律都要禁止演唱，决不许不健康的故事流传。对诗人的作品应严格予以审查和监督。"音乐教育的最后目的在于达到对美的爱。"[①] 柏拉图认为最美的也就是最善的，所以，对美的爱也就是对善的爱。美学和伦理学是融为一体的。

柏拉图认为音乐和体操都是为了陶冶心灵。他对体育锻炼极为重视。荀况则没有提到体育。到战国末期，已经文武殊途，儒侠分道扬镳。以后中国的正规学校教育走上了重文轻武的轨道。

荀况教育思想中有长期而深入影响的是他的师道论。

《礼论》："礼有三本：天地者，生之本也；先祖者，类之本也；君师者，治之本也。无天地恶生？无先祖恶出？无君师恶治？三者偏亡焉，无安人。故礼上事天，下事地，尊先祖而隆君师，是礼之三本也。"

在中国长期封建社会中，"天地君亲师"的牌位被供奉在每家每户中堂的神龛上，受到顶礼膜拜，它成了家喻户晓、童叟皆知的神圣信条。中国历史上尊师重道的传统是源于《荀子》《吕氏春秋》《学记》，而不是来自孔子。

教师问题没有引起柏拉图的足够注意。《理想国》中只顺便提到"教师"这个字眼，《法律篇》中提到学校教师，他们是从外国雇佣来的。

八、思想巨人的哀荣

荀况的生平事迹，史籍语焉不详。除了在齐国稷下的学术活动外，我们只知道他曾西行入秦，面刺秦昭王"儒无益于人之国"的成见，当

---

① 柏拉图：《理想国》，郭斌和、张竹明译，商务印书馆1986年版，第110页。

着秦相范雎的面直陈秦国"无儒"的缺失。回到赵国，曾与赵孝成王和临武君辩论军事问题，又曾与齐相论治国之道。这些活动应该都是为了推销自己的匡时济世的治国理论。但是曲高和寡，那些托庇祖荫而获得统治权的王侯或趋炎附势的官僚怎能听进荀况的高谈谠论？身怀王者之才，竟然只做了一个小小的基层芝麻官兰陵令，难怪他"怀将圣之心，蒙佯狂之色，视（示）天下以愚"。也难怪门人叹息，"天下不治，孙卿不遇时也"。《非十二子》云："君子能为可贵，不能使人必贵己；能为可信，不能使人必信己；能为可用，不能使人必用己。"噫！此荀卿"夫子自道"也欤？

柏拉图的遭遇并不比荀况更幸运。为了推销其哲学家治国的理想，他历尽坎坷，幸免于死。公元前388年，叙拉古的僭主戴奥尼修一世邀请柏拉图访问叙拉古，大概是想借重学者的威望巩固自己的地位。柏拉图则天真地指望利用僭主的权力实现哲学家治国的试验。这无异于与虎谋皮。靠阴谋篡夺掌权的僭主怎能学得进哲学，又怎肯拱手把抢来的权力交给哲学家做试验？结果话不投机，柏拉图被贬为奴隶送给斯巴达的使者。在被带往斯巴达的途中，幸遇友人，以20米那①为其赎身。戴奥尼修一世死后，其内弟狄翁（Dion）于公元前367年再邀柏拉图访叙拉古，担任年轻的继任僭主戴奥尼修二世的老师。柏拉图雄心不灭，二访叙拉古。此行又不欢而散。公元前361年，柏拉图应戴奥尼修二世之邀，三访叙拉古，仍然寄希望于僭主。这次又被囚禁一年。幸得友人营救，才免于刑戮。三访叙拉古的失败，使柏拉图的理想国成为泡影，也使他对当权者失去信心。掌实权的统治者既不可能成为哲学王，哲学家也不可能取得统治权。柏拉图曾被邀请为梅加洛波利斯立法，遭到拒绝。但柏拉图学园中的人曾被许多国家邀请去作立法的顾问。他们当然不可能按柏拉图的理想国去立法。柏拉图主持学园40年，直到80岁去世。他为教学、研究、写作耗尽了心血。

---

① 米那是希腊货币单位，1米那约合16.2美元。

荀况和柏拉图生前都与尊荣宠幸无缘，但是他们的思想、学说为人类文明史增添了光彩，丰富了人类文化遗产的宝库，他们对中西文化学术的影响垂2000多年。直到今天，他们的著作仍被广泛地传播、研究、阐释、评论，仍然被认为是智慧的重要源泉。在学者圈里，中国人不知道荀况，西方人不知道柏拉图，无疑会被认作知识浅陋的确证。

荀况是中国长期封建社会实际上的立法者。虽然"至圣""亚圣"的桂冠分别属于孔、孟，荀况却是事实上的圣人。他所主张的"不同而一"的等级制社会，礼法相辅的治国经，事实上被历代封建统治者奉为圭臬。"天地君亲师"的牌位被供奉膜拜了2000多年。荀况的人定胜天的思想，鼓舞了中国人的志气，巩固了人权对神权的胜利，使"神"在中国文化、教育史上一直未能攫取至高无上的统治地位。荀况的性恶论深化了对人性的认识，诱发了长期的争论。荀况的学习理论"虚壹而静""兼陈万物而中悬衡"具有永恒的价值。《劝学篇》这个篇名甚至被后来的中外学者所袭用，中国曾一度把地方教育行政机关称为"劝学所"。荀况的著作《劝学》《乐论》《礼论》等都被收入《大戴礼记》，得到广泛传播。荀况的"无德不贵、无能不官""诛暴君如诛独夫"的思想仍然富有时代精神，其光泽永远不会被时间冲淡。和荀况的历史业绩比较起来，那些昙花一现、与草木同朽的人物如秦昭王、应侯、赵孝成王、临武君、春申君都不啻是蜉蝣、狗彘。

柏拉图的理想没有实现，但是在西方以后2000多年的文化、思想史上，他是一颗清辉不灭的巨星，被黑格尔称为"人类的导师"。除了给垄断西方意识形态达1000多年的基督教神学提供了理论支持外，柏拉图废除私有财产的大胆设想虽然是建立在奴隶制基础上，却仍然给了后来的空想社会主义者以启发。柏拉图哲学中追求共相、认识本质的观点推进了哲学思维的发展，提高了理性的意义。柏拉图学园存在了数百年，影响到以后西方大学的产生，学园造就了像亚里士多德这样的古代科学巨匠、百科全书式的学者，甚至"学园"（academy）这个名称，也在西方教育史上留下长久的印记。柏拉图学园中开设的课程"数学、几何、天文和音乐",后来被合称为"四艺",和智者所开创的"三艺"——文法、修辞、辩证法一起,构成"七艺",长期被确定为中世纪教会学校的固定课程,并一直沿用到18世纪。柏拉图的智、德、体、美和谐发展的教育思想在文艺复兴时代成为人文主义者的新理想。柏拉图关于国家兴办教育、男女教育平等、注重早期教育、以考试检查学习成绩等见解都被后人采用。柏拉图吸取了古代埃及人"寓学习于游戏"的经验。到18世纪下半期,"寓学习于游戏"成了巴泽多教育观的核心,并受到康德的议论。除哲学家、教育学家、神学家外,文艺理论家、美学家、伦理学家、政治理论家、法学家都研究柏拉图的著作。柏拉图的对话式的文体也为后世的许多著作家所模仿。

荀况和柏拉图的理论中都有薄弱点。荀况的性恶论只看到人性与动物性的相同,忽视了人与动物的差异。人的认识能力使人具有理性,人性中有着与动物性制衡的内在力量。如果没有这种内在力量,性伪合必将成为单纯的外部强制。性恶论使荀况失去了圣人的桂冠。柏拉图的共产共妻的设想显然脱离了人们所能接受的限度,哲学家当权的计划太多理想主义色彩。柏拉图的思维方式是很现实的,但他将现实主义的思维结果作了唯心主义的解释。因此,僧俗两界的人都能从柏拉图的思想中找到自己所需要的东西。而从荀况的思想中,宗教家如果也能找到共鸣,那决不是神秘主义,而是宗教中的现实主义因素。

我们正面临着世纪转换的关头。人类对自然、社会和人自身的认识,其深化的进度和速度都是空前的。到21世纪,人类还需要向荀况和柏拉图请教吗?回答是肯定的。社会需要相互沟通,和谐共存,人需要战胜自然,也需要永不停息地战胜人自身的动物性的痕迹,使灵魂净化再净化;年青一代要得到合适的培养和训练,社会需要贤者、能者导航,人的智能必须得到充分发展,这一切都将是永恒的课题。荀况和柏拉图的著作将永远给人类以智慧、自信和力量。

任钟印先生简介

任钟印（1926—2012），男，湖南岳阳人，我国著名教育史学家、教育著作翻译家。1949年湖南大学法律系肄业，1951年中原大学教育学院研究生毕业。精通（或粗通）英、俄、德、日、拉丁文等5门外语。1951年起先后在华中大学、华中高等师范学校、华中师范学院、华中师范大学工作。曾任华中师范大学教育系教育史教研室主任、教育系学术委员会主席、校学术委员会委员，中国教育学会教育史研究会常务理事、杨贤江教育思想研究会理事、湖北省教育史研究会理事长等职。

任钟印先生长期从事教育理论、古代教育史、中西教育史比较等教学和研究工作。独著、主编、合著的学术著作、高校教材与工具书有《东西方教育的覃思》《外国教育史教程》《外国教育通史》《外国教育思想通史》《中外教育比较史纲》《世界教育名著通览》《西方近代教育论著选》《夸美纽斯教育论著选》《外国教育家评传》《教育大辞典》《教育名著评介》《杨贤江全集》等。独译、合译的著作有《昆体良教育论著选》《大教学论·教学法解析》《学校与社会·明日之学校》《西方教育经典文献》《外国教育史料》《100位教育家论教育》《人文主义教育经典文选》等。正式发表和出版的著作（含译著）总字数达1000多万。学术成果曾获中国高校人文社会科学研究优秀成果奖、国家图书奖、全国普通高等学校优秀教材等奖励。

任钟印先生生平和著作年表[①]

1926 年（诞生）

5月31日，出生在湖南岳阳中和乡（后改为乌江乡、九峰乡）杨埠塘村一个贫苦农民家庭，为家中幼子，上有5个兄长及1个姐姐。父亲任理明因早年参加湖南农民运动，红军撤出后，遭伪团防局枪击致残，于1942年去世。

1932 年（6 岁）

进入中和乡杨家冲之菁莪初级小学学习，后入临湘第四高级小学学习。

1938 年（12 岁）

秋，因日寇攻陷武汉，逼近湖南，学校颁发高小毕业证书后解散。年底，全家逃难到长沙，住进难民收容所。

1939 年（13 岁）

3月，战时儿童保育会湖南分会所属之保育院来长沙难民收容所招收难童，被送至湘西沅陵第三保育院（一说第四保育院）。

7月，经保育院推荐，被基督教复初会创办之朝阳初级中学（East View Junior Middle School）录取，学费由保育院提供。就读至1942年，成绩优异，并奠定扎实英语功底。

---

① 本年表的编写得到任钟印先生的女儿任革女士及华中师范大学档案馆的大力协助。特此说明并致谢。——编者注

1942 年（16 岁）

6月，初中毕业。由于保育院规定最多扶持难童到初中毕业，一心继续求学但不名一文的少年任钟印多方努力无果后，不得不到湘南资兴与逃乱在此、阔别三年的母亲会合（此时父亲已去世）。终日砍柴种菜、挑水浇园、编织草鞋，劳作十余小时以维持生计、积攒路费。深夜仍坚持读书，准备升学，希望通过求学改变命运。

1943 年（17 岁）

暑期，以第三名成绩考取湖南国立第八中学高中。到临时校址川东秀山县农村就读。后迁址湖南永绥（今花垣）。

1944 年（18 岁）

年底，投笔从戎，报名参加国民青年军。在贵阳南明河畔入伍。被编入青年远征军第 205 师 613 团直属迫击炮连。任先生在自传中写道："1944 年，日寇逐步逼近西南，国家危在旦夕，当时蒋政府号召知识青年从军，共挽祖国的危亡。我受国家培植，眼见亡国之祸迫在眉睫，不可再坐在课堂里空喊救国，于是弃了书本、家庭和一切，到前线去。"

1946 年（20 岁）

6月，从军队复员，获陆军预备役少尉军官证书。

9月，转入湖南省立第 11 中学高三年级继续就读。次年 6 月毕业。

1947 年（21 岁）

秋，考入湖南大学法律系，在 1000 余考生中名列第十，因此获奖学金（免交伙食费）。

1949 年（23 岁）

年初，因经济困难休学。到岳阳中和乡中心小学教书半年。

6月，徒步穿越国共交战战区，至武汉考入实施供给制的中原大学。先就读于中原大学政治学院，后到中原大学教育学院读研。

1951 年（25 岁）

研究生毕业后到公立华中大学（1953 年中华大学等并入后定名为

华中师范学院，1985年更名为华中师范大学。）教育系任助教。

自学俄语（后又自学日语、德语等），学有所成，能自如阅读俄文文献并翻译过不少俄国教育论著。部分译作在教育系以教参形式印发学生学习参考。

1953年（27岁）

在所在教育系开始讲授"中国教育史"。接着又开设了"外国教育史""马列经典教育著作选读"等课程，深受学生欢迎。

1954年（28岁）

受当时形势影响，与戴本博等人合写《实用主义教育批判》，在《华中师范学院学报》发表。

1955年（29岁）

在《华中师范学院学报》发表译文《实践在认识过程中的作用》。

1956年（30岁）

任华中师范学院教育系讲师。

写作《恽代英论教育》，在学术圈内交流。

致力于马列原著学习、钻研并颇有心得，有关成果后来陆续发表。

1957年（31岁）

9月，到北京师范大学教育系进修中国教育史一年，结识毛礼锐等教育史学界名宿。

1960年（34岁）

被单位抽调参加编辑《中国现代反动教育思想资料》。

1965年（39岁）

到湖北浠水、蕲春参加"四清"，为时1年。

1970年（44岁）

到湖北大冶华中师范学院分院参加劳动锻炼，为时两年。

1976年（50岁）

被单位抽调挖防空洞，为时半年。

1978 年（52 岁）

在湖北省教育协会题为《还经典著作以本来面目》的报告，得到好评，对拨乱反正发挥一定积极作用。

1979 年（53 岁）

在《江汉论坛》1979 年第 1 期发表《还经典著作以本来面目——批判"四人帮"篡改马列教育论著的罪行》。

1980 年（54 岁）

翻译苏联学者罗尔德基潘尼泽的《乌申斯基的教育理论》（俄文，中文译稿 10 余万字），由所在教育系印刷发行。

5 月，晋升为华中师范学院教育系副教授。

1981 年（55 岁）

10 月，湖北省教育史研究会成立，被推选为第一任理事长。后连任两届。

在《黄石师范学院学报》第 4 期发表《试论"有教无类"——评〈论语新探〉》。

1982 年（56 岁）

历经数年译毕的古罗马昆体良的《〈雄辩术原理〉选译》（8 万字）由华中师范学院教育系铅印发行。一些国内同行纷纷慕名索取。

在《华中师范学院学报》（哲学社会科学版）第 1 期发表《马克思主义关于人的全面发展的理论》。

在《教育史研究通讯》第 1 期发表《昆体良〈雄辩术原理〉发现的经过》。

在《教育研究与实验》第 1 期发表《马克思、恩格斯对巴枯宁的蒙昧主义的批判》。

在《教育研究与实验》第 1 期发表译文《苏联的教育，苏维埃的还是俄罗斯的》。

在《教育研究与实验》第 2 期发表《评〈老解放区教育简史〉》。

在《教育研究与实验》第 2 期发表译文《论权威在教育中的作用》。

1983 年（57 岁）

开始招收并指导外国教育史专业硕士研究生。1987 年亦曾招收 1 名中国教育史研究生。为此开设研究生课程："西方唯物主义经典著作选读""中国近现代教育史专题研究""苏联教育史""美国教育史"等。

在《教育研究与实验》第 1 期发表《〈临时中央委员会就若干问题给代表的指示〉中的教育问题——纪念马克思逝世一百周年》。

在《教育研究与实验》第 1 期发表三篇译文：《俄罗斯社会主义共和国统一劳动学校规程 1918 年 10 月 16 日全俄中央执委会指令》《俄罗斯社会主义联邦苏维埃共和国关于教会与国家分离、学校与教会分离的指令》《阿拉伯各国高等教育的一般特征和问题》。

1984 年（58 岁）

在《教育研究与实验》第 1 期发表《异化理论的历史与现状》。

在《华中师范学院学报》（哲学社会科学版）第 2 期发表《论抗日战争时期陕甘宁边区的两次教育改革》。得到学界名宿滕大春、张瑞璠、任宝祥等好评。

在《现代外国哲学社会科学文献》第 9 期发表与钟朝义合译的《20 世纪 80 年代的英国教育史》。

1985 年（59 岁）

在《教育研究与实验》第 3 期发表译文《贺拉斯·曼论教育与国家繁荣的关系》。

在《教育研究与实验》第 4 期发表《关于人类最早的学校产生于何时何地的一点思考》。

1986 年（60 岁）

5 月，经华中师范大学教师资格评审委员会一致通过教授任职评审。

在《华中师范大学学报》（哲学社会科学版）第 6 期发表《杜威简论》。

在《教育研究与实验》第 2 期发表《美国高等教育的开路先锋——哈佛大学建校 350 周年》。

在《教育评论》第 2 期发表《杨贤江与教育史研究》。

任先生在一份个人总结材料中写道：用英、俄文翻译专业书籍、论文已达百余万字。部分发表，部分打印交流，部分以手稿形式保存作教学科研参考。

1987 年（61 岁）

7 月，在华中师范大学召开全国教育史研究会年会上，当选为常务理事。

1988 年（62 岁）

3 月 24 日，华中师范大学人事处批文，办理了离休手续。但仍被所在教育系返聘至 1998 年。

在《教育研究与实验》第 2 期发表与杨孔炽合写的《中苏美 1958 年教育改革的回顾与比较》。

1989 年（63 岁）

选译的 20 余万字的《昆体良教育论著选》由人民教育出版社出版。

1990 年（64 岁）

1986 年牵头华中师范大学、西南师范大学、西北师范大学、福建师范大学等校同仁翻译美国克伯雷（卡伯莱）主编的《教育史读本》（61 万字），历经数年，1990 年以《外国教育史料》之名由华中师范大学出版社出版。此书被教育部选定为高校文科教学参考书。

应邀为喻本伐及熊贤君合著的《中国教育发展史》写序。署名时间是 1990 年 12 月 26 日，引起较大社会反响。

应滕大春先生邀请，参与《外国教育通史》的编写，主编第一卷，并为一、三卷撰稿。该书1990年由山东教育出版社正式出版。

1991年（65岁）

顾明远主编的12卷本的《教育大辞典》由上海教育出版社出版。任先生任外国教育史卷（第11分卷）副主编；除组稿审稿外，还亲自撰写20余条辞条。

在《江汉大学学报》（教育史研究专辑）发表《略论教育的起源——评米定斯基的"教育起源于劳动"说》。

申报全国教育规划办"八五"教育部重点课题"马克思主义教育理论在中国的传播和发展"获得立项。

1992年（66岁）

上海教育出版社出版赵祥麟主编的三卷本《外国教育家评传》。任先生任第一卷主编，并撰写《昆体良评传》。此书于1995年获全国高校首届人文社会科学研究优秀成果一等奖。

3月18日，在华中师范大学举行的湖北省及武汉市纪念夸美纽斯诞生400周年纪念会上作题为《略论夸美纽斯教育思想的几个特点》的发言。此文同年在《教育史研究》登出。

在《教育研究》第4期发表与杨汉麟合写的《论夸美纽斯的开创性历史贡献——纪念夸美纽斯诞辰400周年》，阐述了夸美纽斯对教育的十大贡献。

为杨汉麟、周采合著《外国幼儿教育史》（广西教育出版社出版）写序。

1994年（68岁）

历经数年，主编（翻译）的395万字的《世界教育名著通览》由湖北教育出版社出版。该书汇集了从公元前5世纪至公元20世纪末，2500年间89位名家的120篇教育论著的精粹，其中有30余篇是用英、法、德、俄四种文字新译或增译的，任先生自行翻译的部分有十几万字（包括哲罗姆、弥尔顿、威廉·配第、杜布罗留波夫、贺拉斯·曼、帕克赫斯特等人著作）。

与赵祥麟、吴志宏合译的《学校与社会·明日之学校》由人民教育出版社出版。任先生约翻译10万字。

1995年（69岁）

在《教育研究》第5期发表《一部有益的生活教科书——读〈杨贤江全集〉》。此文后来被收入孙培青主编的《杨贤江教育思想研究文集》。

在《湖北大学学报》（哲学社会科学版）第6期发表《巴黎手稿与新教育观的萌芽（上）》。

10月10日—14日参加在北京举行的裴斯泰洛齐教育思想国际研讨会。会上作题为《裴斯泰洛齐与现代教育》的发言。此文后收入卓晴君、方晓东主编的会议论文集《教育与人的发展》，由教育科学出版社于1995年出版。

作诗七律《七十自寿》。其中写有"学诗苦乏惊人句，论史常轻媚俗词。烛剩残光还惜热，蚕余一息尚怜丝"等句以明志。此诗在《湖南诗词》1995年第3期发表。

1996年（70岁）

担任主编，主持编撰的六卷本、约360万字的《杨贤江全集》，作为任先生领衔的"八五"教育科研规划国家教委重点课题"马克思主义教育理论在中国的传播和发展"的子课题成果，由河南教育出版社出版。

在《湖北大学学报》（哲学社会科学版）第1期发表《巴黎手稿与新教育观的萌芽（下）》。人大复印资料随即全文转载。

在《华中师范大学学报》（哲学社会科学版）第1期发表《智者千虑，偶有一失——略评黑格尔〈哲学史演讲录〉中的几处史实错误》。

到长沙参加《外国教育思想通史》编辑会。与吴式颖教授共同担任总主编，并兼任第一分卷（古代东方卷）主编。

1997 年（71 岁）

张瑞璠、王承绪主编的《中外教育比较史纲》由山东教育出版社出版。任先生任古代分卷主编，并撰写《古代东方是世界文化教育的发源地》《孔子和苏格拉底教育思想比较》《荀况和柏拉图教育思想比较》3章，约9万字。这几篇文章反映了作者学贯中西的深厚造诣及对中西文明特点的深邃、独特见解，引起学界关注。

完成20余万字的专著《新教育观——从马克思到邓小平》（作者承担的"八五"教育科研规划国家教委重点课题——马克思主义教育理论在中国的传播和发展）。

1999 年（73 岁）

在《郑州铁路教育学院学报》第4期发表《马克思恩格斯论知识的价值和知识分子的属性》。

参编吴式颖主编的《外国教育史教程》出版。撰写第3章"古代希腊三杰的教育思想"。

2000 年（74 岁）

应单中惠、杨汉麟的邀请为他们共同主编的《西方教育学名著提要》撰写前言。该书于2000年由江西人民出版社初版，2004年出修订本。2015年，中国人民大学出版社出版该书的第二次修订本。所有版本均保留了此前言。

2001 年（75 岁）

主编《西方近代教育论著选》，44万字，由人民教育出版社出版。

2002 年（76 岁）

与吴式颖教授共同主持（总主编），历经6年编写，10卷本，共计400余万字的《外国教育思想通史》由湖南教育出版社正式出版。

2003 年（77 岁）

《外国教育思想通史》获第六届国家图书奖。

2004 年（78 岁）

《论邓小平关于社会主义社会初级阶段的教育思想》被收录于宋恩荣、吕达主编《当代中国教育史论》，由人民教育出版社出版。

在《教育史研究》第 3 期发表《中西最早教育文献的比较分析》。

2005 年（79 岁）

在《教育研究与实验》第 2 期发表《列宁教育论著中的几处误译》。

在《武汉教育科学研究院学报》第 7 期发表《毛泽东新民主主义教育观的历史演进与现实意义》。

《巴黎手稿与新教育观的萌芽》被收录于沈振煜、王坤庆主编的《华中师范大学教育理念文选》，由华中师范大学出版社出版。

2006 年（80 岁）

译著《大教学论·教学法解析》（30.9 万字）由人民教育出版社出版。

作诗五律《八十小结》，其中有"清风盈两袖，傲骨重千斤。不带半根草，捧还一颗心"为人生信条及总结。

将 20 世纪 70 年代末以来写作的古典诗词及楹联等 40 余篇以《诗词习作》之名结集自费刊印。仅印刷数十册，分发亲朋好友及学生。

2007 年（81 岁）

《国家教育行政学院学报》第 5 期刊登专文《博学精思，求真尚实》，介绍任钟印先生的学术思想及成果。

2008 年（82 岁）

与诸惠芳合译的《教育究竟是什么——100 位教育家论教育》（[英] 乔伊·帕尔默著，全书 49 万字）由北京大学出版社出版。

2009 年（83 岁）

《略论夸美纽斯教育思想的几个特点》被收录于《纪念〈教育史研

究〉创刊 20 周年论文集》(16)——外国教育思想史与人物研究。

《中西最早教育文献的比较分析》被收录于《纪念〈教育史研究〉创刊 20 周年论文集》(21)——中外教育史比较研究。

10 月，应邀到杭州参加中国教育学会教育史分会与瑞士裴斯泰洛齐协会合办的"裴斯泰洛齐教育思想国际研讨会"。

为杨汉麟著《外国幼儿教育史》写序（落款时间是 2009 年 7 月 30 日）。该书由人民教育出版社于 2010 年出版。

2010 年（84 岁）

经过数年努力，将克伯雷（卡伯莱）的《教育史读本》重新独自翻译完毕（全书约 70 万字），并提交给人民教育出版社。人民教育出版社将其定名为《西方教育经典文献》，拟分上、下卷出版。

2012 年（86 岁）

1 月，译著《人文主义教育经典文选》（[美] C. W. 凯林道夫编，全书 12 万字）由北京大学出版社出版。

3 月底，应陈炳文教授之邀，为《陈炳文教育论文选集》写序。

4 月中旬，突发急病，入住首都医科大学附属北京佑安医院，被确诊为肝癌晚期。11 月，转入武汉大学附属中南医院。12 月 30 日凌晨去世。

2013 年 1 月 3 日在武昌殡仪馆举行遗体告别式。除家属、亲属外，学校、院系领导及亲朋好友、学生 120 余人参加。追悼大厅的对联是："桃李芬芳六十载耕耘结硕果　学术楷模千万字著述谱华章"。骨灰安葬于湖北黄陂西陵山长乐园。

任先生去世后各方纷纷表示悼念。北京师范大学教育学部在唁电中说：

任先生是我国德高望重、德艺双馨的杰出的外国教育史学家和学术领袖。改革开放三十余年来，先生怀抱高度的学术责任感和历史使命感，开创了中国的教育学史的研究。他的每一篇论文、每一部著作，都堪称学术精品。他率领学界同仁共同完成的一批重大研究成果，在夯实教育界知识基础、推进中国教育研究科学化方面，发挥了无与伦比的作用，德被当今，泽及后世。作为杰出的学术领袖和教育名师，先生总是严以律己，率先垂范，一丝不苟。他是中国教育学界的学术泰斗、人生楷模。

（杨汉麟编写）

编 后 记

任钟印先生是我国当代著名的教育史学家。适逢华中师范大学120周年校庆，学校决定编撰一套"华大经典文库"，追忆前辈，以励后人。选编《任钟印论著选》的工作自然落在我们身上。以往应人民教育出版社之约，任先生的论著被纳入"中国当代教育学家文库"。但当时由于篇幅的限制，不少论著未能入选，此次选编能弥补不少遗憾。本次选编参考了该选集，但大部分内容为新编入。值得欣喜的是，我们找到了任先生的全国教育科学"八五"规划教育部重点课题"马克思主义教育理论在中国的传播和发展"的研究成果——《新教育观——从马克思到邓小平》，并将部分内容纳入本书。

任先生是中国当代研究外国古代教育史的权威，在马克思主义教育理论研究方面也颇有建树。因而本书重点选取任先生的马克思主义教育理论研究与古代教育史研究成果。

本书篇目的选择主要是由杨汉麟教授负责，李先军教授具体落实。感谢湖南师范大学易红郡教授提供的任先生于2004年完成的书稿章节。教育史专业硕博研究生的同学，即任先生的第四代学术传人，类成阳、李欣、孙莉、贺雨薇、罗磊等人在文稿录入或校对中付出了辛勤的劳动，特此表示感谢。

本书的编写得到了华中师范大学社科处吴海涛副处长、胡蔚蔚老师的支持和帮助。本书的审稿由教育史与比较教育研究所喻本伐教授、王建梁教授完成。在此一并表示诚挚的谢意！

本书各编中各篇论文的排列顺序不是严格按照第一次发表年代的先后，而是按其内容，把性质相近的相对集中，以便于读者系统地了解任先生的教育观念。

在选编过程中，我们再次领略了先生学贯中西的深厚造诣及不落窠臼，敢于质疑问难，发表新论的思想特点及犀利文风。有人称"他的每一篇论文、每一部著作，都堪称学术精品"[①]，我们觉得并非溢美之词。但我们所做的上述努力是否得当，能否充分反映先生的学术精髓，尚希硕彦宏儒指正。

编者

2021年11月7日于武昌桂子山

---

① 见北京师范大学教育学部悼念任先生的唁电。